ARCANUM

A MAGIA DIVINA
dos
FILHOS DO SOL

VOLUME II

São Paulo - SP
2019

M∴I∴ **Helvécio de Resende Urbano Júnior 33º**
G∴I∴G∴ do Sup∴ Cons∴ do Gr∴ 33 do R∴E∴A∴A∴

ARCANUM

A MAGIA DIVINA
dos
FILHOS DO SOL

VOLUME II

Kabbala, Maçonaria e Teosofismo com
Práticas de Teurgia e fundamentos de Taumaturgia

Ali A´l Khan S∴I∴

Copyright © By Editora Isis Ltda.

Editor: Editora Ísis - SP
Produção e Capa: Sergio Felipe de Almeida Ramos
Editoração Eletrônica: Sergio Felipe de Almeida Ramos | Equipe Técnica Tiphereth777
Revisão: Sassandra Dias Brugnera | Carolina Garcia de Carvalho Silva
Colaboradores ilustração: Igor Oshiro Guilherme Lima | Ian Oshiro Guilherme Lima

CIP – Brasil – Catalogação na fonte
Sindicato Nacional dos Editores de Livros, RJ

A∴l Khan S∴I∴, Ali / Resende Urbano Júnior, Helvécio de, 1956.
Arcanum ① A Magia Divina dos Filhos do Sol: Kabbala, Maçonaria e Teosofismo, com Práticas de Teurgia e fundamentos de Taumaturgia | A∴l Khan S∴I∴, Ali / Resende Urbano Júnior, Helvécio de, 1956. | Editora Isis | 2019.

ISBN 978-85-8189-115-6

1. Kabbala 2. Filosofia 3. Maçonaria 4. Religião 5. Gnose 6. Hermetismo

CDD 366.1

Índice para catálogo sistemático:
1. Maçonaria / Filosofia / Hermetismo / Kabbala e Gnose: Ocultismo 366.1

Proibida a reprodução total ou parcial desta obra, de qualquer forma ou por qualquer meio seja eletrônico ou mecânico, inclusive por meio de processos xerográficos, incluindo ainda o uso da internet sem a permissão expressa da Editora Isis, na pessoa de seu editor (Lei nº 9.610, de 19.02.1998).

Direitos exclusivos reservados para Editora Isis.

Autor Ali A'l Khan 777
Caixa Postal 25.077 - Agência Espírito Santo
Tel. (032) 3212.0347 – CEP: 36.011-970 – Juiz de Fora/MG
www.tiphereth777.com.br – tiphereth@tiphereth777.com.br

EDITORA ISIS LTDA
www.editoraisis.com.br
contato@editoraisis.com.br

DO AUTOR

Livros publicados

Manual Mágico de Kabbala Prática, 2005.

Manual Mágico de Kabbala Prática, 2007.

Manual Mágico de Kabbala Prática, 2011.

Kabbala – Magia, Religião & Ciência, 2006.

Absinto, 2007.

Maçonaria – Simbologia e Kabbala, 2010.

Templo Maçônico, 2012.

Secretum – Manual Prático de Kabbala Teúrgica, 2014.

Arsenium – O Simbolismo Maçônico: Kabbala, Gnose e Filosofia, 2016.

Hermeticum – Caminhos de Hiram, 2018.

Gnosticum – A Chave da Arca – Maçonaria Prática, 2018.

AGRADECIMENTOS

VV∴IIr∴ na Senda da Luz Maior

Pod∴ Ir∴ M∴M∴ Antônio Fernando Alves da Silva
Pod∴ Ir∴M∴M∴ G∴I∴G∴ Gumercindo F. Portugal Filho 33º
Pod∴ Ir∴M∴M∴ Gustavo Llanes Caballero
Soror Laura Bertolino
Pod∴ Ir∴ M∴I∴ G∴I∴G∴ Ney Ribeiro 33º
Pod∴ Ir∴ G∴I∴G∴ Manoel Pereira 33º
Irmã R ✠ C Maria de Lourdes Dias Ibrahim de Paulo
Pod∴ Ir∴ M∴I∴ G∴I∴G∴Porfírio José Rodrigues Serra de Castro 33º
Soror R ✠ C Sassandra Dias Brugnera
Sergio Felipe de Almeida Ramos
Pod∴ Ir∴M∴M∴ Pablo Roar Justino Guedes 14º
Fr∴ Tiago Cordeiro – Teth Khan 777

À memória dos meus saudosos Irmãos

Fr. R ✠ C Antonio Rezende Guedes / | \
Pod∴ Ir∴ M∴M∴ Belmiro Carlos Ciampi
Pod∴ Ir∴ M∴M∴ Carlos Rodrigues da Silva S ∴ I ∴
Ir∴ M∴M∴ Euclydes Lacerda de Almeida 18º
Fr∴ R ✠ C Jayr Rosa de Miranda
Fr∴ R ✠ C Manoel Corrêa Rodrigues S ∴ I ∴
M∴M∴ Fr∴ R ✠ C Paulo Carlos de Paula 18º - Ir∴Miguel

O GUERREIRO EM COMBATE

  Procura o guerreiro e coloque-o em combate por ti, receba as ordens para a batalha e lute.

  No "caminho" somos conduzidos às descobertas da senda por meio das intempéries, da solidão e da reflexão. Palmilhando a senda e descobrindo seus segredos, uma evidente verdade é muitas vezes esquecida pela maioria das pessoas que se debate freneticamente numa luta reativa e desnecessária quando temos à frente o próprio "caminho" e o "des-a-fio" do experienciá-lo. Quando buscamos a experiência antes do necessário caminhar é que deparamos com os problemas dentro da disciplina e esforço. Uma apreensão intelectual que, em última análise, é apenas familiaridade com palavras e gestos, não é o que se pode denominar e aceitar como vivido. Tal coleta de experiências jamais poderá ser aceita como uma real descoberta; neste sentido, é apenas uma sombra do caminho e o vento da senda. Se alguns homens acham que experiências de outros são dispensáveis em sua caminhada, caem no terrível engano de percurso. Às vezes, esse palmilhar resulta em cansaço, exaustão ou decepção, contudo é necessário e, muitas vezes, nem é suficiente. Um esforço para moldar e ajustar a vida aos termos reais de evolução exige disciplina, razão e luta. No Bhagavad Gita há um enunciado que diz: "Como quer que os homens se aproximem de Mim, Eu lhes dou as Boas Vindas, porque qualquer caminho que eles escolham é Meu caminho".

A.A.K.

PRECE

"Senhor, que és o Céu e a Terra e que és a Vida e a Morte! O Sol és tu, e a Lua é tu, e o Vento és tu! Tu és os nossos corpos e as nossas almas e o nosso amor és tu também. Onde nada está tu habitas, e onde tudo está– o teu Templo) – Eis o teu corpo.

Dá-me alma para servir e alma para te amar. Dá-me vista para te ver sempre no céu e na terra, ouvidos para te ouvir no vento e no mar, e mãos para trabalhar em teu nome.

Torna-me puro como a água e alto como o céu. Que não haja lama nas estradas dos meus pensamentos nem folhas mortas nas lagoas dos meus propósitos. Faze com que eu saiba amar os outros como ir-mãos e servir-te como a um pai.

[...]

Que minha vida seja digna da tua presença. Que meu corpo seja digno da terra, tua cama. Que minha alma possa aparecer diante de ti como um filho que volta ao lar.

Torna-te grande como o Sol, para que eu possa te adorar em mim; e torna-me puro como o luar, para que eu possa rezar em mim; e torna-me claro como o dia para que eu possa te ver sempre em mim e rezar-te a adorar-te.

Senhor, protege-me e ampara-me. Dá-me que eu me sinta teu. Senhor, livra-me de mim!"

Fernando Pessoa

Fragmento manuscrito, s.d. 1912. In: *Páginas Íntimas e de Auto Interpretação.*

Ed. Georg Rudolf Lind e Jacinto do Prado Coelho, Lisboa, 1966, p. 61-62, n. 15.

"À GUISA DE PREFÁCIO"

Alguns autores valem-se, frequentemente, de prefácios de outros autores de prestígio, para imprimirem a obra valor que muitas vezes é suposto; muitas vezes é o prefaciador que aparece mais que o autor, quando deveria ser o contrário.

Este pequeno introito é para informar aos leitores minha posição de que a obra de Helvécio de Resende Urbano Júnior, a quem eu chamo carinhosamente de Resendão, não precisa de prefácio. Na verdade, é um carinho que o autor tem para comigo, o que muito me honra e agrada.

"Arcanum, a Magia Divina dos Filhos do Sol" já nasceu pronto, não havendo nada que se possa acrescentar; é um livro escoimado, realmente de um erudito do porte de Resende, em que nas suas 743 páginas nos desvenda, com lucidez e brilhante descrição, tudo aquilo que gostaríamos e precisamos saber sobre a Arte Real.

Não é somente um livro de Maçom e para Maçons, mas, sim, um trabalho da mais alta estirpe para quem deseja o autoconhecimento, adentrando o caminho espiritual.

São muitas chaves. É um livro para ler e reler; sofisticado, sim, complexo também, mas não tão hermético e fechado em que só os "Iluminadinhos" possam penetrar. Nele encontramos muito o que aprender e, sobretudo, o que usar.

Ressalte-se que isso nunca foi diferente; veja o referencial de outras obras do autor do mesmo quilate.

Resende nos dá um verdadeiro "show" de conhecimento, quer seja através da Filosofia, Kabbala, Rosacrucianismo, Maçonaria, Judaísmo e muito mais.

Para nós não é novidade que assim fora, pois, além de iniciado em inúmeras ordens, possui sólida formação acadêmica (*vide curriculum*) que faz com que seus escritos não sejam meras postulações ditas ocultistas, ilações sem nenhuma veracidade. Além disso, seu conhecimento de outros idiomas em muito facilitou os estudos.

Ademais do texto, inúmeras obras embasam a farta bibliografia, os capítulos muito bem distribuídos vêm sempre acompanhados de notas e comentários de pé de página com doutas observações.

Com este trabalho, Resende nos ajuda a desbastar a pedra bruta, lapidando-a, tornando-nos melhores.

Resende transmite o conhecimento, sem manobras, sem esconder suas fontes, compartilhando conosco o seu grande e inesgotável saber iniciático.

Para mim, ele é o nosso Guimarães Rosa do ocultismo, que, com beleza, sutileza e solidariedade, mostra sua face desprovida de preconceito e egoísmo, de maneira que a mim só me resta agradecer ao G.A.D.U. o privilégio de tê-lo como amigo.

Muy Leal e Heroica Cidade de São Sebastião do Rio de Janeiro (ex-cidade maravilhosa) "Criada por Deus, destruída pelos homens"

1º de maio de 2018.

Ir.'. Gumercindo Fernandes Portugal Filho (Fernandez Portugal Filho)

Jornalista e Antropólogo

M∴ M∴ Grau 33

Membro da Augusta e Respeitável Loja "Prudência e Amor" do Grande Oriente do Brasil.

Índice

O GUERREIRO EM COMBATE 7

PRECE 8

"À GUISA DE PREFÁCIO" 9

SEGUNDA PARTE **17**

MAÇONARIA E TEOSOFISMO 17

CAPÍTULO I **19**

AS COMUNICAÇÕES COM
AS INTELIGÊNCIAS DE
MUNDOS SUPERIORES 21

AS CONJURAÇÕES EM *"FAUSTO"*. A SIMBOLOGIA E A TEOLO-
GIA MÁGICA DOS NÚMEROS DA *"KABBALA"* *21*

PRIMEIRA PARTE 22

O CAMINHO CIENTÍFICO PARA OS MUNDOS ESPIRITUAIS 22

O SIGNO DO MACROCOSMO 31

SEGUNDA PARTE 36

A FANTÁSTICA CONJURAÇÃO DO ESPÍRITO
DA TERRA À LUZ DA PSICOLOGIA PRÁTICA 36

A CONJURAÇÃO O ESPÍRITO DA TERRA
PELOS BABILÔNIOS 36

(B) PASSAGEM PARA A PSICOLOGIA
EXPERIMENTAL DO METACÓSMICO 39

DA SYSYGIA COMO CHAVE DA
PEREGRINAÇÃO MUNDIAL 41

MÉTODOS PRÁTICOS DA SYSYGIA 42

O DESENVOLVIMENTO PSICOLÓGICO
DO CORPO ORIGINAL 45

DO SAELEM OU DO "PEREGRINO" DOS MUNDOS 47

O SUDÁRIO E O RESTO FÁUSTICO 52

DO SALEM OU DO "PEREGRINO" DOS MUNDOS 54

TÁBUA III..54

PROÊMIO: EXPLICAÇÃO DA TÁBUA III....................................55

A POTENCIAL CINÉTICA DA PRECE..56

GNOSES NUMÉRICAS PARA O ESTUDO
DAS LEIS DA LUZ ASTRAL...58

OUTRAS DERIVAÇÕES DOS DOZE LOGOS: 59

DA ENTRADA DA ALMA NOS
LUGARES SUPERIORES DO MUNDO......................................60

A LUZ ASTRAL E A CONSTRUÇÃO DO TODO..........................64

TÁBUA IV 68

A HARMÔNICA LEI PLANETÁRIA: 68

A POTENCIAL DINÂMICA DE VÊNUS 69

PALAVRAS FINAIS...73

APÊNDICE 74

AS TRÊS METAMORFOSES DE NIETZSCHE 74

CAPÍTULO II **87**

A ESSÊNCIA DA MAÇONARIA..89

O SALÃO DA INSTRUÇÃO DO TEMPLO E SUA
FUNÇÃO MÍSTICA 95

O CAMINHO PARA O SALÃO 98

O EXTERIOR DO SALÃO 99

O PÓRTICO...100

O INTERIOR DO SALÃO 101

O CORPO DO SALÃO 102

AS CAPELAS 105

OS DEGRAUS 106

DO DOSSEL 106

AS ALCOVAS 107

O TEMPLO INICIÁTICO...110

CAPÍTULO III **115**

IDEAIS ANTIGOS NA
MAÇONARIA MODERNA 117

CAPÍTULO IV **133**

7 REFLEXÕES NECESSÁRIAS 135

I - A VISÃO EMOCIONAL DA VERDADE.............................. 135

II - CONCEITO INICIÁTICO DA LIBERDADE 138

OLHEMOS ISTO AGORA INICIATICAMENTE: 139

III – A GRANDE OBRA 143

IV – O FRATERNISTA IDEAL
(VERDADEIRO IRMÃO) 150

V – AUTOPREPARAÇÃO 158

VI – QUALIDADES NECESSÁRIAS A QUEM QUEIRA TRILHAR A
SENDA 164

VII – O ESOTERISMO DENTRO DAS RELIGIÕES 173

TERCEIRA PARTE **185**

TEURGIA E TAUMATURGIA 185

A ROSA KABBALÍSTICA
E MAÇÔNICA 187

A MÍSTICA NA PRÁXIS 187

CAPÍTULO I **189**

TRÊS SÃO OS CAMINHOS DA INICIAÇÃO 191

TEURGIA.. 192

O QUE É A MAGIA?... 196

MAGIA ANGÉLICA 202

A EVOCAÇÃO TEÚRGICA... 210

OPERAÇÕES DE MAGIA DIVINA 215

OPERAÇÃO DA ENTELÉQUIA DIVINA 216

A U M 217

MAGIA PANTACULAR 219

COMO SE CONSTROEM OS
TALISMÃS E PANTÁCULOS 226

O PODER DAS PALAVRAS MÁGICAS 229

A PALAVRA A U M 229

A PRÁTICA DA TEURGIA 237

PRINCÍPIO DO SANTO EVANGELHO
SEGUNDO SÃO JOÃO 238

EVANGELHO DE JOÃO, CAPÍTULO 1 - GREGO 240

EVANGELIUM SECUNDUM IOANNEM, 1 - LATIM 241

O EVANGELHO DE SÃO JOÃO 242

PSALMO 6 – "DOMINE NE IN FURORE TUO ARGUAS ME" 243

PSALMO 31 – ATUAL SALMO 32 – "
BEATI QUORUM REMISSÆ" 245

PSALMO 37 – ATUAL SALMO 38 –
"DOMINE NE IN FURORE TUO ARGUAS ME" 247

PSALMO 50 – ATUAL SALMO 51 –
"MISERERE MEI DEUS SECUNDUM MAGNAM" 249

PSALMO 101 – ATUAL SALMO 102 –
"DOMINE EXAUDI ORATIONEM MEAM", ... 252

PSALMO 129 – ATUAL SALMO 130 –
"DE PROFUNDIS CLAMAVI AD TE, DOMINE" 255

PSALMO 142 – ATUAL SALMO 143 –
"DOMINE EXAUDI ORATIONEM MEAM", ... 256

A SEMANA MÍSTICA 259

A SÍNTESE DA ARTE PANTACULAR 274

INVOCAÇÃO DOS ESPÍRITOS CHAMADOS
OLÍMPICOS, SUA NATUREZA E OFÍCIO 274

DAS INFLUÊNCIAS FAVORÁVEIS PARA
COMPOR OS PANTÁCULOS E OPERAR
NOS RITOS MISTERIOSOS 277

ALGUNS CUIDADOS NECESSÁRIOS
AO BOM TRABALHO 279

CAPÍTULO II **285**

TAUMATURGIA 287

INTRODUÇÃO 289

AO MESTRE MIGUEL.. 292

CONSIDERAÇÕES SOBRE
O SER E O MUNDO DA VIDA 307

REFLEXÕES NECESSÁRIAS E PRÁTICAS SIMPLES NO
MISTÉRIO DA UNIDADE E NO ESPÍRITO RELIGIOSO 315

PRÁTICAS TAUMATURGISTAS 354

O AMOR É UNO.. 401

BIBLIOGRAFIA RECOMENDADA................................... 402

BIBLIOGRAFIA 404

NOTAS SOBRE O AUTOR.. 415

SEGUNDA PARTE
Maçonaria e Teosofismo

CAPÍTULO I

AS COMUNICAÇÕES COM AS INTELIGÊNCIAS DE MUNDOS SUPERIORES

AS CONJURAÇÕES EM *"FAUSTO"*. A SIMBOLOGIA E A TEOLOGIA MÁGICA DOS NÚMEROS DA *"KABBALA"*

Existem probabilidades para o homem mortal se aproximar dos *Seres Imortais*, entrar em comunicações com eles, obter deles informações e ser por eles instruído?

As tradições de muitos povos ensinam-nos que antigamente os deuses habitavam a terra. Quem eram esses deuses? Eram apenas imagens da fantasia, seres transfigurados ou talvez *super seres do Alto*?

O Gênesis (I Moisés, 6, 4) fala dos *"Filhos de Deus"* que desceram e se uniram às *"Filhas dos Homens"*, e pela *Doutrina Secreta* indiana dos *Puranas* e seus comentadores, apareceram sobre a Terra os "Filhos Espirituais" (ou *Manasaputras*) de Vênus em determinado tempo, como portadores de uma civilização mais elevada. Eles dão à humanidade o conhecimento de coisas transcendentes e a iniciam nos Mistérios do Astral. De fato, nos primórdios de nossa história, nos grandes povos civilizados da Idade Antiga, encontramos que predominavam por toda parte as noções astrais; e a servir-nos dos meios ao alcance da ciência atual, não conseguimos desvendar como foi que a humanidade obteve aqueles conhecimentos.

Quem é *Odin*, na mitologia dos germanos, que suspenso da *Árvore Mundial*, cai nas *"nove noites"* e é o primeiro a trazer à humanidade o conhecimento das Runas, sinais alfabéticos dos antigos povos do Norte? Não será esta *"Árvore Mundial"* (os indianos dizem *Agnishwatta* – isto é, Árvore da Luz) um símbolo da complexidade de todas as vibrações espirituais no Universo? E quem é *Lúcifer*, o gênio da *Estrela d'Alva* e o transmissor de uma sabedoria que foi condenada pelas gerações seguintes?

Por toda parte, na fantasia formadora de mitos dos nossos antepassados, aparecem pressentimentos de uma conexão, de uma relação espiritual intercósmica. Mas, como alcançaremos, por meios científicos, descobrir entre mil vagas correntes ondulatórias, uma onda de vida espiritual, a qual passamos finalmente confiar a nossa nau vital?

Nesta reflexão teremos como desafio resolver o problema de uma combinação da psique humana com as correntes de energia de um meta-cosmos superior por vias psicológico-gnósticas, ou pelo menos aproximá-lo de uma solução sustentável.

PRIMEIRA PARTE

I

O CAMINHO CIENTÍFICO PARA OS MUNDOS ESPIRITUAIS

O Mundo dos Espíritos é, segundo Philo (que foi um eminente eclético da sabedoria esotérica, a qual infelizmente foi quase totalmente destruída pelo incêndio da Biblioteca de Alexandria), um *"Estado inte-*

ligível, no qual são tratados os interesses do universo visível e especialmente os da humanidade".

O mundo terrestre é um reflexo desse Estado Espiritual!

Nesta concepção do filósofo alexandrino Philo, reflete-se uma Sabedoria oculta antiguíssima.

O mundo terrestre é fundido e moldado pelo Mundo Espiritual. Ele recebe igualmente as suas ocultas vibrações e as condensa até as formas de manifestação da vida material e natural. A tudo quanto é perecível se sobrepõe a um Exército de uma comunidade imperecível! Tal como o templo de sete andares de *Borsippa*, na antiga Caldeia, eleva-se esse *Edifício das Esferas*. Em forma de escada, ele conduz para cima, até as mais puras altitudes do Grau eternamente luminoso. Mas, o penetrar no seu caminho ondulatório, o seguir os seus impulsos, o ser agarrado pela força fundamental atrativa e conduzido para cima, custa-nos muitas dores: as dores do esforço, da renúncia de si mesmo, do autossacrifício!

A natureza do homem prende-se demasiadamente ao pó. O penedo da matéria o atrai com poderosa força contrária para o obscuro circuito giratório. Ele não pode permanecer diante da Luz. Ele seria aniquilado pelo relâmpago da Iniciação. E, contudo, esse relâmpago trabalha no seu íntimo com força fundamentalmente refreadora, fogosa, para forjá-lo, prendê-lo ao Foco Eterno: *"Poderosamente me atraíste E duradouramente na minha esfera sugaste"* diz o *"Espírito Terrestre"*, descendo em língua de fogo a Fausto.

Assim também a humanidade atual é agitada e estremecida por forças invisíveis, cujo *Aspecto, talvez, por si só, pode salvá-la!*

Não é no espiritismo que agem essas forças salvadoras, que libertam, fortalecem e felicitam, mas em uma outra esfera, para a qual as considerações seguintes nos deverão abrir caminho. Elas principiam com a hermenêutica de símbolos matemáticos construtivos, tal como um espelho que nos atraem para a luz irradiada daquele mundo imperecível. Entre estes está, em primeiro lugar, a "Suástica", o Signo do Macrocosmo e do Espírito da Terra.

II

O traço característico da antiguidade, especialmente dos judeus, é tornar Deus perceptível e deixa-lo agir por intermédio dos anjos e espíritos. Mas, que com esta teoria

> *espiritual antepuseram ao puro conhecimento de Deus, à sua bondade moral, ao seu limitado governo, providência e assistência, uma barreira poderosa, não preciso, provavelmente demonstrar.*
>
> BALLENSTEDT, Heinrich Christian. *Philo Und Johannes* (Philo e João). *Ein Beitrag Zur Special Charakteristik Der Johanneischen Schriften; Des Apostels Johannes Lehre Vom Logos* (1856).

Na humanidade, atua, desde uma primitiva e anti-intelectual época, encoberto pela Bíblia sob o nome do *"Filho de Adamah"* (Adam), o agente mágico de uma raça anterior, que sempre ressurge e que nem mesmo pelo próprio Cristianismo pode ser vencido até agora.

O nome discreto dessa força está ligado ao *Símbolo Suástico*. O autor desta obra demonstrou que "Arbítrio e Concentração", como a sua força básica *"Swa"*, ou *"Shvah"* é reiterada vezes dignificada pelos caldeus como um nome do indestrutível *hálito solar* (*Isvah, Isvara* dos indianos, *"Isdubar* dos Babilônios, *"Yeschouah"* (*Jesus* dos cristãos primitivos), na fórmula *"Bolshevah"* (isto é, a *"Força-Shvah"*) e é também denominada exotericamente *"o mau ou o bom sete"* (dos Caldeus e hebreus – *Shewah*).

Dos caldeus ela passou positivamente para as congregações clericais *skythisticas* (russos primitivos) e ressurge das seitas russas com roupagem político-exotérica como – *Bol-she-vismo*.

A derivação puramente heurística desse nome do russo *"bolshe"* ("mais") não entra aqui em consideração. O *"Logos"* que atua em uma palavra, subsiste, muitas vezes, *junto e independente de sua significação intelectual!* Ao contrário, o nome russo *"wolchenik"* = *"Mágico"* lembra o antiguíssimo símbolo linguístico dos caldeus *"bol-shevah"*.

A força *"Shvah"*, o *"hálito solar"*, compõe-se, segundo o esoterismo antigo, de duas manifestações: uma superior ou indiferenciada (o bom sete) e uma inferior ou diferenciada (o mau sete), tudo isso bem referenciado também nas tábuas caldaicas. A primeira estabeleceu a raça atual ou aria, mas no princípio do seu desenvolvimento, findou-se na sua fórmula superior (*"Pecado"* como *"Ruptura da Vontade"* e *"Adoecimento da Vontade"*, indicadas em Agostinho (veja o livro do mesmo autor: *"O novo credo cristão"*).

A diferenciação dessa força desenvolve-se então o *Intelecto da humanidade,* que, porém, não é capaz de impedir a ruptura da Vontade e a atual hereditária divergência e decomposição do organismo espiritual humano, pois que é aquele mesmo incesto que ela deve a *Energia de seu desenvolvimento!*

Assim, a humanidade chega ao dilema: Produzir em si outra vez aquela chama primitiva, aria, da qual vieram todas as raças pós-atlânticas; desdobrar de novo em si, empregando a energia moral-espiritual, o *indestrutível hálito solar*; despertar o amor fraterno, o laço vivo daquele hálito e o espírito da realidade, que é o seu hálito imediato, ou a decair no dissolvente, destruidor polo oposto daquela *"Bol-sh'vah"*, o *Alento de fogo do Dragão terrestre*, e no *Espírito da Terra*.

Se a força *"Shvah"* (*"Isvara"*) indica o *Agente mágico da raça atual ou aria*, tanto nas suas manifestações superiores como nas inferiores, *"Uste"* (*Uz*) representa o *Agente mágico da raça anterior ou atlântica*, aquela misteriosa "Força de desejo" (*"usta"* em *Zend* e no indiano *"asti"*, Demônio do desejo) dos atlantes, por cujo intermédio eram capazes de se assenhorar de todas as forças naturais, não pelo intelecto, que ainda não havia se desenvolvido, mas por um processo puramente psíquico, como ainda hoje o verificamos, como restos do desenvolvimento pré-histórico, dos Iogues da Índia.

O símbolo *Suástica* reunia, portanto, em sua forma primitivo-ario-indiana, como *"Swa-astica"*, *a força de duas raças, as mais poderosas que a humanidade desenvolveu* faz ressaltar a nota da *Raça* aria da *atlântica*, demonstrando, assim, duas diversidades: a direção para o inferior e a direção para o *Superior. Os zelos dos dois polos dominam a civilização atual, especialmente a ocidental.* No *hexagrama* mágico ou hexágono e no *Pentagrama* ou pentágono, encontramos ambos separados.

Pela *Força da Suástica*, segundo os ensinamentos indianos, no início da nossa raça baixaram *Os Filhos do Céu* e teceram para si, da matéria das criaturas terrestres os seus *Tabernáculos*. Sobre a Terra apareciam esses seres em toda a parte quase que ao mesmo tempo, como o demonstra o fato de encontrarmos tal símbolo entre quase todos os grandes povos civilizados.

Nesta expressão *"Swastica"* (Suástica), *"Swa"* é o nome de um *Ser*, daquele *Ser Superior Autocriador* (o indiano *Manu swa-yambhú*) que mais tarde se desenvolveu em "*Isvah*" ou "*Isvara*" (compare-o com o hebraico *'Sch'phah*, Logos) e que, casando-se com a força de "*asti*" ("*Desejo adormecido*"), *penetra no mundo terrestre*, produzindo aquilo que geralmente conhecemos como "civilização aria".

Figura 1

Figura 2

Ela constitui a base da "Quinta raça"!

Ainda hoje podemos descobrir na estrela de primeira grandeza ao sul e próximo de Sírio, *Canopus*, que os indianos denominam "*Agastya*", e pela qual, segundo o *Vishnu-Purana*, deu-se a descida dos *Filhos do Céu* (*Pitris* – os antepassados da humanidade); a figura da Cruz de gancho ou Suástica em linhas estelares bem visíveis. Desse lugar do céu partiu o sopro daquela força que denominamos "*Espírito*", isto é, daí proveio o *Nascimento espiritual da humanidade*. Até então não existia ainda a *Inteligência sobre a terra*.

"*O Espírito*" não foi criado em qualquer lugar sobre a terra, mas foi soprado de um *Centro Cósmico* para dentro do homem; ele é o *Sopro-Estelar*, que de um reservatório cósmico penetrou no recipiente do nosso corpo. Então se deu o primeiro contato entre o homem e o mundo espiritual, e o segredo desse contato dormita até hoje em cada "*Ego*", pois cada "*Ego*" é – *um Fruto Sideral!*

III

O segredo dessa Origem Sideral nosso "*Ego*" foi tratado então pela Magia, porque aquela fórmula religiosa de culto externo não conseguiu avivar essa Verdade no íntimo e conservá-la. Não fomos nós que assim criamos o Espírito, mas foi o Hálito Celeste que o produziu em nós.

Assim também não obtivemos uma noção mais clara daquilo que a força superior nos designava, mas apenas tanto quanto ela nos proporcionou e julgou acertado. A crença depois de nascida nada mais sabe dos antecedentes de seu nascimento, e o mesmo se dá ainda hoje conosco quando vemos a *"Luz do Mundo"*!

Mas a Magia tratou e conservou o segredo daquele nascimento primitivo astral. Ela, pela autossubmersão e profunda *"Recordação"* do Ego, a que Platão denominou *"Anamnese"*, conseguiu fazer com que este experimentasse aquele nascimento mais uma vez. Assim se originaram as Iniciações nos antigos mistérios. A festa de *"Jul"* (Natal) deveria chamar-se festa da *"Roda"* (anglo-saxão *hvol*; dinamarquês *Jul Roda*) em virtude de aparecer então no céu o símbolo da Roda de Suástica.

Presentemente este *signo* já está muito abaixo do horizonte, mas há acerca de 6.000 anos estava acima do mesmo, pouco abaixo da constelação de Sírio.

IV

O signo da *Suástica* é o símbolo de um *Sol do Mundo*, como Kant o referiu, junto de Sírio, e sua significação na antiguidade consistia em que ele em determinada época do ano se inflamava em virtude de ventos astrais, à vista nua. Essa *"Aragem"* que passava por sobre as estrelas e despertava a figura do Signo-Suástica naquele grupo de *Canopus* (A mancha escura de *"Canopus"* é a *"Gruta-Cnupa"* da *Edda*, diante da qual está o *cão guardião*, isto é: Sírio com a constelação do *"Cão"*. As Grandes Iniciações dos egípcios se realizavam no tempo do nascimento matutino de *Sírio* com o *"Cão"* e a gruta de *Canopus*) eram, de fato, um Vento Espiritual (confronte-se com o *"Pneuma-hagion"* dos antigos cristãos, que também vem do céu) preso a um determinado do Centro, pois que todo o restante do Cosmos ou Céu-Estelar permanecia sem vigor.

Somente essa parte inflamava em uma *Imagem Mágico-uniforme*, a *"Suástica"*. A Edda o indica também como sendo a *Constelação do Gallo*, que brilha ao vento, ou seja, ao vento das estrelas (A *"luz Astral"* da Magia) e em cuja cauda está a *Foice de ouro*, que oculta as chaves de todos os segredos. O alcance dessa *"Foice de Ouro"*, obtido somente pela absorção do Hálito Sideral, isto é, pela concentração em sua contemplação e curvando o nariz desde o centro da testa em força de foice, consistia na interpolação espiritual da humanidade pelos filhos de Vênus ou de Mercúrio (como o descreveram também os *Puranas* indianos).

Assim aparece a verdadeira solução do problema: Ninguém poderia *"ascender"* esse signo, fazê-lo surgir à vista da humanidade no obscuro e desconhecido espaço, senão os nossos irmãos espirituais de outros planetas (Tirou-se esta conclusão pelo fato de se achar Vênus ao mesmo tempo em determinado meridiano celeste. Os egípcios nos transmitiram uma série de cânticos a Vênus, nos quais é exaltada essa sua *"força iluminadora"*, como seja: Tu és a estrela a que devemos a contemplação *'Brugsch Thesaurus'*. A mesma significação tem para os indianos o *"Shukra"*, isto é, Vênus, um nome que reaparece no *"Skir--nir"* da *Edda*, o companheiro do Deus Solar *"Freyr"*, e no *"Sokar"* dos egípcios, denominado o "pequeno sol" *"Frayr"* e o *Phi-Re* ou *Ph're* dos egípcios). Eles nos enviaram esse sinal. Eles eram os senhores de *Dangma*; dominavam as correntes mentais do éter e se utilizavam delas para nos instruir (segundo o livro tibetano *"Dzyan"*, a nossa terra deve o seu conhecimento espiritual primitivo aos filhos de Vênus).

Eles foram os *"Irmãos Maiores"*, que nos precederam em nosso sistema solar, pois logo se observou que ao tempo da aparição daquele *Gallo*, *"que brilha ao Vento"*, o foco luminoso da *"Estrela matutina"* ardia em determinado ponto do orbe, ou seja, no fim da Casa do Touro, o denominado *"Pitriyana"* ou *"Via Irmin"* do Céu (O mais importante "Ponto sensitivo de todo o zodíaco, denominado pelos judeus o *Ponto--Pesach, Passah ou Páscoa"*. Na passagem de Vênus por esse ponto, e mais tarde à passagem da Lua, faziam-se sacrifícios).

Vênus, como estrela matutina, achava-se em Touro, e o Sol, em Leão, quando os Filhos taurinos de Vênus visitaram pela primeira vez a terra e deixaram aparecer o Segredo Celeste, o nascimento da *alma da Luz Sideral* (A mesma informação deve Vênus o nome de *"Lúcifer"*, isto é, *Portador da Luz*, que no esoterismo foi relacionado com a iluminação espiritual).

V

A "*Magia*" estendeu o fio, "*Canopus*", a estrela a cujo redor ainda hoje vislumbramos as linhas estelares claras do Símbolo-Suástico, e que é assim denominada por uma cidade do mesmo nome do Egito inferior, foi a morada celeste do Deus "*Kneph*" ou "*Neph*" do Trisavô das "*Nebulosas de fogo*", dos "*Nephilins*" da Bíblia (I. Moisés 6,4). "*Neph*" significa "Hálito" em egípcio, pelo qual também é denominado o Deus "*Kneph*" ou "*Knum*", o criador dos homens, pois que ele criou o homem pelo processo indicado: assoprando o hálito celeste nas formas terrestres.

Um dia os *Touro-Manasa-Putras* de Vênus, aquela geração de *Pitris-Solares*, julgou acertado romper o fio que havia fiado, para entregar a humanidade a si mesma, dando-lhe independência. A chama misteriosa das estrelas apagou-se. A foice de ouro na cauda do *Gallo* (da "*Galinha do velho testamento*") já não brilhava mais. No homem se desenvolveu o Intelecto, como o sentido vigilante da alma, e já não recebe mais suas instruções da *Luz Astral*, mas do próprio Deus. O homem obteve sentidos internos e órgãos que atraíam a *Luz espiritual* primeva do Todo, mesmo sem a *Visão Astral*.

A magia mais antiga perdia o seu valor, mas agora se desenvolvia dela uma força diabólica, aquele "*Lúcifer*" dos "*Mistérios*", que principiou a sustentar a alma com *Essência Astral*.

Ela caminha ao lado da iluminação da alma pela divina Visão interna (a autópsia dos neoplatônicos). E foi desse modo que em breve se considerou toda a magia como malfeitora e antidivina. Mas, ainda assim, ela ocultava um segredo inocente. Ela ensinava ao homem a sua Origem luminosa, mesmo sem o inflamar na essência astral despertava-lhe uma recordação hereditária profundamente adormecida, daquela *Árvore de Ouro* (Representada pela "*Árvore do Natal*" com suas luzes '*as Estrelas*") de onde ele saíra com fruto. Mas ela somente poderia mostrar-lhe esses segredos por meio de uma prévia fortificação da fé e morigerado fortalecimento do caráter.

Somente o homem assim experimentado e provado é capaz de resistir às oscilações da luz astral. E então ele verificará em si o que leva toda a descendência do macaco *ad absurdem*, o *Nascimento da Luz*, a vida e a atividade de alma em uma *Força cósmica primeva*, que não se originou de nenhum animal!

VI

O *Símbolo-Suástico*, no qual reconhecemos a primeira ligação com o Cosmos e em cuja acertada interpretação ela se restabelece, desdobra-se agora no esoterismo em dois símbolos, nos quais essa sua particularidade já citada se torna mais positivamente perceptível e as duas forças básicas do *Raio Espiritual primevo*, que nos criou surgem mais vigorosas.

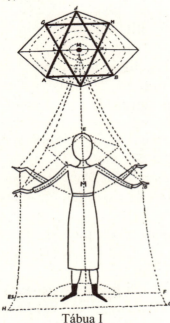

No hexagrama ou no hexágono (Tábuas I e II), e no Pentagrama ou Pentágono (Tábua II), vemos representados esses dois modos de vibração do raio primevo (plasmático). Em sua investigação, tanto pela reflexão como pela meditação, acha-se para nós o caminho científico para os mundos espirituais, para a comunicação com as esferas do Cosmos.

Sobre os Tons próprios e características gerais dessas esferas, disponibilizamos em nossa obra *Secretum – Manual Prático de Kabbala Teúrgica*, com suas devidas *Chaves* e *aplicações*.

Tábua I

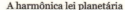

A harmônica lei planetária

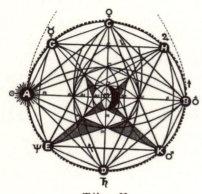

Tábua II

VII

O SIGNO DO MACROCOSMO

O que Goethe, minando profundamente, extraiu de toda Mística e Kabbala, porque lhe inflamara o espírito vidente, que há muito é lei no espírito do tempo.

O Gênio vê aquilo que o espírito do tempo quer que ele veja.

Algures arde um grande sol de raios ainda desconhecidos. Algures também nós fomos formados dos raios dessa primeva e santa mãe de toda a vida, condensados pelo seu brilho, quais estrelas ambulantes (veja Fig. 1).

O nome de "Fausto" por si mesmo faz lembrar o porte do "*Mago*" na sua mais antiga forma, como já o encontramos nos Babilônios (veja Tábua II) e Cristãos primitivos (como *Simão, o Mago*). Ele é uma espécie de anteariano "*Akasvera*", que qual sombra se move na história da humanidade, desde o tempo em que esta exerce a Magia, aprende a Exteriorização e produz fantasmas. Este Espírito primevo é o único Eu, poeticamente exteriorizado, com o que pode, aliás, fazer com que esse duplo Eu "*capacite*", isto é, ele seja agarrado e apoderado pelos seres congênitos de um mundo assim imaginativo. Um desses poetas que consiga tal feito passa a ser chamado também de um "Mágico".

Positivamente, foi durante os seus estudos alquimistas que *Goethe* descobriu em si mesmo essa propriedade mágica de exteriorização, e ao seu mágico Eu duplo ele denominou poeticamente de "*Fausto*".

Contudo, ele apenas lançou mão dos mais antigos Complexos de sua memória puramente humana. Em cada um de nós dorme um "*Alterego*" como uma dupla entidade exteriorizável, um "*fáustico*" duplo-Eu, como restos de um desenvolvimento anterior, anteariano.

O agente mágico da quarta-raça, *Usta, Phauste*, está ainda agarrado a todos nós. É bastante despertá-lo pelo processo indicado, como Emanação do Sol Central. Nós mesmos somos produtos da exteriorização dos nossos "Pais", os "*Pitris-Solares*". Como sinal hereditário dessa descendência, nós possuímos o Astral e podemos exteriorizá-lo. Se não pudéssemos mostrar esse nascimento, não existiria o "*Astral*" ou "*Fluído*".

"*Pha-uste*" (Fausto), segundo as Listas Celestes egípcias de origem Atlântida, é um Decano, que forma o "Corpo de desejos" ("*As-*

tral") e atua no Signo de Vênus: "Libra". Segundo Firmieus Maternus, o *"Styx"* (derivado do tronco *"uste"*), isto é, o fluxo dos Desejos que corre no signo de "Libra". Todos nós teremos que o transpor antes que possamos ascender ao mundo superior. Teremos que passar pela esfera de "Fausto", isto é, pela purificação dos nossos próprios *"Desejos"* e seus produtos *Cármicos*.

No caminho de nosso aperfeiçoamento "ariano" na raça atual, encontraremos, portanto, com Fausto (*Pha-uste*) e *Mephisto* (egípcio *Mepha-ust*, isto é, a *Força-Uste* negativa), como os "Guardiães do Umbral".

Nós nos achamos dentro de um casulo astral ou teia, como sinal da nossa origem Venusiana; ele, porém, para ser feita nossa evolução progressiva, deverá ser devorado pelo Intelecto.

Assim teremos que eliminar de nós todos os *"restos mágicos"* de Fausto e *Mephisto*, aquela sombra *"akashavérica"* presa em nós.

Contudo, não o poderemos conseguir por meio do intelecto inferior preso às sensações, como o demonstra Fausto de Goethe, mas pelo despertar do divino intelecto intuitivo.

O Signo do Macrocosmo e o Espírito da Terra são imagens do seu modo oscilatório solar (Tábuas I e II) em cujo conhecimento nós nos purificamos daquela sombra hereditária.

Assim, no Fausto de Goethe verificamos ainda uma Doutrina salvadora.

Antes de nos aprofundarmos mais no *"fáustico" Signo do Macrocosmos* e na sua natureza produtora de força, vamos utilizar-nos de algumas palavras de *Philo* (*Philo*, embora fosse um homem profundamente conceituoso, observa aqui a coisa como um judeu. O cristão ensina que o homem pode comunicar também com a Divindade, uma vez que Deus é seu Pai) extraídas do esoterismo antigo. Como guia no domínio pouco trilhado, *Philo*, em seus numerosos escritos, coordena de um modo conceituoso as Doutrinas dos Alexandrinos, que, por sua vez, têm sua origem nas ciências ocultas dos antigos egípcios, e o que ele disse sobre as leis espirituais dos mundos superiores ainda hoje tem aplicações. Apenas são de natureza mais comuns essas prescrições. A prática secreta, diz ele reiteradamente, devemos adquirir por nós mesmos pelo reconhecimento do *Logos*. Ele escreve:

Em meio do mais eminente estado espiritual de todos os Espíritos, o Logos ocupa o primeiro lugar.

Ele é a roda propulsora na entidade interna da divindade, assim como de todo o mundo espiritual. Deus lhe confiou na Criação omnipotente o Fiat ('Faça-se') e assim se fez, por ele, o mundo.

Ele criou as formas das coisas pela Sophia ("Sabedoria"), pois que ele é o filho da "Sabedoria".

Embora não consiga o homem entrar em comunicação imediata com a divindade máxima, ele é capaz de uma comunicação mediata, confidente e real com o mundo espiritual, e neste, com o Logos particularmente; de modo que ele com o emprego dos meios apropriados pode entrar em comunicação real com este.

Aos espíritos superiores, celestes, deve o espírito humano às noções originárias de toda ciência, verdade, bondade, perfectibilidade, etc.

Mas, somente por intermédio da comunicação com o mundo espiritual, alcançável com o auxílio theúrgico (The-urgia, quer dizer: Força (de sabedoria*) que influi sobre Deus), consegue o espírito humano elevar-se às alturas transcendentes de verdadeira inspiração, e somente em virtude dessa comunicação chega ele ao conhecimento máximo do verdadeiro e belo.*

Quando a alma humana, pela comunicação com o mundo dos espíritos e especialmente pela influência do Logos, chegar ao conhecimento das genuínas noções das coisas, das quais apenas obtivemos um conhecimento superficial por meio dos sentidos, então ela se eleva acima de si mesma (isto é, da sua natureza material), entra em comunicação como Logos e sonha, por assim dizer, numa sóbria embriaguez; um sentimento coribântico a domina.

Philo descreve em seguida o estado estático da unificação com o *Logos*, que nos mundos superiores do espírito e dos Espíritos representa o intermediário. Philo julga necessário que o homem seja levado do quotidiano e vulgar estado de sua alma, ao conhecimento dos Espíritos superiores, ou melhor, que ele seja arrancado e tornado extasiado, e ao mesmo tempo vidente para as leis de um mundo mais elevado. No estado comum, os sentidos estão presos e reduzidos; no estático, ao contrário, eles são acessíveis até às suas mais elevadas disposições naturais.

A significação de semelhante êxtase foi plenamente reconhecida e apreciada entre os filósofos por Nietzsche. Ela é indispensável ao espírito contemporâneo, quando se trata de alcançar as Alturas eternas da Criação, e ao mesmo tempo de contemplar as coisas do eixo ou ponto de repouso do mundo.

O espírito contemporâneo necessita desse voo às alturas, para que, sem ser afetado pelas coisas, possa alcançar a tranquilidade em si mesmo.

No mesmo instante, ele se aproxima da alma do mundo e das forças criadoras que dela emanam.

"A excitação dionisíaca, diz Nietzsche, *é capaz de comunicar a uma massa um dom artístico"*. Nietzsche viu no *"Dionisíaco"* uma espécie de Salvação da humanidade. No *"dionisíaco"*, o homem se liberta em si mesmo, das cadeias da matéria terrestre e dos pesados complexos do seu pensamento material. Neste exercício do dionisíaco, desenvolve, tanto no cristão como no místico indiano, capacidades extraordinárias da alma, e proporciona a comunicação com os mundos superiores espirituais.

É que o *"Dionisíaco"* nada mais é que o desvendado segredo do *Logos*, pelo qual a Estrela do Macrocosmo (Tábua I) principia a desenvolver a sua força e consequentemente a desvenda. Aproximamo-nos, assim, do esoterismo do *"fáustico"* *"Signo do Macrocosmo"*.

O mundo dos anjos e dos espíritos superiores é conduzido por uma determinada Onda espiritual, assim como também o Éter no qual vivemos tem suas leis e por meio dessas são envolvidas as forças vibratórias das almas.

Só podemos passar para além da esfera da existência em que vivemos e alcançar as mais elevadas, conhecendo justamente esta esfera em que vivemos, em espírito de verdade, e alcançando assim o domínio sobre ela. Ela tem sua lei. *"Dionisíaco"* de Nietzsche é essa lei, que é o Segredo de um Ritmo, com o qual nos ternaremos conhecidamente uno, e assim abandonamos este grau de vida e passamos para o imediatamente superior.

As Hierarquias dos Espíritos têm, como em *Philo*, sua restrita delimitação entre si. Ninguém poderá alcançar o grau imediatamente superior, antes que tenha cumprido todos os seus deveres no presente grau. A solução desse problema é, porém, tão acessível ao espírito moderno, como o foi para o antigo.

Deveremos, falando com Nietzsche, experimentar o *"Dionisíaco"* como a causa primitiva do Mundo. O Cristianismo afastou-nos desses fenômenos centrais de toda vida espiritual, entrando na vazante dogmática. Ele não nos desvendou seu lado esotérico, mas achatou tudo exotericamente, até que se perdeu o espírito criador, salvador e imutável da religião, e ficou apenas um cadáver para os dissecadores teológicos e críticos.

Enquanto Nietzsche descobria com evidência o "Dionisíaco" como causa criadora de toda a vida espiritual, produzia ele mais do que a Teologia criticamente esfaceladora e destruidora. Pouca importância há em reconhecermos Deus por meio de suas palavras; o principal é que reconheçamos Deus em nós mesmos!

Deus é apenas uma eterna essência no homem que vê a si mesmo, disse Hegel. A essência divina concebida exclusivamente por nós não é Deus, mas um ídolo: *"Tal como é o homem, é o seu Deus"*! (Fausto).

SEGUNDA PARTE

A FANTÁSTICA CONJURAÇÃO DO ESPÍRITO DA TERRA À LUZ DA PSICOLOGIA PRÁTICA

I

A CONJURAÇÃO O ESPÍRITO DA TERRA PELOS BABILÔNIOS

Nos antigos selos babilônicos, encontramos, às vezes, a representação de um singular cerimonial de conjuração. Um *"Super-Ser"* se apresenta diante do sacerdote que aí está em atitude *tattwica* (numa atitude em que o *"Tattwa"*, a *"Força absoluta"*, vibra no braço ou na mão suspensos). É um *Espírito de fogo* ou um *"Peixe de fogo"* cuja capacidade de *falar* é indicada pela própria representação. A cena representa, portanto, a conversação entre um sacerdote e um *"Elemental"*, como dizem os nossos atuais ocultistas, e, tal qual podemos verificar ainda, com um *"fáustico"* *"Espírito de fogo"*, esvoaçando no ar.

O que diz este, denominado por Menant, *Une Sorte de Dragons*, verificaremos talvez pelo que se segue nas observações seguintes.

Ele é, ao mesmo tempo, o *"Alter ego (Alterego)"* do místico. Sirva-nos em primeiro lugar como chave para esta demonstração (Fig. 1 e 2), a *"Atitude tattwica"* do sacerdote, a qual está ligada psicologicamente a uma palavra mágica, cujo Elemento tônico ressoa da destra levantada. O *"Super-ser"* propriamente dito, seja para nós alguma coisa semelhante a espiritual chamada *akashica* dos hindus, que vibra em forma de *orelha ou um peixe*.

Diante do conjurante *"Fausto"* (Fig. 2), vemos o signo do *Macrocosmo* com a mágica estrela de oito pontas, e o signo do *"Espírito da Terra"* com a cruz e a meia lua. Os instrumentos esquisitos que estão ligados àqueles símbolos mágicos (Fig. 2), parecem ser *Monocórdio* – instrumentos musicais de uma só corda, como foram usados, entre outros, pelos Pitagóricos, nas suas invocações místicas. Esses instrumentos correspondem em contraponto e em timbre aos dois fluxos *polar-tattwicos* a serem despertados no corpo, de uma Energia espiral superior, do *Pingala* (egípcio *Pé-ankh*), o instrumento da direita, e com o signo

(*Dingir* dos Babilónios) do octógono, do fluxo *Ida* (Egípcio *at, tet*), o instrumento da esquerda, com o signo *Dsin* da Lua.

Para os egípcios, o "*pé Ankh*" simbolizava o *Hálito Energia* não dividido, do qual os hindus fizeram o Princípio *Pingala* máximo, da direita; ao passo que *Tet* ou *Ait*, o *Hálito-Força* material dividido, tornou-se o Princípio – *Ida* dos Hindus.

No *Livro dos Mortos*, cap. 151-156, encontramos a coluna *Ankh* desse *Hálito Superior*, Princípio indiferenciado, representado no meio das duas colunas *Tet* (Fig. 3), das quais a primeira, a superior, representa a Força Integral (A), e a segunda, a inferior, a Força diferencial do hálito (B). A demonstração da figura 3 em outro sentido é também digna de nota, e nos serve para explicação do presente fenômeno psicológico. Entre o signo da ereta coluna vertebral (C) e da curva (D), ou seja, por sobre a lei da *Tensão e Distensão*, da *Concentração de Desconcentração*, e a sua *Compensação harmônica*, reina o guardião da porta do Além, ou do mundo espiritual "*Onow*" (Anúbis). Aquele que sabe por em equilíbrio os dois estados da alma, o *Ankh* da "*Ereção*" e "*Tensão*", e o *Tet* da "Tranquilidade", penetra, conforme a opinião mística, no Mundo Superior do Espírito, e alcança a comunicação com as Forças do Além.

Figura 3

Representação dos diversos princípios do Hálito (respiração) pelo Livro dos Mortos, dos egípcios.

"*Onower*," na Yoga Prática, é o motivo do "*Logos-Raiz*". Simboliza também a lei da Separação daquelas duas *Forças-básicas*, assim como da "*Abertura das portas do Além*", a *Sephirah Binah* da Kabbala; o *Ben* – (egípcio *Pa'on*, grego *Pan*) ou Motivo *On*, que pelos "*Beni Elohim*" (*Filhos de Deus*), ou seja, pelos *Manasaputras* de Vênus, foi comunicado aos Videntes pré-históricos como sendo o Motivo básico de uma vida universal superior. Mas o emprego errôneo daquela *Força*, que circula no interior do corpo e que se divide em duas correntes polares por meio de uma manipulação mágica, traz perigos consigo. Quem se aproxima do limiar dos mundos do *Logos* e executa a experiência *fáustica* da Tábua II, deve estar *escudado* por uma fé inabalável no "*bom princípio*" (egípcio. "*Wen-nofer*", Fig. 3 F). Do contrário, ele não apagará o "*Fogo das Serpentes*" no sentido da Yoga, porém, ateá-lo-á ainda mais e será preso pelo "*Cão guardião*" do "*negro guardião*" (Fig. 3 E). Este último simboliza a ordem cósmica da demolição, da aniquilação, da dissolução; mas *Osíris Weunofer* (Fig. 3 F), representa a lei da construção e da conservação.

Figura 4

Num selo mágico de *Sardo* (Fig. 4, ao lado), vemos as duas correntes de energia espiritual que circulam no corpo, representadas por duas penas. Elas correspondem aos dois símbolos da força, diante das quais está o conjurante "*Fausto*" da Fig. 2. Também aqui o Princípio *Ankh*, no centro da Fig. 4, representa uma força superior indivisível, de modo a surgirem três planos de vibrações, ou, segundo os hindus, três mundos – o *Mental*, o *Astral* e o *Físico*. Esses três "*Planos*" também se encontram representados na figura 4. Do conteúdo desse selo pode-se concluir que ele foi um "*Talismã*" que deveria livrar o seu portador das forças inferiores e atrair para ele as forças superiores. Os fenícios fizeram desses talismãs um comércio remunerador. Na figura 5 vemos outro selo semelhante, no qual o seu portador está se justificando diante de Deus das *oito, respectivamente, nove forças*, do "*Pauti*" dos egípcios, conforme a gesticulação. A imagem sentada é o Deus.

Diante do primeiro vemos a cruz de aza ou símbolo *Ankh* do Hálito não dividido, e traz a Runa de *Aleph* ou da *Cabeça do Touro*, que conforme a significação, é idêntico ao símbolo *Tet* e simboliza o hálito diferenciado, pois os cornos do touro representam os braços distendidos na "Atitude *tattwica*" (Fig. 5).

Figura 5

Voltando agora aos nossos fenômenos do "*Fausto*" caldaico (Fig. 2), verificaremos, pelos dois símbolos do *Macrocosmo* e do *Espírito da Terra*, que o mesmo está igualmente de posse do dinâmico princípio do hálito. Ele encontrou a força básica no corpo e a desdobrou; uma nova tensão polar, uma nova energia introduziu ele pela *Atitude* e *Logos*. Ele dispõe agora da faculdade de conjurar o *Espírito da Terra* que desde então lhe aparece como "*peixe falante*" ou como "*Língua de fogo*".

(B) PASSAGEM PARA A PSICOLOGIA EXPERIMENTAL DO METACÓSMICO

Pela tensão polar introduzida no corpo, o místico obtem contato com as Energias vibratórias de uma zona terrestre magnética superior. Nesta jaz, conforme o modo de ver esotérico, o denominado *Resíduo--Cármico*, sintético princípio de energia indiferenciada da "*Alma*", que o homem expele com a morte e reenvia para a sua esfera de origem no *Logos* terrestre. Esta "Dinâmica", segundo uma antiga asserção, reúne-se de novo a ele pela Iniciação. Assim a vida é prolongada no sentido superior, graças à reunião com o resíduo Cármico. Este fenômeno se torna compreensível também cientificamente, uma vez que tomemos em consideração que, nas superiores zonas magnéticas da terra, encontram-se elementos materiais (*Íons*, gazes preciosos), cuja origem a ciência natural não sabe explicar.

Contudo, é verossímil que esses corpúsculos superiores obedecem a lei da *Repulsã*o, ou, como demonstrou Svante August Arrhenius (1859 – 1927), à pressão dos raios e não do *peso*.

A sede radiante deles é o indiferenciado e primordial globo da terra, que exteriormente envolve também o campo magnético terrestre. O íon positivo dessa esfera, atraído por uma determinada potência elétrica semelhante a que descrevemos acima, chega ao corpo por via da pressão dos raios (veja *As Forças Curativas do Logos*, do mesmo autor). Sendo a natureza indiferenciável, não se pode dissolver com a morte do corpo material ou diferenciado, e, por isso, dos *"Tschakrams"*, centros do temperamento em que desenvolveu a sua energia específica, ele regressa para a zona de sua origem.

Principiando daquela esfera quando planeta, ordenam-se às zonas completamente indiferenciadas; da matriz de crescente diferenciação de uma força inteligível, o *Logos*, de acordo com essa zona primordial. E de acordo com a queda potencial do mesmo *Logos*, que reproduzimos na Tábua III, desenvolvem-se, assim, as zonas energéticas.

As suas leis obedecem também a Vida-espiritual dos Seres-espirituais do planeta, como o demonstraremos. Os brâmanes o denominam *"Shandha"* os budistas, *"Carma"*.

Shandha é a *tríplice cadência do Logos* em nosso corpo, dinamicamente:

cha = Hálito mental, *On* = Hálito do peito, *Da, tet* = Hálito das extremidades, pés e mãos, no qual se reflete aquela lei do tríplice harmônico *Logos* terrestre.

Neste sentido, encontramos já uma demonstração no antigo selo (Fig. 4) das três zonas vibratórias harmônicas do *Logos* terrestre.

"Ankh" era o som da *"Zona absoluta"*. A vida do *Ego* (*Jiva*) saindo dessa zona é interpretada como o *"estado paradisíaco"*. Dela irradiam todos os indiferenciados *"Germens cintilantes"*, os *"Ankhas"* dos egípcios, ou *"Almas"*.

A significação desse *Logos* é *"Eu sou"*. Seu número é:

$$54 = \frac{A \quad N \quad Gh}{1 + \; 50 \; + 3}$$

(Tábua II).

Como todos os *Logos* se relacionam com uma vibração básica da *Dynamide* (Dinâmica) 432 Bn. (Onda-Binominal), seja dito que este *Logos* exprime a proporção do número harmônico, ou número básico da escala 8, para com a vibração básica:

432 Bn. Isto é, $\dfrac{432}{8} = 54$ Bn.

Agora o valor decaédrico do *Logos* representa a "Força" (Hindu *Shakti*) inerente ao *Logos*. Neste caso 540:

$$Bn. = ao\ egípcio\ \frac{Sae \quad Ri \quad Mn}{300 + 200 + 40}, em\ hebraico\ \text{"Saelem"}.$$

Os *Salem* dos hebreus são, pois, os verdadeiros *"Peregrinos do Mundo"*, as Mônadas ou *Jivas* dos Hindus; eles brotam como *"Forças do Lugar obscuro"*, onde habita o ser que está em si mesmo, o indiferenciado *Ishvara* (*Espírito do Mundo*).

II

DA SYSYGIA COMO CHAVE DA PEREGRINAÇÃO MUNDIAL

A *"Sysygia"* foi para os gnósticos a lei da vida espiritual nos mundos superiores. Toda a ascensão na mesma se lhes forma um encadeamento, uma união amorosa de forças polares. Neste sentido, eles compreendiam sob as *Sysygias*, as alianças dos *Æons* ou monádicas forças primevas do universo. O que a *Sysygia* representa no verdadeiro sentido, não podemos demonstrar por vias racionais, mas utilizando-nos de um *"Gnóstico"*, de uma *Experiência-chave*, da qual também aquele que quer adquirir conhecimentos das leis psicológicas desse mundo espiritual transcendental, não poderá de forma alguma obter uma visão vivida baseada simplesmente na especulação das *"Alianças-Æonicas"*. Temos o maior interesse na *Ação* do que na *Reflexão!* A experiência psicológica, porém, é uma resultante dessa Ação, e somente uma é a condição para a sua exata obtenção: é que seja executada com o coração puro e ao mesmo tempo com compreensão crítica.

A *Sysygia* é, no sentido esotérico, o sucesso de uma *"Geração para Cima"*. Dela só é capaz aquele que não reserva suas forças criadoras só para os fugazes gozos sensuais, mas que sente e pressente que gerar é também um acontecimento sublime, espiritualmente elevado.

O corpo não está destinado a esgotar-se no que é físico; ele é o instrumento do espírito. E este espírito é capaz de um desenvolvimento infinito, é, pois, também de uma infinita ascensão no reino da Criação. Quando as forças geradoras passam para a diretriz do espírito, então também ali se manifestam as mais elevadas relações, alianças, *Sysygias*.

Aquele que prepara o seu corpo para este sucesso, terá que viver, naturalmente, de um modo harmônico. Além disso, terá que alcançar, psicologicamente, uma determinada maturação.

A dieta também é de suma importância (geralmente se prescreve uma refeição moderada, forte, porém não excitante. No desenvolvimento progressivo e durante a Catarse, deve ser limitada ou suprimida a carne), pois do contrário se manifestará no lugar da *Sysygia* o *"Diabo amoroso"*, isto é, a mancebia com eróticas formas pensamentos, que são piores do que as orgias da carne.

Para nós, só tem interesse, em primeiro lugar, e no sentido psicológico, encontrarmos os métodos pelos quais o sucesso da *Sysygia* seja reconhecido e designado como esotérico-científico; e por isso nos abstemos de toda e qualquer espécie de pesquisa oculta que trabalha com o auxílio de electuários e pós defumadores, com cânticos sagrados, com autocatalepsias ou estados de transe.

III

MÉTODOS PRÁTICOS DA SYSYGIA

A base fundamental para o estudo esotérico empregado representa o conhecimento da *polaridade dinâmica*. Assim como no frontispício do templo de *Pythia*, no *Eleusis,* estavam as palavras: *"Conhece-te a ti mesmo*", assim também, na entrada da ciência esotérica, existem as palavras "*Conheces a Força* (Energia) *em ti mesmo*" Conhece-te como dualidade e como unidade! Goethe denominou a eletricidade de espírito universal, porque ela se manifesta em toda parte na dualidade, e, contudo, passa para a unidade no fim da ação. O mesmo se dá com a eletricidade que atua no interior do homem. Ela é, em si, una, mas emana de uma dupla força polar.

O esoterista prático principia, certificando-se por meio da Atitude e da Palavra, da tensão recíproca daquelas duas forças básicas. Uma dupla corrente de energia circula no interior. Por meio de um determinado gesto, que já vimos anteriormente, na *Atitude Tattwica*, em comunicação com a concentração por uma palavra (*Mantram, Logos*), o Ego se torna imediatamente consciente na força primordial – pela "*autosseparação*" da mesma.

A atitude pela qual se introduz uma tensão bipolar no corpo, nós a denominamos de "*tattwica*", e o *Logos*, por cujo intermédio da mesma chega à consciência, o "*Tat*". Uma modificação desse *Logos* é o Elemento tônico "*Sys*" de *Sysygia*" que é uma imitação do egípcio Símbolo do *Logos* "*Sisi*" (*Sisra*) (veja "*Yoga Prática*" de Svante August Arrhenius). Daremos como exemplo a seguinte experiência de *Yoga Prática*:

Coloca-te sentado ou de pé sobre as linhas diretrizes do pentagrama gnóstico (Fig. 6), de modo que A.G. e B.H. indiquem a direção dos eixos longitudinais das mãos e dos pés, e A.B, na diagonal do plano corporal, para a qual serão observadas estas direções angulares. A figura 6 B indicará então a posição dos pés, e com eles, correspondendo na direção, a das mãos. Consulte-se também a Tábua I.

Figura 6 A. A

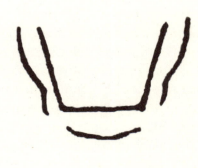
Figura 6 B

A. o Pentagrama gnóstico.
B. o Símbolo logístico do emprego.

Se nesse emprego se pronunciar a sílaba *"Tat"*, *"Sys"* (*dsisí*), *"Sus"* com atenta concentração, então se realizará a *"Sys"* – *igia*, isto é, a "subjugação" ou união (*"dsygon"* dos gregos) com a *força primordial*. O *"Jugo"*, denominação hindu, é um símbolo que mostra o ângulo do qual emana a energia do *Logos* no corpo, e dizem que tira desta subjugação ou *"arreamento"*, a força primordial, a noção Yoga.

O sentido desse exercício e do *Logos* que o acompanha é que pela pronúncia da sílaba *"Tat"*, *"Sys"* (*Sisi*), essa força se torna consciente no próprio homem.

A atenção ao pronunciar esse *Logos* (*Tat*) deve ser dirigida naquela atitude tanto sobre a concavidade da mão como sobre a do pé, e depois para ambos ao mesmo tempo, de modo que o elemento tônico *Tat, Sys, Sus* se manifeste realmente unissonante e *ao mesmo tempo nas mãos e nos pés*. Nas mãos se desenvolve então em primeiro lugar a corrente de energia *positiva* e nos pés a *negativa*. Este exercício é da máxima importância tanto para a Yoga, como para o estudo prático-esotérico.

Os hindus falam de correntes de energia ascendente e descendente, das quais a primeira é denominada *"Pr'-ana"* (o hálito do impulso ascendente) e a segunda, de *"Ap'-ana"* (o hálito do impulso descendente).

Entre as duas espécies de energias, que a física moderna denomina gravitação e repulsão, proporcionaram-se uma compensação no labirinto da orelha direita e da esquerda.

Para o esoterismo, importa agora descobrir aquele momento vibratório ou elemento tônico em que o *Logos* dessa compensação polar se torna consciente. O elemento tônico é *"Tat"*, o *Logos* da *identidade* ou da *união com a força primordial*.

O primeiro T de *Tat* soa na mão suspensa, ou quando se empregam as duas mãos na atitude, nas mãos suspensas, e o segundo T no pé ou pés colocados em conformidade.

Quando o exercício é executado com toda a atenção, o *"Tat"* se pode manifestar momentaneamente no corpo, percebendo-se essa vibração tônica nas mãos e nos pés simultaneamente.

O *Logos* *"Tat"*, *"Sus"* e com ele aquilo que denominamos *"Sysygia"*, a *"Mescla das Chispas"*, a corrente polar compensadora, se baseia no motivo básico psicológico da *Identidade*.

Uma energia maior se reconhece idêntica ao homem, dividindo--se de sua Unidade primitiva em duas *Forças-polares*, e passando assim de um plano primário indiferenciado ou espiritual para o plano diferenciado ou material.

O homem material desperto reconhece-se ao sair dela por meio de um *ato de pensamento do Logos*. O motivo do ato de pensamento é *"Tat"* ou *"Sus"* (como em *Je-sus*), pois que essas sílabas são espirituais, e, portanto, energias *apanhadas pelo pensamento*, ou, como também podemos dizer, energias do pensamento, força da alma, ou correntes espirituais. Estas últimas aparecem repentinamente circulando no corpo e assim repentinamente se desperta também o homem para a *Identidade com a força primitiva* (Deus).

Feito isso, realizou-se aquilo a que os gnósticos chamam *"Sysygia"* e a que os hindus denominam *"Yoga"*.

IV

O DESENVOLVIMENTO PSICOLÓGICO DO CORPO ORIGINAL

Nietzsche transformou a sentença cartesiana: *"Eu penso, logo eu sou"*, na fórmula: *"Ele pensa, por isso eu sou"*. Este *"Ele"* – é o *"Tat"* dos hindus, e ele, como vimos anteriormente no *"Cálculo tattwico"*, verificou-se (pensou) em nós.

Uma outra paráfrase filosófica da mesma sentença diz: "Eu sou imaginado, e por isso sou". Também esta sentença é adequada. O ego é, em uma parte original, "Objeto". Como tal, ele se reconheceu pelos nossos exercícios. Está presentemente encadeado de energia do nosso globo.

Pelo mesmo está ligado com inúmeros outros seres balouçantes sobre a mesma tônica (*"Tat", Sys, Sus*). Se olharmos para lista dos *Logos* terrestres Tábua III, *Tat* significa com o número 18 Bn, o *"Vesta"*, o "Céu" no qual se separam as *Águas* (Maim, I. Moisés 1, 7).

A ele corresponde, na *doutrina secreta* dos hindus, o Invólucro primitivo *akáshico* dos planetas e, em nossa ciência, o "virginal cinto hélio-hidrogênio" do mesmo.

Com este *"Céu cristalino"* (Dante) está ligado o Ego. Por isso, ele é uno com inúmeros seres. Ele se reconhece na força primitiva (em

Tat) e a força primitiva se reconhece nele. Nesta sua relação com tal *Vesta* primitivo do Céu, ele possui um organismo específico, que corresponde lealmente às vibrações daquele *Logos*, e este organismo nós reconhecemos pela seguinte observação e exame *esotérico-psicológico*.

No tempo do *Solstício* de inverno (no hemisfério Norte), aparece no céu, pela manhã, um signo que nossos tratados astrológicos ainda denominam a *"Virgem"* (*Virgo*). Ele traz consigo, conforme antiga crença, uma *Espiga* ou um molho de espigas e flores, uma *Cornucópia* etc. Nessa *"Virgem"*, cujo signo vamos descrever mais detalhadamente, está o Mistério do *Anseths*, a *"Chispa" Am* do Cysne (set) dos egípcios, das *"Amazonas"* dos gregos, dos *"Walkyros"* (motivo tônico Ro K H – W e R, egípcios, *"chamas primitivas"*) dos Mitos germânicos. As *"Amseths"* são as chispas *sysygicas* femininas que, assim que o místico entra em comunicação com a zona superior, aproximam-se dele, o cobrem com sua sombra e entram com ele num estado de geração espiritual. Pela apreciação gnóstica, "Maria" é uma dessas chispas *sysygianas* femininas, a Virgem Celeste que ao tempo do solstício hiemal (no hemisfério Norte) surge em astral pela manhã no Céu; em outras palavras, conforme a ordem da Loja-Celeste (Basileia) ela pode apresentar-se nessa época aos *Epoptes* (Iniciados / expectadores).

Segundo a doutrina hindu, logo que o *Tat* é reconhecido no homem e *"respira"*, o Ego entra na união geral das forças e recebe o *Darmakaya*, o invólucro superior.

Façamos agora a seguinte experiência:

Nós desenvolvemos aquele *Logos Tat, Sys (dsys),* Sus, da forma descrita anteriormente e observamos, então, em primeiro lugar, a nítida tensão gerada na polar negativa das pálpebras. Esse é o ponto inicial da comunicação *sysygica* com as chispas transcendentais (egípcio *Pé-ankh*). Estas se depositam como Íons negativos ao redor dos centros sensitivos (*Tshakrams*), nas quais se deu a separação polar, geralmente ao redor dos quadris ou do denominado *Plexos-Sacral*. Para determinar a manifestação daquele *Estado de transformação* e a presença de dinâmicas presenças negativas na Aura do quadril, servimo-nos do seguinte critério: Estando presentes estas, elas atuam como meios de tensão sobre o corpo cutâneo. Por um processo discreto. (*Osmose física*) elas se ligam ao organismo. As objetivações no raio primitivo pela pronúncia do *Logos Tat* se realizam então por meio da imaginação, porque a onda que atua de cima para baixo é indiferenciada e chega à manifestação da *Psique*. A própria força penetrante imagina. É que ela não é dividida. Ela não pode imaginar (pensar) "*Outra coisa*". Ela se representa a si mesma no *Ego*, e o *Ego* se compreende assim em *Tat*: "*Ele pensa*", como vimos acima.

V

DO SAELEM OU DO "PEREGRINO" DOS MUNDOS

Para os hindus, "*Jiva*" é a *mônada*, o "Peregrino". Ela, como resultante do *Logos* (*Jishvara*), participa do desenvolvimento infinito. "*Jiva*" é a chispa de *Jishvara*, que o *Chela* traz nos pés. Este é recebido pelo intermédio do tom básico do *Logos*, o qual podemos observar com mais clareza na "*Yoga Prática*" como também nas "*Forças Curadoras do Logos*". A submersão tônica é dada pelo símbolo vocal "*Yi*" (*Ji* como em *Hapi-j*), que, por um processo energético (Retenção do hálito / respiração), manifesta-se nos pés. Assim, o "*Ego*" desperta como irradiação da zona terrestre superior, isto é, como "*Eu*". Uma mística na linguagem está ligada desde o princípio com esta investigação esotérica, assim como o espírito da linguagem representa a autoconsciência de uma força absoluta no homem.

Antes de examinarmos o "*Saelem*", é ao mesmo tempo a forma purificada do "*Jiva*" (aliás *Yiva*) ou da *Mônada*, voltemos ao que ficou dito no início deste tema, nos capítulos que trata da respiração e procuremos esclarecer a conexão de *Jiva* com o campo de energia do nosso globo e assim também a sua própria natureza energética.

O "*Saelem*" é biblicamente (Moisés, 1, 27) a sombra astral do homem (Adam), da qual este último resultou, a "Imagem" de Deus, como denominou Lutero em sua tradução. A linguagem universal do espírito, do *Logos*, permitiu-nos, porém, apanhar esta palavra como uma significação básica de todos os acontecimentos cósmicos.

Abramos as nossas cartas celestes da antiguidade (Tábua I de *Schurig*) e verificamos que ainda hoje encontramos ali esse símbolo nominal como indicação sideral no lugar onde se encontrava o "*Chaos*" e de onde surge a primeira vida cósmica daquele centro de obscuridade primitiva.

Esse centro primitivo fica entre *"Cysne"* e *"Cepheo"* e apresenta-se de um negro profundo na abóbada azul do céu noturno. Ele fica lá, onde também os modernos astrônomos o colocam-no *"Cysne"* e no *"Cepheo"*.

Nesse ponto de bifurcação da via láctea se abre uma fenda negra, que, nas noites de lua nova no verão, é um objeto de estudo maravilhoso. Dela irradiam para o universo, como o demonstra a astronomia (Max Wolf), ondas ultravioletas de determinada refração. Outro astrônomo (Espin) atribui essas ondulações, que se apresentam como negras à vista, a um Médium cósmico primitivo negro, que absorve ar.

A princípio, pode parecer ousado quando emprestamos um expoente refratário transcendental de 54 Bn ao Médium primitivo que se irradia no negro *"Taunel...* Nem justificado é, porém, este número, como demonstram exames mais profundos. Ele exprime a proporção de um raio primitivo ondulante em um campo octogonal polarizado (veja em *Yoga Prática* de August Arrhenius), para com o número vibratório absoluto da matéria primitiva, isto é: 8:432 Bn = 54 Bn – ondulação binominal (✳). Para a doutrina do *Logos*, é digno de nota que todos esses números representam ao mesmo tempo noções potenciais cinéticas e, pois, palavras, em conformidade com a lei. Plinio (Obra VI, 30) denomina *Júpiter Belus* ao inventor da *"Ciência Sideral"*, e indica alguns valores:

```
B  H  L  E  (2) N  O  (3) S
2  8  30 6     50 70     200
```

que correspondem ao esoterismo judaico como também à doutrina secreta egípcia.

Júpiter foi o inventor dessa doutrina, altamente significativa, porquanto o *Logos* "Júpiter" foi quem primeiro levou a humanidade para o Signo do Macrocosmo, diante do qual também Fausto meditava sentado. Este signo é Octógono, do qual já tratamos. Ele indica o polarizado campo de vibração do raio primitivo ultravioleta. Quando o homem se coloca nele da forma já descrita nas Tábuas I e II, então a onda tônica *"Pitar-Pitri"*, depois de pronunciado o *"Ju"* de um modo nasal gutural em atitude ereta, sentada de pé, alcança os pés e se manifesta ligada a eles quando estes são colocados exatamente sobre os eixos G A e H B (AB representam entre a seção transversal do plano do corpo). Assim fomos conduzidos inicialmente para o número 8. Deu-se ao que se manifesta nos pés, isto é, ao "pedal" (H (j) em Ju) o valor 8. O octógono transformou-se num Hexágono:

Figura 7

Sobre o qual se tomou a posição básica, pois como o demonstra a comparação com a Tábua II, isto é, dado no octógono, como sendo o veículo dissolvente. Em comunicação com ele, encontrou-se um novo Logos, que vibra quando o corpo é colocado de frente como de costas, sobre o campo vibratório do hexágono acima. Do ponto central do Hexagrama, que deve ser desenhado sobre o selo, e em correspondência com o mesmo, do eixo central perpendicular do corpo, se manifesta uma onda que produz nos braços e pernas dispostos na direção dos eixos G A e H B, Fig. 6 A, a cadência *"war" "hwar" "hwar" – bal*.

Assim se originou o nome *Belus* ("*Senhor*"). Ao som W – ou B – que dissolve essa ação que se deu logicamente o número 6.

Assim, "*Júpiter – Belus*" se tornou o inventor da "*Ciência Sideralis*".

Para nós, esse octógono alcança uma significação especial, pois nos leva àquele *Logos*, do qual partimos: "*Saelem*", o bíblico corpo original. Com o estudo desse fenômeno, aclarar-se-á também, em essência, aquilo que denominamos separável do corpo físico.

Realmente pode aquele "*Saelem*" ser separado do corpo físico, sob o conhecimento das relações mesmerizas do *Logos*. Por seu intermédio, alcançamos até a propriedade de penetrar em qualquer objeto, como o ensina o *Iogue Pantajali*.

Este sucesso não deve, contudo, ser mal compreendido no sentido supersticioso, pois que "*Saelem*" significa em primeiro lugar apenas contato com uma zona magnética superior da terra. Pelo contato com a mesma é que conseguimos a ação, a influência sobre outros objetos.

Examinemos agora melhor a sede da energia dessas vibrações que interpenetram tudo.

Ela está em meio da via láctea, próximo à bifurcação existente no *"Cysne"*. Nesse ponto negro do firmamento está a estrela *"Al-deramin"*, isto é, o arabizado egípcio *"Al-Sarium"* e abaixo dela está a constelação da *"Salamandra"* – formado daquele nome egípcio do *"Espírito do Fogo"*, pelos Kabbalistas.

A curva que observamos nas figuras 1 e 2, no "Espírito da Terra" dos caldeus é o seu signo. Nessa curva ou onda, o *Espírito do Fogo (Salamandra)* prende o místico. Desenvolvendo-se acertadamente esse *"Saelem"* pela atitude e pelo exercício do *Logos* (veja a primeira parte deste assunto), então o corpo aparece em uma *"coluna de fogo"* ou Aura (Fig. 9), que para os egípcios tinha o valor tônico *"Dsae, "t'ae"*.

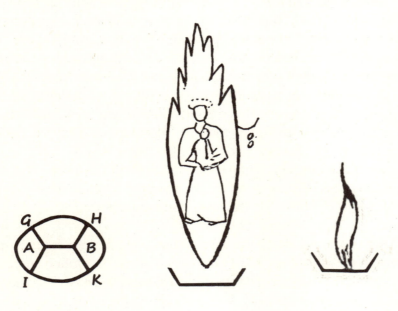

Figura 8   Figura 9

No cristianismo, ela aparece transformada no *Manto da Virgem*, isto é, originariamente da *"Chama virginal"*, que irradia da sede primitiva cósmica. A sede tônica desse motivo *Dsae* – (h) está nas concavidades dos quadris, e por elas se torna perceptível aquela ascendente chama terrestre, como vibrações através do corpo, quando este se acha acomodado, totalmente ereto. Uma vez obtida a sua percepção, surge o motivo *Dsaeh* soando no corpo. O segundo motivo ou *Rhimn* de "*Dsaeh – rhimn*" corre como onda tônica originada daquela coluna imaginativa pelo corpo, quando pés e mãos estão dispostos sobre os eixos AG e BH, (Fig. 6 A), e as espáduas, quadris e calcanhares sobre os correspondentes eixos traseiros AS e BK (as asas do "Anjo" (Fig. 9). Assim, por meio desse exercício do *Logos* e *Atitude*, torna-se outra vez visível o "*Saelem*" como uma sobra, o Gênio (Gênio protetor) do homem, como modelador "*Barhischad-Pitris*" de "*Adam*".

Por meio desse *Logos*, portanto, o *Ego* se prende igualmente ao seu primeiro Plano Modelar, como irradiação do Espírito Universal, como sombra vaporosa etérea, ainda sem a consciência diferenciada, mas já provido de sensibilidade e de uma "*Mneme*" (raciocínio substancial), de uma massa-alento fluídica, de um negro profundo como aquela escura chama dinâmica que, do negro Centro primitivo de "*Cepheo*" (sob a estrela "*Al-derumin*") que se irradia nas noites de lua nova. Somente com o desenvolvimento da imediata vibração do *Logos*, "*Cheth*" (hebraico: *Sephirah*, esfera "*Chok-mah*") obtém esse corpo a densidade, assim como *Cheth* egipticamente significa "*Densidade*". Ele abate a seus pés uma molécula de plasma, um primeiro ser orgânico vivente, uma *Mônada*, que ele cerca de uma chama invisível e desenvolve por meio de uma infinita série de formas, até o homem. Neste ele alcança a autoconsciência.

No *Saelem* podemos, portanto, observar ainda hoje em nós por meio de um ato místico. Ele é o *Corpo Espiritual*, o indiferenciado corpo primitivo do homem, reaparecendo pela prática logística. Assim que o *Logos*, o indiferenciado princípio do corpo, chega a contemplação interna, reaparece também o "*Saelem*", que, na mística da antiga confederação, encontramos já em duas imagens: na primeira, como a "*imagem primitiva de Adam*", do qual já tratamos, e na segunda, como rei "*Salomão*". A este corresponde o "*Messias*" do novo testamento, que é recebido pelos discípulos depois da morte sob o *Logos*: "*Salem-lachem*" (Evangelho S. João, 20, 26), "*Pax vobiscum!*"

VI

O SUDÁRIO E O RESTO FÁUSTICO

A afinidade com as forças espirituais do *Pleron* esteve oculta aos gnósticos por um corpo especial, do qual já tratamos anteriormente. Esse corpo se forma do corpo físico para fora, em determinados centros – (*Tscha-kames*), dos quais dois importantes nos interessam para a mística cristã. Eles estão em "Leo" do corpo astral. Nas pessoas de energia espiritual bem pronunciada, observamos não raras vezes duas visíveis polaridades no queixo: uma sede de tensão fenológica à direita e outra à esquerda. Ambos os centros são significativos esotericamente; eles simbolizam uma força superior e exprimem energeticamente pura no máximo sentido a comunicação com a zona interna do cósmico pelo embrionário (gelo – universal), o *"Leo-duplo"* em *"Leo"* e *"Aquário"*. Nestes dois signos está a sede da energia daquelas vibrações indiferenciadas da luz astral, dentro do nosso zodíaco. Os Persas o denominavam o *Lago de Hamon*, no qual está guardada a semente de Zaratustra, e os Judeus, a *"Caverna dupla de Mamre"*, na qual jaz a semente de Abrahão. Lá também está o sudário de Cristo, que, segundo o Evangelho de São João (20, 7), estava oculto *"em lugar especial"*.

Este sudário é um tanto parecido com a *"mágica máscara de Áries"* dos egípcios ou o *Tosão de ouro* sob o qual o místico penetra, para alcançar também a consciência da ressurreição física.

O sudário do *Logos* do novo testamento deste lê-se da mesma forma sobre a face do místico e lhe comunica a consciência da ressurreição físico-física. O *"Lugar especial"* em que foi ocultado, é aproximadamente o mesmo de onde sai o *"peixe falante"* (veja Ca. I). Esse *"peixe falante"* é a língua de fogo do *Logos* (*Jisvah Jesus*), que o Pentecostes se assenta sobre as Sensoriais-verticais dos místicos, que ele inflama assim como o espírito da terra inflama a consciência de Fausto. Aquele ponto superior corresponde, no corpo primitivo magnético da terra, o cinturão *hélio-hidrogênio*. Eles se desdobram em diversas zonas magnéticas, que pela lei de uma força absoluta, do *Logos-terrestre*, são ligadas entre si. Em outros termos, estas últimas formam em conjunto uma cadência potencial, que pelos sete, respectivamente, doze *Logos* (veja Tábua III) é marcada de um modo matemático legítimo. A consciência subliminal do homem é a restituição da cadência rítmica desses valores. As chispas indiferenciadas (egípcio *pi-ankl*) da zona máxima são, os condutores da consciência, os Egos.

O corpo humano é o instrumento das vibrações daquela zona, com a qual ele está ligado por meio de uma onda de energia assintética. A imagem da sua vibração é o *"Peixe do Akasha"* (Fig. 2), ou em outras figuras, também a própria onda, que da Superterra irradia perpendicularmente sobre a terra (Fig. 10). Seu Selo do *B'kit* do *hierogrammata* da Babilônia primitiva.

Figura 10

O modo de vibrar tem relação muito aproximada com a estrela de oito pontas, como o podemos verificar pela disposição desse Selo.

Em um outro Selo, vemos "Eva" (Fig. 11), a mulher primitiva, inspirada por esta onda.

Figura 11
Demonstração babilônica de Adam
e Eva diante da Árvore do fruto no Paraíso.

VII

DO SALEM OU DO "PEREGRINO" DOS MUNDOS

Ela foi mal aconselhada pela onda compressora de cima para baixo, por meio da qual, nas figuras 2 e 10, ela fala ao místico. Podemos determinar de que zona veio o tom daquela tentação diabólica, entre os sons, que Jesus deu às nove forças básicas da alma na oração dominical. A zona está debaixo do *Logos* do "Escorpião", do "Pecador", do insaciado desejo de existência. Se valor tônico é Waia (*hvara*), seu número é (Tábua III) XXXVI (36 Bn). Verifica-se, como indica o "Escorpião", um constrangimento, um Impedimento na esfera lombar, no plexo sexual. Ele obscurece a pureza dos tons, que da Superterra irradiam. Além disso, a cauda do escorpião também é uma imagem do acometimento da aura pedal por inferiores vibrações elementares. Sobre a essência das mesmas já falamos anteriormente, pois que a sinuosa cauda do escorpião é apenas uma forma especial do arco vibratório áurico, que conhecemos no arco do Gandarwa (Centauro).

Tábua III

432 Número *Mater, B'Kati* dos egípcios – *Kether* dos Hebreus.

8 Número raiz ($= 2^3$).

					DECANO		SEPHIROTH
1)	$\dfrac{432}{8}$	=	54 (Decd.540)	=	Sae Ri Mn ANGh, We No Wah	=	Binah (Din Seraphim)
2)	$\dfrac{432}{4}$	=	108	=	Che Q (diga Jech)	=	Chokmah (Sabedoria)
3)	$\dfrac{432}{16}$	=	27	=	SāH (Ches)	=	Chesed (Amor)
4)	$\dfrac{432}{2}$	=	216	=	Jis Va Ra	=	Yeschouah
5)	$\dfrac{432}{4X3X2}$	=	18	=	JaH (TāT)	=	Yesod *Logos* do Nome
6)	$\dfrac{432}{2(4X3X3)}$	=	90		MaeLek (LeHeM) (egípcio RhiMa)	=	Malkuth *Logos* do Reino

AS COMUNICAÇÕES COM AS INTELIGÊNCIAS DE MUNDOS SUPERIORES

7)	$\dfrac{432}{3(4X3X3)}$	=	600	=	RiTH (ch[w]arith)	=	**Geburah** Logos da força e da Vontade (Rindon)	
8)	$\dfrac{432}{4(4X3X3)}$	=	45(0)	=	TA'Mu (RHJMn)	=	**Sammael** Logos da culpa e do alimento (Modsa)	
9)	$\dfrac{432}{5(4X3X3)}$	=	36	=	Wa La Ra Wa (Reabua)	=	**Tiphereth** Logos da beleza, de tentação e salvação	
10)	$\dfrac{432}{6(4X3X3)}$	=	3	=	CHa-ON-TcT	=	**Hod** Logos do Reino, da força e da magnificência	
11)	$\dfrac{432}{7(4X3X3)}$	=	237	=	NaSiR	=	**Netzah** Logos do vencedor	
12)	432	=	B'kati	=	Kether	=	*Logos* da Coroa	

Para a numeração das letras, tem valor o Sistema numérico tirado do esoterismo hebraico: A tem por ele o valor 1; B (w):2; G (ch):3; D:4; H:5; W(ho):6; S:7;Ch:8; T:9; J:10; K(ch):20; L(ch):30; M:40; N:50 (n = 100 – 150); S:60; HVE:70. Ph (P): 80; Ds:90; G(ch):100; R:200; S(sch):300; TH (t):400.

Observação: na Coluna do "Decano" calcule somente com as letras maiúsculas.

VIII

PROÊMIO: EXPLICAÇÃO DA TÁBUA III

Para apanhar o sentido do primeiro símbolo, egípcio *B'KaTJ*. (var. *Bakti*), é preciso levantar a mão ao pronunciar o B' diante do tronco básico *KaTJ* (egípcio Círculo primitivo) e reter o tom B de *B'Kati* ligeiramente, de modo que se torne perceptível na mão. A onda tônica da palavra restante surge então nos pés, quando estes estão, dirigidos para fora, na posição ___/ da Atitude (veja Fig. 9).

Esta é a chave daquele extraordinário Símbolo que ocupar o primeiro lugar no cálculo numérico esotérico. Nós denominamos o B' o

"Prognóstico", porque o conhecimento da sua essência precede necessariamente a todas as demais investigações da Disciplina do *Logos*.

O *Logos* em B' tem o número: 432. O que significa que este número é, antes de tudo, dificilmente mensurável, enquanto não forem determinados também os demais valores, pelo seu discreto conteúdo vibratório, que exprime o número.

IX

A POTENCIAL CINÉTICA DA PRECE

Uma atenção especial merece em primeiro lugar os valores contínuos

$$\frac{432}{4\,X\,3\,X\,2} + \frac{432}{2\,(4\,X\,3\,X\,2)} + \frac{432}{3\,(4\,X\,3\,X\,2)}$$

Deles resultou a cadeia (*Catena, Sutra, Rosario*) logística, contida na prece cristã (Pai Nosso):

$$\frac{432}{4\,X\,3\,X\,2} = 18 \quad \text{Bn, egípcio Ta H, Tat, hebraico, } \textit{Ye-sod}$$
$$10 + 8 \quad 9 + 9$$

(Céu). "Jah" é ao mesmo tempo "Nome de Deus". Esta prece cristã mostra pelo seguinte, a cadência potencial do *Logos*. "Pai nosso, que estas nos Céu (hebraico, *Ye-sod* = 18, veja acima), santificado seja o Vosso Nome (Jah = 18).

Venha nós o Vosso Reino (hebraico. *Malkuth*, troco Mac L e K = 90, veja Tábua III). 40 30 20

Seja feita Vossa Vontade (hebraico *R DSon, St RiTH, dekhantico* [a Ri Th = 600, assim 200 + 400

Como no Céu (hebraico, *ardsah*). O Pão (hebraico troco M A D de *Madsah* = 45) nosso de cada 40 + 1 + 4

dia nos dai hoje e perdoai-nos nossas Dívidas D A M ah,
samah = 45
$$4 + 1 + 40$$

Não nos deixeis cair em Tentação (hebraico *La Wah* = 36),
mas Livrai-nos (St. *"rapha"*)
$$30 + 6$$

do Mal , pois que Teu é o Reino, a Força e a Magnificência por toda Eternidade, Amém". O que aqui corresponde ao valor do *Logos*, Tábua III, é $\dfrac{432}{6\ (4 \times 3 \times 2) = 144} = 3$.

No mesmo, o 3 = G (*guimel*) tem como troco ga (cha) o valor *"Magnificência"*, *"Força"* e *"Reino"*, assim como o em *"kewod"* (hindu *"Gowinda, Waikonda*) a noção hebraica do Paraíso, egípcio *Chont*, desdobrado em *Cha* (magnificência) – *On* (Força) – *Tet* (Reino). O mesmo *Logos*, porém, tem ao mesmo tempo o valor 144 (veja Tábua I), isto é, hebraico Ge   De   M = 144 = *"Eternidade"*
$$100 + 4\ + 40$$

E, simultaneamente, *Cha* —— *On* —— *TeT* = 144.
$$20 \qquad 6 + 100 \qquad 9 + 9$$

Esta noção corresponde ao hebraico *"Kanaphoth"* *"Ameia do templo"*, sobre a qual o diabo formula as três perguntas a Jesus.

Pelo hebraico, Ka é a noção do "Grande" do Reino, *"Naph"* (em *NaPhal*), a noção da *"Força"*, *"Fat"* (sos) a noção da *"Elucidação"* e *"Magnificência"*.

Dessas observações, verificamos qual o valor que a "Matemática do *Logos*" tinha no esoterismo antigo. Os números sublinhados mostra-nos o potencial do *Logos* (Tábua III).

Os persas e os essênios parecem terem estado especialmente na posse dessa mística numérica. Ademais, é também compreensível que a *"Prece das Preces"* tenha sido construída sob semelhante lei, uma vez que ela ganha na mesma medida em energia, além de representar uma potencia ou exprimir uma crescente escala de discretas energias do *Logos*.

Isso vem trazer também uma outra Luz sobre os ensinamentos de Jesus.

O reino universal do Espírito, ou o Reino Celeste, está lacrado pela Força do *Logos*.

Pretender viver nesse Reino equivale a reconhecer a Força sobre a qual se baseia o *Logos*. Quem são essas "mais de doze legiões de anjos" às ordens de Jesus (Mateus 26, 53), senão aquelas doze Forças básicas da alma (Tábua I), as antigas *"Palavras do mestre"* (palavras sagradas) e *Logos* decantados dos egípcios em suas infinitas variações na vida meditativa humana. Aqui está o acesso ao Reino da Criação; aqui os anjos sobem e descem.

X

GNOSES NUMÉRICAS PARA O ESTUDO DAS LEIS DA LUZ ASTRAL

A lógica matemática é o *"Autopensamento"* do absoluto.

O número é o veículo racional do absoluto, que *a priori* é inato ao nosso raciocínio. Ele exprime em si a Vibração, da qual nos tornamos conscientes na essência do *Logos*. Por isso as noções *loguísticas* são números. 432 é considerando-se simplesmente como numérico, um intervalo dominante, como já o demonstramos. Sua significação pode-se ser reconhecida melhor na essência dos coeficientes – Binominais. A Noção Divina por nós formulada subtende, como o demonstram as nossas derivações, todas as outras noções! Neste sentido, ela é o platônico *"Agatho"*, a noção do "Bom", que reina sobre todas as noções. Os pitagóricos representavam-na na fórmula 4 + 3 + 2 + 1, isto é, a "Década". Os números vibratórios dessa noção obtivemos dividindo sucessivamente 432 por 4 X 3 X 2 X 1, 2 (4 X 3 X 2 X 1), 3 (4 X 3 X 2 X 1).

Disso resulta o seguinte intervalo:

$$\frac{432}{+\,4.3.2.1} + \frac{432}{2\,(4.3.2.1)} + \frac{432}{3\,(4.3.2.1)} + \frac{432}{4\,(4.3.2.1)} + \frac{432}{5\,(4.3.2.1)} + \frac{432}{6\,(4.3.2.1)}$$

$$\frac{432}{+\,7\,(4.3.2.1)} = 18 + 9 + 6 + 4.5 + 3,6 + 3 + 2,57...\ t..$$

Desses números podemos derivar os valores dados na Tábua III. Mas seríamos forçados, se esses números correspondessem exatamente ao valor alfabético esotérico, a multiplicar alguns membros por 10, outros por 100. Observa-se, assim, que na décima quarta e mais extraordinária série de coeficientes binominais a seguinte cadência:

b) 110,1 ... 200,2... 300,3... 3 X432... 300,3... 200,2...100,1... 14.ª potência.

O intervalo crescente é 1001 = 10 + C (= 1). Consideremos o que o autor indicou em sua já citada obra sobre o valor da 14.ª potência, e multipliquemos os diversos membros por 1; 10; 3 X 100; 10,1 (= 322, e obteremos em lugar da série a (a série c) 18 + 90 + 600 + 450 + 36 + 3 + 257, que são os valores superiores do *Logos*.

Voltemos agora ao exame do primeiro *Logos B Kati* (= 432 Bn) contido no nome "*Deus*". O sentido discreto do mesmo é que ele exprime a sinonímia de Som e Gesto e somente é compreendido por ela. Na linguagem primitiva da humanidade, as letras tinham uma relação imediata com o Gesto. Elas eram símbolos principais das consoantes, isto é, aos labiais, dentais, palatais e guturais, correspondendo as quatro condições vibratórias de um princípio elementar (*Tattwa*) no homem e na natureza.

OUTRAS DERIVAÇÕES DOS DOZE LOGOS:

8 é a rotação, o número da "Coroa", 8:432 = 54 = We No + Wa H (Onover, Logo Raiz). Depois seguem como acima:

$$\frac{432}{4} = \text{B'Kati } (Kether)$$

$$\frac{432}{8} = \text{Cheq' } (Chokmah)$$

$$\frac{432}{16} = \text{CHoND } (\text{Din} - Geburah)$$

$$= \text{ChsSa } (Chesed)$$

e etc.

Para o método dessa derivação dos motivos principais da doutrina dos *Logos*, observe-se agora:

Wenover ou *Onover* é o antigo Logo-Raiz. Quando escrevemos em hebraico We No W

$$2 + 50 + 2 = 54$$

temos o número como acima da *Sephirah Binah*. Mas não deve ser esquecida a significação do 8 na derivação desse *Logos* (veja acima). Já observamos como o octógono ou o Decaedro nos forneceu a chave para compreensão de toda doutrina do *Logos*. O valor nominal de 8 é H e ch. O som gutural que soa pelas pernas abaixo. Assim, o *Logos* We No W nos serve para a produção de *Chet-pedaes,* como em *Wenofah, Wenofer*. A produção do tom pedal por meio de um Logos apropriado é o principal objetivo da prática da doutrina dos Logos. Alcançamos este por meio do símbolo *CHoND*, desdobrado em *We No We R*, e ambos têm o mesmo número original 54. A *Sephirah* Di N. dá o número 54; 4 +50, adicionando-se aquele 8 como número raiz, como em *Wenowah*, resulta *CHoND*.

Por isso, esse Logos muito acertadamente chama-se entre os "*Ni-D-Seraphim*", isto é, Juiz das Forças soantes do Logos. Esse *Logos-Raiz* alcança uma significação especial apenas quando o compreendemos como complexo de vibração da luz astral.

XI

DA ENTRADA DA ALMA NOS LUGARES SUPERIORES DO MUNDO

Assim que *Jiva*, o Ego espiritual (Esotericamente, o raio primitivo que repercute nos pés – "raio" Yi, na pronúncia, com penetração sonante até os pés) (em egípcio: "Si-ri", isto é, "Chispa" [si] do espírito Universal [ri,re]) desperta o homem, e a alma obtém comunicação com os "Ankhs" (veja cap. III) da *Luz Embrionária*, com o "*Plerom*" dos gnósticos (isto é, egípcio: "*pherhimm*" – Sah, (veja cap. VI, o *Lago Hamon* dos Pársis).

Ela está aqui atraída por um ser (*Ankh*), que ela ainda não conhece e, ao mesmo tempo, está ligada a ele telepaticamente (através do sensorial-divisor e de certas glândulas corporais).

Daquela esfera partem, portanto, maiores forças atrativas (Motivo "Dsaé'h", número 90. Pela tríplice rotação "*Chesed*" Amor; veja Tábua III. (Segundo *Schleiermacher* é o Amor a força atrativa nos mundos superiores).

Elas não se utilizam para a sua transmissão, do éter natural, mas de uma "matéria virgem" própria da nossa atmosfera e já demonstrada pelos físicos, denominada "Hidrogênio ultravioleta".

Figura 12

Este se acumula ao redor dos centros sensitivos (hindu – "*Tscha krams*") nos quais se realiza aquela assimilação, e forma aqui um sutil invólucro, (hindu – *Kosha*). Essa matéria finíssima absorvida ou dinamizada foi também cognominada "*Od*", mas cometeu-se o erro de supô-la uma irradiação do corpo. Ela é antes uma "*Radiação para dentro, ou mais certo ainda, as duas coisas, "um corpo sutil" do homem, que atua na substituição de certas matérias atmosféricas primitivas, a "substância de uma superior corporeidade*", que o hindu denomina de "*corpo astral*", porque está em conexão legal com o astro "Terra" e seu campo ondulatório magneto-atmosférico.

Segundo as observações dos astrônomos, aquela matéria sutil (ultravioleta) tem sua origem numa zona exterior da crosta terrestre, no invólucro "virgem" do planeta, isto é, na zona do corpo vibratório magnético "Terra", que os hindus denominam a zona do *Akasha* (veja a obra do autor Ervin Laszlo - *A Ciência e o Campo Akáshico*. Ed. Cultrix - SP, 2008). As vibrações moleculares deste gás "virgem" (isto é, "indiferenciado") proporcionam a transmissão das vibrações etéreas das esferas superiores do Cosmos.

Assim é que aquele em que os centros de absorção dessa matéria finíssima no corpo estão em atividade normal, em quem, como dizem os hindus, vibram os *"Tschahrams"*, brilha numa luz muito mais perceptível aquele centro do Cosmos. É a denominação *Luz astral*, que nos envia ondas ultravioletas, mas que não pode ser por nós absorvida, enquanto não possuirmos um centro receptor corpóreo para as sutis vibrações moleculares desse gás primitivo, ou, em outros termos, enquanto a *constituição material-densa* (químico-física) *dos átomos ainda a preponderar*. Quando, pois, aquele gás primitivo penetra no corpo, através dos capilares ou tubos dos ossos (hindu – *Nadi*), por exemplo, dos ossos centrais das mãos e pés ao mesmo tempo, então ele prossegue na sua atividade no *"fluxo de secreção interna" do corpo*. Os órgãos da secreção interna (*Hypophyse*, Glândula *Thyroidea, Thymo*, Cápsulas suprarrenais) distribuem o gás, libertando nele a denominada *"Dynamide"*, um determinado rodopio vibratório do átomo primitivo. Esse tríplice rodopio vibratório é, pois, a causa da atração daquela onda de luz *"pleromática"* nos centros internos de energia, especialmente da *Hypophyse* (hindu *"Sahasvara"* o *"Logos Milifolis"*, o *"Dangma"* dos tibetanos). Seu órgão é oviforme. Ele desempenha um papel especial no processo de secreção interna, e não é por um acaso que a radiação *ultravioleta* e *violeta* no espectro, resultando o *"Hod"*, seja nele encontrada. Quando a sua atividade principia pela libertação, acima citada, da *"Dynamide"*, então ele se veste de uma *"Chama"* daquele gás primitivo libertado. Sua potência de ação cresce, e por meio de *"projeções orgânicas"* psicológicas, enquanto a forma ovoide radiante da glândula é projetada no círculo visível exterior, torna visível-se a *"Luz Astral"*. Aquilo que denominamos vidência na Luz Astral (*clarividência*) se desenvolve. A Luz Astral vibra em forma de ovo, de acordo com a feição daquele órgão. Se, porém, abandonarmos a esfera inferior dessa "Luz Astral", pela qual o nosso planeta é especialmente dominado, então ela não mais vibrará em polarização oval, mas elíptica. Para a caracterização dessa zona, tenha-se em vista o seguinte:

A *Jiva* ou *Chispa*, que por meio dessa onda está ligada ao ser espiritual da *zona pleromática*, é também por este levado à vidência. Essa crença errônea procura a "Bem-aventurança" num Paraíso, isto é, a vida alegre em um *mundo superior*. Assim ele jamais vai conseguir *"vê-lo"*, pois a *"vidência"* está além de todo sofrimento e também além de todo o "*gozo*"! Enquanto procurarmos a "*Salvação*" em Deus, teremos que permanecer *cegos*! Mas desde que procuremos a "*Claridade*", que está em Deus, isto é, desde que passemos *a ver nele e por Ele*, seremos libertados do "*Reino Celeste*", que é apenas um *potenciado Inferno!* A palavra verdadeira dos evangelhos diz: "*Basileia ton ouranon*", isto é, "*Reinado dos Céus*", e não "*Reino Celeste*", ou seja, "*Reino dos Prazeres*", como geralmente é compreendido.

Quando, portanto, a alma é atraída por aquela onda dinâmica, quando desperta nela a chispa espiritual – o "*Eu*", então ela é alcançada por uma dessas "*Jivas-muktas*", cuja obrigação é procurar e auxiliar, onde um ente se esforce por progredir, mas que esteja preso. E ele está preso por aquela chama impura, que nem sequer desperta no interior um cristianismo falso, levando o homem, não a ver e a conhecer Deus, mas educando-o em uma "*crença salvadora*", "tornando-o um simples libertino" no sentimento da crença, naquilo que a todos deve felicitar depois da morte!

Esse fogo de alegria da crendice materialmente subjugadora é aquela chama vaporosa, que jamais arde claramente, jamais alumia em claridade, porque é por demais agitada pelo vento das paixões. E aqueles que deveriam ser os seus guardiões, ateiam-na para que arda cada vez mais forte e inquieta, porque a alimentam com esperanças de gozos, em um "*Reino celeste*", para o qual eles mesmos não podem oferecer quaisquer garantias. As palavras de seu Mestre eles não indicam para o porvir, mas para o presente no espírito! Por isso mesmo diz: "*Eu sou a ressurreição*", e "*Antes que Abrahão fosse, Eu sou*" (João 8, 51) e não "*eu fui*". Aquele que pressente (aceite) o *Logos* dessas palavras, não pode esperar um porvir, mas terá já recebido o presente no espírito, a própria existência no Raio eterno, o "*Eu sou*".

Mas aquele que não encontra esse *Logos*, isto é, o "*vidente*" e o "*ouvinte*" dessa sentença, que o próprio João denominou o *Logos* encarnado, isto é, o conhecimento espiritual que atua além do tempo e do espaço, estará ofuscado pela chama paradisíaca, com esperanças falsas, errôneas, de modo que ele vê e não ouve o que o *Logos* disse.

Como pode a *Jiva-mukta* alcançá-lo, como há de alcançar o seu fim a obra da misericórdia, que o grande *Logos* se esforça para exercer em todos, enviando a todos o raio congênito? O fumegante fogo da sombria chama do coração não lhe permite a passagem, pois que ele necessita de uma porta clara, pela qual possa entrar. A *"vida alegre"* no falso sentimento cristão, a esperança de um novo *"gozo"*, atordoa a alma, qual o perfume de uma flor venenosa de exalações fortes. O *"Paraíso"* se tornará vindouro *"Inferno"*. E onde está o inferno? O *Iogue* responde: O esperado *"gozo"* atrai sempre de novo os *Egos* para a esfera do poder da chama impura, que é eterna e é denominada o eterno fogo infernal. Ela é a Fogueira do Mundo, o centro destruidor do Cosmos. A *Jiva* ou *chispa* fica nesse fogo até que tenha reconhecido o Inferno no buscado Paraíso. Então será libertada!

XII

A LUZ ASTRAL E A CONSTRUÇÃO DO TODO

Como já vimos do capítulo precedente, a luz astral desenvolve as suas vibrações em conformidade com as leis do Cosmos universal. E cada um dos isolados complexos dessas vibrações, a começar desde a sede primitiva, é em nossa consciência uma noção performativa.

Dessas noções performativas nós distinguimos previamente doze e, portanto, ao mesmo tempo doze energias complexas que se tornam conscientes no homem.

Com isso, ao mesmo tempo, são a base da superior construção do Todo; pois que agora verificamos que o número correspondente a essas noções de um modo simples e legal. Assim vemos (vide cap. IX), ao meio do Todo um centro escuro, quase negro, justamente no lugar em que também a moderna astronomia vê o ponto central do nosso mundo, próximo à bifurcação da via láctea, no signo do *"Cysne"* e do *"Kephen"*.

A luz daí irradia, de brilho negro em *"Kephen"* e de brilho branco no *"Cysne"*, produziu na Psique dos nossos antepassados (*Pitris*) uma adequada expressão de vibrações.

Pelo número de suas ondas binominais, o número dessas vibrações, que é de 540 Bn., é legalmente restituído pelo *Logos* Sach   Ri   Mn (hebraico *saebem*). Ainda hoje brilha nesse centro
 300 + 200 + 40

de nosso sistema de universo a estrela *"Alderamim"* no *"Keplen"*, que representa a palavra egípcia arabizada *"Sach-rhimn"* (pronuncia-se *dsae...*). Pela Tábua III verificamos como as vibrações da Luz astral aumentam nos intervalos legais. Ao *Logos "Sach-rimn"* corresponde o número 54, *decaedricamente* (década) 540. O decaédrico valor do *Logos* exprime a *"Força"*, própria ao valor correspondente, e neste caso, portanto, o valor de 54 Bn, isto é, logisticamente (vide Tábua I)

We — No Wa — H.

2 + 50 + 2 + VIII - o valor H = VIII resulta da proporção entre 54 Bn e o número *mater* 432, isto é, $\frac{432}{54} = 8$

Este último é o Módulo-vibratório da Luz astral com o som H (*hj*), que logisticamente vai aos pés e está acomodado no octógono.

A este *Logos* se liga aquele com o número 108 cheg (*Hjeh*). Nos antigos globos planetários, encontramo-lo como estação lunar de *"Órion"*. A nebulosa de fogo de *"Kephen"* envia vapores da sua matéria primitiva ultravioleta para a nebulosa de luz de *"Órion"* que está à sua frente.

Então ele forma o que a astronomia denomina a *"Boca do Leão"*. Em *"Órion"* se manifesta assim a terceira esfera (vide Fig. 13) que se estende ao redor da Luz primeva.

Destarte, chegamos progressivamente depois da queda da potencial $\frac{432}{8}$ (vide Tábua III) aos valores dos vários *Logos*.

Como esse reconhecimento que se efetuou a princípio, podemos determinar ainda hoje mediante uma análise cuidadosa das potências de consciências dadas na Tábua III. Necessário é para isso desenvolverem-se no corpo as ressonâncias dos *Logos*. Assim desenvolve também outra vez a lembrança daqueles primeiros acontecimentos. Deste modo, o *Logos "Sach-rimn"* é desenvolvido sob a acomodação da chama terrestre de que tratamos no capítulo IX. Se ele vibra com clareza, então também o *Sachrimn*, em hebraico *Saelem*, isto é, o Corpo original do homem, principia a desenvolver-se de novo. À sua semelhança foi criado o homem (Adam), diz a Bíblia. Mas ele em essência significa apenas uma matéria primitiva, presente em si mesma, fechada em forma de uma zona de chamas (veja Tábua III), que é contido em nossa palavra *"Deus"*, isto é, logisticamente *"B'kati"* (veja Tábua III). Também esse valor tônico significa uma força máxima que se tornou objetiva em si mesma.

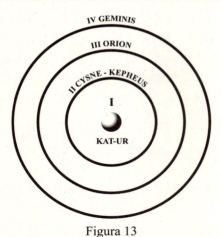

Figura 13
As três zonas centrais no círculo da Luz Astral

Do *Logos* "*B'Kati*" (Deus) se originou o *Logos CheS* (*Jasa, Jesus, Sach*), e isso outra vez em virtude da proporção do número básico; uma vez que:

$$\underset{2\ \ 20\ +\ 400\ \ 10}{B'\ Ka\ th\ \ J} = 432\ Bn \quad \underset{20+7}{CheS} = 27\ Bn \quad \frac{432}{4^2}\ Bn$$

4^2 é a função quadrada dos *Tetractys*, isto é, demonstração geométrica do espaço a curva hiperbólica da "*Corona*" (Fig. 14).

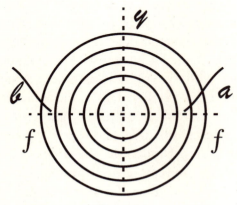

Figura 14

ou seja, do Símbolo da suspensão para o desenvolvimento das vibrações do *Logos*. Por intermédio desse *Logos* – egípcio *sach*, hebraico *ches* (*Yeschu, Yeschouah*) se realiza assim a primeira emanação do obscuro Círculo primitivo (egípcio *B'kati*, Deus). A "Força" (*Chakti*) é, por sua vez, o valor decaédrico: 270 Bn = $\dfrac{\text{U} \quad \text{R}}{70 + 200}$ (Luz)

Ou R *Uah*, hebraico Espírito, Derivado, egípcio *UaR*, morto... Se empregarmos esse resultado, por exemplo, a certas noções mitológicas, verificamos que pela lei presente podemos submetê-la a uma análise legal.

A curva "a" (Fig. 14) tem valor logístico "*Wal*" ("Morto" dos antigos nortistas e *UaR* "Morto" dos egípcios) = 270 Bn.

O espaço em que esta força (Fig. 14) vibra é o céu espiritual, o Reino Celeste, a *Wal-halla* dos germanos. Ela tem por isso o número 2 + 270 Bn = 540, Bn.

540 portas têm, segundo a *Edda*, "*Wal-halla*". Também o número 8 do octógono se manifesta aqui na memória do Bardo, pois que 8100 caminhantes entram e saem diariamente por essas 540 portas de *Wal-halla*, o que dá ao todo 800 540 = 432000. Mas este é o número básico dos Babilónios, dos hindus, etc., e que também os antigos germanos conheciam o grande número da cosmologia dos babilónios e dos hindus, é tanto mais notável. 432000 "Almas" ("*Caminhantes*", egípcio "*Enher*", "*chama inteligível*") irradiam da obscura sede primitiva, que este prodigioso número é naturalmente apenas um símbolo infinitamente vasto, mas legal.

Tábua IV
A HARMÔNICA LEI PLANETÁRIA:

A harmônica lei planetária

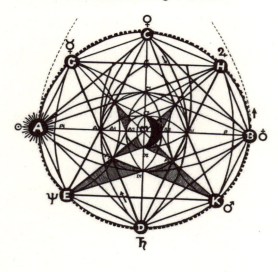

(Taboa 11).

Figura 15

A função *Tet* dos planetas ou a harmônica lei planetária.

Os afastamentos entre planetas são entre si como as projeções angulares de um octógono regular sobre o meio eixo. Os valores dos planetas são, segundo Le Verrier: A. B. correspondente a A1 B1, correspondente a A2 B2, etc. = meio afastamento da terra ao sol. Os valores são tomados em metade:

Fig. 15. A B = distância da Terra ao Sol = 1

A B = 1 | A N. = A G, distância de Mercúrio ao Sol = 0.38

A. BI = distância de Vênus ao Sol = 0.72

(A. B. = 1) A. P.   = distância de Marte ao Sol = 1.52

A2 B2 = 1) A P   = distância de Júpiter ao Sol = 5.20

(A3 B3 = 1) B A1   = distância de Saturno ao Sol = 9.55

(A4 B4 = 1) A2 B   = distância de Urano ao Sol = 19.52

(A5 B5 = 1) B P1   = distância de Netuno ao Sol = 30.11

A medida básica é Mercúrio = 0,38:1 = interseção de ouro.

XIII

A POTENCIAL DINÂMICA DE VÊNUS

Entre Vênus e a Terra existem pela harmônica lei planetária (Tábua IX) as seguintes relações: ABC é um triângulo equilátero. Sendo AB = 1 = afastamento médio da Terra ao Sol, então AC = AB1 = 0.72 - afastamento do Sol, então AB = AB1 = 0.72 = afastamento médio entre Vênus e Sol (segundo Verrier).

A relação entre ambos está, pois, determinada por esse triângulo.

O triângulo A.B.C. é denominado pelo esoterismo de Trígono de Vênus, que sempre foi conhecido na antiguidade, sem que se pudesse conhecer a relação puramente matemática entre os planetas. Já no livro *Dzyan* se diz que "*Vênus dá um terço a Terra, e por isso os dois se chamam irmãos gêmeos*". O triângulo *Sol – Terra – Vênus* é o triângulo *magnum veneris*, que mesmo a Vênus (*Genitrix*) de *Boklin* conserva na mão, uma vez que simboliza o Trígono das forças do *Logos* do nosso sistema.

Do exame psicológico do presente fenômeno resulta agora uma relação curiosa desse Trígono das forças para com o "*Saelem*" ou "*corpo original*" do homem.

O triângulo corresponde a uma energia real que atua no corpo, e da qual nos convencemos, conforme prescrição *yoguística*, por meio de determinados exercícios e especialmente por meio da produção de vibrações tônicas *mântricas*. Se pronunciarmos, por exemplo, o "*on*" (nasal) com ressoante n, observaremos um esforço tônico sobre o esterno.

Percebemos o som no esterno justamente no lugar em que está a chama de Monte de Vênus ou do Trígono (Fig. 16). Com alguns exercícios se observam esses "esforços tônicos" sempre mais distintos. O *o* deve ser de pronúncia breve e o *n* nasal ressoante. Contudo "*Logos H'on, On* (*Oau, Vau*) não indica em si a Estrela de Vênus, mas um processo psicológico, que é o da manifestação íntima de uma onda de sons e da força que lhe está ligada, e que os gnósticos denominavam o *Nous* (compare-se com o bíblico *Nuah*).

Ele representa uma propriedade maior de assimilação, o "Raciocínio" como capacidade de íntima percepção espiritual e a onda tônica que em primeiro lugar desenvolveu naquele *Nus* ao homem. Seu gênio é "Lúcifer". Esse Lúcifer foi, sem dúvida, a força inspiradora da chama de Vênus, que como astro vesperal e matutino predispunha os místicos ao ingresso, e que em primeiro lugar desenvolveu aquele Nus no seu íntimo a força tônica de uma vibrante onda. A chama dinâmica desse astro produziu, portanto, no místico, uma ação adequada pela libertação de um certo *Tattwa* atmosférico, que, de acordo com a doutrina indiana, tem sua sede irradiadora no osso esterno e que é cognominada a Força *Vayu* (*Tom "Oin", Vinjana*).

Os esoteristas dos povos antigos estavam convencidos do extravasamento de uma certa força pela miragem desse astro. Assim é que encontramos nos egípcios uma série de cânticos dedicados à estrela vesperal (resp. matinal).

Desta forma, entre os guardas da mais antiga sabedoria, os sacerdotes iniciados nos mistérios astrais, surgiu em primeiro lugar a doutrina de Lúcifer, como portador da luz do conhecimento.

Do mau uso de certas particularidades do culto dessa adoração, que vem de tempos imemoriais, desenvolveu-se mais tarde a doutrina do adepto caído, que, contudo, pode ter muito bem sua origem na dinâmica característica daquele astro. E assim Lúcifer, o anjo divino, se tornou finalmente um diabo, um *Sammael*.

Por isso se lê no *Isaías* (14):

Como caístes vós do céu, oh bela estrela matutina! Como viestes abaixo, vós que fascináveis os povos pagãos?

Cogitáveis em vosso coração: quero subir ao céu e colocar o meu assento acima das estrelas de Elohim.

Esta passagem faz supor realmente que esse culto a Vênus tinha por base um momento psicológico mais profundo. E de fato verificamos isso quando examinamos qual o *Tattwa* que era excitado e aumentado por aquelas vibrações tônicas no adorador.

On, Oin é, como já observamos acima, *Vayu*", "Ar de fogo". Seu centro orgânico no interior é uma glândula hoje em dia mais ou menos retardada no seu desenvolvimento, a glândula *thymo* na parte superior do esterno. Ela servia para transmitir o *Tattwa* (*Vayu*, indiferenciados *oxydo, Ozon*) atmosférico acumulado nos ossos capilares do esterno, do ar para o sangue. Esse *tattwa* atmosférico se acumula ao redor do esterno como uma chama ora mais morta, ora mais viva. A sua inquietude é consequência da mistura com a chama sexual que irradia de direção oposta, do *plexo solar* C (Fig. 16). Aqui se realiza, portanto, de acordo com as relações geométricas daquele Trígono, uma alternativa material sexual maior. A chama dinâmica dos quadris é *Ultra-Hidrogênica* (hidrogênio ultravioleta da atmosfera). A mistura desses dois gases sutis produz uma outra matéria básica do sangue, o denominado "*Aesch-maim*", Água-fogo, a tônica molécula aquática bipartida. Para a sua formação, como a verdadeira matéria básica do corpo do superior ou substancial (*Saelem*), serve, portanto, a ação conjunta de duas forças *táttwicas* no homem. Aquela chama será tanto mais inquieta, quanto mais forte for a deflagração dos princípios inferiores não libertados ou materiais grosseiros. E a sua deflagração será mais calma, quando o contraste tensivo das substâncias químicas for menor.

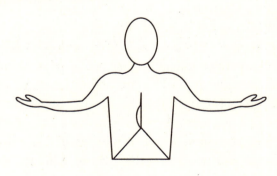

Figura 16

Sim, a chama do "Monte de Vênus" apagar-se-á de toda, quando o sangue aquático for transformado *ionicamente*. Os hindus falam simbolicamente de chama que arde num lugar onde não sopra o vento. Eles se referem ao sossego do ânimo, que se manifesta quando aquele processo de transformação está mais ou menos ultimado no interior do organismo. Mas a excitação daquela chama conduz a uma instigação do apetite sensual, por meio de uma mística invocação, devido a insignificante e, contudo, valiosa sílaba "*H'on, oin*", da mesma forma legal. Ela pode, portanto, servir também para o inverso daquilo para que foi determinado pelo *Logos*. O *Logos* pode pôr em atividade uma força pela simples invocação porque ele lhe é superior em virtude de uma lei superior. Assim a invocação pode promover o aumento daquela resistência imanente. Aqui entra um novo mistério, que é o do bipartido e assim criado *Contra-Logos* (elemento tônico "*oin*").

Ele é aquele Lúcifer, que, com a dinâmica do astro Vênus, penetrou na alma. Ele serve também a uma determinação superior, porém é contrário ao princípio inicial em si. Ele produz um Carma-terrestre.

Aqui vemos a influência de um mundo espiritual estranho sobre a Terra. Nós reconhecemos a influência de Vênus ligada a um certo potencial insofismável. Se nos interrogarmos, porém qual seja o resultado dessa influência, poderemos responder: Ela serve igualmente para a purificação e desenvolvimento da raça e, ao mesmo tempo, para dissolução daquelas materialidades cujo condutor não se mostra resistente na luta sensual, no fogo do "*Monte de Vênus*", ou não se sabe defender. Elas serão devoradas pela chama daquele *Monte de Vênus* e destruídas. Em certos sentidos, portanto, parece impura a influência daquele planeta. Mas atuarão ainda hoje as suas influências, depois que ninguém mais se preocupa com os mistérios astrais? Elas atuam ainda como outrora apenas infinitamente sublimadas? Os antigos as conheciam; era-lhes permitido olharem para além dos véus dos mundos. Mas quando os seus conhecimentos estavam ameaçados de se tornar profanados e cair no domínio geral, os guias da raça subtraíam da humanidade a contemplação dessas coisas. Com cultura progressiva, apresentavam-se as mesmas influências em forma mais apurada. Ainda hoje a chama de Vênus rouba a esta Terra os que se entregam ao seu gênio, *Lúcifer*. O calor do monte de Vênus não pode ser abafado pelo cristianismo. Talvez, porque ele mesmo, submisso a certas influências congênitas, se tornasse prisioneiro.

Quem irá querer obstar que aquela chama do *Monte de Vênus* arda ainda hoje tão alegremente como há séculos? E quem é que, por meio dessa chama tremulante se eleva para o *"Monte das Servas"*, para despertar a *Walkyria*, a adormecida e virginal força terrestre? Quem encontrará entre o tórax partido pela chama da espada a mulher, a *"Amseth"*, a *chispa virginal* de uma nova onda vital? Não são mistérios todas essas coisas, cujo sentido não desvendando promove a miragem de novas entidades, novos corpos, novas individualidades? O *Monte de Vênus* ainda hoje está no homem, e no seu fogo deverá ser purificada e experimentada aquela individualidade que quer subir para novas formas de existência.

Ele é o cadinho da produção de maiores afinidades que servem para construção de um novo corpo. E aquele que na chamejante contada desse monte, lambido pela chama, encontra a Amazona adormecida, será por ela também levado àqueles reinos em que governa o *Logos*, cujo éter é terno como o céu através do qual brilham as suas melodias.

Palavras finais

Os estudos refletidos neste escopo devem levar o esoterista a penetrar com as suas próprias pesquisas nas relações internas do Universo. Para isso, as Leis dos *Logos*, Números e Gestos, como foram aqui tratados, serão de grande utilidade. Especialmente uma certa habilidade na análise numérica das ideias proporcionará matéria investigadora completamente nova. Assim como as Leis dos Números são universais, também o são as do pensamento quando adaptadas àquelas Leis. E um pensamento assim também é capaz de correr a cortina que encobrem os Mundos Espirituais, que ficam para além. Ele conseguirá penetrar no "Céu" e viver n'Ele eternamente!

Apêndice

AS TRÊS METAMORFOSES DE NIETZSCHE

"Há uma palavra a dizer sobre a tarefa Hierofântica. Vede! Há três ordálios em um, e isto pode ser dado de três maneiras. O grosseiro deve passar pelo fogo; que o fino seja experimentado em intelecto, e os sublimes escolhidos no altíssimo. Assim, vós tendes estrela & estrela, sistema & sistema; que nenhum conheça bem o outro!"

Liber Al Vel Legis I § 50.

Das três metamorfoses. Três metamorfoses, nomeio-vos, do espírito: como o espírito se torna camelo e o camelo, leão e o leão, por uma criança. Muitos fardos pesados há para o espírito, o espírito forte, o espírito de suportação, ao qual inere o respeito; cargas pesadas, as mais pesadas, pedem a sua força. "O que há de pesado?", pergunta o espírito de suportação; e ajoelha como um camelo e quer ficar bem carregado. "O que há de mais pesado, ó heróis", pergunta o espírito de suportação, "para que eu o tome sobre mim e minha força se alegre? Não será isto: humilhar-se, para magoar o próprio orgulho? Fazer brilhar a própria loucura, para escarnecer da própria sabedoria? Ou será isto: apartar-se da nossa causa, quando ela celebra o seu triunfo? Subir para altos montes, a fim de tentar o tentador? Ou será isto: alimentar-se das bolotas e da erva do conhecimento e, por amor à verdade, padecer fome na alma? Ou será isto: estar enfermo e mandar embora os consoladores e ligar-se de amizade aos surdos, que não ouvem nunca o que queremos? Ou será isto: entrar na água suja, se for a água da verdade, e não enxotar de si nem as frias rãs nem os ardorosos sapos? Ou será isto: amar os que nos desprezam e estender a mão ao fantasma, quando ele nos quer assustar?" Todos esses pesadíssimos fardos toma sobre si o espírito de suportação; e, tal como o camelo, que marcha carregado para o deserto, marcha ele para o próprio deserto. Mas, no mais ermo dos desertos, dá-se a segunda metamorfose: ali o espírito torna-se leão, quer conquistar, como presa, a sua liberdade e ser senhor em seu próprio deserto. Procura, ali, o seu derradeiro senhor: quer tornar-se-lhe inimigo, bem como do seu derradeiro deus, quer lutar para vencer o dragão. Qual é o grande dragão, ao qual o espírito não quer mais chamar senhor nem deus? "Tu deves" chama-se o grande dragão. Mas o espírito do leão diz: "Eu quero." "Tu deves" barra-lhe o caminho, lançando faíscas de ouro; animal de escamas, em cada escama resplende, em letras d'ouro, "Tu deves!" Valores milenários resplendem nessas escamas; e assim fala o mais poderoso de todos os dragões: "Todo o valor das coisas resplende em mim. Todo o valor já foi criado e todo o valor criado sou eu. Na verdade, não deve mais haver nenhum 'Eu quero'!". Assim fala o dragão. Meus irmãos, para que é preciso o leão, no espírito? Do que já não dá conta suficiente o animal de carga, suportador e respeitador? Criar novos valores – isso também o leão ainda não pode fazer; mas criar para si a liberdade de novas criações – isso a pujança do leão pode fazer. Conseguir essa liberdade e opor um sagrado "não" também ao dever: para isso, meus irmãos, precisa-se do leão. Conquistar o direito de criar novos valores – essa é a mais terrível conquista para o espírito de suportação e de respeito. Constitui para ele, na verdade, um ato de rapina e tarefa de animal rapinante. Como o que há de mais sagrado amava ele, outrora, o "Tu deves"; e, agora, é forçado a encontrar quimera e arbítrio até no que tinha de mais sagrado, a fim de arrebatar a sua própria liberdade ao objeto desse amor: para um tal ato de rapina, precisa-se do leão. Mas dizei, meus irmãos, que poderá ainda fazer uma criança, que nem sequer pôde o leão? Por que o rapace leão precisa ainda tornar-se criança? Inocência é a criança, e esquecimento; um novo começo, um jogo, uma roda que gira por si mesma, um movimento inicial, um sagrado dizer "sim". Sim, meus irmãos, para o jogo da criação é preciso dizer um sagrado "sim": o espírito, agora, quer a sua vontade, aquele que está perdido para o mundo conquista o seu mundo. Nomeei-vos três metamorfoses do espírito: como o espírito tornou-se camelo e o camelo, o leão e o leão, por uma criança. Assim falou Zaratustra. E achava-se, nesse tempo, na cidade chamada A Vaca Pintalgada.

Nietzsche, F. *Assim falou Zaratustra*. Rio de Janeiro: Civilização Brasileira. 2005, p. 51-53.

As figuras do camelo, do leão e da criança correspondem, respectivamente, no essencial, às três perspectivas filosóficas e religiosas do teísmo, ateísmo e panteísmo, ou também, cristianismo, anticristianismo e paganismo. O camelo – símbolo do crente, do homem moral e do cientista –, é o tipo por excelência da má-consciência. Na *Genealogia da Moral*, segunda dissertação, Nietzsche propõe uma explicação para o surgimento da má consciência (*schlechtes Gewissen*). Em primeiro lugar, ele hipotiza a Gênesis da consciência moral (*Gewissen*), da seguinte maneira: o indivíduo soberano e consciente é resultado de uma longa e dura história da responsabilidade; história que leva o indivíduo a uma memória da vontade: a uma faculdade capaz de esquecer positivamente e comprometer-se responsavelmente; nesta história tem papel fundamental a mnemotécnica: conjunto de meios para dar ao animal homem a memória de seus compromissos. A história primitiva da humanidade nos revela: a enorme coação da moralidade dos costumes; o desenvolvimento inacabado do homem, mesmo se por meio do contrato emerja a consciência do animal-homem. A barbárie e a crueldade do contexto de surgimento da consciência permitem concluir: a consciência não pode surgir sem o rigor da coação social; mas, nem toda violência leva à má consciência. A *Gewissen*, por sua vez, designa uma estrutura constitutiva do homem e de todo homem enquanto tal; ela está ligada à natureza social do homem; é o fundamento ou pressuposto de toda humanidade possível e existente. Em seguida, ele trata do surgimento da má-consciência, propriamente dita: a *schlechtes Gewissen* não nasce da passagem do indivíduo animal à sociedade. Ela surge como adoecimento profundo (*tiefe Erkrankung*) na passagem das hordas primitivas às sociedades organizadas. Seu surgimento não está ligado à hominização do animal enquanto tal, mas à passagem de um tipo de sociedade a outra;

está ligada ao nascimento do Estado. O surgimento do Estado produz a invenção de um mundo interior exorbitante, em que o indivíduo dirige contra si mesmo seu instinto de liberdade (*Instinkt der Freiheit = Wille zur Macht*), por não poder ser criador em função da tirania da organização estatal e do caráter repentino, não aceito nem negociado, do domínio. A má consciência desde seu surgimento está intimamente ligada à religião: o desenvolvimento da *schlechtes Gewissen* ganha agora um terceiro pressuposto. Temos, assim, um pressuposto político, a coação estatal; um pressuposto psicológico, a tortura de si mesmo; e um pressuposto religioso, a dívida para com Deus. As sociedades primitivas, estruturadas segundo a relação credor-devedor, sobrevivem na convicção da dependência dos antepassados (representam a relação credor-devedor no sentido geração presente-antepassados). A dívida para com os antepassados aumenta à medida que os êxitos econômicos, militares, demográficos... são maiores. Sob esta lógica são instituídos sacrifícios, festas, normas tradicionais... Este vínculo com o passado culmina na divinização dos antepassados à medida que pouco a pouco aumenta a consciência da dívida. Quando – na época média – as coações primitivas e as violências externas desapareceram relativamente, a consciência da dívida permaneceu nas muitas divindades ancestrais, até o Deus cristão, o mais elevado até agora. A má consciência, informada pela religião, pela consciência tradicional da dívida em relação aos antepassados e deuses, complica-se extraordinariamente. O homem doente de má consciência imagina Deus como um contraste de seus próprios instintos animais e irresistíveis e, deste modo, transforma estes instintos em falhas para com Deus, hostilidade, rebelião contra o Senhor, Pai... Ele pode eventualmente inverter o Estado tirânico (pressuposto político) e sonhar com o sossego interior (pressuposto psicológico). Mas, como poderá libertar-se de sua dívida para com a divindade?

A religião não cria a enfermidade humana. Não é porque o homem é religioso que é doente; mas, porque é doente que busca na religião os meios mórbidos para enfrentar sua doença. Meios em que crê encontrar a salvação, mas que na verdade encontra apenas uma piora do mal. A função essencial da religião consiste em fixar o homem em si mesmo e em sua própria enfermidade. Longe de abrir o homem ao totalmente outro, ela proporciona os meios para evitar esta experiência terrível para o animal doente, cuja fraqueza nem sequer suporta sua própria alteridade interna. Ela fixa o homem em si mesmo, porque ele quer ser fixado: seguro de seu fim e do fim do universo, mas também sossegado diante de um mundo do qual tem medo. A força da religião está no medo que o homem tem diante de si mesmo (este grande desconhecido) e em sua incapacidade de afirmar-se. A impotência medrosa do animal humano diante de si mesmo leva-o a uma busca imaginária da libertação de si (e, portanto, de seu medo). O conteúdo alcançado importa menos que o fato e o desejo: encontrar um universo no qual estejam suprimidos o medo, a contradição, a divisão consigo mesmo. O surgimento deste outro mundo adquire sua força do desejo de confortar-se a qualquer custo: de eliminar a causa perturbadora e desconhecida da inquietação interior. A religião indica uma vontade de identificar-se com um mundo separado, diferente do mundo dividido do indivíduo doente, no qual pode contemplar a unidade ausente e tanto desejada. Este desejo se engana a si mesmo, porque se engana em si mesmo. Não quer e não pode ver que a raiz de sua aspiração a um mundo distinto é aspiração a ser libertado de si mesmo. O mundo divino nasce do inferno interior daquele que é prisioneiro da vontade de crer (o bom Deus nasce do diabo). O sacerdote ascético é o desejo encarnado do outro modo, a outra parte; é o grau supremo deste desejo, seu fervor e sua paixão verdadeira.

Mas, o camelo também merece respeito porque não é apenas dominado pelo ressentimento. De fato, se ele crê em um Deus exigente, pode tê-lo criado não apenas e não tanto devido ao temor, mas também como um meio para superar a si mesmo, projetando em um além a sua exigência mais alta. Ele é fraco apenas em um sentido relativo, pois, de fato, submetendo-se ao ideal, coloca em questão e dá provas de sua força; desta maneira, é essencialmente ambíguo e ambivalente, como Pascal. De fato, o condicionamento que o cristianismo exerceu sobre a personalidade de Pascal se, por um lado, apresenta-se como um delito imperdoável, por outro, atesta também que a fé pode ser o instrumento de uma grandeza incomparável. Assim, as qualidades do camelo estão ínsitas em seus defeitos: se, de um lado, a sua seriedade, gravidade e submissão lhe vetam a criatividade do além-do-homem, de outro lado, o seu zelo e a sua convicção lhe consentem de fazer realmente a experiência da superação de si mesmo. O crente alcança sua alegria e sua felicidade no sentimento de dever cumprido e busca o sacrifício maior para conseguir a máxima potência e gozar melhor sua própria força. O camelo afirma-se negando-se, comanda obedecendo, goza desprezando-se, mas nisso firma sua dignidade. Este tipo, que encontra realização nos valores tradicionais, não é desprezível: ele é, ao seu modo, fiel à vida, uma vez que com a ascese e a mortificação supera incessantemente a si mesmo na fidelidade a um ideal metafísico, moral ou religioso. O seu valor consiste em viver e realizar os valores em que crê; o problema é que esses valores são em si contravalores; nisso está o equívoco de tal processo de autossuperação, que transcende a imediatidade dos desejos apenas para fugir de sua realidade.

Em função da íntima convicção de que o dionisíaco é tão caótico que necessita a imposição externa de uma forma apolínea, o camelo domina sua natureza lutando contra ela. Incapaz de elaborar os seus instintos, como sabiam fazer os gregos, ele os sufoca com ajuda da consciência submetida às normas lógicas e morais. Sua vontade de potência se aplaca com "benefícios secundários", intrínsecos à longa tortura pela qual ele eleva a si mesmo; ele deve, porém, ao mesmo tempo, encontrar uma compensação para sua miséria presente e para as torturas que não pode não se impor para lutar contra a anarquia dos seus instintos; desta maneira, projeta em um além imaginário a satisfação que se proíbe, que deve proibir-se nesta terra. Deus é assim, para ele, ao mesmo tempo o consolador e o juiz: o imaginário garantidor de uma vida lacerada.

O crente, desta forma, deve tornar-se um anjo para não ser uma fera. Não apenas percebe como culpa todas as pulsões do desejo, mas sabe que sua realização levá-lo-ia à perdição; por isso é obrigado a forjar um Deus que garante ao mesmo tempo sua virtude e o sentido de uma vida que só pode subsistir voltando-se contra si mesma. O camelo é um doente que se consola com sua doença encontrando em um Deus construído segundo seus desejos a causa e a justificação de sua existência marcada pelo sofrimento: o Deus da tradição judaico-cristã que corresponde à interpretação moral do ser e da vida. O camelo faz da sua fraqueza uma força elevando ao grau de realidade suprema o Nada sublime gerado pelo ressentimento de uma vida enfraquecida.

> *Dos sacerdotes. E certa vez, fez Zaratustra um sinal aos seus discípulos e lhes disse: 'Aqui vedes sacerdotes; e, ainda que sejam meus inimigos, passai por eles em silêncio e com a espada dormindo na bainha. Também entre*

eles há heróis; muitos deles sofreram demais' – querem, assim, fazer os outros sofrer. 'Maus inimigos, são eles: nada é mais rancoroso do que a humildade. E suja-se facilmente aquele que os investe. Mas o meu sangue é parente do seu; e quero ver o meu sangue honrado ainda no deles.' E, depois que passaram além, a dor assaltou Zaratustra' e não muito tempo havia lutado com a dor, quando entrou a falar assim: Causam-me pena esses sacerdotes. Sem dúvida, repugnam ao meu gosto; mas isto, para mim, é o menos, desde que estou entre os homens. Eu, porém, sofro e sofri por eles: são, a meu ver, prisioneiros: marcados com ferrete. Aquele a quem chamam Redentor impôs-lhes grilhões... Grilhões de falsos valores e palavras ilusórias! Ah se alguém os redimisse do seu Redentor! 'Julgaram, outrora, aportar numa ilha, depois que o mar os arrastou; mas eis que era um monstro adormecido! Falsos valores e palavras ilusórias: são estes os piores monstros para os mortais; longamente e à espera, dorme neles a fatalidade. Mas, por fim, vem e acorda e devora e engole quem sobre ela construiu choupanas. Oh, olhai essas choupanas que esses sacerdotes construíram para si. Igrejas, chamam eles a tais antros de cheiro adocicado. Oh, nessa falsa luz, nesse ar abafado! Aqui, onde a alma, para elevar-se à sua eminência - não tem o direito de voar! Senão que, ao contrário, assim manda a sua fé: "Subi a escada de joelhos, pecadores!" Em verdade, ainda prefiro os despudorados aos olhos revirados de seu pudor e devoção. Quem criou para si tais antros penitenciais? Não foi gente que queria ocultar-se e tinha vergonha do céu puro? E somente quando o céu puro olhar novamente através dos tetos destruídos e eu contemplar, embaixo, as ervas e as rubras papoulas ao pé das rachadas paredes – volverei de novo meu coração para a morada desse Deus. Chamaram Deus àquilo que se lhes opunha e os fazia sofrer; e, na verdade, havia muito de heroico em sua adoração! E não souberam amar o seu Deus de outro modo, senão crucificando o homem! Pensaram em viver como cadáveres; também em seus discursos ainda sinto o mau cheiro das câmaras mortuárias. E quem vive perto deles, vive perto de negros charcos, onde o sapo, com suave melancolia, canta sua canção. Canções melhores deveriam cantar, para que eu pudesse acreditar em seu Redentor; mais redimidos, deveriam parecer-me seus discípulos! Nus, desejaria vê-los: pois somente a beleza deveria ter o direito de pregar a penitência. Mas a quem persuadiria essa aflição mascarada? Em verdade, seus mesmos redentores não vieram da liberdade, nem do sétimo céu da liberdade! Em verdade, nem mesmo eles caminharam nunca sobre os tapetes do conhecimento! Em lacunas, consistia o espírito desses redentores; mas em cada lacuna haviam colocado a sua ilusão, o seu tapa-buracos, a quem chamaram Deus. Em sua compaixão, afogara-se-lhes o espírito, e, quando se enchiam e se inchavam de compaixão, boiava sempre, na tona, uma grande estultice. Zelantes e aos gritos, empurravam o rebanho para a sua estreita ponte; como se houvesse apenas uma ponte, levando ao futuro! Na verdade, também esses pastores ainda faziam parte do rebanho! Pequenos espíritos e vastas almas, tinham esses pastores; mas, meus irmãos, que terras pequenas foram também, até aqui, as almas mais vastas! Sinais de sangue, traçaram no caminho que palmilharam, e sua loucura ensinava que a verdade se demonstra com o sangue... Mas o sangue é a pior testemunha da verdade; o sangue envenena, até, a doutrina mais pura, convertendo-a em insânia e ódio do coração... E se alguém passa através do fogo pela sua doutrina – que demonstra isso? Mais vale, na verdade, que a nossa doutrina venha do nosso próprio incêndio! Coração mormacento e cabeça fria: quando as duas coisas se encontram, nasce o tufão, o 'redentor'. Já houve, na verdade, homens maiores e de mais alta nascença do que todos aqueles a que o povo chama redentores, esses tufões que tudo arrastam consigo! E por homens maiores do que todos os redentores

ainda havereis de ser redimidos, meus irmãos, se quiser-
des achar o caminho da liberdade! Ainda não houve ne-
nhum super-homem. Nus, eu vi ambos, o maior e o menor
dos homens: Por demais, ainda, se parecem um com o
outro. Na verdade, também ao maior achei – demasiado
humano! Assim falou Zaratustra.

Nietzsche, F. *Assim falou Zaratustra.* Rio de Janeiro: Civilização Brasileira. 2005, p. 120-122.

Pertence às naturezas mais nobres encontrar na fé sua mais secreta afirmação; o Deus moral e lógico é para eles o instrumento de uma
vida autêntica que encontra na religião o modo para dominar e superar a
si mesma. Mas, devido à radicalidade de seu empenho e a sinceridade de
sua fé, os crentes deste tipo estão de certa forma além da crença. Tendo
realizado o seu Ideal, eles o ultrapassaram; tendo suportado as torturas
do sentido de culpa, adquiriram o direito e o dever de criticar a moral;
tendo domado a sensualidade, podem restituir a seus instintos e a seus
desejos o valor que por longo tempo negaram. O crente autêntico se des-
taca do rebanho dos mornos e dos molengas: a sua fé obediente e a sua
longa submissão fizeram dele um virtuoso que pode rir de toda virtude e
afirmar a própria autonomia. Dominado pelo Deus moral, ele soube dominar-se; tendo sabido obedecer, conquistou o direito de comandar a si
mesmo. Quando o crente nobre cumpre perfeitamente o dever imposto
por sua fé e sua moral, deve ainda prosseguir o movimento de transcendência por meio do qual torna-se aquilo que é, e se opõe àquilo que ele
mesmo coloca na realidade de sua existência. Ele percebe a heteronomia
da fé como imoral e ao "tu deves" opõe o "eu quero" de quem, sabendo
dominar-se, tem o direito a autonomia da responsabilidade. Aquele que
da moral e de Deus tem a ideia mais alta, torna-se então imoral e ateu e
cumpre a inversão da inversão; apenas este pode negar o Ideal sem cair
no ressentimento, "criar-se uma liberdade e um não sagrado ao dever",
porque sua negação não é aquela do hedonista, mas aquela daquele que
está além do bem e do mal, no sentido de que domina estes valores pois
os alcançou através de um longo caminho de sua maturação pessoal.
Nietzsche não serve para justificar o hedonismo decadente do último
homem, incapaz de dominar as próprias reações às excitações externas
e de conceber projetos que se distanciam da busca de prazer; da mesma

maneira que Freud, Nietzsche condena a total submissão ao princípio do prazer, que lhe parece mais de acordo à constituição anárquica do último homem que o desejo criador do além-do-homem. A afirmação dionisíaca do corpo e do desejo como fidelidade à terra não tem nada a ver com a exaltação da transgressão finalizada em si mesma, ídolo vão de uma cultura em decomposição.

De qualquer maneira, o movimento acima descrito é dialético. A negatividade que opera na moral da culpa volta-se contra si mesma quando, levando às últimas consequências a fé no Ideal, o espírito-camelo se transforma em leão. Se a moral conduzida a seu último êxito ultrapassa a si mesma; isso se dá porque ela revela todas as suas contradições quando um espírito honesto vive com coerência lógica o rigor de seus mandamentos. Neste sentido, o credo *quia absurdum*, típico do pessimismo alemão, penetrou no coração da lógica; e Hegel deu-lhe uma veste sistemática.

Foi a crença no Deus moral e verídico que fez da verdade um valor, e são os fracos que desenvolveram o espírito e a inteligência: "a história humana seria uma tolice, sem o espírito que os impotentes lhe trouxeram". Sem a confiança na verdade herdada da fé metafísica, a paixão pelo conhecimento nunca teria nascido. A moral e a religião estão na origem da crítica que as destrói. Desta forma, na medida em que o homem supera a si mesmo, a moral se autossuprime; a sua negatividade destruidora se inverte em uma destruição criativa na qual ele encontra prazer em negar aquilo que negava todo valor a sua existência. Na história do indivíduo, como naquela da cultura, a destruição da moral implica a morte de Deus. E, assim como a própria moral, assumida com toda honestidade, conduz necessariamente à negação da moral, da mesma maneira, a veracidade descobre que o homem terminou por chamar Deus o seu desespero, a sua impotência e desta forma "A ideia de Deus foi até agora a maior objeção contra a existência... Nós negamos Deus, negamos a responsabilidade em Deus: apenas assim redimimos o mundo". O amor da verdade proíbe a fé em um Deus Amor e Verdade. O Deus cuja morte faz vacilar os fundamentos da existência humana é o Deus moral e veraz da metafísica e da tradição judaico-cristã.

O Deus moral do camelo, mas também dos medíocres, é o produto dos desejos de uma vontade de potência fraca. Aquilo que instaura como valor – a paz, o bem e a caridade – é a impotência da vontade de potência. A metafísica da transcendência é um sintoma que trai e traduz um certo tipo de vida: aquele que tem medo da realidade deve refugiar-se em uma interpretação fantástica na qual se toma o desejo como realidade, no qual se nega à realidade todo valor para poder sobreviver negando a vida.

A fé tem um sentido e uma função para aqueles que têm necessidade; de certo modo ela preserva a vida. Mas uma vez que nela predominam os valores do rebanho dos doentes, ela é algo que destrói a grande individualidade criativa, coisa que não lhe pode ser perdoado. O utilitarismo e o hedonismo dos fracos conseguiram impor-se universalmente porque mesmo os mais nobres têm seu momento de fraqueza e, sobretudo, porque o ressentimento e o espírito de vingança aparecem cedo ou tarde em qualquer indivíduo: "Nus, eu vi ambos, o maior e o menor dos homens: Por demais, ainda, se parecem um com o outro." Instaurou-se, desta maneira, a tirania universal daquela interpretação da vida que é necessária ao tipo de vivente mais medíocre e os valores do rebanho impediram o desenvolvimento de grandes individualidades, as únicas capazes de justificar a humanidade. De tanto proclamar o mundo mau, o cristianismo o transformou em mau: os fantasmas rancorosos dos fracos foram interiorizados por todos, e a realidade foi infectada por moralismo pois se constituiu como "realidade" a interpretação de um certo tipo de homem. Quando o Deus dos impotentes morre, a existência fica estéril e doente pois o ideal a esvaziou de seu sentido tornando-a impotente.

Assim, se a morte de Deus, por um lado, é uma grande vitória, de outro é também um grande perigo: aquilo que passava por sentido absoluto se dissolveu, e o homem que havia interiorizado os valores da decadência crê encontrar-se agora diante do absurdo. O sentido que se deve atribuir ao niilismo depende então da orientação da vontade de potência daquele que o interpreta. A morte do Deus moral, criando a época trágica, faz ressurgir o pluralismo de interpretações que a teologia negava; mas a veracidade, própria do tipo nobre, refuta a tirania do verdadeiro e, mesmo defendendo o direito de viver diversamente do crente, não se arroga o direito de condená-lo porque sabe que não pode convencê-lo. Mesmo defendendo os direitos de uma vida ascendente e denunciando a falsidade do Ideal, a veracidade proíbe a condenação daqueles que pensam de maneira diversa, porque sabe que os falsos valores e a interpretação moral do divino são determinados por uma vida doentia que só pode subsistir mascarando tanto a realidade de seus desejos quanto aquela do mundo externo. A veracidade exige que cada qual "se torne aquilo que é" e que assuma a própria vontade de potência com base no sentido que lhe impõe sua constituição individual. É necessário defender os fortes contra os fracos, o indivíduo contra a massa; não se trata, porém, de destruir ou de desprezar quem pensa de maneira diversa.

A morte de Deus é um evento tal que diante de seu anúncio toda nossa cultura vacila, e todas as nossas convicções se revelam mentiras. A morte de Deus devolve o homem a seu destino: dele apenas depende agora a existência de um sentido. Mas pode existir fidelidade à vida como vontade de potência apenas se se reconhece, antes de tudo, a realidade do não sentido que deve ser ultrapassada: quem não passou pelo niilismo mais extremo nunca poderá ser o contrário de um niilista; "aquilo que não me mata me faz mais forte". Se o ateísmo do leão destrói a religião, dela, porém herda a vontade de radicalidade no empenho existencial. Assim, quem tem a coragem da verdade para denunciar a mentira teológica não pode ter nenhuma compreensão com os espíritos mornos e fracos que continuam a viver como se nada tivesse acontecido.

Se Deus está morto, com ele estão mortos a Verdade, o Progresso e todas as ilusões metafísicas do Ideal. Reconhecendo à religião tradicional o mérito de ter dado um sentido à vida daqueles que não poderiam dar por si mesmos, o genealogista despreza aqueles que, tendo ganhado com a ciência o ideal de veracidade, não são capazes de abandonar, por meio da paixão pelo conhecimento, sua condição de decadentes. No horizonte do niilismo descobre-se que muitos ateus são apenas crentes sem grandeza. O ateísmo pequeno burguês preocupa-se, sobretudo, com sua comodidade: nele se exprime a mediocridade do "último homem". Onde a vontade de potência afirmativa nega Deus enquanto tal porque um Deus moral é incompatível com a realidade, o "livre pensador" nega Deus mas conserva a moral para proteger-se da realidade. Os mais fracos entre os falidos querem manter a moral que lhes consente desafogar seu ressentimento; do Ideal ou da fé aceitam tudo aquilo que é útil, antropocêntrico e mesquinho, mas refutam aquilo que no Deus do camelo podia exigir superação de si ou um domínio de si. Estes pretensos ateus substituem Deus por um ídolo qualquer que lhes permita satisfazer seu mesquinho espírito de vingança; conservam todas as convicções características da teologia e da metafísica porque não têm a coragem nem a capacidade de afrontar o devir. Pretendem-se "bons", como se fosse possível fundar uma moral sem um Deus que põe a ordem do universo.

Os ateus por impotência forjam para si novos ídolos suscetíveis de substituir o velho Deus com menor despreza. Colocam outras palavras em seu lugar, mas continuam a operar o mundo consolante das essências contra o fluxo das aparências, por demais perigoso para ser objeto de seu desejo. Contudo, a moral, a verdade, o logos têm valor absoluto apenas se há um Deus que garanta a harmonia entre desejo humano e ordem do universo. Se Deus morreu, todos os valores se desvalorizam, e deve-se renunciar às consolações imaginárias do mundo fictício construído pelo espírito de vingança; a terra deve recuperar todo seu sentido. Novas interpretações podem brotar da vontade de potência afirmativa: é necessário permanecer fiéis à terra e ir além do homem, em direção ao além-do-homem capaz de dizer sim a realidade trágica e de afrontar o devir em uma interpretação fiel ao texto do ser; mas para isso é necessário que o leão se torne criança e supere sua posição apenas crítica para abrir-se a uma criatividade que se expanda além do bem e do mal, do verdadeiro e do falso.

No lugar do Deus que desvaloriza a vida pode-se colocar outras interpretações do divino que compreendam a realidade da vida humana em uma figura mítica que a justifica. Um indivíduo dotado de personalidade harmônica é um criador de formas apolíneas sem, por isso, trair o devir das forças dionisíacas. Desta maneira, as figuras do divino não se revelam intrinsecamente ligadas à refutação da realidade e à condenação dos desejos. No deserto do niilismo, o leão deve se libertar da vontade de negar para que a sua coragem da verdade supere a si mesma em uma inocência afirmativa, aquela da criança que cria um novo sentido.

CAPÍTULO II

A ESSÊNCIA DA MAÇONARIA

ÀS VEZES SOU UM DEUS QUE TRAGO EM MIM
(03 de Junho de 1913)

Às vezes sou o Deus que trago em mim
E então eu sou o deus, e o crente e a prece
E a imagem de marfim
Em que esse deus se esquece.

Às vezes não sou mais de que um ateu
Desse deus meu que eu sou quando me exalto
[variante: quando me encontro].
Olho em mim todo um céu
E é um mero oco céu alto.

Fernando Pessoa – Esp. 57-39v.

Desde o começo dos tempos, existe uma Loja Maçônica Espiritual, que tem procurado obreiros que estejam dispostos a colaborar na grandiosa e eminente construção de um TEMPLO, do qual somente "alguns sobre a Terra" conhecem o plano e dimensões, mas que também poderão colaborar todos aqueles que não desprezarem o ensinamento que os formará pedreiro e canteiro habilíssimo.

Em muitas comunidades externas, e em conformidade com vários dogmas, reuniram-se desde sempre, em cavernas, nas planícies, nas pirâmides e depois nos Templos que foram construindo em louvor ao Grande Arquiteto do Universo. O homem sempre esteve pronto para receber, transmitir o conhecimento e principalmente para realizar a OBRA; e a história simbólica da Francomaçonaria não oferece em realidade nenhuma fábula, quando ela busca os primeiros Maçons, mesmo que entre os primeiros animais-humanos humanizados, entre os primeiros verdadeiros "HOMENS", e ela pelas primitivas fontes se aproximam muito mais da VERDADE sobre a Origem da Maçonaria, da qual toda investigação racionalista moderna vem geometrizando.

Os Templos do antigo Egito, tais como o Parthenon, foram igualmente erguidos por verdadeiros "Maçons", assim como na Era Cristã muitas Catedrais famosas; mas todas essas exteriores e aparentes construções de templos apresentam apenas suas formas visíveis, algumas sinalizações de deduções do grande e elevado pensamento daquele *eterno e invisível Templo*, em cuja construção o colaborar foi sempre a mais elevada prerrogativa de um pedreiro mestre.

A origem da Maçonaria é coisa muito diferente da origem do seu atual NOME.

Os nomes foram sendo substituídos, mas a coisa em si se conserva sempre a mesma. — —.

Certamente que não se poderá supor que se encontre nas lojas humanitárias da atual Maçonaria um Construtor Perfeito, Correto!

Hodiernamente, no melhor dos casos, a Loja Maçônica, divorciada dos mistérios do Templo, é apenas depositária dos Instrumentos do Trabalho, das escalas e moldes, o depósito de antiguíssimos e santos Símbolos, cuja interpretação, e tão somente ela, habilita para a admissão da doutrina, mas que entre os que ali se reúnem ninguém mais sabe interpretar, ninguém mais se atreve a interpretar.

Apesar disso, continua a Loja devendo, mesmo que como pano de fundo, respeitar o Lugar Sagrado, pois, desta forma, ainda que alienada, guardará de tudo que se guarda em suas entranhas o necessário e suficiente para que em tempos vindouros, possam os nossos herdeiros sucessores a possibilidade de honrar e resgatar o Conhecimento, a gnose para dar continuidade ao plano do Eterno – que se resume da construção de uma humanidade perfeita e habilitada a reerguer o Verdadeiro Templo de Salomão a serviço e glória d'Aquele que nos criou com uma determinada missão. Neste sentido, somos apenas seus fiéis depositários.

Há de aparecer outra vez os verdadeiros construtores, conhecedores dos instrumentos, quando chegar o Tempo, e eles saberão agradecer aos atuais guardas da Loja o fato de, ao menos, não haverem dispersado o tesouro do Templo, apesar de parecer *sem importância* aos ignorantes do ofício...

É possível que esses novos pedreiros conduzirão ainda o nome atual da Loja através dos séculos de futuras gerações, mas isso certamente que não é condição para uma legítima Maçonaria, assim como nunca fora condição nos séculos anteriores, quando esse nome ainda não existia.

Também não é precisamente indispensável que cada obreiro e canteiro da construção do templo estejam como irmãos, ligado externamente à Loja, e é até compreensível que muitos se ofereçam aos Guardas do Plano da Construção para o trabalho, e somente se aproximam dos guardas dos instrumentos quando encontrarem outra vez entre eles os que saibam usar as ferramentas com proficiência.

Que são, pois, esses Instrumentos? O que é o *Lavrar da Pedra* e o que é a *Construção do Templo*?

Tentemos, para o bem da Arte, dar uma resposta a todos os sensatos, tanto quanto seja possível, sem revelar aos "menores" os segredos da Arte e dos mistérios da Construção do Templo, lembrando-nos da sentença que diz: *"Não atireis o que é divino aos cães nem pérolas aos porcos!"*

Todos aqueles que trabalham na construção do Templo, que é preciso erguer, são, ao mesmo tempo, Obreiro, Instrumento e Pedra...

Obreiro por sua livre vontade, ele se torna instrumento por meio da Arte pela demonstração dos Símbolos, que lhe mostram a sua aplicação, e em "Pedra", e, finalmente, pelo trabalho em si mesmo, por meio do acertado adestramento no uso dos instrumentos.

Somente de pedras Lavradas em Cubo poderá ser construído o Templo, conforme o plano geometrizado pelo Eterno.

Todo aquele que trabalha nesse Templo quer se incorporar a si mesmo como Pedra de suporte em sua estrutura, obedientes à indicação daqueles que como Mestres da Obra são sempre apresentados pelo Arquiteto Único de Todos os Mundos e que por si mesmos estão esculpindo como Colunas salientes, como Monólitos, e por isso têm que carregar a elevada abóboda do Templo.

Para se tornar Pedra, é preciso aprender o Ofício, é preciso receber Instrução de alguém que já conhece o Ofício; é necessário e fundamental querer ser Aprendiz sob a direção de um Companheiro, para que se habilite a empregar bem os instrumentos e com eles lavrar a si mesmo.

Ele é ainda uma pedra bruta, irregularmente formada, mas terá que se lavrar e aparelhar com o seu próprio esforço, para que se torne uma Pedra de Justas Proporções.

Depois de um esforço hercúleo e trabalhoso dentro dos ditames da Arte, ele se deixará voluntariamente adaptar ao lugar que lhe fora previamente designado na construção do Templo. Contudo, ele mesmo que tenha seguido à risca o *des-a-fio* do eremita obreiro, por seus próprios esforços e determinação ainda não chega ao Fim da Obra. Ele encontra-se ainda no escuro internamente; mas, como Pedra que é, deverá tornar-se um foco de Luz ardente e não um iluminado de fora para dentro, uma vez que o Templo, aquele que é preciso erguer, é construído de Pedras Intimamente Luminosas, para que ele alumie os incomensuráveis espaços da eternidade com a luz que vem de dentro.

Daí inicia-se então o seu trabalho Interno, que é *pessoal, intransferível* e *solitário*, para o qual o conduzem os Símbolos da Loja Maçônica, que, a princípio, ele já conheceu, depois que se tornou Pedra e os instrumentos já não mais lhe serve, conservará em si como conselhos iniludíveis. Apesar disso, só muito dificilmente poderá ele de si mesmo e limitado a si mesmo chegar à luz própria.

Ele precisa receber os raios que partem das outras Pedras, que como ele se formaram um dia, mas que já se tornaram Luminosas; e, sobretudo, precisa da Luz daqueles monólitos-colunas, que estão no interior do Templo...

Sem o seu trabalho interno e próprio, para o qual o conduzem os Símbolos reconhecidos em seu interior, ele jamais se tornará habilitado a receber essa Luz que por toda parte o envolve, e poderia acontecer também que os Grandes Mestres da Construção do Templo, tivessem que reconhecer nele uma Pedra "*Morta*", mesmo que tivesse que retirar da estrutura da Obra substituindo por outra Pedra.

Mas quando ele pelo próprio trabalho interno chegar ao ponto de poder fazer com que a Luz que o envolve brilhe também no seu interior, então ele brilhará por toda a eternidade em sua própria Luz, iluminando as gerações vindouras, quando houver chegado ao termo de sua laboriosa obra!

A construção do Templo não está ainda ultimada e não estará concluída antes que também o último dos espíritos humanos presos à terra, e que se esforçam pelo regresso à sua pátria primitiva, tenha encontrado o seu caminho e regressado à Luz.

Também hoje são necessários Obreiros e Pedras para a Construção do Templo.

Quem estiver lealmente disposto a fazer de si mesmo, depois de um árduo trabalho, uma pedra, será encontrado, será instruído e guiado espiritualmente, e espiritualmente encontrará outros símbolos, que saberá desvendar, porque o Lugar do Depósito dos antigos símbolos maçônicos carece hoje, infelizmente, de peritos, e os pertences externos da Loja não conseguiram aperfeiçoá-los como legítimos Pedreiros.

E se ele pertence hoje, porventura, aos guardiões da Maçonaria: que saiba então que tudo quanto ele ainda honra tão somente por Piedade, e que conhece apenas como Uso Tradicional, sem conhecê-lo em sua intimidade, contém oculto em si Sabedoria Profundamente Espiritual, e que ele poderá apoderar-se do mais profundo segredo da Loja com o auxílio dos seus símbolos, ainda mesmo que nenhum "*Catedrático*" lhes saiba jamais desvendar.

Todos os Graus da Loja atual são, fundamentalmente, ainda mesmo quando prodigalizem as "*Honras de Mestre*", graus de aprendizes, até que apareçam outra vez Pedreiros Verdadeiros, interpretar perfeitamente os símbolos de sua Loja e avivar em si mesmos o seu conteúdo; que saibam de fato guiar e instruir o "*Aprendiz*", e que por sua vez são os Discípulos daqueles poucos Mestres enviados pelo Arquiteto Único de todos os Mundos, a todo tempo, para que sirvam à sabedoria do seu plano, do plano que somente a eles foi revelado.

Mas ai dos atuais Guardiões dos Instrumentos e dos antiguíssimos símbolos, se não souberem Santificar a Loja, o lugar do seu depósito!

A sabedoria dos mais antigos cultos, o mais profundo conhecimento do Espírito, de que até hoje a humanidade pode gabar-se, ainda está aqui depositada em vasos velados, se bem que a própria associação cogite apenas do racionalismo ético, ou até como em alguns países da terra, esteja politicamente degenerada! O Mundo verá outra vez verdadeiros pedreiros na obra, e há de florescer uma Maçonaria, que, então, em meio da obscuridade e das luzes falsas, apresentar-se-á, como um Farol da Eternidade!

Usar-se-á da prova mais rigorosa quando se quiser separar o joio do trigo, quando tiver de ser criada a atmosfera espiritual indispensável ao verdadeiro trabalho maçônico na construção do Templo.

Oxalá possam os vindouros pedreiros verdadeiros encontrar na Loja, outra vez, pouco a pouco, as condições preliminares propícias para a renovação!

Por toda parte, porém, todos deverão verificar, afastados da Loja como Instituição, quer não, se não desejariam dedicar-se ao seu elevado e originário Alvo, conservando sagrado através dos milénios – se não poderiam tornar-se um Obreiro em si mesmo, uma Pedra no Templo Luminoso, Espiritual da Eternidade!

Quem se sentir habilitado a transformar-se de pedra bruta em cúbica – a justamente lavrada Pedra do Templo – encontrará em seu interior a condução espiritual, ainda que exteriormente nenhum guia esteja ao seu lado.

Talvez então a Francomaçonaria criada nos primitivos dias, cujos Símbolos antigos também a Ignorância jamais poderá depreciar, possa finalmente restabelecer-se para a nova vida espiritual – quando for tempo oportuno – nas mãos de tais verdadeiramente *Livres Pedreiros*, que podem estar ainda por muito tempo afastados da Loja!

O SALÃO DA INSTRUÇÃO DO TEMPLO E SUA FUNÇÃO MÍSTICA

O grande misticismo é a convicção, cada dia mais forte em mim, de que todos os objetos naturais simétricos são àqueles do tipo de certas verdades ou de certas existências espirituais. Quando passeio pelos campos, às vezes, sinto perseguido por um singular sentimento que me diz que tudo que vejo tenderia a um significado se eu pudesse compreendê-lo. Esta sensação de estar rodeado de verdades que não posso penetrar chega, às vezes, ser uma indescritível sensação de temor e admiração. Parece que todas as coisas se mostrariam cheias de reflexos de Deus se pudéssemos percebê-lo! Oh! Quanto tenho rogado para que me seja revelado o mistério, pelo menos um pouco mais além das aparências. Perceber, ainda que somente fosse por uma vez, a música que produz o universo inteiro quando cumpre Sua Vontade.

Charles Kingsley – *His Letters and Memories of his Life.* Ed. Tauchnitz, Leipzig, 1881.

No decurso de aprendizados e experiências desenvolvidas durante os "três anos" de Apr∴, o Iniciado tem sido gradualmente despertado para um estado de consciência no qual será possível *a priori* obter-se o conhecimento e a aplicação deste no plano do Logos. Neste ambiente se pode também atuar sob a orientação de Inteligências Superiores, para realizar a plenitude dos ideais deste Plano, e ao acelerar este processo interno de percepções e visões holográficas de sua própria evolução ou exaltação consciencial, auxilia todo o gênero humano.

Ao expressar por meio de palavras físicas as experiências e sensações que ocorrem enquanto a consciência está funcionando nos reinos suprafísicos dos símbolos, o cérebro, sendo um órgão físico, só pode interpretar os trabalhos da mente nos planos superiores comparando sensações produzidas nele com as que se derivam dos sentidos físicos propriamente ditos.

Assim, quando, diante do esforço para expressar o fenômeno desses planos superiores, faz-se uso de expressões tais como "eu vejo", "eu ouço" ou "eu sinto", não se deve pensar que os órgãos dos sentidos estejam sendo estimulados. Segue-se, portanto, que os objetos da vista, ouvidos ou tato, não são atualidades da matéria física, mas apenas figuras da exposição simbólica das influências suprafísicas, que impressionam a mente e o cérebro se esforça para interpretar. O Iniciado vai notando, todavia, que as sensações que ele interpreta como da "vista", e outras, vão investigando o mesmo fenômeno, as interpretações das expressões são paulatinamente absorvidas do sensorial ao material, ainda que os símbolos apresentados para exprimir aquilo que causam possíveis sensações geram necessariamente parâmetros de similaridades. Pequenos detalhes podem variar de observador para observador, mas o uso de certos símbolos de forma, cor, tamanho, e localização podem exprimir sensações particulares, e isso é quase universal. Manifestando uma fenomenologia com o amparo desta simbologia, a qual podemos denominar de ferramentas exteriores, desde o estado de consciência, o Iniciado estará animado da esperança a qual se fará inteligível àqueles que tenham tido experiências análogas, e de que estas notas possam ser compreendidas e úteis aos propósitos correlativos em conversações iniciáticas. Talvez aqueles que estejam se despertando agora para estas regiões da natureza mística ou metafísica possam encontrar algum amparo para si na compreensão e utilização das expressões experienciais que estejam vivenciando.

Melhor se descreve este estado de consciência dizendo-se que o investigador do conhecimento é transferido para um plano onde está situado um grande salão, conhecido como "Salão da Instrução", embora seja algumas vezes citado como "Salão da Memória" ou o "Salão de Ouro". Ali o buscador pode estudar, ouvir os discursos dos Mestres ou Instrutores e até ser pessoalmente orientado por Eles.

A transferência do plano físico para o do Salão pode efetuar-se de várias maneiras.

Uma vez dominada a técnica e obtida alguma prática, a mudança pode ser feita quase instantaneamente pelo simples esforço da Vontade. Contudo, nos estados iniciais, as experiências podem ser um tanto arriscadas e a mudança assume a natureza de uma viagem ou de uma *"miração"*. Para o primeiro estágio desta viagem é necessária a abolição do corpo físico. Está fora do plano deste escopo discutir os meios pelos quais isso se dá; é suficiente deixar-se o corpo físico, que a alma se lança na pesquisa do conhecimento, às vezes, só, porém, mais usualmente, guiada por outros mais experientes. Tentar descrever a metodologia que o Adepto segue em sua "viagem" no Salão e os fenômenos que lhe podem ocorrer em sua experiência, traduzindo numa descrição lógica, com sustentabilidade, pela via da linguagem, seja talvez o grande desafio. Pode não ser necessário ao investigador experienciar na *práxis* as impressões de sua "viagem", mas aquilo que lhe vem por intuição pode faltar-lhe palavras suficientes para descrevê-las a quem quer que seja; ficando tão somente uma espécie de sentimento silencioso na alma.

> *O Universo, no fundo, é uma forma de pensamento projetada da Mentalidade Suprema, dá origem de todas as coisas. O Salão do Kabbalismo poderá, portanto, ser olhado como uma exteriorização do Eterno, ou como uma dramatização de um conceito sagrado e abstrato, anterior à manifestação dessa forma da Natureza. Em outras palavras: se o Universo é o resultado da atividade consciente do Logos, o Salão é uma representação simbólica dos pensamentos Divinos anterior à atividade consciente e dos procedimentos, pelos quais a manifestação desta consciência se tornou o próprio Universo.*

> A.A.K.

O CAMINHO PARA O SALÃO

Cada símbolo/detalhe discutido sobre o Salão indica uma força cósmica ou um fator cósmico. Pela concentração sobre esse símbolo – não é necessário supor que há aqui uma linha dogmática para tal concentração – o pensamento do pesquisador se coloca em relação com esta Força. Um canal se estabelece sobre o plano da consciência, um canal entre a consciência do indivíduo e uma fase da força vinda da alma Cósmica, e, portanto, por este canal, as águas do Oceano Cósmico se vertem na lagoa. O aspirante que emprega o Salão como base da meditação ou de concentração estabelece, fator após fator, os laços entre sua alma e a Alma Cósmica. Sua alma poderá adquirir poderes mágicos, não por causa dos ritos, mas como resultado desse contato contínuo.

A.A.K.

A alma, tendo deixado o corpo físico, por meio da meditação ou da reflexão, encontra-se no espaço, infinito e vazio. Após um intervalo de contemplação, emerge o desejo de prosseguir. O desejo é no mesmo instante satisfeito: a alma se move, ou melhor, parece-lhe que o espaço se move atrás dela. Tornasse-lhe visível uma grande montanha cônica, que se ergue para o infinito, e rodeando-a, pode se discernir o bosquejo de uma estrada. O desejo de investigar produz um novo movimento, e o investigador se vê então nesta senda. Dessa experiência pode-se colher os primeiros frutos da investigação. É evidente que, nestes Reinos, desejar significa obter. O fator governante parece ser a Vontade. Assim é óbvio que, para progredir na investigação do conhecimento, ele deva esforçar-se por guiar e fortalecer a sua Vontade.

Ao seguires tua senda, em toda parte o bem virá ao teu encontro; em toda parte na senda ele vai revelar-se a ti, mesmo onde e quando menos esperas.

Corpus Hermeticum, Tratado 2, vers. 85

A estrada em que o Buscador se encontra agora, parece ter 3 metros, 657 centímetros e 6 décimos de largura e estar retalhada de gelo. Em cima estão os píncaros da montanha e, embaixo, um abismo insondável. A uma pequena distância, a estrada finda num precipício. Oposto a ela e separado dela pelo abismo, está um penhasco perpendicular, um pouco mais alto que o seu leito.

O topo do penhasco está um planalto, e em cima deste, o Salão. Seguindo o planalto e caindo no abismo, encontra-se um rio chamado o *"Rio da Sabedoria"* ou *"Rio do Conhecimento"*, algumas de suas águas de Sabedoria Divina cai na Terra, a qual se pode divisar lá embaixo como um pequeno globo.

Entre a borda do penhasco e o Salão, arde um fogo, o *"fogo purificador"*, abanado por um Vento denominado de *"O Sopro da Vida"*. Se o buscador prossegue na sua indagação, use-o este o conhecimento adquirido e a vontade de avançar. Se ele assim procede, parece-lhe ter dado um passo para dentro do precipício. Primeiro ele pode sentir uma sensação de medo, e proporcional a este medo, uma sensação de queda vertiginosa. Algumas vezes os guias ou auxiliares sustentam a alma tomada do terror. À custa de experiência, ou conhecimento, este passo para o precipício é dado sem temor, e o buscador se move, atravessando-o, até que alcance o penhasco oposto. Ao atingir a face deste, que tem uma aparência de um vidro, o buscador faz um suave movimento ascensionado, até que alcance o topo e se encontra no planalto. Aqui ele se defronta com uma nova prova. Para alcançar o Salão, é-lhe necessário passar pelo fogo. Se, provando a experiência o buscador avança intrépido, ele verificará que atravessa ileso o fogo, e encontrar-se-á em frente ao Salão.

O EXTERIOR DO SALÃO

> *Cada símbolo do Salão deve ser estudado sobre os diferentes planos, e, empregando as associações astrológicas e místicas como a chave, as perguntas podem ser feitas aos deuses de todos os panteões. Assim o símbolo conduz ao símbolo numa cadeia de associações quase infinita, a compreensão de cada símbolo confirma o conhecimento do símbolo de onde o elo foi dado e todas as linhas se*

concentram de novo num outro símbolo; isto é verdadeiro sobre todos os Planos.

A.A.K.

O Salão é de mármore branco, e o seu recinto belamente iluminado por uma luz dourada, que o circunda. Às vezes se veem outras cores, porém, a dourada ou amarela é predominante. As paredes laterais, que correm paralelas à margem do penhasco, têm um amplo caixilho longitudinal, em que se acham as janelas. O teto do Salão é de forma semielíptica; a parede fronteira é absolutamente plana, a exceção de um pórtico que se lhe ergue do centro.

O PÓRTICO

Então sendo Ele quem É e a sós comigo... Pus a minha mão na mão de Deus e no mistério profundo senti a antiga mão a guiar-me.

A.A.K.

O pórtico consiste de três partes. Na frente se ergue da terra uma escada de seis degraus, alargando-se o mais elevado para formar um lugar alto ou plataforma. Além está o "pórtico" propriamente dito, e por último, a porta ou "entrada" para o Salão. Nada há digno de nota na primeira parte. Dentro do pórtico, e erguendo-se para a entrada, estão mais dois degraus; em ambos os lados destes e da plataforma encontram-se pilares de mármore, em forma cilíndrica, sobre bases quadradas, niveladas com o degrau que eles franqueiam. Cada par de pilares suporta uma laje de pedra sólida, na qual se vê gravado um triângulo do mesmo material. As lajes sobressaem umas das outras, estando a última e mais elevada em contato com a parede fronteira do Salão, e consequentemente, cada triângulo se eleva um pouco mais alto do que o que lhe está à frente. A gravura do triângulo fronteiro é como a mostrada no desenho anexo, o qual também indica a posição do escrito hieroglífico que se encontra neste triângulo. A "entrada" mesma está fechada por uma vigorosa porta plana, de carvalho, bem encaixada dentro da parede. A ela se prende uma aldrava cordiforme, de ferro e prata. Transpor esta porta é a parte mais difícil da viagem e requer o exercício de uma considerável força de vontade. Todavia, logo que o investigador o consiga, a porta, que parece nunca se abrir, passa-lhe por cima, e ele se vê por fim dentro do Salão.

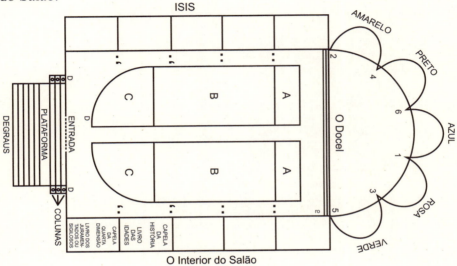

O Interior do Salão

O INTERIOR DO SALÃO

> *É uma procura da alma; mergulha em si mesmo para atingir o ser primitivo e verdadeiro, à volta do qual tudo começou, e à volta do qual tudo há de recomeçar, organizar-se – tudo se há de regenerar.*
>
> A.A.K.

Este é quadrado e tem, no extremo fim da entrada, um anexo semicircular. Como, entretanto, uma parte do outro lado se acha guarnecida de cortinas, o corpo do Salão apresenta uma aparência retangular. O espaço atrás das cortinas está dividido para formar como que diversas salas ou "capelas". Dois degraus muito empinados sobem para o dossel semicircular, que parece elevar-se cerca de 1 metro, 828 centímetros e 8 décimos, acima do Salão, e dando para este, existem cinco alcovas também semicirculares.

A disposição geral está demonstrada no traçado junto. Para entrar em detalhes:

O Exterior do Salão

O CORPO DO SALÃO

> *"Aconteceu-me do alto do infinito*
> *Esta vida, Através de nevoeiros*
> *De meu próprio ermo ser fumos primeiros,*
> *Vim ganhando, e através estranhos ritos*
>
> *De sombra e luz ocasional, e gritos*
> *Vagos ao longe, e assomos passageiros*
> *De saudade incógnita, luzeiros*
> *De divino, este ser fosco e proscrito..."*
>
> Fernando Pessoa – *Passos da Cruz*

É aberto e geralmente desprovido de móveis. Por ambos os seus lados se estende uma linha de pilares de mármore plano (D, D), em forma cilíndrica, perto das cortinas laterais.

No pequeno espaço à direita dos degraus, em direção ao dossel, está uma estante em que se encontram dois livros grandes. O que está à esquerda (A) chama-se "*O Livro do Mestre do Tempo*". Nele se acham os relatos pormenorizados de todas as vidas. O livro está escrito em caracteres hieroglíficos, mas, à medida que estes vão sendo lidos, os acontecimentos relatados apresentam-se espontaneamente, à maneira de uma série de quadros vivos, embora seja simulada a produção do som. A tradução torna-se fácil por isso.

O prefácio do livro dá melhor ideia do seu caráter e escopo. Ele reza o seguinte:

> *O* Livro do Mestre do Tempo, *em que se acham inscritas as épocas de todos os acontecimentos. O tempo, tal como a terra o conhece, não tem nenhum valor; mas o tempo dos períodos da vida física são as épocas pelas quais cada Ego conta, e são nestes que se acham aqui inscritas. O registro acessível a todos, assim que contém sua vida como contam um dia. Como se relembram os dias já decorridos, assim se relembram os "Dias" das vidas. Se nem todos os acontecimentos do dia são relembrados, tampouco os acontecimentos da vida. Não obstante, todos eles estão aqui inscritos, e a memória, refrescada pela leitura, relembra os acontecimentos da vida. É para isso que se escreveu este livro... Não para que os Mestres possam ler e julgar os trabalhos na vida, quando tenham de cogitar do passado, pois isso Eles conhecem independente de leitura – mas, para que a alma possa ler os acontecimentos de sua própria vida, e destarte, refrescando a sua memória com as experiências do passado, ela pode aumentar sua força para o futuro. Os que leem compreendem muitas coisas que antes lhes eram inexplicáveis. E ainda que os acontecimentos fossem relembrados, os pormenores ficariam esquecidos, e sem os pormenores perdem o valor.*

O outro livro, que está à direita (B), é chamado, o "Livro da Vida", e é, às vezes, o "Livro do Carma" ele difere do "Livro do Mestre do Tempo" em que dá somente um sumário das vidas e uma explicação geral do Carma gerado e esgotado em cada uma. Não raro é isso representando em diagrama. Este livro é usualmente o único acessível aos que buscam conhecimento de suas vidas anteriores, mais por motivos de curiosidade. Uma vez apreendidas as lições que se obtêm de sua leitura, tornam-se proveitosos aos estudantes os relatos detalhados apresentados no "Livro do Mestre do Tempo". Em frente destes livros está uma pequena estante em que eles são colocados na ocasião da leitura.

No Salão existe geralmente um certo número de pessoas, que constituem três classes distintas. Uma classe consiste daqueles que estão conscientes durante a sua permanência no Salão, conquanto isso não signifique, necessariamente, que eles levem toda a recordação desta consciência para os seus cérebros físicos. Vêmo-los estudando os livros, discutindo ou entre si ou com os instrutores, vários ramos do conhecimento, ou então, passeando para dentro e para fora das capelas. Depois há aqueles que vão adquirindo consciência no Salão. Estes vagueiam, observando uma coisa por pouco tempo e passando depois para uma outra; são os que vêm para o Salão em busca de fatos em vez de "um" fato, atrás do que existe para ver, em lugar de um objeto definido, e, por isso, pouco é o que eles aprendem.

A terceira, de um número de membros muito maior, é constituída por aqueles que, embora suficientemente desenvolvidos para alcançar este plano durante o sono, não estão ainda despertos ali. Vagueia em desígnio, a maioria numa condição sonolenta, e não se acham presentes quando se trata de dar um ensino especial. Nestas ocasiões os assentos são colocados no Salão da maneira indicada no desenho. São dispostos de modo a deixarem uma nave central e duas laterais. Segundo o que parece, a distribuição destes assentos obedece a uma ordem de precedência. Na parte (A) sentam-se os estudantes mais adiantados; ali se encontram os chefes da Sagrada Ordem. Em (B) está a corporação principal dos que trabalham no Salão, ao passo que em (C) se sentam os que permanecem nos estágios de consciência menos adiantados nestes reinos. Nos espaços abertos (D) ficam alguns da classe supracitada, os recém-chegados, que acabam de conseguir ingresso no Salão. Estes aparecem apenas semiconscientes do que está se passando.

AS CAPELAS

Assim com o amor ressurge sempre algo renovado neste mundo e com ele a alegria, sempre inseparável: E nele de novo é dado realizar a verdadeira condição de Homem de Desejo, neste mundo em que Deus é a realidade pura, suprema e total.

A.A.K.

Como já foi dito, uma parte dos lados do Salão está guarnecida de cortinas, e, além disso, este espaço está repartido de modo a formar diversas capelas, ou arcas, de conhecimento. Em frente às cortinas e oposto a cada um destes compartimentos, está um dos pilares de mármore já descritos. Em cada uma destas capelas, evidentemente, estuda-se um ramo especial do conhecimento, sob a direção de um Instrutor, assim como existe ali um livro que contém e expõe o conhecimento dessa matéria particular. As tapeçarias são grossas e de uma acentuada cor carmim. Dividem-se na frente de cada capela, para permitir a entrada. O buscador não pode certificar-se de quantas capelas existem no Salão. Mas são menos de onze e mais que nove. As duas mais próximas da entrada, ao lado da mão direita, estão cheias de uma cor lilás-escura. A primeira destina-se ao estudo da Quarta Dimensão[1], e o livro que trata disso é chamado "O Livro dos Aprendizes da Sabedoria". Na capela

---

1 - O mundo tridimensional está submetido à velocidade da luz. Rompê-la, transcendê-la, equivale, verdadeiramente, penetrar na QUARTA-DIMENSÃO. Esta é o tempo. É impossível a suprema conquista do espaço estrelado sem, antes, conquistar o tempo. Afirmamos de forma enfática que a conquista do tempo é impossível enquanto permanecermos encerrados neste tipo tridimensional de vida, determinado pela velocidade da luz.

Na Quarta Dimensão, Quarta Coordenada ou Quarta Vertical, podemos viajar no tempo, submergindo no remoto passado e projetando-nos no distante futuro. Um astronauta que flutua no espaço cósmico por efeito da velocidade orbital, assemelha-se a um iogue gnóstico em estado de levitação.

Os cientistas já observaram as propriedades dos corpos sólidos hipervolumétricos, inclusive procuraram criar a antigravidade. Estes são fatos de uma humanidade que começa a entender e conhecer a Quarta-Dimensão, tendo já percorrido bom caminho. O descobrimento da Quarta Dimensão prepara o homem para o estudo profundo do Plano Astral. Assim começar-se-á a compreender que existem Universos Paralelos, Mundos Ultrafísicos, Regiões Espaço-Temporais, muito além de nossas percepções.

vizinha pode estudar-se a história do mundo. O seu livro é conhecido pelos buscadores como o "Livro das Idades"; nele estão inscritos os acontecimentos históricos e verdadeiros da humanidade, não de pessoas, mas de coisas.

OS DEGRAUS

> *A descoberta do caminho é certamente o desabrochar da flor da alma. É na inconsciente submissão ao inatingível, na hora de absoluta solidão, que ocorre o misterioso acontecimento. A senda foi descoberta, e agora precisamos começar a palmilha-la.*

> Rohit Mehta – *Procura o Caminho.*

Os degraus que conduzem para o dossel parecem ser tão altos quanto largos e correm toda a extensão do próprio dossel.

DO DOSSEL

> *O silêncio tanto pode durar um momento como prolongar-se por milhares de anos. Mas terá fim. Contudo, levarás contigo a sua força.*

> Mabel Collins – *Luz no Caminho.*

Como ficou dito anteriormente, este parece estar cerca de 1 metro, 828 centímetros e 8 décimos acima do corpo do Salão. É semicircular e está normalmente cheio de uma luz brilhante, amarela ou áurea, a qual se irradia do pórtico, até o espaço circundante. Às vezes, se veem outras cores, porém, a amarela é a predominante. É deste dossel que se fazem os discursos ou se dão os ensinos. Alguns dos Seres Superiores que proporcionam estes ensinos não permanecem de pés sobre o dossel, mas apresentam-se um pouco acima dele. Parece que os buscadores deste Salão nunca sobem no dossel, conquanto os mais adiantados subam, às vezes, a um ou outro dos degraus que se dirigem para ali.

AS ALCOVAS

Chama-o como quiseres; é a Voz que fala quando não há ninguém que fale; é um mensageiro que chega, mensageiro sem forma nem substância; ou é a flor da alma que se desabrochou.

Mabel Collins – *Luz no Caminho.*

Além do perímetro do dossel, existem cinco alcovas ou recessos. Estas são também semicirculares; ou seus diâmetros, todos de igual extensão, formam cordas para o arco do dossel, em cujo perímetro se encontra uns com os outros. Nestes pontos de junção erguem-se os pilares de mármore daqueles do corpo do Salão por terem uma espiral gravada ao seu redor. As alcovas, à exceção de uma, estão iluminadas de uma luz colorida intensamente brilhante, e cada uma delas tem a sua cor particular invariável. A da esquerda, que dá para o dossel, é amarela e parece ser a refração desta cor que determina a linha característica do Salão. É difícil descreverem-se estas cores e mais difícil ainda é fazer sua reprodução. Talvez se consiga formar uma ideia delas pensando, por assim dizer, nas "oitavas" mais elevadas da cor, mais esquisitas, mais transparentes que as que se podem produzir com o auxílio de cores físicas.

Assim, pode-se dizer que o amarelo desta primeira alcova se assemelha a uma mescla de matizes o qual se tende ao ouro, para retratar em pintura a noção do intelecto mais elevado. Contígua a esta alcova, está uma do negro mais carregado, uma sombra que simboliza a malícia. A alcova central está cheia de uma bela luz azul, semelhante àquela que representa a devoção por um nobre ideal. O buscador pode encontrar dificuldade em precisar as cores das duas alcovas que ficam à mão direita; mas a que está próxima à azul parece de cor rosada, que sugere a afeição desinteressada, enquanto que a do lado direito de todas as alcovas, o buscador pode acreditar vê-la estar cheia de um verde brilhante, formado da união do amarelo com o azul e que pode ser descrito como representando a compreensão ou de grato conhecimento.

Não existe nenhuma cortina entre estas alcovas e o dossel, mas o seu interior está protegido da vista por um véu grosso de sua cor particular. As alcovas parecem ter alguma relação com as capelas; mas como nestas se ensinam assuntos especiais, aquelas parecem ter ligação com vários aspectos do conhecimento. As alcovas são presididas por Seres

Superiores que ensinam nas capelas. O aspecto científico do conhecimento, como o exemplificado pela razão pura, dedução lógica, precisão de métodos e investigação ordenada, parece estar ligado à alcova amarela e ser o aspecto predominante deste Salão em particular. A alcova azul parece estar ligada ao aspecto religioso, tal como o estudo devocional, a instrução pela fé, pelo exemplo, etc. Das alcovas rosada e verde, o buscador nada sabe. A alcova do centro esquerdo é preta e está ligada ao mau aspecto do conhecimento. Preside-a um ser mau de grande poder, porém, parece que impossibilitado de vir ao dossel, salvo quando se lhe solicita algum conhecimento. Além disso, parece que ele teme os outros Instrutores, mesmo os de grau menor. Tentáculos negros. Semelhante aos de um octópode, às vezes parecem flutuar no exterior desta alcova; mas somente os pensamentos maus abrem o seu véu. Quando existem alguns destes, a alcova parece fechada. Aqueles que investigam retamente o conhecimento dentro do Salão extraem da presença do mal apenas o conhecimento do modo como combatê-lo; nunca entram nesta alcova, mas aprendem a impedir a saída do seu habitante. Todavia, aqueles que ali entram de caso pensado não saem mais para o Salão; descem por uma outra via, maligna, sobre a terra, a fim de colherem ali os frutos das suas más investigações nestes altos planos. Não poderão reconquistar o Salão, antes que tenham extirpado mal igual ao que aprenderam nele. Ali dentro eles alcançam poder, mas também, em igual medida, o poder que contra eles trabalhará em sua última ascensão.

Esta descrição do Salão é necessariamente incompleta, dada a inexperiência e as limitações do buscador provocador sobre este plano; não obstante, pode servir para mostrar a larga escala de conhecimentos que uma consciência senhora destes reinos pode abrir ao seu estudo. Ademais, existem outros Salões, outros aspectos de Conhecimentos, outras Sendas para a Luz, que os investigadores podem seguir. Certa vez, neste Salão, Aquele que o dirige apareceu no dossel em companhia de um Outro, que de hábito nunca fora visto ali. O último assim falou aos estudantes reunidos e sentados embaixo:

> *A paz seja convosco, e através de vós, sobre a terra. Aproxima-se o tempo em que a Unidade se tornará manifesta na terra. É só essa Unidade, esse Amor e esse Companheirismo que tornarão possível a vinda do Senhor. Que a paz seja convosco.*

Este Ser desapareceu, então, e o Outro lhes proferiu estas palavras:

Isto vos foi mostrado para que possais compreender mais perfeitamente como somos Um. Vós vindes aqui. Uns ignoram aonde vindes; outros supõem que aqui se adquire todo o conhecimento. Eu, porém, queria que soubessem que o conhecimento que podeis encontrar e que se acham aqui dentro é como um grão de areia no deserto, se comparado com o Conhecimento. Aqui dentro Eu ensino; aqui dentro Eu me encontro convosco; aqui dentro os Meus Instrutores transmitem o conhecimento que Eu dirijo. Mas há muitos Mestres, há muitos Salões de Instrução, há muitos caminhos de Consecução. E assim, receoso de que vos, em vossa imperfeição, imaginásseis que estas sendas diferem; que os que aqui vierem nunca entrarão ali e que os que aqui ensinam desconhecem o que é dado fora daqui, ou desconhecem que Nós somos Um; que o nosso conhecimento é apenas um conhecimento; que o nosso Amor é apenas um Amor: veio este Ser se manifestar a vós, a fim de que O vísseis em Minha habitação, como outros Me verão em suas vestes. Só porque Me seguis não é nenhuma razão para o que não O sigais; mas antes, deveis segui-Lo o mais que puderes para melhor poderdes compreender-Me. E Eu falo isto acerca de Nós dois, por sermos Nós os que conheceis; entretanto, isso é o que se dá com Todos.

Vós estudais aqui porque o vosso desenvolvimento tem sido assim dirigido. Nós somos Um; na terra vós deveis esforçar-vos também pela unidade. Nós ensinamos as várias linhas; na terra cada um de vós deve proceder também assim em seu determinado lugar. A Paz do Conhecimento vos acompanhe.

O TEMPLO INICIÁTICO

Como ascensão depois da queda, ele será o movimento e ação em sentido inverso ao que o homem perfez quando desta vinda a este mundo, quando, nessa descida, teve de adquirir, em cada passagem por cada nível ou mundo diferente e sucessivo, os elementos diversos desses mundos assumindo-os. Agora, na sua saída, ele se despojará deles como noutros tantos corpos, ou vestes que teve de revestir; a começar pelo último, que agora será o primeiro a ser largado: o material, o terrestre, aquele que aqui usou como instrumento para cumprir a missão a que foi mandado nesta vida. Esse que agora é deixado na Sorte, como não mais utilizável.

Trabalho de transmutação; mas que tanto poderá ser o alquímico como o esotérico, hermenêutico: a partir dos dados empíricos exteriores e aparentes, pela sua destruição, descobrir o sentido escondido, libertá-lo. Aqui na Iniciação, para a realidade do homem, processar-se-á o mesmo trabalho que para a realidade deste mundo foi processado pelo poeta: a exegese do símbolo, a que, alquimicamente, ele poderia chamar a *"Grande Obra"*.

> *Em Adam, o homem e a Mulher separaram-se. (Q). Em X^{to} reuniram-se, a ponto que a 2.ª pessoa, manifestada, é feminina.*
>
> *A Cruz é, sem folhas, a árvore do Éden; dos 2 lados da Cruz reaparecem, por assim dizer, Abel e Cain.*
>
> *Queda: emoção e vontade separaram-se pela vinda da inteligência – (Serpente).*
>
> *A percepção (concepção não-em-si) é o nada (Emoção) (a mulher, daí o usar-se para designar nada o símbolo real da mulher).*
>
> *O Ser (filho) (em si) é essencialmente emoção (= não-ser, que é, demonstrável, como o fez Hegel e o ∞ se pode provar...)*
>
> *Como o concebido tem que ser percebido, sentido, a essência do mundo em nós é a emoção.*
>
> *O Concebido em si é a Realidade, qualquer que seja.*
>
> *A Concepção não-em-si é a concepção que não cria, porque só o em-si, que é o Ser, pode dar o que é, que é o ser.*

> *Assim só pela geração física ou mental se pode criar um ser. Daí o culto fálico; daí o emprego desses símbolos como indicadores do ato mágico que é ato de geração mental.*
>
> *A concepção não-em-si é essencialmente ilusão. Daí o ter-se por sonho tudo o que se percebe sem ser criação nossa. Daí o conceito dos Ocultistas de que os sonhos não são mais reais que a vida. E que os sonhos são criação.*
>
> Fernando Pessoa – 54A-25

Normalmente, todo estudante de ocultismo, quando ouve falar ou lê as teorias relativas ao corpo astral, corpo mental, corpo causal e outros corpos misteriosos, desde logo se põe avidamente a rebuscar, em todas as livrarias, os meios de desenvolver o corpo astral, "*sair em astral*", etc.

De fato, as descrições que se fazem a respeito do mundo astral, seu aspecto e constituição, a vida dos seus misteriosos habitantes, seus múltiplos sóis, regiões de rara beleza ou de horrores jamais sonhados, tudo isso fascina o estudante que, a todo preço, quer ingressar conscientemente nessas regiões em busca de sensações desconhecidas.

Sabendo que o mundo astral é a parte negativa ou o cliché do mundo físico, encerrando os acontecimentos futuros, lá esboçados com incrível antecedência, a maioria deles desejam penetrar para, vaidosamente, maravilhar os outros com suas profecias.

Outros, fascinados pela invisibilidade do seu corpo astral, desejam ardentemente utilizar-se dele e, protegidos por essa invisibilidade, surpreender os segredos alheios ou devassar o silêncio dos lares.

Alguns, poucos, e estes são os mais sinceros, querem alcançar esses poderes para buscar a Deus e servirem de divino instrumento de salvação da humanidade, não medindo sacrifícios, nem temendo a morte.

Finalmente, outros, no desejo de se tornarem "superiores", querem desenvolver essa faculdade para visitarem livremente, num agradável voo, todos os sóis e planetas do Universo, iniciando-se em mistérios que os milénios persistem em não revelar... e olham céus e estrelas, querendo de qualquer modo sair do corpo físico, para surpreender o segredo da vida.

Ora, aí estão as causas dos fracassos de muitos estudiosos, que, após ingentes esforços neste sentido, durante vários anos, desapontados e desanimados, acabam descrendo da existência desses mundos superiores, por nada terem conseguido de positivo. Andaram em busca de faculdades aqui e acolá. Buscaram a Verdade em toda parte, sem lograr encontrá-la. Procuraram Deus longe de si.

Oh! Deus, oh! Deus, onde estás que não respondes?
Em que mundo, em que estrela tu te escondes?

Esgotados pelos esforços dispendidos durante longo tempo em busca de maravilhas e de mistérios que supõem guardados em templos secretos ou em regiões inatingíveis, são vítimas de uma reação que se dá, em virtude da lei do binário, e caem no mais abjeto materialismo.

O mecanismo mental, desarticulado, sob o peso das desilusões, não mais funciona livremente, para que a verdade, que se manifesta com clareza em todas as coisas, seja apreciada por meio da lógica e de um raciocínio são.

Daí essa espécie de desequilíbrio interno a que é levado o estudante pouco cauteloso. De um lado, as teorias ocultas convenceram-no profundamente da existência de Deus, da Alma e dos seus poderes; desvendaram ao seu intelecto milhares de planos que a lógica o obrigou a aceitar. De outro lado, o materialismo a clamar que não existem nem Deus nem a Alma; que o pensamento não passa de uma secreção cerebral, como a bílis, secreção do fígado...

Que fazer então? Voltar é absurdo. Prosseguir é impossível. Onde está a verdade?

Ensinaram-lhe que, para atingir a Deus, devia trilhar tortuosos caminhos, guiados por um Mestre... O estudante, disposto a todos os sacrifícios para conquistar as maravilhas do Grande Arcano, lança-se ao mundo em busca de um Mestre!

Aqui começa a tortura do candidato à Iniciação? Onde está esse Mestre? No Himalaia? Nos Andes? Em Montserrat? Acaso, o Deus Onipresente estará de vós tão afastado, recolhido secretamente em algum templo longínquo? Não! Com grande prazer os afirmamos que não!

O estudante buscou um Templo e um Mestre e não os encontrou. A sede da Verdade o tortura. O vácuo cerca-o por toda a parte. Olha para trás e vê que percorreu um imenso caminho, sem encontrar a Fonte Suprema. Que lhe resta fazer?

Olha para a frente, para os lados, para cima, para baixo, e somente então percebe que é um centro. Observa com satisfação que algo imitável permanece dentro do seu coração como Única Realidade com a qual pode contar para sempre.

Parece que a própria Providência opõe todas as dificuldades de ordem material para que o estudante não encontre nem o Mestre, nem o Templo, no mundo externo. Quando sente o vácuo por toda a parte, o estudante é obrigado a recolher-se e meditar. Só então começa a perceber que a Verdade reside em seu interior e busca todas aquelas maravilhas de que falávamos, não em países ou planos longínquos, mas dentro de si próprio.

É quase impossível descrever a íntima satisfação que sente o sincero pesquisador da Verdade, quando chega a essa convicção e sente raiar em si o Sol da Paz Infinita!

"Eu e o Pai somos Um"! Que imenso monumento feito de uma só pedra! Vedes como o caminho da Iniciação se abre pela chave mágica dessas palavras simples do Maior dos Iniciados!

"Sabeis que sois Templo de Deus e que ele em vós habita." Esta grande sentença bíblica encerra uma das maiores revelações para o verdadeiro esoterista. Ela nos ensina que o Templo Iniciático está nas próprias mãos de todo estudante e que Deus reside em seu próprio coração.

As instruções legadas dos *Mestres Passados* da nossa Sagrada Ordem nos ensinam que existe dentro de nós um Elemento ou Princípio. Este princípio divino ou mesmo Deus é a fonte sempre viva da "Vida" e da "Sabedoria" que em nós se manifesta. Somente encontraremos alívio, identificando-nos de novo física e moralmente com essa sagrada origem. Não existe outro meio nem outro caminho debaixo da abóbada celeste, porque nenhuma outra fonte de vida existe neste mundo.

Como vedes, o templo da iniciação é o vosso próprio físico, pois devemos identificar-nos com essa sagrada origem física e moralmente. Já meditastes sobre as maravilhas do funcionamento do vosso organismo? É por meio da meditação profunda, feita a respeito do vosso organismo físico, que se abre o caminho da Iniciação. Considerai, pois, nosso organismo como um divino instrumento da manifestação de Deus. Cuidai dele com carinho e respeito. Recolhei-vos constantemente em seu interior e adorai ao Pai que nele habita.

É essa a imagem que se faz por árduos caminhos, porque, neles, o homem, a força de exteriorizar-se para as coisas ilusórias e mundanas, deixou crescer no interior do templo as ervas daninhas e espinhosas que agora ferem os seus pés.

Enquanto essa limpeza interna não for feita, nada conseguirá o estudante. De que servem os símbolos antigos, as cerimônias e os rituais, se não encontrarem repercussão e apoio no interior do templo? Que é a palavra sem o Verbo?

Todos os planos, todos os mundos, todos os caminhos se resumem no microcosmo, o corpo físico, o divino alambique dos alquimistas, o verdadeiro templo iniciático! *"Quod supeius sicut quad inferius ad perpetranda miracula rei unius."*

Com essa razão, confiante nas instruções recebidas, não precisa o esoterista empreender longas viagens para buscar a Verdade. Tirar os sapatos para penetrar no Templo é simbolizar que é com os pés internos que nele se penetra... Ora, já sabeis que sois templos de Deus.

A força sempre residiu num ponto central. Centralizai-vos, pois, e encontrareis o Mestre em vossos próprios corações. Entregai-vos às meditações descritas nas entrelinhas dos Manuais de Instruções e vereis que esse é o melhor caminho para se penetrar no templo iniciático. Vede, pois, que ninguém pode fazer isso por vós. Nenhuma pessoa penetrará num templo fechado, cuja chave secreta sois vós mesmo. Buscai, portanto, o interior, o Íntimo, e sereis Iniciados; e nunca vos esqueçais de que o caminho é *pessoal, intransferível e solitário.*

O Sucesso é a vossa Prova!

CAPÍTULO III

IDEAIS ANTIGOS NA MAÇONARIA MODERNA

Procura o guerreiro e coloque-o em combate por ti, receba as ordens para a batalha e lute.

No 'caminho' somos conduzidos a descobertas da senda através dos intemperes, da solidão e da reflexão. Palmilhando a senda e descobrindo seus segredos uma evidente verdade é muitas vezes esquecida pela maioria das pessoas que se debatem freneticamente numa luta reativa e desnecessária quando temos à frente o próprio "caminho" e o des-a-fio do experienciá-lo. Quando buscamos o resultado da experiência antes de percorrer o caminho podemos deparar com os problemas que envolvem a falta de disciplina e do esforço pessoal. Uma apreensão intelectual, que em última análise, é apenas familiaridade com palavras e gestos, não é o que se pode denominar e aceitar como vivido. Tal coleta de experiências jamais poderá ser aceita como uma real descoberta; neste sentido, é apenas uma sombra do caminho e o vento da senda. Se alguns homens acham que experiências de outros dispensa sua caminhada cai no terrível engano de percurso. Às vezes, esse palmilhar resulta em cansaço, exaustão ou decepção, mas é necessário e muitas vezes nem é suficiente. Um esforço para moldar e ajustar a vida aos termos reais de evolução exige disciplina, razão e luta. No Bhagavad Gita há um enunciado que diz: "Como quer que os homens se aproximem de Mim, Eu lhes dou as Boas Vindas, porque qualquer caminho que eles escolham é Meu caminho".

A.A.K.

  Entendemos e sustentamos, como creio o fazerem uma minoria dos IIr∴, que um homem não deve aderir a uma organização a não ser que ele esteja preparado para ser um membro ativo e eficiente dela e, uma vez sendo aceito, ele deve participar regularmente e ativamente de seus trabalhos até que cumpra a sua formação de maçom. Devendo repor estes ensinamentos a outros que virão depois deste. Neste sentido, é como se "uma dívida" seja devidamente quitada ao transferir o Conhecimento, com zelo e amor.

  Eu não tinha mais preparo que qualquer outro candidato que iniciara comigo na Arte Real, mas assim que me juntei à Loja, procurei fazer de tudo para realizar o plano dos MM∴ e me senti inteiramente familiarizado com todos meus IIr∴, e principalmente com todos os aparatos, aliás, senti-me perfeitamente em casa, recordava símbolos e mistérios exatamente conforme conheci há milhares de anos no antigo Egito. Tenho noção do quão espantoso deve ser esta asserção para aquele que não reviveu os grandes mistérios em sua Iniciação, mas posso assegurar-lhes que ela é literalmente verdadeira.

  O nobre leitor ou Verdadeiro Irmão observará que isso não é uma matéria susceptível de engano; não é um fato a ser provado ou justificado por algumas coincidências. A disposição dos três OOf∴ principais que dirigem os TTrab∴ era para mim uma coisa notável – não como um drama que tenha ocorrido primeiro aos homens que procurasse coligir um ritual. Aqueles símbolos eram notadamente significativos e distintos, a sua combinação peculiar fazia parte de minha memória atemporal; além disso, todos eram ferramentas no antigo Egito, de onde me lembrei detalhadamente com emoção e saudade.

Foi inenarrável o quanto fiquei perplexo e feliz ao deparar com a continuidade do mesmo trabalho depois de tantos séculos. Principalmente quanto à conservação das cerimônias e seus ritos mantidos inalteráveis através destes milhares de anos. Há alguns pontos (detalhes) que diferiam dos antigos, mas que em outros termos ainda assim arremetiam aos primitivos e sagrados rituais.

Nas minhas primeiras reuniões eu tentava acompanhar a liturgia e movimentos como sendo uma manifestação da nossa crença religiosa em vários caminhos, e, às vezes, não deparávamos em conexão com ela, um grande corpo de conhecimentos, que se adaptava absolutamente a todo cerimonial e à maneira de como realizava o trabalho. E parece, como observador, olhar retrospectivamente, que o "conhecimento" sempre foi de grande interesse, seja como Maçom e, até mesmo antes de sê-lo, perceber o significado intrínseco das Instruções que nos foram ministradas ritualisticamente; às vezes, avançando muito depois da meia-noite.

Tive o prazer de comentar estas passagens (relembranças) com alguns IIr∴, e dessas conversas passamos a procurar reunirmos para estudar, pesquisar e aprofundar na história da Maçonaria.

Podemos confirmar, sem muita dificuldade, como foi constituída a nossa Ordem e como se desenvolveu através dos séculos; mas desde o princípio vimos que era necessário buscar informações acerca de questões pouco esclarecidas e que não deveriam ficar no achismo pueril ou até mesmo mitológico. E assim trocamos informações e detalhes focados em pontos que tínhamos interesse e, para nossa surpresa, fomos gratamente pagos por estas pesquisas. Encontramos aqui e ali as respostas sobre nossas questões submetidas a farta bibliografia cedida por alguns IIr∴ e acervos de bibliotecas públicas, maçônicas e profanas.

É fácil e notório constatar o quanto há de mistérios do antigo Egito, no primeiro Grau (do Aprendiz) do R∴E∴A∴A∴, porém, a parte historial é da Tradição Judaica.

Por exemplo: nós lamentamos a morte de um certo Ir∴ Mestre há muito tempo; no antigo Egito, lamentávamos a morte e o desmembramento de Osíris, o Uno que se tornou muitos, e celebrávamos um festival em que as partes desmembradas se reuniam novamente, e Osíris ressurgia d'entre os mortos. Destarte vereis que algumas das nossas denominações eram necessariamente todas diferentes, mas as formas eram absolutamente as mesmas.

Eis brevemente o que definimos num desses encontros como retrospectiva da história da Ordem. Havia milhares de pessoas, no tempo em que o Cristianismo começou a dominar o mundo, que ainda abraçavam as Religiões do passado e preferiam firmar seus pontos de vistas em formas mais simples e observavam detalhadamente a Natureza. Como o Cristianismo se tornava cada vez mais estreito e agressivo, e notadamente pouco tolerante, aqueles que conheciam algo da Verdade e desejavam conservar, como relíquias suas, as formas mais antigas, tinham que fazer suas reuniões, cada vez mais secretas, e por isso eles as afastaram do conhecimento público e passaram a executar as suas cerimônias secretamente para até esmo preservarem suas vidas e liberdades.

Adotou-se a mesma política de supressão em muitos países, simultaneamente, e foi assim que este retiro das vistas do público se operou em muitos lugares. Consequentemente, nós não temos nenhuma corrente de tradições, mas diversas correntes; de modo que na Maçonaria nós não estamos na situação das Igrejas, onde há uma instituição ortodoxa e diversas variantes que se têm desviado da forma primitiva (original). Conosco existem diferentes linhas de tradição, todas de igual autenticidade e peso. Lembremos que a antiga religião caldaica, segundo esta mesma ideia, colocava os seus oficiais num triângulo, e quase toda essa tradição foi adotada no continente da Europa. No começo do nosso ritual, encontramos um esboço dessa disposição, de maneira que ali mesmo já se evidenciam duas correntes de tradição.

Aqueles que estudam a história maçônica sabem que houve várias modificações desde as mais primitivas formas, em diferentes épocas. Algumas vezes parece terem sido introduzidos novos Ritos; noutras, novos graus em Ritos antigos; e em alguns casos o estado oficial de pessoas que introduziram estas mudanças foram distintamente motivos de questionamentos. Observareis uma certa soma de coisas vagas e a tradição um tanto insipida em que se envolve a origem do Rito Escocês; mas parece que estas irregularidades não foram de grande monta, pois os Poderes guiadores da evolução, por trás, aproveitavam qualquer coisa que se fazia e a utilizavam tanto quanto lhes era possível. Assim é que, conquanto a origem do R∴E∴A∴A∴ tenha algo obscuro, ele se tem adaptado aos altos graus dos antigos Mistérios Egípcios e agora se assemelha a eles com muito mais beleza.

Desde sempre, os Verdadeiros Mestres sempre encorajaram o que era bom em todos os esforços com o propósito nobre de prepararem santuários necessários para desenvolver o meio adequado e mais saudável que aqueles confusos que eram chamados impropriamente de Cristianismo. A própria Filosofia perdeu gradualmente tais discursos, mas aqueles VV∴ MM∴ aproveitaram-se de algumas oportunidades em momento favoráveis para restaurar um pouco daquele Cristianismo original.

Às vezes tenho lido, até de autores consagrados, que insistem em querer demonstrar que a Maçonaria se derivou das Corporações Operativas da Idade Média; contudo, alguns retrocedendo mais, têm ligado estas corporações aos Colégios Romanos. Mas, qualquer um que seja bom conhecedor dos Antigos Mistérios, verá imediatamente que isso não é certo, pois temos certas cerimônias que não têm nenhuma ligação com a simples Maçonaria Operativa, mas, por outro lado, têm uma relação real com o ensinamento interno dos Mistérios. Os SS∴TT∴ e PP∴ têm um real significado oculto que podia estar ligado aos segredos dos MM∴ operativos. É, todavia, indubitavelmente certo que a Maçonaria Especulativa foi propositalmente confundida com o trabalho operativo. Nós pesquisamos em obras consagradas pela maioria dos IIr∴ pesquisadores do passado sobre este ponto, e a pesquisa nos revelou que, no fundo, os responsáveis por isso arranjaram essa confusão intencionalmente, porque a Igreja havia suspeitado das Sociedades Secretas e as tolhia com grande rigor em perseguições, críticas, prisões e nas proibições de burlas papais; com, no mínimo vinte e seis condenações contra a maçonaria, desde o início do século XVIII (veja nossa obra *Arsenium, O Simbolismo Maçônico: Kabbala, Gnose e Filosofia*).

Ela, todavia, não perseguia os Maçons Operativos, os quais olhava como uma corporação de homens que guardavam prudentemente os segredos da sua profissão; por isso os MM∴ confundiram intencionalmente o trabalho simbólico com o trabalho operativo, e este esforço para preservar o primeiro foi consequentemente bem-sucedido. Eles adotaram tanto quanto puderam da terminologia maçônica operativa e lhes confiaram alguns dos segredos: ali os compreendem muito pouco, mas fielmente executaram as formas sem compreendê-las, mais da metade do seu significado.

Dos judeus provém grande parte da terminologia maçônica. Eles haviam aprendido a Sabedoria do Egito, mas procuravam adaptá-la com características de sua própria história e deputavam a sua origem ao seu grande herói nacional – o Rei Salomão. Eles infundiram numa forma que podiam ligar a construção de seu Templo ao invés da construção da grande Pirâmide; e naturalmente esta forma podia ser mais prontamente confundida com a maçonaria operativa, da qual a disposição filosófica egípcia tinha seus fundamentos. É por isso que a sua forma e a sua lenda eram adotadas, de preferência as egípcias e as caldaicas; é por isso que nós ainda lamentamos a morte de H∴A∴, ao invés da descida de Osíris na matéria. E é por isso que se supõe que certos SS∴ nos recordam certos TT∴, quando na verdade, são os TT∴ que foram inventados muito mais tarde para explicar os SS∴, os quais realmente se referem a vários centros do corpo humano (veja nossa obra *Arsenium, O Simbolismo Maçônico: Kabbala, Gnose e Filosofia*).

Destas reflexões emergem diversos pontos. É digno de nota que as cerimônias maçônicas, as quais tanto supuseram estarem em oposição à religião recebida do país, são tidas como sendo as mesmas cerimônias religiosas ainda que pertençam a uma religião muito mais antiga e filosófica. A semelhança de todo produto desses antigos e elaborados sistemas e ritos estão cheios de significado – ou melhor, significados, pois no Egito, nós lhes atribuímos a uma quadrupla significação. Desde que cada detalhe tem grande importância, é óbvio que nunca se deve mudar qualquer detalhe sem o maior cuidado, e somente por aqueles que conhecem todo o seu objetivo, para que assim a simbologia do todo não possa ser despojada (ab-rogada).

Felizmente, nossos antepassados reconheceram a importância de se legar o trabalho sem alterações, resultando que, com a minha própria experiência desde seis mil anos atrás, eu o posso seguir com extraordinária exatidão, não obstante ter ou ter uma linguagem diferente. Alguns pontos desapareceram durante o vasto lapso de tempo, outros foram ligeiramente modificados, mas, maravilhosamente, eles não passam de alguns. Os nossos cargos tornaram-se muito mais extensos, e podemos observar que aqueles que não estão oficiais tomam muito menos parte no trabalho do que usualmente faziam antigamente. Nos antigos dias eles contavam constantemente versículos de oração ou exortação, e cada um deles compreendia que estava ocupando uma posição definida – que era uma roda necessária na grande máquina.

Será excessivamente difícil a um auditório do século XXI o que este trabalho significava para nós na solarenga terra de *Khem*; mas procuraremos dar uma ligeira ideia das quatro chaves de interpretação.

1º - Visavam a atuar como lembranças vivas, para aqueles que o praticavam e viam, do modo como o Universo era construído pelo seu Grande Arquiteto; os diferentes graus que penetravam cada vez mais no conhecimento dos Seus métodos e princípios de trabalho. E nós não só sustentamos que ele trabalhou no passado, como também que Ele trabalha agora – que Seu Universo é uma expressão ativa d'Ele. Naqueles dias, os livros ocupavam em nossas vidas um lugar menos proeminente do que agora, e considerava-se que o registrar do conhecimento numa série de ações apropriadas e sugestivas fazia apelo mais forte à mente do homem e melhor estabelecia esse conhecimento em sua memória, do que a simples leitura num livro. Defendemos a ideia de que as Instruções previstas tanto nos Manuais dos Graus Simbólicos quanto nos graus Filosóficos sejam passadas dramaticamente dentro do Templo, de forma ritualística. Desta forma, por uma ação invariável, estaremos continuamente rememorando certos fatos e leis da natureza; sem contar que as manifestações ordeiras e cabíveis, aos sagrados mistérios, são engrandecedoras dentro da riqueza dos Rituais primitivos.

2º - Porque isso é assim, e porque as leis do Universo devem ser universais em sua aplicação, e devem agir tanto aqui embaixo como lá em cima, o fato de que tais leis existem nos prescreve uma certa norma de conduta, e daí porque, como bem dizemos, a Maçonaria é um sistema de moral velada em alegorias e ilustrada por símbolos; mas é um sistema baseado não num simples mandamento "assim como diz o Senhor", mas em fatos e leis definidos, indubitavelmente pela natureza.

3º - O trabalho é uma preparação para a morte e para o que se lhe segue. As várias experiências (de tanatologia) do candidato têm por finalidade prepará-lo para o que lhe sucederá após sua passagem deste mundo físico para o próximo estágio. Efetivamente, podemos dizer que há uma vasta soma de informações sobre a vida após a morte, que se deriva de uma inteligente consideração das cerimônias maçônicas. Acentua-se, sobretudo, que são as mesmas leis que mantêm tanto do outro lado do túmulo quanto deste; e que em ambos os lados estamos sempre na presença de Deus, e que onde esse Santo Nome seja invocado, nenhum motivo existe para o temor.

4º - A quarta intenção é a mais difícil de todas para se explicar. Para fazê-la compreensível, devemos procurar conduzir-vos, se possível, para a atmosfera do velho Egito, e para a atitude que os homens religiosos ali mantinham. Não temos tanta certeza se é possível a reconstrução daquilo que ocorria, na íntegra, no antigo Egito, possa ser trazido aos dias atuais, tão desesperadamente, tão fundamentalmente diferentes de nossa vida.

A religião que melhor conheceis no presente é intensamente individualista; o grande objetivo central que se apresenta à maioria dos cristãos é o de salvarem as suas almas. Esse dever é apresentado como sendo de importância primária. Podeis imaginar uma religião, mas uma verdadeira religião em todos os respeitos tão veemente, tão fervente, tão real, desde aquela em que essa ideia está totalmente ausente até aquela em que ela teria sido inteiramente inconcebível? Podeis pensar, como um começo, numa condição consciencial em que ninguém temesse nada a não ser o mal, e os seus possíveis resultados retardando o seu desenvolvimento: em que aguardássemos com perfeita certeza o nosso progresso além da morte, porque tudo que conhecíamos a respeito dela; em que o nosso único desejo não fosse pela salvação, mas, por um avanço na evolução, por que tal avanço nos traria mais força para fazermos efetivamente o Trabalho Interno que Deus aguarda de nós?

Não estou insinuando que cada qual no antigo Egito era mais altruísta do que qualquer um no mundo atual. Mas, digo que o país estava saturado de alegria e intrepidez, no que diz respeito às ideias religiosas, e que todo aquele que por um excesso de cortesia fosse apontado como um homem religioso, ocupava-se não com pensamentos sobre a sua salvação pessoal, mas, com o desejo de ser um agente útil do Poder Divino.

A religião externa do antigo Egito – a religião oficial em que cada um tomava parte, desde o Rei (Faraó) até o escravo – foi uma das mais esplêndidas que o homem conheceu. Magníficas procissões perambulavam pelas avenidas em quilômetros, entre pilares tão bem construídos que dificilmente pareciam ser obra humana; suntuosos barcos coloridos nas cores do arco-íris navegavam majestosamente, descendo o plácido Nilo; tudo acompanhado de uma música triunfante ou queixosa, mas, sempre penetrante... como descreveremos coisas tão sem comparação em nossos tempos modernos? Sem dúvida o homem realmente religioso tomava parte em toda esta pompa externa: mas, o que o orgulhava sobre toda esta admirável magnificência era a sua associação a uma Loja dos Mistérios Sagrados, uma Loja que se devotasse com reverente entusiasmo à Obra Interna, que era a principal atividade desta nobre religião. Era deste lado interno do culto egípcio, não das suas glórias externas, que a Maçonaria Livre era uma relíquia, e o Ritual que se tem preservado é apenas uma parte do Ritual dos Mistérios. Com o fim de explicar este Trabalho Interno, faremos uma comparação de um método mais moderno de produzir um resultado de algo semelhante.

O método cristão de difundir a Força e a Graça Divina é por meio da celebração da Eucaristia, comumente chamada de Missa. Não devemos pensar na graça como sendo uma espécie de expressão poética, ou, no mínimo, como sendo vaga e nebulosa, pois se trata de uma força tão definida como a eletricidade – uma força espiritual que se expande sobre as pessoas por determinadas maneiras; que produz seu efeito próprio em sua passagem, e que tal qual a eletricidade, precisa de veículos apropriados. Por exemplo: pela clarividência podemos ver a ação dessa força; como o ofício da Missa tem por objetivo construir uma forma-pensamento, através da qual se distribui essa força pela meditação do padre – felizmente sem levar em conta a sua atitude, seus conhecimentos ou mesmo o seu caráter –, desde que ele execute as cerimônias prescritas, o resultado é obtido. Se ele é também um homem devoto, o valor do Sacramento é encarecido; quaisquer que sejam, porém, os seus sentimentos, a força é esparzida pelo povo até uma certa medida.

A velha religião egípcia seguia a mesma ideia para expandir a força espiritual pelo seu povo, mas o seu método diferia totalmente. A magia cristã é executada somente pelo padre e pode ser feita sempre de um modo todo mecânico; o plano egípcio requeria a veemente e inteligente cooperação das pessoas. Era, portanto, muito mais difícil de se obter com perfeição, mas quando era feita completamente, manifestava-se muito mais poderosa e cobria uma área muito maior do país. O esquema cristão requer um vasto número de igrejas espalhadas por toda a terra; o egípcio exigia somente a ação de algumas Lojas estabelecidas nas cidades principais, com a intenção de banhar todo o reino com a Luz Interna.

A doutrina central da religião dos antigos egípcios era a da Força Divina que habitava em cada homem, mesmo o mais inferior e degradado, e a essa Força eles chamavam de A Luz Interna.

Eles proclamavam que, através dessa Luz que existia em todos, os homens podiam ser sempre alcançados e auxiliados, e que era seu dever achar e reforçar essa Luz dentro de todo o Ser, por pouco que ele prometesse. A própria sentença do Faraó era: "Procurai a Luz", implicando com isso que o seu supremo dever como Rei era procurar essa Luz Interna em todo homem que o circundasse, e esforçar-se para que ele tivesse uma manifestação mais plena.

Os egípcios proclamavam que esta Centelha Divina existente em cada um seria mais eficazmente alimentada, se se transmutasse e atraísse para os três mundos inferiores a tremenda força espiritual que é a vida dos planos superiores, e depois a expandisse por todo país da maneira descrita. Sabendo que a força espiritual era apenas uma outra manifestação do multifário poder de Deus, eles lhe davam também o nome de Luz Interna, e deste duplo uso do termo surge, às vezes, certa confusão. Eles sabiam perfeitamente que uma tal difusão da Graça Divina aqui embaixo, só poderia ser invocada por um supremo esforço devocional da sua parte. E a efetuação de tal esforço, juntamente com a provisão de um maquinismo especial para a expansão da força quando ela viesse, era uma grande parte do Trabalho Interno ao que os mais nobres dos egípcios devotavam tanto seu tempo e energia. Este era o quarto dos objetivos a que visava servir o sagrado e secreto Ritual de que o nosso, em Maçonaria, é uma relíquia incomensurável.

Nossas Lojas no velho Egito estavam estritamente limitadas quanto à admissão de membros; nenhuma Loja podia conter mais de quarenta membros, e cada um dos quarenta era uma peça necessária da Máquina e ocupava lugar que era exclusivamente seu. A exceção dos oficiais, cuja ocupação era a recitação do Ofício e a magnetização da Loja, cada membro era o representante de uma qualidade particular. Um chamava o Cavaleiro do Amor, outro o Cavaleiro da Verdade, outro o

Cavaleiro da Perseverança, e assim por diante; e cada qual era tido como um especialista no pensamento e expressão na qualidade a ele consignada. A ideia era que as qualidades, destarte expressas através da Loja como um todo, formaria o caráter de um homem perfeito.

Cada membro tomava parte no trabalho, e o labor dos membros era considerado mais árduo que o dos Oficiais, pois se achava grandemente no plano mental. Todos eles tinham que se reunir em certos pontos do Ritual, ao irradiarem as correntes de pensamento, pois o objetivo de todo esforço era levantar em cima e ao redor da Loja uma magnífica e irradiante forma-pensamento de colossal tamanho e proporções perfeita, especialmente construída para receber e transmitir de uma maneira mais eficiente a Força Divina atraída para baixo pelo seu ato de devoção. Se o pensamento de qualquer membro era ineficaz, a poderosa catedral de forma-pensamento ficava correspondentemente defeituosa numa parte; contudo, como o Grande Sacerdote ou a Grande Sacerdotisa eram habitualmente um homem ou uma mulher clarividente, eles podiam observar onde estava a deficiência e assim conservar a sua Loja estritamente incólume.

Compreendereis que, se cada um dos presentes tinha que contribuir com sua parte para a construção da forma, era necessária a mais exata cooperação e a mais perfeita harmonia. O mais leve deslize nelas enfraqueceria seriamente a forma por cujo intermédio se estava fazendo todo trabalho. E talvez uma relíquia desta imperiosa necessidade seja o que dita o nosso presente regimento: de que qualquer Ir∴ que não estejam em perfeita harmonia um com o outro, não devem vestir os seus aventais até que tenham resolvidos as suas diferenças. No antigo Egito se sentia uma intensidade tal de fraternal sentimento entre os membros de uma Loja, como, por suposto, só raramente se consegue agora; nós nos sentíamos ligados pelo mais santo dos laços, não somente como partes da mesma máquina, mas em verdade como cooperadores do próprio Deus.

Outro ponto interessante é que conquanto a Co-Maçonaria seja um desenvolvimento comparativamente recente, a sua principal feição característica é de remota antiguidade, pois no trabalho do antigo Egito as mulheres gozavam das mesmas prerrogativas dos homens. A posterior exclusão das mulheres parece ter sido em virtude da influência das Corporações Operativas.

Ante as condições tão fundamentalmente diferentes como as que existem no presente, não sei como seria possível restabelecer na Maçonaria Livre qualquer parte da posição e poder particular que ela manteve nas margens do Nilo; mas, se possível for algum movimento neste sentido, ele só poderá começar das fileiras dos Co-Maçons. Que a corporação tem um grande futuro entre si, em conexão com a nova e sexta sub-raça (de acordo com a teosofia), é óbvio. Nessa sub-raça, como em todas as outras, haverá egos de diferentes temperamentos; sem dúvida, alguns procurarão a sua inspiração em linhas das formas mais liberais do Cristianismo, mas também é certo que outros, por disposição à velha associação, sentir-se-ão mais atraídos pela filosófica apresentação maçônica da verdade. Cumpre-nos diligenciar para que esta apresentação seja apropriada, o que obteremos fazendo que o nosso trabalho seja tão perfeito e tão reverente que aqueles que o assistam possam achar nele tudo que necessitam, e nunca possam ser repelidos por alguma coisa de impuro ou irreverente em sua natureza. Não devemos nos esquecer de que a Maçonaria, embora de forma tão diferente daquilo que nos tem ensinado como sendo a única religião, é realmente uma religião, cujo verdadeiro caráter é frequentemente despercebido.

Estamos certos de que vocês terão grande estímulo ao ouvirem daqueles Verdadeiros Mestres do mundo, quando estes tomam um zeloso interesse pessoal pela nossa Ordem, no sentido de deixar claro certos conhecimentos necessários, para continuidade de nossos mistérios, dentro dos princípios e projetos finais.

Observamos certos pontos nas cerimônias, nos quais fica nítido seguir uma tradição que varia levemente da nossa; mas os pontos salientes foram as pompas e a precisão militar dos trabalhos, bem como o fato de que os membros das colunas tinham muito mais a fazer do que em nosso plano, pois eles cantavam versículos apropriados a curtos intervalos e isso fazia toda diferença quanto à qualidade dos trabalhos.

Por várias razões, útil nos pode ser a recordação do processo pelo qual se davam as coisas no Antigo Egito, pois nós, atualmente, mesmo que executássemos as cerimônias com todo conhecimento e cuidado, cientes do seu significado, as passagens em que eles aplicavam muita "força" seriam também de semelhante importância para nós. Uma profunda reverência era a sua mais forte característica. Eles contemplavam o seu Templo como os mais ardorosos cristãos à sua Igreja, salvo que a sua atitude era mais ditada pelo conhecimento científico do que pelo sentimento místico. Eles compreendiam que o edifício estava fortemente magnetizado e que, para se conservar toda a força desse magnetismom era necessário grande cuidado. Falar de assuntos ordinários no Templo seria considerado um sacrilégio, pois isso significaria a introdução de uma influência perturbadora.

Os paramentos (vestes) e todos os preparos preliminares eram sempre feitos numa antecâmara, e os IIr∴ entravam na Loja em procissão e cantando. A santidade do pavimento mosaico era guardada com o mais cioso cuidado, e nunca ninguém o invadia, a não ser o candidato e os oficiais, nos momentos próprios, e certamente o Turiferário ao incensar o Altar. A extraordinária importância de se quadrar cuidadosamente a Loja é ditada pelas mesmas considerações magnéticas. As correntes de força desse pavimento em linhas semelhantes ao urdume e à urdidura de um pedaço de pano, e também em volta de suas bainhas, e qualquer que tenha de atravessá-lo, ou mesmo de aproximar-se dele, deve ter o cuidado de se mover com a força e não contra ela. Daí a imperiosa necessidade de sempre se conservar uma direção. Nos dias atuais parece que se tem pouco cuidado com o pavimento de mosaico; onde se vê certos descuidados por parte de IIr∴ relapsos que não trata com o devido respeito aquilo que deveria ser cuidadosamente observado. No antigo Egito, esse pavimento ocupava quase todo soalho da Loja, ao passo que agora, com frequência, ela não passa de um simples cercado pequeno no meio do soalho.

Deixou-se cair no esquecimento grande parte da sabedoria antiga, e assim se perderam os verdadeiros segredos. Mas há toda uma razão para esperar que com o auxílio do Verdadeiro Mestre zeloso e estudioso dos antigos mistérios possam ser um dia recobrado toda essa sabedoria e que nós destas últimas sub-raças experimentemos tornar-nos mais altruístas e capazes de tão bom trabalho pelo nosso próximo, como as pessoas da antiguidade. Efetivamente, nós mesmos bem podemos ser estes homens da antiguidade, regressados em novos corpos, mas que trazem consigo a velha atração pela forma de crença e trabalho que então nós conhecemos muito bem. Procuremos reviver debaixo destas diferentes condições o inconquistável espírito antigo que há tanto tempo nos distinguiu; reconheçamos que a Co-Maçonaria é um dos mais importantes ramos de trabalho dos nossos VVerd∴ MM∴, e devemos aplicar nela toda a nossa força. Isso representa uma grande soma de trabalho difícil, pois significa que cada oficial deve executar a sua parte com toda a perfeição, e que, por outro lado, exige muito treinamento e prática. Ademais, tenho certeza da existência entre nós de muito que responderão ao chamado do Verd∴ M∴ e virão incorporar-se a nós na preparação do caminho para aqueles que estão para chegar. Presentemente os nossos membros são poucos e secretos; enquanto isso acontece, nós temos uma oportunidade definida para fazer o trabalho pioneiro do movimento correto, justo e perfeito.

Faça-se de cada Loja uma Loja modelar. Completamente eficiente em seu trabalho, de modo que quando alguém a visite ele possa ser impressionado pelo bom trabalho feito e pela força da sua atmosfera magnética e, destarte, ser induzido a entrar para auxiliar-nos nesta vasta empresa. Nossos membros devem também estar capacitados para quando, por sua vez, visitarem outras Lojas, explicarem nosso método de trabalho e mostrarem, segundo o ponto de vista oculto, como as cerimônias devem ser executadas. Acima de tudo, os nossos membros devem levar consigo, por toda a parte, o forte magnetismo de um centro completamente harmonioso, a potente irradiação do Amor Fraternal.

Contudo, para irradiarmos sobre os outros é necessário que primeiro desenvolvamos em nós mesmos o magnetismo concreto. Devemos determinadamente esmagar as nossas personalidades; devemos extirpar os nossos mais caros e íntimos prejuízos; devemos abatê-los incondicionalmente por causa do trabalho; devemos depô-los como uma oblação aos pés dos nossos Mestres. O sacrifício é absolutamente necessário; sem ele não pode haver nenhum êxito. Um Ir∴ Maçom vos tem injuriado, vos tem desprezado, tem falado mal ou rudemente de vós? Esquecei isso! Qual importância do vosso ultrajado sentimento de dignidade pessoal em comparação com a magnitude do trabalho? Certamente que, do vosso ponto de vista, vós teríeis toda razão e ele não tinha nenhuma; a maior magnanimidade mostrais legando ao passado o que ao passado pertence. Consignai tudo ao esquecimento; vosso cérebro é vosso e podeis forçá-lo a lembrar ou a esquecer o que quiserdes. O senso comum dita que a gente deve se lembrar somente dos incidentes agradáveis do passado e deixar o resto mergulhar-se na obscuridade que merece. Por consideração ao trabalho, deveis renunciar o pervertido prazer de alimentares os vossos inimagináveis erros; tende a coragem de dar um passo firme e decisivo para fazerdes uma saída airosa ao longo de linhas mais sensíveis. Eu vos asseguro que nunca vos arrependereis disso, e logo que o tenhais feito, o verdadeiro trabalho maçônico vos será possível, e vós tereis a fortuna de uma eficiente participação num movimento que está tão só a benção e direção especiais dos Mestres da Sabedoria, e faz parte do seu poderoso plano de elevação da raça humana.

CAPÍTULO IV

7 REFLEXÕES NECESSÁRIAS

I - A VISÃO EMOCIONAL DA VERDADE

Havendo apenas UMA verdade, o homem só precisa de uma igreja – o Templo de Deus dentro de nós, murado pela matéria mais acessível a todos aqueles que podem encontrar o caminho – os puros de coração verão a Deus.

Helena Petrovna Blavatsky *("Ísis Sem Véu")*

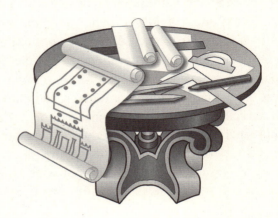

Aquilo que nós chamamos "Verdade" – isto é, a realização da íntima essência de todos os fatos visíveis e invisíveis do universo – é uma realidade superior àquelas que podem ser abarcadas pela mente; enganamo-nos presumindo que o testemunho e prova de que descobrimos a Verdade é primeiro uma realização e satisfação intelectual. A Verdade ocupa-se da totalidade da vida; essa totalidade toca-nos, não somente em nossa natureza intelectual, mas também em nossa natureza emocional.

A Verdade tem um poder de ajustar nossa natureza interna, assim como nos dá uma grande oportunidade, segundo o nosso proceder no trabalho da vida. As leis referentes a certos pequenos fatos da natureza podem ser compreendidas pela mente, se lhe forem explicadas com clareza. Atualmente podemos ouvir uma conferência sobre ciência e reter suas verdades fundamentais, mas é evidente que várias gerações de cientistas tiveram que colaborar para fazer tal apresentação em uma hora de conferência agradável à mente treinada em julgar.

Semelhante é também a descoberta da verdade espiritual que passou de gerações em gerações pelos místicos e magos através dos tempos; requer-se, portanto, uma longa meditação e reflexão antes que os fatos da visão espiritual possam ser coordenados pelo próprio indivíduo, de uma maneira tão clara que para ele exista uma sensação de poder proveniente dos fatos apresentados a esta mente.

Há muitas pessoas que se acham em uma fase, na qual, para elas, os fatos são demasiadamente numerosos para ser coordenados rapidamente. Enquanto suas mentes veem a verdade em um grupo de fatos, outro grupo se perde no horizonte e assim parece, no momento irreal. Aqui surge a tendência natural para o desânimo e a dúvida. Mas, chegará uma ocasião em que, estando a mente treinada (preparada) para descortinar um mais vasto horizonte de fatos, e também purificada para refletir certas intuições divinas, um grande sentimento de realidade se desenvolve vagarosamente na consciência, ao contemplar os fatos. Então esta realidade, que é uma Visão da Verdade, relacionada com os aspectos visíveis e invisíveis da vida começa a afetar cada parte da natureza humana, e a impor seus poderes, não só na mente, mas também nas emoções e ainda em outras partes de nossa natureza superior.

Precisamos, portanto, demonstrar uma grande filosofia, não só pela mente, porque nessa filosofia nos ocupamos de verificar como a

Verdade afeta a totalidade da vida, e não meramente as atividades mentais.

Precisamos empregar também as nossas emoções nas questões da solução da verdade e dar tanto valor aos seus ditames como aos da nossa mente. E, sobretudo, se podemos alcançar essa nossa fase que é superior à mente, isto é, a intuição interior – devemos ser guiados primeiro e principalmente pelos mandatos da intuição; pois, se, às vezes, a intuição parece não ser justificada pela mente crítica, como um fato demonstrado, será sempre comprovada à medida que os fatos da vida se revelarem.

Precisamos aprender a não nos desanimar com a dúvida, porque para certos temperamentos é muito natural que isso ocorra. Mas, ao mesmo tempo, não devemos menosprezar a paz que obtemos por meio de nossas emoções, nos momentos em que sentimos a vida mais presente através das emoções do que através da própria mente.

Com a educação da mente, nós podemos, quando precisarmos, ser independentes da mente e experimentar descobrir a verdade por meio das nossas emoções purificadas. Reconheceremos, como o têm reconhecido alguns de nós, que são realidades aquilo que assim descobrimos, e que, segundo compreendamos mais e mais os fatores da vida, somos perfeitamente capazes de expor, em termos da razão crítica, a verdade que descobrimos por meio da faculdade superior a razão.

Na investigação da verdade, o essencial é penetrar na vida mais ampla da humanidade.

Ao nosso redor, estão a tristeza e o sofrimento; devemos contemplá-los e fazer com que nossos corações se abram para compreender o problema da dor. Pois toda a humanidade em si é uma grande Intuição Divina, e, se pudermos ver refletidas nesse Espelho de Deus, as Suas grandes Ideias Cósmicas, reconheceremos que não se encontra a Verdade somente nos livros e na natureza, mas também entre as atividades diárias dos homens.

II - CONCEITO INICIÁTICO DA LIBERDADE

Entrar no desconhecido; não considerar nada como garantido, certo, não pressupor nada, ser livre para descobrir – só assim pode haver profundidade e entendimento.

Jiddu Krishnamurti

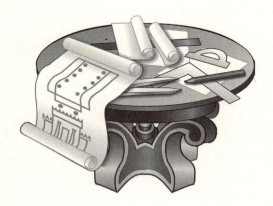

Com o desenvolvimento da civilização, a liberdade individual tem sido cada vez mais ampla, a começar do plano físico até os mais sutis.

Fisicamente, o *"habeas corpus"*, a abolição da escravidão, o conceito cada vez mais democrático de habitação, circulação e reunião, completa-se pelos descobrimentos da ciência que vem ampliando, de forma notável, a facilidade de locomoção, em rapidez, vulgarização e preço.

Atualmente aumenta rapidamente o número de seres humanos que levam seu corpo aos lugares em que necessitam atuar, com facilidade e rapidez.

A esta maior liberdade de "movimento físico", junta-se a maior possibilidade de movimento intelectual e mental, pela imprensa, seja por meio da publicação de livros, jornais, periódicos e revistas e mais que tudo isso foi a descoberta da internet, que, por meio de computadores, conectam-se pessoas do mundo inteiro em tempo real pelas redes sociais. Ficando, de certa forma, a arte contemporânea do cinema, rádio e televisão em segundo plano. Neste sentido vamos encurtando distâncias, e aquele que pretende meditar se vê contramão do fator "tempo" sendo reduzido na locomoção física e quase anulado pela instantaneidade das informações eletrônicas e seus derivados.

Se a humanidade soubesse aproveitar esta amplitude real de liberdade do contato, poderia fazer um progresso notório, pois, assim como "corríamos" antes, a pé ou a cavalo, até o local onde vivia um parente ou amigo, ao receber, tardiamente, as vezes, a notícia, hoje vamos voando num avião ou com a mente nas redes sociais – física ou mentais – em questão de segundos já estamos lá, perto daquele ente querido.

Os males causados em qualquer parte do grande corpo coletivo da humanidade sejam por fenômenos naturais – abalos sísmicos, vulcões, inundações, etc. –, seja por fenômenos sociais: guerras, revoluções, etc., chega aos nossos ouvidos e aos olhos de quase totalidade dos seres, com a rapidez que tende a cada dia ser "instantaneamente", quer dizer, simultaneamente ao acontecimento, isto é, em tempo real.

OLHEMOS ISTO AGORA INICIATICAMENTE:

A mente que se confina ao âmbito de seus interesses, perde o senso de proporção, e desse modo superestima uma parte. Os fatores condicionadores do hábito a impedem de ver o conjunto.

Rohit Mehta – *Procura o Caminho.*

Se fôssemos realmente livres, não somente por força das leis democráticas que nos regem, não apenas pela facilidade de locomoção e informações em tempo real que nos chegam através da rede da internet, mas pela liberdade interna, quer dizer, se pudéssemos chegar a sentir-nos "não reduzidos / cerceados" por ódios, rancores, invejas, paixões e ambições políticas ou particulares... (que obra maravilhosa poderíamos realizar!)...

Mereceríamos então realmente essa liberdade que os meios técnicos e científicos nos tem proporcionado, porque as mentes e os corações de todos os seres poderiam unir-se instantânea e sincronicamente com o acontecimento dos flagelos que interessam de certa forma a grande família humana, e, assim como milhões de vezes no ano, a oração e o desejo sincero de milhares de mães teriam salvado a tantos milhões de crianças enfermas em independente de suas distâncias, como também milhões de peitos humanos e de mentes fraternais poderiam e deveriam poder curar os males dos quais sofrem os seres humanos de qualquer ponto da Terra.

Mas, para poder ir a qualquer parte, para poder expressar qualquer pensamento, para poder realizar qualquer obra, é preciso ser livre.

E, para realizar obras como as quais comento, que são de natureza interna e íntima, é preciso ser interna e intimamente livre.

Que entende o Iniciado por Liberdade?

Entende aquilo que nada nos pode dar, outorgar, ampliar nem tampouco minguar, reter ou suprimir. A liberdade de compreender sem paixão e de sentir sem negativa modalidade.

A liberdade de amar infinitamente a todos os nossos semelhantes e de evadir-se de tudo aquilo que dizem, escrevem ou sentem que tenda a formar separatividade, seja em nosso círculo familiar, profissional, ideal, nacional, ou humano em geral.

Por acaso a Rosa deixa de ser cheirosa quando em suas proximidades o gato invade um ninho de um pássaro?

Por acaso nos sentimos obrigados a roubar porque um vizinho ou um compatriota tenha cometido um furto?

Não é Verdade? Pois tampouco estamos obrigados a adotar sentimentos ou atitudes indiferentes com parentes, amigos, sócio ou de qualquer posição relativa a nós, que signifique uma limitação a nosso mais amplo sentido de amor universal, de carinho coletivo, de sentimento social, familiar ou individual.

E, se o perfume da rosa que exala continuamente, sem interrupções nem desfalecimentos, ao longo de toda sua florida existência, deixando ao fenecer perfume em potência, semente de muitas outras rosas, é porque ela não perde nem tempo, nem energia, nem qualidades íntimas em discutir, disputar ou guerrear.

Silenciosamente, enamorada da própria beleza que constrói como reflexo de uma Lei Geral de Beleza e de Vida, ela cresce em cor, em forma e em perfume.

O Iniciado entende assim a liberdade: não deixa que penetre nele o ódio, os rancores, os ciúmes, as invejas, que por acaso surjam ou circulem no ambiente e, como a rosa, se alimenta, em silêncio de sua meditação e de sua ação, somente dos jugos construtivos do conhecimento e dos raios solares do Ideal, transformando em sua vida individual esses elementos, todos construtivos, num carinho e numa irradiação de união que atrai aos demais, silenciosamente, como as flores atraem as crianças e os adultos, por sua cor, perfume e simbolismo ativo.

E, para obter essa liberdade, não a pede a ninguém, não critica aos demais em suas maneiras de pensar ou de proceder, porque se dá conta que seu principal verdugo, guardião ou carcereiro é sua própria imperfeição que cria inquietação, ódios, invejas, intolerâncias, etc.

Então, ele trabalha silenciosamente para "livrar-se" e, para isso, nem sequer precisa "cortar" nenhum fio com nada nem com ninguém, pois se o cortasse, o "resto" desse fio, arrastaria um dos dois: ele mesmo ou a outra pessoa ou feito, conforme o ponto do fio que houvesse sido cortado.

Sua técnica então deve parecer-se com aquela que faz com que a aranha quando vê que um "fio" por ela mesma emitido, é inútil a sua obra: absorve-o de novo e se coloca assim na localização que ocupava antes de emiti-lo: é como se não houvesse acontecido nada.

Assim também o Iniciado deve saber, ou aprender como, "reabilitar" os fios condutores de prejuízos, ódios, rancores, inveja, paixões, de qualquer modalidade de separatividade, que ele mesmo havia emitido anteriormente por ignorância ou por falta de elevados sentimentos.

Reabsorve-os e os dissolve no silêncio da meditação, ao fogo lento do carinho, da fé, da paciência, da tolerância, do desejo de ser melhor e sobretudo: mais útil.

E, assim, pouco a pouco, faz-se realmente livre, pois se vê unido aos demais somente por um novo meio de união, que não cerceia sua liberdade em nenhuma forma: o ar atmosférico, comum a todos os peitos, a luz solar, comum a todos os olhos, o carinho humano, comum a todos os corações, a fé espiritual comum a todas as almas, o desejo de superação e de união, comum a todos os Espíritos, em sua essência.

Passa, então a ser um pequeno foco de luz, livre em seu movimento, livre em sua irradiação, livre em sua competência de saber e sentir o que vai nas mentes e nos corações de todos seus semelhantes, mas somente para reforçar suas alegrias e balsamizar suas tristezas ou suas dores.

Reflete luz, se ainda não pode emitir a sua própria luz, e como toda luz dissolve algo de sombra, como todo raio de sol dá calor e vida a alguma parte da organicidade visível, assim Ele, passa, silencioso e vivificante como um raio, modesto como ele, silencioso para o ouvido físico, e sem dúvida vibrante da mesma força, da mesma energia, da mesma vida como o Sol no físico, como a Luz na Moral e como Divino no Espiritual.

"Em verdade, sem erro, muito verdadeiro", que se todos, como parentes, amigos, irmão espirituais, concidadãos ou quaisquer humanos em geral, trataríamos de assemelharmos cada vez mais da maneira de ser e proceder desses Iniciados, nos sentiríamos realmente: Livres, felizes, alegres de corpo e de mente e tenderíamos ao prazer, reiterado, quase constante e compensador das inevitáveis dificuldades da existência.

Para consegui-lo, o primeiro passo é lutar, interna e perseverantemente, por ouvir, ver, pensar e especialmente falar e trabalhar, com calma, com reflexão, com a preocupação constante de criar harmonia, de facilitar entendimento e de estimular o carinho mútuo entre todos os seres. Como a função cria o órgão, pouco a pouco, chegaremos a fazê-lo sem "preocupar-nos" por ele, será nossa nova modalidade: Livres e agradáveis aos demais, como o perfume da Flor.

III – A GRANDE OBRA

PRECE

Senhor que é o céu e a terra, e que és a vida e a morte! O Sol és tu e a Lua és tu, e o vento és tu! Tu és os nossos corpos e as nossas almas e o nosso amor és tu também. Onde nada está tu habitas e onde tudo está (o teu templo), eis o teu corpo.

Dá-me alma para te servir e alma para te amar. Dá-me vista para te ver sempre no céu e na terra, ouvidos para te ouvir no vento e no mar, e mãos para trabalhar em teu nome.

Torna-me puro como a água e alto como o céu. Que não haja lama nas estradas dos meus pensamentos nem folhas mortas nas lagoas dos meus propósitos. Faze com que eu saiba amar os outros como irmãos e servir-te como a um pai.

[...]

Minha vida seja digna de tua presença. Meu corpo seja digno da terra, tua cama. Minha alma possa aparecer diante de ti como um filho que volta ao lar.

Torna-se grande como o Sol, para que eu te possa adorar em mim; e torna-se puro como o luar, para que eu te possa rezar em mim; e torna-me claro como o dia para que eu te possa ver sempre em mim e rezar-te a adorar-te.

Senhor, protege-me e ampara-me. Dá-me que eu me sinta teu. Senhor, livra-me de mim.

> Fragmento manuscrito, s.d. (1912?). In *Páginas Íntimas e de Auto Interpretação* (ed. Georg Rudolf Lind e Jacinto do Prado Coelho), Lisboa, 1966, p. 61,62, n.15.

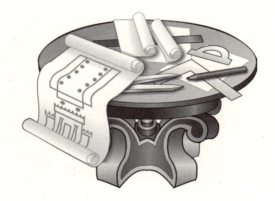

A todo instante, deparamo-nos com o tema Iniciação. Como um olhar que forma imagens caleidoscópicas, que nos permite sempre ver detalhes preciosos em cada ponto focado, e, neste sentido, são sempre infinitas as suas possibilidades.

Além disso, são constantes estas perguntas: "Que é Iniciação? É um estado ou condição temporária ou permanente? É um acontecimento ou fenômeno que pode ser descrito em termos compreensíveis ao intelecto comum?" Essa dúvida é recorrente a todo aquele que decide trilhar a senda do ocultismo.

A Iniciação, em seus graus mais elevados, compreende o alcance do mais sublime e elevado objetivo que nos é dado alcançar e que nada mais é senão a União com Deus. É a *União Mística*, União Mística ou identificação com o Ser Supremo, descrita pelos hindus como Nirvana.

7 REFLEXÕES NECESSÁRIAS

Por outro lado, é descrita como o alcance da Consciência Cósmica ou a imersão da consciência individual na Consciência Universal. É também chamada a Grande Obra pelos alquimistas medievais e seus modernos sucessores. Estas definições são, naturalmente, gerais e não mencionam vários estágios definidos, que são vários neste Caminho.

Sabemos que existem vários graus de Iniciação e experiências místicas, porém há três momentos importantes na carteira de cada um, desde aquele em que o Candidato se encontra como recipiendário, Noviço ou Adepto até o Último Grau. Esses três estados principais podem ser divididos em doze Graus, dez dos quais se referem às *Sephiroth* da Sagrada Árvore da Vida; dos outros dois, um fica abaixo e outro acima da Árvore, por assim dizer. Esses correspondem também às Esferas Planetárias Ocultas, de um modo especial, embora mantenham outras correspondências. O uso do Otz CHIIM, ou Árvore da Vida, confere neste sentido um método conveniente de divisão, classificação e memória desses estágios. Não nos deteremos aqui para explicar esta parte da Kabbala que exigiria uma parte em especial. Entretanto, deve-se entender que esta classificação não é arbitrária ou essencial e aqueles que não estejam familiarizados com este assunto ficarão em condições de acompanhar inteligivelmente a explicação dos diversos graus Iniciáticos.

Em primeiro lugar, temos o Noviço (Neófito) colocado ao pé da árvore, pronto a iniciar a ascensão; assim começa a fase elementar do desenvolvimento da faculdade de raciocínio, etc. Durante este período geral, o estudante penetra na *Sephirah* de *Malkuth*, seguida por *Yesod*, *Hod* e *Netzah*.

Agora atravessando os primeiros graus preparatórios nos quais ele é convenientemente instruído e treinado, o candidato penetra na *Sephirah Tiphereth*, onde experimenta a primeira grande Iniciação. Esta significa sua entrada consciente no Mundo Espiritual, quando aquela faculdade tecnicamente conhecida como "imaginação iniciada" é desenvolvida. Ele pode então ser chamado de Adepto Menor. Agora se realiza a revelação da união parcial com o Eu Superior, o *Manas* Supremo, o Santo Espírito de Verdade. O cumprimento da primeira metade do regime da Grande Obra corresponde à conquista deste Grau. É o *Solve*, a primeira fase do processo alquímico, que deve ser seguido pelo *Coagula*. Os senhores do Carma, neste momento, afastam-se de certo modo, e a Vontade se desenvolve de modo assombroso.

Esta é a fase mais penosa na carreira do Iniciado, pois exige o encontro com o primeiro "habitante do Umbral" face a face, e o empreendimento da titânica tarefa da beatificação. Cérbero, o cão mítico tricéfalo, está de guarda nesse Umbral. Suas cabeças representam três Princípios (Pensamentos, Temores e Volições) que devem ser tão exercitados e equilibrados nas fases precedentes, que devem funcionar independentemente, de certo modo, sob o controle do "Eu Superior". Nenhum Candidato pode atravessar o Umbral enquanto os três Princípios não estiverem treinados desse modo.

O Habitante do Umbral é um Ser Espiritual, criado pelo homem. É um reflexo da nossa própria alma vista em toda sua nudez e que aparece objetivamente às faculdades espirituais despertadas. Com esta visão, o candidato percebe a verdade em si mesmo como muitas outras coisas – ele fica livre de todas as ilusões e vê a si próprio como realmente é. Não mais lhe será possível interpretar suas imperfeições, desculpando ou justificando os seus erros. Esta é a mais emocionante experiência que pode ser realizada, e tal prova só pode ser vencida com sucesso por quem for cuidadosamente preparado. O Candidato deve ser um apaixonado devoto da Verdade, de modo pessoal e deve estar tão fortificado pelo desenvolvimento prévio que é capaz de enfrentar a nua verdade a respeito de si mesmo e de suas concretas ilusões.

É ocioso acrescentar que essa é uma tremenda dificuldade a ser vencida e que as próprias pessoas que continuamente clamam pela "verdade" são frequentemente as que mais longe dela estão e as primeiras a fugirem quando a encontram. A verdade, especialmente a respeito de nós próprios, é muitas vezes diferente daquilo que carinhosamente imaginamos e aguardamos, sendo comumente amarga, para falarmos com franqueza; mesmo as grandes e sublimes Verdade da Natureza são muito fortes para as pessoas não preparadas, pois estas não podem enfrentá-las, sem perda de equilíbrio.

Agora, nesta fase, o Iniciado não é absolutamente um "Santo". A esse respeito, há uma grande confusão na mente dos estudantes e dos instrutores não iniciados, que reproduzem o erro conforme receberam. Os aspectos morais dos treinos iniciáticos não são idênticos aos da elegante "moralidade" dos simplórios; por isso, os ascetismos em qualquer forma e certas restrições interesseiras são geralmente prejudiciais. Não se deve negar que o candidato necessita praticar as chamadas virtudes de primeira ordem, porque o caminho que leva a Deus é o caminho do bem, e as leis morais têm tanto poder no Mundo Espiritual quanto as leis físicas têm no mundo material. Porém, "virtude" e "moralidade" são termos que devem ser cuidadosamente definidos antes de serem usados com a precisão que caracteriza todos os genuínos treinamentos iniciáticos. Desse modo, nas fases que precedem o encontro com o Habitante, o Candidato é instruído no sentido moral e ético, conquistando certo progresso no domínio próprio, etc. Contudo, é somente depois da Iniciação que o estudante fica em condições de ver a si próprio, como realmente é; então, como dissemos anteriormente, ele inicia o grave empreendimento de beatificar sua própria alma, representada sob a forma do Habitante do Umbral.

Cumprir essa Missão, antes do devido tempo, é praticamente impossível e seria o mesmo que colocar o carro adiante dos bois. Esta questão é ligada aos assuntos controvertidos do "Livre Arbítrio" e a "Vontade" (superior ou inferior, etc.) e deve ser tratada separadamente com eles.

A incompreensão deste assunto, principalmente no entendimento de muitos ocultistas e alguns estudantes, tem afastado do Portal muitos candidatos à Iniciação. A impressão corrente é a de que o indivíduo deve se tornar um asceta e um santo antes de empreender o treino iniciático; essa ideia é inteiramente errônea.

Voltemos à descrição das nossas Fases Iniciáticas. O Iniciado penetra, em seguida, na Esfera de *Geburah*, onde desenvolve aquela faculdade conhecida em Ciência Oculta como "Inspiração Iniciática", a qual habita o Iniciado a ler o Arquivo Secreto do Mundo Espiritual. Isso desperta a consciência da Vida Espiritual ou *Buddhi*, acompanhada da consciência do Ego-Espiritual ou *Manas* no Grau precedente. Nesta fase, consciência, como Adepto Maior, aprende muito ocultismo *prático*.

O passo seguinte leva o iniciado à *Sephirah Chesed*. Nesta estância encontra-se a faculdade da "Intuição Iniciática", e o Iniciado é levado à perfeição e à consciência espiritual ou *Atma,* que o habilita a manejar e esquadrilhar a Pedra Filosofal. O Iniciado que que alcançou este alto grau pode ser chamado de *Adepto Privilegiado*. Tal indivíduo, neste ponto, chega a outro Umbral que constitui uma fase excessivamente crucial na sua caminhada – ele se encontra na segunda fase da

Iniciação, à beira do Abismo. Sugerimos que veja nossa obra: TEM-PLO MAÇÔNICO, dentro da Tradição Kabbalística *"Sob a Luz do Sol da Meia-Noite"* – Editora Madras, SP, 2012, p. 159-165. Encontra-se frente ao segundo habitante do Umbral, que não é outro senão a Força Crística ou a Segunda Pessoa da Trindade Cristã, com Quem ele deve se unir ou ser atirado no Abismo, perdendo para sempre o seu direito à Salvação como Homem perfeito (isso está relacionado ao Grau 19 do R∴E∴A∴A∴). É nesse ponto que o Caminho se bifurca realmente. Muita coisa que se diz a respeito da "Fraternidade Negra" e dos "Magos Negros" não passa de insensatez. O indivíduo não pode ser filiado à "Fraternidade Negra" se não tiver atingido o grau de Adepto elevado (e esses são casos raríssimos) e, incidentemente, se não houvesse Adeptos Negros, não haveria tampouco Adeptos Brancos! Na fase que agora exa-minamos, ninguém pode fazer parte desta última categoria, quando tiver tomado o "Caminho da Mão Esquerda", ao se defrontar com o Segundo Habitante.

Neste ponto, deve-se notar que as três faculdades perceptivas ou, antes, estados de percepção, pertencentes aos três Graus de Iniciação, atingidos depois que o Umbral foi atravessado, de um modo necessário não consecutivamente desenvolvido, mas podem surgir por coincidên-cia; isso é especialmente certo em relação aos dois primeiros – Imagina-ção Iniciática e Inspiração Iniciática. O mesmo acontece com os outros fenômenos em uma carreira Iniciática. É conveniente conhecermos uma classificação definida dos Graus e das fases, tais como foram dados, po-rém devemos compreender que qualquer curso atual – não importando qual Iniciação – não é tão resumido e simples como indicamos, a não ser nos principais aspectos. Assim, por exemplo, alguém pode ser um Adepto Maior, em certos pontos, sem ter atravessado o Umbral.

A principal tarefa do Adepto Livre é libertar-se do ego inferior ou "Personalidade". Para esse fim, ele deve despir-se de todos os desejos, de modo a não dar maior preferência a uma coisa do que a outra. Nesse indivíduo, tudo está de tal modo equilibrado que, se ele pensa, sente ou age em determinada direção, há uma imediata reação na direção oposta que vem manter o perfeito equilíbrio em seu Ser Mágico. Para tornar sua Vontade plenamente livre, ele deve libertar-se completamente do *hábito*, tornando-se a lei de si mesmo. Neste ponto, também os três Princípios se tornam inteiramente independentes de cada um e funcionam sob o pleno controle do Eu Superior. Os Senhores do Carma, neste momento, afastam-se completamente, deixando o Adepto encarregado da direção do seu próprio destino. Tudo isso é consequência daquele perfeito equilíbrio ao qual nos referimos. Como parte da Tarefa deste Grau, o Adepto Livre deve encontrar uma Loja ou sistema de filosofia que lhe agrade, sob a égide dos seus Mestres ou Superiores.

Tendo agora conquistado a incontestável direito e habilidade de funcionar nos planos inferiores do Mundo Espiritual, e estando em plena relação com seus habitantes, seus característicos, etc., o Iniciado deve escolher: ou o prazer egoístico de frequentar esses planos, cheios de poderes e bem-aventuranças que lhe pertençam e que tentam sua vaidade, ou sacrificar todas essas alegrias em benefício da humanidade. Esta última parte inclui a necessidade de futuras encarnações em novos corpos físicos. Se ele opta pela primeira parte, fica no Abismo e se torna um Irmão Negro, um parasita do Universo e um inimigo de sua raça, o qual, embora possuidor de grandes conhecimentos e poderes e dispondo de enormes recursos; fica, entretanto, condenadoà extinção.

Se, por outro lado, ele escolhe o "Caminho da Direita", então o seu ego inferior é completamente destruído, pelo sacrifício de tudo que o Iniciado é e possui, passando sobre o Abismo e unindo-se ao Segundo Guardião. O Casamento Místico se realiza; a *Virgem Sofia* (Alma) torna-se a Mãe de Deus (Espírito); a Consciência Cósmica desponta, e ele atinge o Grau de *Mestre do Templo*. É esta a Morte Mística e o Renascimento ou Ressurreição pelos quais passa todo Iniciado que vence as Provas com sucesso. É assim que o *Adepto* se torna um *Mestre*. A posição *sephirótica* do M∴ do Templo é em *Binah*. Aqui surge a compreensão definida das relações entre o *Microcosmo* e do *Macrocosmo* (Homem e Universo).

O segundo passo leva o Iniciado a *Chokmah*, e ele se torna *Magus*. Finalmente, ele recupera sua Coroa em *Kether* (a primeira e mais alta *Sephirah* na Árvore da Vida) e torna-se um *Ipsissimus*. Em seguida a esta alta conquista, vem a décima segunda fase, na qual o Iniciado se une plenamente à Consciência Universal e atinge a Beatitude.

A descrição detalhada dessas fases superiores é praticamente inútil – ou melhor, impossível explicitar – nos termos comuns da linguagem.

IV – O FRATERNISTA IDEAL
(Verdadeiro Irmão)

(...) Pelo próprio Senhor, Jesus, o "Verbo Vivo de Deus" foi prometido: *"Aquele que cumprir Meus Mandamentos (da humanidade e do Amor) é que Me ama. E aquele que Me ama será amado por meu Pai e Eu o amarei e Me manifestarei a ele". (João 14,21). – E mais adiante: "O Espírito Santo que Meu Pai enviará em Meu Nome, ensinar-vos-á todas as coisas e vos fará lembrar de tudo quanto vos foi dito."*

(João 14, 26)

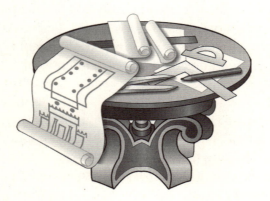

Momentos agradáveis de nossa existência são aqueles que damos asas às nossas mais íntimas aspirações. Torrentes de vida transbordam quentes e caudalosas do nosso Eu interior, sensibilizam os nossos circunstantes e transmite-lhes a nossa alegria, as nossas emoções e a nossa ânsia de viver a vida martirizadora, mas glorificante do Ideal. Entre os outros e nós estabelece-se então uma transfusão magnificente de vida, uma unificação íntima de consciências, e resulta sentirmos em nossa consciência as alegrias, as dores e a indiferença das outras consciências. É que o estado da alma alheia começa a refletir-se em nossa própria alma.

Este reflexo, no entanto, avulta-se, vitaliza-se e agita-se... Nossa consciência, que antes só por momentos fugazes percebia as alegrias e dores alheias, sente-se agora permanentemente viva, aquecida. Se passarmos então adiante de um sofredor, em vez de lhe lançarmos um simples olhar lacrimoso ou de consolá-lo com as habituais palavras: "coitado", "judiação", que "Deus compadeça dele!", já sentimos a nossa responsabilidade ante o seu sofrimento. Pouco nos importa se o sofredor é ou não um "coitado", se é vítima de seu carma, e se Deus se compadecerá ou não do seu sofrimento... Mas, o que queremos é auxiliá-lo, pois temos compreendido que, por mais disfarçada que esteja, a indiferença é um crime diante do sofrimento alheio; e que, enquanto os outros sofrem, não nos assiste o direito de gozar, e enquanto eles gozam, é um delito perturbá-lo com o nosso sofrimento.

Um novo estado de consciência se desperta assim em nós. Sentimos que a consciência dos outros se acha imantada à nossa, e, pois, suas dores e alegrias são nossas também. Descobriremos então a unidade fundamental de todas as consciências. Ai então de nós!... pois daí em diante arrastaremos a vida do calvário!

Há, portanto, uma só consciência, de que nós somos simples emanações. Logo, trabalhar por essa consciência unitária – que em nosso mundo se revela como Amor ou Fraternidade –, trabalhar pelas suas emanações, ou por nós mesmos. Se, arrebatados de amor pelos outros, trabalharmos e lutarmos afanosamente por eles, chegaremos a esquecer o nosso conforto, a nossa felicidade, as nossas dores e a nossa vida... é só então que sentiremos a verdadeira alegria de viver! Sim, porque *"quem procura a sua vida, perdê-la-á, e quem a perde, ganha-la-á"* – quer dizer: é só pelo esquecimento de nós mesmos e da nossa "sorte" que encontraremos a felicidade, a qual tantos seres, por estarem cheios de si mesmos, procuram em vão.

A nítida compreensão da consciência unitária arrebata-nos a sacrificarmos a nossa vida pela salvação da dos outros. O mundo é demasiadamente restrito para compreender sacrifícios tão sublimes; perturba-se, então, e olhando-nos desdenhoso, apiedado e respeitoso, exclama-nos atônito: louco! mártir! herói! Cristo!... Mas o nosso Eu interior murmura-nos tão só: fraternista!...

Fraternidade verdadeiramente ideal é aquela que nos leva a auxiliar os outros, mesmo com o sacrifício de nossa vida; mais ainda, é aquela que nos leva a conquistar para os outros aquilo que não podemos obter para nós mesmos.

Todavia, jamais a realizaremos derramando sangue alheio ou violentando a evolução regular das coisas. Se, hipnotizados pela ideia de servir uma centena de infelizes, sacrificamos a vida ou a felicidade de nossos oponentes, muito longe estamos ainda da verdadeira Fraternidade – como sendo esse Amor unificado que abarca e identifica todos os seres, por diferentes que sejam as suas ideias, crenças ou sentimentos. Uma atitude tal não trará a felicidade desejada, pois ela não é mais que uma outra modalidade da ideia corrente em numerosas pessoas, de que a vida e a felicidade dos outros devem ser sacrificadas no meio de nossa família ou pátria. Só realizaremos a verdadeira fraternidade sacrificando, ao contrário, as nossas ideias, desejos e vida, por causa dos outros.

Óbvio é, portanto, que ao fraternista ideal são indispensáveis três qualidades essenciais:

1º - um grande poder de autossacrifício;

2º - uma mente e um coração tão amplos, que possam conter todos os seres, de quaisquer espécies, sentimentos ou ações; de qualquer raça, cor, sexo ou idade;

3º - uma sabedoria tão vasta e uma energia tão insuperável, que lhe permitam conhecer a verdadeira felicidade e conquistá-la harmonicamente.

O mundo atual, continuamente sacudido pelas convulsões mais sangrentas a que a espécie humana tem assistido, clama e chora pela presença de um tal fraternista – o único bastante sábio e forte para restituir-lhe a paz e a harmonia perdidas. Em toda parte, faltam estadistas sábios e vigorosos para aprumar o governo das nações; faltam os pontífices e sacerdotes espiritualizados o suficiente para confraternizar de verdade com as outras religiões, converter os transviados e instruir os crentes; faltam os cientistas do prístino verdor para arrancar a ciência da areia movediça de suas contradições, que tudo confundem...

As artes, ramos escachados das frondosas árvores que da antiga Grécia ensombraram a Pérsia, Egito, Índia e a Europa toda, não reproduzem mais as perfumosas flores da antiguidade clássica, e vão lentamente murchando... E as escolas filosóficas, outrora tão robustas e de pensadores tão agigantados, fazem hoje estéreis e desertas.

A desolação é assim universal. Em tudo campeia a figura espectral da decadência moral e material; e a humanidade, se ninguém a acudir, se precipitará no abismo!...

Alguns ocultistas, fundamentalmente tocados ante este caos mundial, resolveram em hora feliz estudar as causas originárias dessa miséria humana generalizada. Inquiriram, para isso, antiguíssimos tratados científicos, filosóficos e religiosos de muitas tradições, principalmente orientais. Valendo-se de órgãos ou faculdades espirituais, ainda latentes na humanidade em geral, mas ativos nuns poucos mais evoluídos, devassaram o lado hiperfísico do nosso globo, até onde lhes permitiram os grandes Mestres da Sabedoria, ao rebusco de acontecimentos desenrolados nos dias pré-históricos da humanidade.

Assombrosos foram os resultados desses estudos, e maravilhosa e edificante foi a luz que eles projetaram sobre os nossos tenebrosos dias!

Os pensadores notaram que as civilizações passadas, amortalhadas pelas sombras dos séculos, também sofreram – periodicamente – crises análogas a que hoje aflige a nossa humanidade.

Crises de ordem etnológica, crises de ordem geológica, crises de ordem política, científica, filosófica (no sentido moral e ético) e religiosa – todas produto da decadência da moral dos homens – tal é o que eles depararam periodicamente repetido na vida retrospectiva das humanidades atlante e lemuriana, e o que qualquer estudante poderá ver constatado na história da humanidade ariana, de Manu e Vyasa a Moisés, de Moisés a Cristo e de Cristo a nós.

Essas indagações ocultas revelaram, todavia, que, a par de tais crises, apareceram sempre, com a missão de controlá-las e conjurá-las, os Super-homens, os Reis Divinos, os Dragões da Sabedoria, os Senhores da Chama, os Filhos do Fogo, os Pitris Agniswattas, os Pitris Lunares, os Manus, os Budhas, enfim: os sempiternos Vigilante da humanidade. Na civilização ariana – única registrada pela história e pela Bíblia – tais seres foram, Manu, Vyasa, Hermes ou Toth, Zaratustra, Orfeu, Budha, Cristo e outros. Legião aurifulgida dos Fraternistas mais gloriosos que pisaram o nosso planeta!

Verificados esses fatos, cuja analogia com os dias atuais se tornava mais interessante pela crença manifestada, por quase todas as religiões importantes, de que logo apareceria no mundo um Salvador Divino, capaz de libertá-lo da situação penosa em que se encontra, os mesmos ocultistas estenderam suas investigações ao futuro do mundo e observaram que, realmente, dentro de poucos anos, o mundo receberá, como no passado, a visita de um excelso Ser, tão sábio e poderoso que possa transmitir-lhe uma mensagem bastante empolgante para alterar-lhe o curso de sua conduta, bastante sublime para trazer-lhe a tão ansiada felicidade!

Por mais que isso possa parecer patético e pueril para ser dito, e muito mais para ser compreendido, dir-se-ia que, por mais "absurdo" que pertença à escola dos "futuristas", dos "quiméricos" ou dos "visionários alucinados" é, no entanto, o que está arrolado entre os fatos mais naturais do universo, é o que está prescrito pelas imutáveis leis divinas. *"Passarão o céu e a terra, mas as minhas palavras não passarão"*. Dentro em breve a humanidade terá uma tão gloriosa visita, um tão sonhado Fraternista!

Tão seguros destas assertivas os místicos estão deste grandioso acontecimento que só por si são suficiente para comover todos os séculos, que eles estabeleceram no mundo um vasto movimento de Fraternidade, capaz de comportar em seu seio os crentes de todos os matizes, que, pertencentes ou não a qualquer religião, creditam no eminente evento do majestoso Mensageiro da Paz e queiram aprestar o mundo para recebê-lo dignamente e evitar-lhe, assim, os escárnios e pedradas de que Ele, para desdoiro nosso, foi vítima há dois mil anos na Palestina.

Daí fica a provocação de uma pergunta inevitável, quem ou o que seria este Ser que virá para mudar a consciência humana que tão necessariamente urge de reparos? Onde estará esse Tipo ou essa Inteligência que devemos aguardar?

Revestida deste espírito amplamente liberal, a Ordem Maçônica vem progredindo além da expectativa dos seus fundadores e hoje, difundida e implantada em todo o globo, invoca para si e seus partícipes uma transformação, uma lapidação para trazer à humanidade a felicidade e a paz, com o brilho de cada pedra refletindo, como um foco de luz ardente aos seus semelhantes e iluminando todo ambiente que esteja presente. Talvez seja um dos movimentos laicos mais fraternista de todos os tempos – laico no sentido de abarcar todas as religiões e crenças; mas que professa também uma religião Universal por meio de uma Força omnipresente, onisciente e onividente que intitulamos de Grande Arquiteto do Universo. Levantamos templos à virtude e cavamos masmorra ao vício, eis o que prega nosso Ritual e, numa hora muito oportuna, traz o bálsamo da esperança numa oitava superior e claro a todas as nações com eloquência viva de seus membros.

O Ser cujo advento é proclamado pela Ordem Maçônica trará a maravilhosa encarnação do sábio e poderoso Fraternista, reclamado pelo mundo moderno! Este Ser se chama consciência global de Amor Verdadeiro!

É inimaginável especificarmos o trabalho que Ele virá executar, pois os problemas que tanto nos atormentam são tantos, tão vitais e complexos, que só a Sabedoria do Mensageiro Divino poderá discernir a natureza de Seu trabalho e os métodos elencados para tal missão.

Sabemos, entretanto, que a Sua obra não se cingirá a uma determinada religião ou nacionalidade, nem se limitará a uma pretensa classe de eleitos. Não virá ser um simples demagogo, caudilho de alguma facção, nem um humilde pregador de evangelhos. Ele terá uma função muito superior a tudo isso, é em verdade o Chefe universal de todas as religiões, é o Instrutor dos Anjos e dos homens, e quando surgir radiante na humanidade, rodeado de Sua poderosa corte de Auxiliares, o Seu trabalho será o de restaurar a condição humana na sua primeva natureza, isto é, proporcionar a reintegração de toda a humanidade, no processo de reversão da Queda, abrangendo todas as organizações sociais ou religiosas. Haverá, assim, *"um só rebanho e um só pastor"*. Sabemos que Ele não virá lhes perguntar qual foi a vossa religião, se pregastes os evangelhos, se rezastes e vos confessastes, se acreditastes no céu e no inferno, se assististes às missas, se aceitastes a Reencarnação e o Carma... Veja abaixo: Mateus 25:31-46 e aí tereis o que Ele vos virá perguntar; isto é, se alimentastes o faminto, vestistes o nu, visitastes o doente, consolastes o aflito, perdoastes o vosso próximo, se realizastes a Fraternidade como ordena o Seu evangelho. E, segundo tenha sido o vosso proceder em tal sentido, assim será o galardão que Ele vos conferirá.

> *E quando o Filho do homem vier em sua glória, e todos os santos anjos com ele, então se assentará no trono da sua glória;*
> *E todas as nações serão reunidas diante dele, e apartará uns dos outros, como o pastor aparta dos bodes as ovelhas;*

E porá as ovelhas à sua direita, mas os bodes à esquerda.
Então dirá o Rei aos que estiverem à sua direita: Vinde,
benditos de meu Pai, possuí por herança o reino que vos
está preparado desde a fundação do mundo;
Porque tive fome, e destes-me de comer; tive sede, e des-
tes-me de beber; era estrangeiro, e hospedastes-me;
Estava nu, e vestistes-me; adoeci, e visitastes-me; estive
na prisão, e foste me ver.
Então os justos lhe responderão, dizendo: Senhor, quan-
do te vimos com fome, e te demos de comer? ou com sede,
e te demos de beber?
E quando te vimos estrangeiro, e te hospedamos? ou nu,
e te vestimos? E quando te vimos enfermo, ou na prisão,
e fomos ver-te?
E, respondendo o Rei, lhes dirá: Em verdade vos digo
que quando o fizestes a um destes meus pequeninos ir-
mãos, a mim o fizestes.
Então dirá também aos que estiverem à sua esquerda:
Apartai-vos de mim, malditos, para o fogo eterno, prepa-
rado para o diabo e seus anjos;
Porque tive fome, e não me destes de comer; tive sede, e
não me destes de beber;
Sendo estrangeiro, não me recolhestes; estando nu, não
me vestistes; e enfermo, e na prisão, não me visitastes.
Então eles também lhe responderão, dizendo: Senhor,
quando te vimos com fome, ou com sede, ou estrangeiro,
ou nu, ou enfermo, ou na prisão, e não te servimos?
Então lhes responderá, dizendo:
Em verdade vos digo que, quando a um destes pequeni-
nos o não fizestes, não o fizestes a mim.
E irão estes para o tormento eterno, mas os justos para
a vida eterna.

Mateus 25, 31-46

Qualquer que seja, portanto, o vosso ideal, acreditando ou não na próxima vinda do "sonhado" Confraternizador dos povos, trabalhai pela Fraternidade, vivenciai-a em vossa vida e desenvolvei qualidades que vos habilitem a trabalhar melhor por ela. Se sentirdes que o Amor é o único poder capaz de redimir o mundo, como o ensinaram todos os *Mestres Passados*, os Verdadeiros Instrutores, que pode ser confirmado pela nossa intuição, fazei com que o Amor seja a tônica de vossa conduta; que o Amor impere soberano em vossas relações com os outros, pertençam ou não a sua Loja, ao vosso lar, a vossa pátria, a vossa religião ou as vossas ideias, e trabalhai encarniçadamente junto aos outros para que eles compreendam e obedeçam a lei do Amor.

Levantai uma grande celeuma de Amor, de tal maneira que o que pensares, sentis, respirais, bebeis, comeis ou fazeis, seja tudo feito de Amor. Um Amor que vos provoque insônias, vos faça sofrer e chorar lágrimas amargas como fel... Um Amor que vos fustigue, vos martirize, vos sufoque, vos sangre o coração... Um Amor que vos torture tanto e tanto, que, para vos livrardes de suas garras, principieis a trabalhar pelos outros. Nesse trabalho encontrareis, então, lenitivo para as vossas dores, porque ele vos absorverá tanto, que trabalhareis e trabalhareis como um desvairado... de amor... até que vos sentireis todo feito de Amor; e como Deus é Amor, com Deus vos vereis unificados, e podereis assim exclamar como Cristo, numa sublime expansão de Amor:

> *...Dei-lhes a glória que me deste, para que eles sejam um, assim como nós somos um: eu neles e tu em mim. Que eles sejam levados à plena unidade, para que o mundo saiba que tu me enviaste, e os amaste como igualmente me amaste. Eu os fiz conhecer o teu nome, e continuarei a fazê-lo, a fim de que o amor que tens por mim esteja neles, e eu neles esteja.*

(São João 17, 22-23 e 26)

Eis o termo deslumbrante do vosso trabalho – sentirdes esse Amor universal e compreendereis que Deus, o vosso próximo e vós, são de fato uma única coisa: o Amor.

Integralmente convencido como está da infalibilidade do Amor universal como elemento resolvente da presente crise mundial e, consequentemente, construtivo da Fraternidade humana – a Ordem Maçônica vos transmite a sua veemente saudação fraternal, pela força de sua Egrégora irradiada por todos seus membros e em todos os mundos, conjurando-vos ardentemente que coopereis com ela na realização do seu vasto e fascinante programa, sintetizado nas seguintes palavras: amor, amor, amor!...

Perseverantemente amando!!!

V – AUTOPREPARAÇÃO

> *Mas o significado real da Iniciação é que este mundo visível em que vivemos é um símbolo e uma sombra, que esta vida que conhecemos através dos sentidos é uma morte e um sono, ou, por outras palavras, que o que vemos é uma ilusão. A Iniciação é o dissipar — um dissipar gradual, parcial — dessa ilusão.*
>
> (Fernando Pessoa)

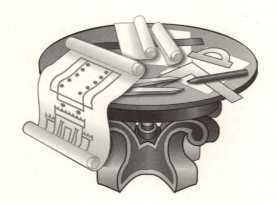

A autopreparação consiste de um ponto vital na senda do ocultismo. Nós devemos dominar o carma; esse é o trabalho do indivíduo pertencente aos grupos de autopreparação. Ele deve entender e dirigir seu carma, dominar o seu futuro pelas ações presentes, pelos seus atos atuais, pelos seus pensamentos atuais. Esse é o propósito, resumido numa frase, do indivíduo na Ordem. Se puderdes dominar o vosso futuro, então o propósito da vida será alcançado, toda a senda espiritual se tornará fácil. Deveis ter uma senda em que as ações e os pensamentos sejam afetados de uma nova maneira, no futuro; e se nós pudermos fazer no presente, o futuro, que consiste em felicidade, será conquistado muito fácil e simplesmente.

Para fazermos isso, nós devemos ter um propósito muito claro e definido na vida. E é especialmente para os jovens que eu falo sobre este objeto, não só porque os velhos já têm ideais definidos, como também porque os jovens estão ainda tateando. Os jovens devem procurar uma nova meta, um ideal definido, pelos quais trabalhem, de modo que, ao trabalharem por essa meta, eles não acumulem novas tristezas que conduzem para as veredas obscuras da vida. Isso não significa que os mais velhos não devam segui-la também.

Para dominar o futuro pela ação do presente, devemos ter um caminho traçado, uma meta espiritual, devemos dirigir as nossas ações para alcançar um ponto a que desejamos chegar – como diz um pensamento: *"Se você não sabe a direção do porto a que está indo, navegando qualquer vento é ruim"*. Devemos compreender muito claramente que o ocultismo não é complicado; é, na verdade, muito simples, pois segue as regras da Natureza, e que ele requer algumas ações e pensamentos definidos, pelos quais estamos procurando segui-lo. Lembro-me de ter ouvido um amigo mais velho dizer que ele jamais poderia ser um ocultista por ser demasiadamente velho e por ter várias outras razões inarredáveis em relação com o conhecimento que já estaria solidificado. O que eu contestei e argumentei, ao contrário, foi que somos eternamente aprendizes e que nossas rotas podem e devem ser corrigidas a qualquer momento de nossas vidas.

O ocultismo é a essência do cavalheirismo. Atualmente esta frase pode ser muito mal compreendida. Supõe-se que um cavalheiro (gentleman) é aquele que veste bem, que tem maneiras polidas, um bom gosto, mas em que seu coração pode ser um perfeito... eu deixo a palavra para cada um completar.

Esta é a concepção geral sobre um cavalheiro, mas o que nós precisamos é que cada membro da Ordem seja um verdadeiro ocultista. Certamente que a verdadeira essência do cavalheiro é somente representada pelo Mestre Perfeito, se o podemos dizer reverentemente. Um verdadeiro cavalheiro não deve possuir somente a polidez externa da vida, o traje externo que o torne correto, simpático à vista; mas, acima de tudo, ele deve ter em seu coração a essência da bondade e da verdadeira compreensão. Esse é, penso eu, o significado do ocultismo. Se sois capazes de proceder como um cavalheiro – esta é talvez uma palavra inapropriada para se usar – debaixo de circunstância difíceis, debaixo de condições que nos são adversas, então vós sois um verdadeiro ocultista, porque sois senhores de todas estas superficialidades e de quaisquer outras coisas. Esse deve ser o propósito do ocultista. Devemos sobrepor-nos a todas as pequenas coisas, às pequenas perturbações, aos pequenos prejuízos e às pequenas irritações. Devemos ser cavalheiros, tal é o ideal por que de estarmos esforçando-nos. Se puderdes fazer isso perfeitamente, assemelhar-vos-eis a um Mestre, será o próprio ideal que procurais e auxiliareis muitos milhares a seguir os vossos passos. Para fazerdes isso, deveis ser capazes de expandir a vossa consciência.

Expansão de consciência! Frase complexa e difícil de ser explicada, mas vou tentar fazê-lo – é complexo conquanto seu significado esteja muito claro para mim.

Há muitos anos estava sentado debaixo da sombra de uma mangueira, conversando com um sábio homem e, tentando compreender as belezas na natureza, buscando no íntimo da conversa, as entrelinhas que justificasse a prosa. Naquele lugar, protegido pela frondosa árvore, o forte calor da primavera ficava entre as folhas, e a luz do sol deixava no chão a sua malha de luz, como uma manta de tricô. E sob essas circunstâncias me aconteceu uma coisa especial, daí que tentarei explicar-lhes a maneira de como tive a sensação de expandir minha consciência. Eu não pensava em nada em particular; e numa espécie de sono que nos vem muito frequentemente, comecei a sentir pouco a pouco o que estava acontecendo numa das extremidades do nosso campo de visão: não exatamente o que estava ocorrendo, mas o que as árvores sentiam, o que os pássaros sentiam, o que um gato morto e folhas mortas, no chão, ali parados em decomposição nos faziam pensar, a grama e as folhas verdes, com seus frutos palpitantes de sugestões de vida estavam sentindo na complexidade daquele ambiente. Depois comecei, pouco a pouco, a penetrar na minha consciência até que me achei no outro lado da cidade, a sete quilômetros de distância. Dentro desse espaço havia uma pequena cidade com cerca de mil habitantes. Comecei a tentar captar o que eles pensavam, quais eram suas dificuldades e seus sofrimentos e as razões que os motivavam a viver naquela comunidade; e assim senti que eu estava em todos eles e eles em mim, até que eu podia quase abarcá-los todos, porque eu os sentia tão perto, tão íntimos, tão fraternos. E comecei então retroceder, porque um amigo vinha nos chamar para juntarmos aos outros, porque um ritual já iria começar e isso apesar da longa e profícua prosa acontecia paralelo e naquele momento voltei ao pensamento linear daquele sono feliz.

Considero isso uma expansão de consciência. Se algum dia tiverdes uma – e eu estou certo de que isso é possível – pois se eu pude fazê-lo; e é tão simples, uma vez que tenhais uma boa disposição para arremeter sua consciência a reflexões e a exames, e logicamente se estais dispostos de sentir fortemente a vida e suas manifestações em paralaxe e também desejosos de escarnecer-vos de vós mesmos; e se estais desejosos de descobrir o que os outros estão pensando, de descobrir as mazelas alheias –, então podeis expandir a vossa consciência, tão deleitosamente que a qualquer momento, em qualquer tempo, e em qualquer lugar, vós podeis fazê-lo e sentir-vos unos com todos, unos com suas ideias e uno com suas complexas vidas e pensamentos. Se o puderes fazer, toda a atitude de vossa vida se mudará. Então não pensareis em nacionalidades, em barreiras de outros povos, em vestuários de outras gentes, porque penetraste no segredo do ser humano e vos tornastes uno com toda natureza. Vós sereis amigos na sua tristeza e suas dores e companheiros na sua felicidade. Eu recomendo isso como sendo a maneira mais simples de avançar, a maneira mais simples de se preparar, a maneira mais natural de se conhecer o divino, pois assim nós apreciamos a divindade que está em toda parte, a divindade que está ao nosso redor em cada indivíduo, que está em toda a humanidade. Penetrareis embaixo da superfície e esquecereis qualquer repulsão superficial que ali possa haver. Se puderdes fazer isso (e eu estou certo que se sentis fortemente, sentis intensamente, vós podeis fazê-lo), é a coisa mais simples de fazerdes se vos acheis de ânimo nem disposto.

Existem infinitas formas de vida, e a natureza do ser humano é múltipla e original, mas podemos dividi-las *a priori* em quatro classes:

A primeira, a mente que voa como uma borboleta; a segunda, a mente que está perturbada, semelhante ao que ocorre conosco na juventude; a terceira, a mente que está tomada por uma ideia; a quarta, a mente que é senhora de uma ideia. São as duas últimas espécies de mente que me refiro agora, pois as outras duas estão ainda tateando e não me cabe tratar delas no momento. Nós aqui buscadores de uma filosofia ocultista – somos na maioria, espero, senhores de uma ideia, senhoras da nossa meta, da nossa vida futura e da nossa Verdadeira Vontade; e é a esses que eu me reporto, pois eles podem auxiliar aqueles que ainda se encontram no estado de borboleta da humanidade, deve ser obtida por essa mente que é senhora de um ideal, porque o carma deve auxiliá-la a terminar rapidamente os pequenos carmas que geram as tristezas e que incluem os supérfluos incômodos, perturbações, irritações, impedindo que sejamos felizes e completos.

Desde que sejais senhores de um ideal, a autopreservação se torna infinitamente fácil e vós vos sentis ansiosos por percorrer a senda simples que conduz à meta; e é a essa mente que eu farei um apelo especial, de modo que os possuidores dela possam caminhar muito rapidamente do que o tem feito até aqui.

Cada um de nós, que é membro da Sagrada Ordem, deve entrar no mundo para representar o Instrutor, ou melhor, o Construtor (Arquiteto).

Devemos ser dignos de que nos chamem servos (serventes / pedreiros) do Arquiteto, ou então não estamos cumprindo o nosso dever como membros, somos indignos de ser partícipes da suprema Obra. Digo-o muito seriamente, pois eu próprio sinto muito fortemente a responsabilidade de ser um membro da Ordem, compreendendo a seriedade disso, compreendendo a imensa responsabilidade. Para despertardes tamanha responsabilidade, para acenderdes este entusiasmo, é necessário que inicieis a vossa autopreparação sem mais demora, de modo a ser servidor do ideal.

Sei que todos nós, em nossos instantes felizes, quando estamos real e seriamente nos examinando a nós mesmos, pensando em nós, sabemos como mudar, como nos tornarmos mestres de nossos ideais. Devemos ter uma forte determinação e crença, devemos ser capazes de ver o futuro tão constantemente, tão materialmente, que não façamos outra coisa senão que o seguir resolutamente nossos ideais.

Tal é o propósito da autopreparação: fazer-vos compreender que precisais de capacidade, de poder para vos transformardes, a fim de que sejais capazes de servir o Arquiteto, fazendo seu trabalho na Grande Obra. Se fordes capazes de estender a vossa consciência, de compreender o ponto de vista de outras pessoas, a outra divindade que existe na parte extrema de vosso jardim, numa pessoa, numa árvore, em qualquer animal – então a autopreparação do indivíduo se torna infinitamente fácil. Assim, estareis ansiosos por subjugar a vós mesmos, estareis ansio-

7 REFLEXÕES NECESSÁRIAS

sos por tocar a segunda rabeca na orquestra, em vez do instrumento mais importante. Logo que tenhais compreendido que não sois o primeiro instrumento, estareis ansiosos por dar aos outros uma oportunidade para avançarem, para compreenderem a sua meta, para os auxiliares a alcançar essa meta.

Se estiverdes ansiosos para servir, então a vossa meta de serviço se tornará fácil; se estais decididos a ser úteis, a serdes de vital importância para a humanidade, então a vossa senda se vos tornará clara. Se não estamos totalmente ansiosos para alcançar isso rapidamente, é porque nós ainda gostamos de tocar o instrumento principal. Somos incapazes de nos expandir, somos incapazes de resolver como servimos a fim de auxiliarmos. Sei que tendes lido todos os livros disponíveis sobre o progresso individual e a maneira de como obtereis as mais variadas qualidades; é muito fácil ler, mas o que eu preciso que façais quando nos encontramos novamente em qualquer possibilidade é que tereis dado um passo definitivo para a boa compreensão, e para a obtenção de uma vida pragmática dentro da senda do ocultismo, tendo um discurso e um percurso de consistência proporcional e íntima, para conclusão acertada no percurso a caminho de Heliópolis, a Cidade do Sol.

Quando nos encontramos novamente, seja num outro livro ou em qualquer outra circunstância, tendo havido uma mudança real em vós, o mais importante é observar a própria mudança. É palpitante vermos como dia a dia nos estamos mudando, como somos melhores que ontem, como seremos melhor amanhã. Há muita alegria nisso; não é depressão que vem frequentemente na autointrospecção. Podeis transformar-vos amanhã, se realmente o desejais, se sois realmente o senhor do vosso ideal, se tendes realmente dado continuidade ao vosso avanço. Ao nos encontrarmos mais adiante, que haja muitos entre nós que possam dizer conscientemente: "Este ano estou diferente do que era no ano passado, estou diferente em minha atitude, em minha mente, em minha determinação. Eu posso sentir com e pelos outros, posso expandir minha consciência; sei o que os outros sentem e é meu desejo auxiliá-los; sei que eles têm tristezas, e serei feliz de puder socorrê-los." Se fordes capazes de fazer isso, podeis pôr de lado todas as vossas livrarias, todas as vossas reuniões, todos os vossos símbolos – tudo de lado, porque achastes a vós mesmos, achastes a divindade que há tanto tempo vinha procurando; tereis achado o vosso Deus.

VI – QUALIDADES NECESSÁRIAS A QUEM QUEIRA TRILHAR A SENDA

Quando a alma se retira em si mesma, o espírito contrai-se dentro do sangue, e a alma dentro do espírito. Então a mente despojada dos seus envoltórios, e naturalmente divina, toma para si um corpo ardente e atravessa todo o espaço. Quando a mente se converte numa divindade, a Lei exige que tome um corpo ardente para executar os serviços de Deus.

Do Oraculis Chaldaicis

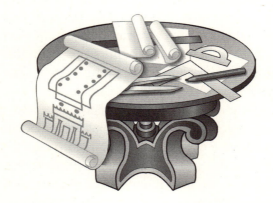

A questão do discipulado é um assunto complexo e vasto. Requer uma compreensão profunda e tão imensa que é quase impossível a qualquer indivíduo entrar em detalhes, pois ela é interdisciplinar a todo conhecimento e estão ligados aos mais variados assuntos com os quais a vida tem qualquer ligação. Podemos, porém, de alguma maneira, dar relevo às qualidades por assim dizer, essenciais, para o consentimento da tremenda meta que no fim nos tornará supremamente felizes, e sobretudo, nos transformando em seres grandiosos e divinos.

Olhando ao nosso redor e exercitando as nossas mentes, frequentemente nos admiramos por que existe uma tão flagrante diferença de indivíduos, por que haveria então de estranhar a inexplicável e quase ininteligível distinção entre as pessoas. Tomemos, por exemplo, o gari.

Por que ele deve estar ali varrendo as ruas enquanto que nós estamos aqui sentados, na sombra ou descansando numa boa cama? Há uma explicação intelectual para todas as coisas – a da Reencarnação – familiar à maioria dos seres humanos, e os que entre nós admitem a teoria evolucionista, acham que intelectualmente esta satisfaz a razão. E se levarmos esse raciocínio até a sua finalidade lógica, deve, neste caso, existir no mundo – vivendo por assim dizer fora do plano físico – Grandes Seres que passaram por nossa evolução humana e alcançaram a meta, as alturas supremas que cada um de nós procura no presente momento.

A concepção intelectual dessa possibilidade é perfeitamente admissível, é quase inevitável; contudo, o que cada um de nós tem de alcançar é a certeza emocional disso. Penso que não é suficiente a concepção intelectual do qual vive um grande Instrutor, porque a simples concepção e convicção intelectuais não produzem, creio, entusiasmo e zelo suficiente para realizarmos a nossa missão.

O que precisamos é do elemento emocional e, sobretudo, acreditar que a emoção realiza nossas aspirações. Eu não me refiro à simples emoção do sentimentalismo; essa naturalmente não nos leva a nenhuma conclusão definida ou a nenhum ponto definido; o que eu peço, porém, é que todos vós guardeis na mente é que a convicção emocional de um Instrutor Divino deve ser possuída por todo aquele que esteja caminhando, esteja se esforçando para realizar o plano do carma. Deveis guardar na mente que tanto a convicção intelectual, como a emocional são necessárias, mas, muitas vezes, não são suficientes para efetivar nosso objetivo final. Ambos os elementos são necessários se é nossa intenção progredirmos na Senda, que conduz a felicidade mais elevada a qual ao homem é possível conceber.

A reforma – a mudança de si mesmo – deve vir por meio da emoção forte, da vontade forte e do grande anseio por alcançar algo daquilo de que temos conseguido através do vislumbre em nossos momentos de reflexão e consciência pura. Agora surge a pergunta: como podemos nós, indivíduos tempestuosos no mundo adquirir essa forte emoção que mudará, que alterará os cursos de nossas vidas?

Cada um de nós possui devoção até certa medida – devoção de natureza criativa, devoção por um ideal, devoção por um indivíduo. Na senda da espiritualidade é necessário, imagino, que cada um de nós compreendamos que a devoção é essencial, como parte da nossa complexa forma humana, uma vez que ela é exigida de cada um de nós, a fim de sermos capazes de emoção criativa. Devo, porém, acentuar, mais uma vez, que a devoção alimentada pela maioria de nós – a do sentimentalismo – não produz, exceto por momentos, essa grande e abrasadora energia que a verdadeira devoção deve possuir. Após certa soma de verdadeira devoção, nós podemos adquirir a fé cega. Não é meu desejo imaginar que eu ou a espiritualidade requeira juízo cego ou uma fé cega; o que deveis ter é certa fé inata, uma fé ingênita nas coisas que não podeis compreender. Faltam-me palavras exatas para explicar com exatidão o que pretendo, mas notareis por vós mesmos que nem tudo poderá tomar para examinar. Se tomardes, por exemplo, uma bela flor – uma rosa – e a examinar, pétala por pétala, no fim ela não será mais uma rosa e a beleza que via nessa flor terá sido destruída.

Tal é o que se dá com a verdadeira fé. Deveis ter uma visão míope para certas coisas, aceitar algumas formas de percepção inata como tal e simplesmente conformar como certas. Utilizando-me de uma frase popular que diz: não deveis engolir tudo que se vos ponha na frente. Deveis ser críticos e deveis examinar; deveis pensar e julgar, porém, deveis também aceitar certas coisas como corretas, sem duvidar.

Suponha que eu lhe dissesse: *"Eu sei que o Mestre existe"*. Vós podeis sempre me perguntar: *"Como o sabeis?",* e a minha resposta seria: *"Eu sei e isso é tudo"*. Deveis sempre crer em alguém ou em alguma coisa. Não importa se se trata de seres ou de coisas; o que insisto é que deve ter uma certa fé – uma fé que vos agite, que vos torne ansioso.

Depois vem, para alcançar essa forte emoção, uma qualidade que não posso descrever muito bem, mas que posso representar numa frase, no chamado *"namorar"*. Não me interpretes mal, nem procureis atribuir más intenções. Devo ser cuidadoso ao tratar deste assunto, e, por favor, não anuncieis que eu desejo que toda a gente namore ou que seja isso uma das qualidades exigidas na senda espiritual. Por que é que as pessoas namoram? Porque isso as leva para fora de si mesmas. Este é, penso eu, o exato significado do namoro, embora o mundo lhe tenha atribuído um motivo diferente.

Se examinardes sequer, por um momento, um homem ou mulher que namora está sempre pensando em outrem, digamos antes na pessoa de quem ele ou ela gosta. Esse namoro o leva para fora de si mesmo, e esta é a maior qualidade que se exige na senda espiritual.

Deveis ser capazes de namorar todas as pessoas, se me permitem usar esta frase – adverti anteriormente; vós mesmos deveis fazer a vossa escolha, mas deveis possuir uma consciência tão vasta que vos capacite a namorar tudo e todos. É a pessoa que anda sempre pensando em si, que não pode, seja em qual parte for, aproximar-se das portas sagradas. É neste ponto que fracassam a grande maioria. Todos nós – se posso falar genericamente – pensamos em nós mesmos. Cada um de nós se acha tão autocentralizado, que tem uma visão estreita; essa visão nos satisfaz e eis onde está a calamidade.

É dos jovens que vem o processo de namorar – embora eu saiba que ele também começa nas pessoas mais velhas. É essencialmente aos jovens que isso acontece, pois eles estão ansiosos por alguma coisa que lhes arranque para fora de si mesmos, a qual lhes mudará o curso, lhes atrairá um elemento diferente, lhes dará a felicidade.

Eles se alimentam de si mesmos e, consequentemente, buscam a felicidade procurando esquecer-se de si mesmo. É isso o que quero exprimir sobre o namoro; e como muito bem sei, a maioria das pessoas jovens estão muito autocentralizadas. Todos nós lutamos por encontrar alguma coisa que nos tire para fora, que nos dê a felicidade e, por isso, namoramos alguma coisa, uma pessoa ou um ideal, porém, geralmente é mais comum e lógico que seja uma pessoa.

Ao envelhecermos, desaparece-nos esse processo de namorar. Conhecemos então demasiado a vida e nos tornamos duros, frios e críticos. Se vós examinardes e vós mesmos – não pretendo fazer crítica, porém, tomarei um auditório (um conjunto de pessoas) como um todo – se vos examinardes num espelho, estou certo de que vereis algumas vezes linhas duras, bocas duras e olhos muito firmes, quase cruéis. Por que isso? Porque vos esquecestes do que é ou era para ser namorado.

Estais voltados para vós mesmos e não tendes nenhuma pessoa, nenhum ideal que vos desperte um amor real e verdadeiro, que torne suas emoções, vosso corpo e tudo o que vos circunda, brandos e amáveis.

Por que não dirigem os jovens o seu amor para os velhos? – Porque eles sabem muito bem que aos velhos já o provaram e se envelheceram provando-o. Se fordes jovens – e deveis ser jovens na senda da espiritualidade – deveis ter esse anseio por namorar a Divindade, por namorar, se assim posso exprimir, o Mestre.

E as freiras católicas romanas, nos hospitais e conventos? Por que são elas tão gentis, tão bondosas? Penso que é porque – e acho que elas concordarão – elas afirmam namorar com a sua religião. Andam de namoro com o ideal que elas procuravam. E o mesmo deve acontecer conosco; devemos ter a capacidade, o desejo de andar namorando. Não podeis envelhecer-vos uma vez que tenhais essa eterna primavera que vos conserve vivos, que vos conserve na senda da juventude.

O Iniciado que tenha tido um vislumbre, uma prova dele, sabe que é realmente penetrante, apaixonado, porque descortina vistas tão vastas, que as pessoas começam a compreender a vida diferentemente. As pessoas se tornam semelhante a uma miniatura, por assim dizer, desse Supremo Ser que nós procuramos seguir, que nós em nossos momentos sãos e tranquilos procuramos imitar. E essa é a razão por que cada um de nós, embora fracamente, deve procurar conquistar a senda do coração; a via cardíaca. Deveis conquistá-la, porque ela não vos será dada; deveis conquistá-la pelos vossos próprios esforços, contendas e lutas. A não ser assim, ela vos iludirá.

Não podeis, pois, namorar – observai que eu continuarei a usar essa expressão e desejo que a compreendeis segundo o seu sentido real – um ideal vago; deveis materializá-lo para o vosso conforto, coragem e esperança de cada dia. Não podeis ter um ideal a distância, para o contemplares quando vos achares aflitos, quando vos sentirdes infelizes, quando estiverdes deprimidos. Deveis materializá-lo, deveis tê-lo em vossa frente a todo momento diário, de modo que ele vos seja uma nova capa com que vestirdes o vosso corpo velho; vos dê uma nova visão que abrirá os vossos olhos. E é daí que jaz a árdua tarefa de cada um para tornar o seu ideal tão definitivamente forte, tão poderoso, que lhe seja impossível escapar-se desse ideal. Podeis vesti-lo como quiseres, mas ele deve existir para o contemplardes, para vos mudar e alterar o curso do vosso pensamento e emoção.

Se estais procurando esse Divino Amor, deveis, antes de mais nada, procurá-lo por meio do sacrifício das pequenas coisas de vossa vida diária. Fique atento: eu não digo que deveis removê-las literalmente, porém, que deveis tornardes senhores delas; deveis ser capazes de dizer: "Isso não é comigo; eu posso renunciá-lo facilmente". E logo que vos seja possível dominar as pequenas coisas, as pequenas inquietações, humores, irritações, comuns a todos nós, então, quando estiverdes na senda, podereis caminhar tranquilamente e sobre vós tereis brilhando o suave sol da felicidade. É nas pequenas coisas, não nas grandes, que nós fracassamos ou vencemos nossos verdadeiros *des-a-fios*. Estou certo de que nós poderemos fazer as coisas colossalmente grandes quando nos forem pedidas. É nas coisas insignificantes é que nós estamos contínua e desesperadamente fracassando.

Naturalmente que eu não poderia, sem ser demasiadamente longo – e talvez até nem tenha a oportunidade de fazê-lo em outra oportunidade – dizer-vos definitivamente, numas tantas palavras, o que deveis fazer para alcançar a senda da espiritualidade; mas, o que posso fazer, e o que os outros inclusive têm feito, é indicar, é ser o marco miliário pelo qual vos podeis guiar. Deveis ser o caminheiro, deveis ser aquele que se eleva, conquanto outros vos possam auxiliar para cumprir vossa missão. A um aleijado, as muletas são importantes; ao cego, o seu amigo essencial. Semelhantemente, as qualidades e essas coisas são essenciais para nós. Uma vez que todos nós somos imperfeitos, nestas mazelas e naquelas coisas essenciais que nós precisamos jazem a esperança e a felicidade de cada um de nós.

Vou elencar uma a uma quais são, na minha opinião, as qualidades essenciais que se requerem do indivíduo. Em primeiro lugar, ele deve ser puro. Sei que pode parecer inútil imaginar que possa ter indivíduos com essa característica, em qualquer lugar que seja – ser-se imaculadamente puro, ser tão puro que se irradie pureza. A civilização moderna não nos admite – é muito custoso – sermos puros, e, não obstante, esta é uma das qualidades mais essenciais, porque vós estais incessantemente esparzindo magnetismo, e se expandíeis vosso magnetismo através de corpos impuros, não tereis o exato magnetismo perfeito que é requerido. Estas são coisas elementares, ensinadas a todo menino ou menina na escola, e, contudo, conheço numerosas pessoas que não são puras. Eu quero assim dizer que é essencial observarmos frequentemente essa pequena coisa.

Depois vem a pureza da mente. Coisas tais como não tagarelar, não dizer mentiras, e assim por diante. É muito difícil não tagarelar, e muito difícil também não dizer mentiras polidas. Eu mesmo tenho incidido nisso muitas vezes, deixando escapar certas coisas, e, não obstante, a tagarelice é, segundo penso, uma das coisas mais importante a vencermos. Um líder espiritual, certa vez foi interrogado por uma senhora como poderia ela pôr fim a tagarelice, respondeu-lhe, depois de tê-la fixado por um momento – *"Minha cara senhora: penso que vos seria melhor usardes um respirador*". Essa é realmente a situação de muitos de nós. Parece que não temos na verdade nenhum domínio sobre nossa língua, e, todavia, essa é uma das coisas mais importantes requeridas do discípulo que procura alcançar a Senda.

Após isso, vem o domínio da mente e do corpo; mas advirto, não é esse domínio que vos faz complexos, que torna o vosso corpo rígido e a vossa face dura. Isso não é domínio, é simplesmente subjugação, a qual é um processo cruel e endurecedor. O que se requer é um calmo domínio intelectual sobre as coisas que não têm nenhum valor. Eu frequentemente observo as faces das pessoas quando caminho, e vejo quanta falta de domínio de emoção elas têm, e como todo o seu corpo ou ser está sempre fazendo uma coisa ou outra. Estas pequenas coisas são todas de vital importância. À medida que se percorre a Senda, verifica-se que as coisas por nós consideradas importantes não têm realmente nenhuma importância, ao passo que aquelas que considerávamos sem valor, têm um valor real.

O mesmo se dá com todas essas pequenas e ínfimas ou mesquinhas qualidades; entretanto, elas são gigantescas desde que sejam convenientemente compreendidas.

Logo, temos a simplicidade. Deveis ser quase um idiota, se posso dizê-lo. Deveis ter uma senda reta e deveis segui-la. Sede tão simples que nada vos importe, que nunca vos sintais ofendidos ou feridos, de modo que considerareis a todos e que vós não sois ninguém. Simplesmente a vida, embora todos nós lutamos por vivê-la, é a maior dificuldade que cada um de nós encontra. A simplicidade do contínuo pensamento de ser simples é uma coisa tremendamente difícil, porque as nossas emoções e os nossos corpos se defrontam continuamente com obstáculos, e nós procuramos descobrir os meios e os caminhos para vencê-los pela confusão de pensamentos e não pela simplificação. Se fôssemos simples e retos, nenhum dos incômodos que temos cada dia apareceria; nenhuma querela entre irmãos e irmãs, na família, na sociedade e na Ordem, jamais surgiria. São as pessoas colossalmente intelectuais – notai que não estou zombando delas, mas elas virão abaixo algum dia! – as que procuram complicar as coisas ao invés de irem a elas simples e diretamente. E afinal, isso é tão mais fácil, que me admiro porque não o fazemos. É a maneira mais simples de fazermos as coisas e, contudo, não a seguimos. Inventamos coisas em que ninguém ainda pensou e assim mergulhamos a vida num lodo complicado.

A mesma coisa se dá com as nossas emoções, com as quais devemos também usar verdadeira simplicidade. Se quiserdes ser devotados a uma causa ou a um ideal, sedes devotados; não faleis disso, não inventeis um punhado de frases. Sede simples em vossa devoção – sedes semelhantes a uma criança, se assim podemos exprimir. Isso é muito e muito simples, e todavia cada um de nós tem criado tantas barreiras que a senda se tornou complicada ou difícil de trilhar.

Vem em seguida a mente aberta, mente que seja forte e ao mesmo tempo aberta, ansiosa por examinar todo assunto debaixo do sol com uma mente imparcial e imperturbável, com uma mente que não tenha prejuízos nem fraquezas nem seja opressora. Ela deve possuir uma visão tão vasta, que possa abarcar toda a terra, se assim posso dizer, porque, tendo-se uma mente grande e uma larga, ampla e expansiva visão, conheceremos então o modo como os outros sentem e o que significa lutar. E essa é a única maneira como podemos auxiliar, é a única maneira de como podemos provocar uma mudança em nós – possuindo uma ampla e clara largueza de compreensão.

Depois – eu sinto que haja tantas coisas; a vida é quase o mesmo: uma coisa atrás de outra – deveis deixar de lado a vossa personalidade, a maior das dificuldades. Deveis ser capazes de aniquilar a vós mesmos e de subjugar a vossa personalidade e tudo o que julgueis ter uma importância tão vasta para alguma coisa que acaso estejais procurando. Deveis ser semelhantes a um vaso através do qual o vosso Mestre e vosso ideal possam derramar a sua vida. Se estais tão cheios de vós mesmos e de vossa importância pessoal, o Mestre nunca poderá se aproximar de vós. Deveis ter aquela devoção capaz de dizer: "Eu como indivíduo não sou nada". Conquanto falemos da devoção com uma língua tão movediça, que um dia somos devotados e no outro estamos absolutamente cheios de nós mesmos. Se fordes realmente devotados – simplesmente devotados – o vosso eu pessoal deve desaparecer, deve dar caminho para o ideal que procurais. E depois essas ínfimas vaidades e pequenas dificuldades se desvanecerão. Depois também desaparecerá essa forma particular de psiquismo em que cada um de nós indulgencia em seus momentos secretos, porque a cada um de nós ela proporciona uma certa soma de vaidade. Não sei por que tanto interesse do povo pelo psiquismo; penso que psiquismo é a coisa mais importuna que existe na terra de Deus. Nenhum valor real ele tem; é uma simples maneira de atrair o povo, nada mais.

Uma verdadeira forma de psiquismo é a capacidade de ver as coisas e, todavia, conservar-se quieto sobre o seu fim e mudar-se.

Muitos pensadores contestaram a forma do psiquismo, e isso era porque eles viam as coisas.

Estou realmente falando com seriedade. Se falardes às pessoas que vedes alguma coisa, elas imediatamente formariam um pensamento sobre vós; o vosso respeito próprio e a vaidade sobem uma centena de graus. Minha opinião é que isso não vos leva a parte alguma e que nós devemos estar mais decididamente de guarda contra o psiquismo.

Se estiverdes dispostos a alcançar a senda, somente o podereis fazer disso um serviço. Se apenas sois capazes de servir propriamente, não tendes necessidade de qualquer dessas qualidades e se sois para servir propriamente, deveis ter todas as qualidades. Se estiverdes ansiosos por servir alguma coisa ou pessoa convenientemente, tereis sob vossas ordens todas essas qualidades, porque então estais pensando nessa coisa ou pessoa e não em vós mesmos. Nenhuma necessidade terá de vós responsabilizardes pelo desenvolvimento de qualidades; toda vossa responsabilidade se cifra, pois, em conseguirdes alguma coisa que vos alimente.

Ademais, todos vós ansiosos, bem eu sei, por adquirir poder real para o serviço, e a única maneira é pensando em outrem – auxiliando alguém a obter o que vós mesmos não podeis alcançar nesta vida. E é aí que está talvez a única das nossas coisas importantes: auxiliar o nosso próximo (não tagarelando sobre ele!) e alcançar a espiritualidade. Tal é a senda do dever de cada um.

Nada é mais importante para mim do que alcançar a senda, e quando a tiverdes alcançado, encontrareis a verdadeira alegria de viver. A metade dentre nós é miserável desde a manhã até a noite, infeliz, deprimida; no entanto, logo que estejais trilhando a Senda, vós sereis em realidade supremamente felizes porque achastes alguma coisa que vos dará a suprema satisfação, que vos dará a verdadeira alegria de viver.

Assim, todas essas qualidades que cada um de nós conhece muito bem, conquanto haja muitos milhares delas, podem ser resumidas numa única palavra – *servir*. E uma vez que sejais capazes de servir convenientemente, com nobreza e realmente felizes, então vos tornardes um discípulo do Mestre, um verdadeiro auxiliar do gênero humano, um deus real que será capaz de auxiliar o mundo e o vosso próximo. Um verdadeiro Iniciado!

VII – O ESOTERISMO DENTRO DAS RELIGIÕES

Não te guies meramente pelo ouvir dizer ou tradição, pelo que se herdou dos tempos antigos, pela fama, pelo simples raciocínio e dedução lógica, pelas aparências externas, pelas opiniões e especulações acalentadas pelas meras possibilidades, e não me acredites apenas porque sou o teu Mestre. Mas quando tu mesmo vires que uma coisa é má e conduz a prejuízos e sofrimentos, então deves rejeitá-la.

Senhor Budha

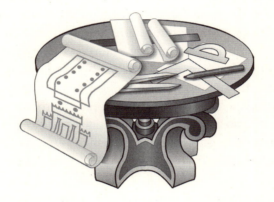

O sopro ardente das reivindicações esotéricas perpassa o Mundo moderno, agitando as consciências humanas que ondulam murmurantes como que despertando de um letárgico entorpecimento.

O conhecimento, que é o fogo da inteligência, havia ocultado as suas labaredas sagradas no coração dos símbolos para evitar a confusão nas mentes pueris, e, assim, a sombra dos mistérios envolveu por muito tempo as verdades transcendentais que agora aparecem para aquecer o coração da esfinge milenária, fazer reflorescer em seu olhar a chama da sabedoria.

Paracelso (Philippus Aureolus Theophrastus Bombast von Hohenheim – 1493–1541; médico, filósofo, alquimista, astrólogo. Nascido em Eisnsiedeln, no cantão da Suíça, revolucionou a medicina de seu tempo ao antecipar a *homeopatia* e o uso da química no tratamento médico. Tornou-se discípulo de um abade Tritêmio, dedicando à alquimia e ao ocultismo) dizia que não existia corpos inorgânicos, que tudo é vida e movimento. Nós também pensamos dessa maneira; porém, que a vida tem graus evolutivos, e, atrás da vida de um símbolo, manifestada no pétreo envoltório, existe a vida do pensamento criador, que é a alma palpitante a revelar as divinas expressões da Arte e a inspirada concepção do gênio.

Em tudo transparece a dualidade, quer perscrutemos os arcanos da cosmogonia, quer analisemos a natureza sutil de um elétron.

O símbolo exotericamente estudado é a expressão objetiva do pensamento da arte, ou científico do criador, e, esotericamente analisado, ele nos revela os segredos da natureza, mostra-nos a história do passado e nos apresenta o vasto e inesgotável tesouro da sabedoria que os *Rishis* (Um *rishi* é aquele que conhece ou vê, portanto, um *rishi* é um vidente) de todas as raças acumularam para benefício da humanidade.

Esotérico é um adjetivo empregado quando nos referimos à doutrina que na antiguidade certos filósofos só comunicavam a um pequeno número de discípulos, e a palavra *exotérico* é o termo usado para demonstrar uma doutrina filosófica exposta publicamente sem reservas.

A divina Gnose nem sempre podia mostrar aos homens a sua fulgurante beleza, por isso Ela se apresentava velada nas parábolas do Mestre, quando ensinava: "Não deis o santo aos cães, nem jogueis pérolas aos porcos".

Os homens, quanto à natureza da sua Essência Divina e Imortal, são iguais, mas quanto à evolução, são diferentes, e, sendo diferentes em grau evolutivo, não podem receber a mesma instrução, ouvir os mesmos ensinos, assimilar as mesmas verdades, porque o que aproveitaria a uns prejudicaria a outros, o que seria útil para alguns se tornaria inútil para outros. Aludindo a esse fato, diz São Clemente de Alexandria (150-220, filósofo platónico convertido ao Cristianismo por São Panteno e a quem sucedeu na direção da escola catequética de Alexandria, que, aliás, reorganizou e desenvolveu, defendeu e aplicou a concepção de que a literatura grega deveria ser utilizada no estudo da teologia cristã): "*Ainda agora temo, como vulgarmente se diz, lançar pérolas a porcos, receoso de que as pisem, e voltando-se, nos despedacem, pois é difícil expor as sentenças realmente puras e transparentes, acerca da verdadeira Luz, a um auditório soez e sem educação apropriada*".

Desta desigualdade de condições intelectuais e morais, provém a necessidade de ser dar a cada ensinamento um aspecto dual: o esotérico, que abrange o real significado interno, e o exotérico ou o parabolismo externo revestido dos véus de "Maia". Com este duplo aspecto apresentam-se os ensinos orais, pictóricos ou esculturais, os quais formam, assim, a enigmática flora que viceja ao redor das religiões, das ciências e das sociedades secretas, atraindo as imaginações para o campo do misticismo, do conhecimento ou do livre pensamento.

Os indivíduos que, esotericamente, não sabem ler, veem no círculo uma figura plana, limitada por uma curva chamada circunferência, cujos pontos distam igualmente de um ponto chamado centro, que se acha na mesma superfície; no quadrado observam uma figura limitada por quatro linhas formando ângulos retos; no triângulo distinguem uma figura de três ângulos; na estrela de cinco pontas constatam um polígono de cinco lados, terminando cada lado por um triângulo equilátero; na cruz verificam uma figura com quatro ângulos retos formados por uma linha horizontal e outra vertical; na esfinge percebem uma figura bizarra, caprichosa e enigmática; na pirâmide contemplam o monumento ciclópico e secular de passadas civilizações; no compasso apreciam um instrumento para traçar círculos e tirar medidas; e no esquadro notam um instrumento para formar ângulos retos, e assim sucessivamente.

Mas os que sabem penetrar os símbolos com o olhar oculto descobrem a sabedoria divina iniciando o homem na história, na ciência e na religião do mundo.

Para o vulgo, estes símbolos são hieróglifos impenetráveis, são frias testemunhas das tradições do passado, são álgidas relíquias de civilizações extintas; porém o Iniciado, ao contemplar essa herança dos seus avoengos, descortina a morada de Ísis com os olímpicos esplendores de sua beleza, que arrebata a alma no êxtase de uma realidade vívida, intensa e inextinguível.

Os símbolos são como raios do Sol que, passando pelo espectro, se decompõem nas formosas cores do arco-íris. Eles têm diversas representações, a saber: para os sacerdotes, representam a religião; para o vulgo, significam imagens ornamentais; para os maçons, patenteiam o Livre-Pensamento; para os Iniciados, evidenciam a ciência.

Sua origem remonta a um passado longínquo, razão pela qual os sacerdotes perderam o conhecimento da sua linguagem, os maçons a lembrança dos seus secretos significados, e somente os Iniciados souberam guardar, escrupulosamente, a chave de seus mistérios.

A Doutrina Secreta sempre se revestiu de aparências mundanas, escondendo nelas a sua sabedoria. Quer na música, quer nas letras, quer nos cantos, quer nas artes, em toda a parte, há vestígios claríssimos revelando a luz dos ensinamentos ocultos, contanto que o homem saiba compreender o poema dos trovadores, o lirismo dos poetas, as lendas seculares, as fábulas mitológicas, os contos e os romances, essas diversas armas manejadas pelo pensamento para a conquista da sua liberdade. Sobre este ponto nos diz o imortal autor do *"Paradise e Inferno"*:

> *O' voi, chávete gli intelletti sani,*
> *Mirate la dottrina que s'asconde*
> *Sotto l'velame degli versi strani.*

Eis uma alusão direta ao sentido oculto de diversas obras literárias que apresentam dois aspectos: um que dá ao vulgo a noção de um fato mitológico, lendário ou romântico; o outro que proporciona ao sábio a instrução de uma filosofia profunda, relativa à ciência do Microcosmo e do Macrocosmo.

Os porquês desta dualidade o sabem os teosofistas que estudaram a história da Atlântida e também aqueles que não desconhecem quanto a ciência foi perseguida pelos sequazes de Torquemada, pelos fanáticos de Espinosa, pelos sectaristas de Arbues e por todos os ignorantes que na Idade Média fugiam da luz para refugiarem na sombra.

O sigilo sobre a ciência oculta era necessário por dois motivos: em primeiro lugar, porque o conhecimento só deve ser dado a quem dele saiba fazer bom uso e, em segundo lugar, porque numa época de sombria ignorância e perseguições religiosas, podia ser ele fatal ao cientista audaz ou ao Iniciado imprudente que falasse sem reticências nem rebuços.

Vejamos alguns exemplos históricos, entre os muitos registrados:

Sócrates, ilustre filósofo ateniense, foi condenado a beber cicuta; Pitágoras, filósofo grego, cuja vida foi dedicada à causa da humanidade, obteve como recompensa de seus constantes e ininterruptos sacrifícios, uma perseguição cruel e desumana por parte dos seus conterrâneos; Sêneca, filósofo latino, recebeu de seu imperador ordem de se matar; Galileu, insigne astrônomo e matemático, foi acusado de heresia; Giordano Bruno, filósofo do Nola, que combateu as superstições do seu tempo, foi queimado por heresia. E, assim, muitos sábios foram vítimas da Inquisição ou das turbas ignaras que se revoltaram contra tudo que combatesse a sua vida estéril e corrupta, contra todos os que cercassem os seus costumes depravados ou condenassem os seus hábitos licenciosos.

O alfabeto simbólico foi, desde os princípios da raça Aria, usado pelos Instrutores e Guias da Humanidade, e, por essa forma, as verdades teosóficas puderam perpetuar-se através dos séculos, porque o tempo não pode destruir esses livros pétreos que a Arqueologia descobriu e que vêm patentear aos olhares humanos a grandeza e sabedoria de outras civilizações que proliferaram na Pérsia, nas Índias, no Egito, na África e na América.

Para auxiliar a Arqueologia no trabalho de reviver a história do passado, emprestaram os clarividentes o seu apoio inestimável, muitos paranormais no início do século XX fundaram na Inglaterra, em Londres, o Comité Internacional de Indagações das Tradições Místicas, o que muito contribuiu para colocar o cristianismo no lugar que lhe pertence entre as demais religiões, suas irmãs, visto que todas elas têm uma origem comum.

A este respeito diz a Mme Blavatsky:

> *Nunca houve nem pode haver mais do que uma religião universal, porque só uma pode ser a verdade referente a Deus. Esta religião universal pode ser comparada a uma imensa cadeia cujo anel superior (Alfa) emana da imanifestada Divindade e, dilatando-se pela superfície da terra, toca todos os pontos antes que o último anel (Ômega) se enlace com o inicial no ponto de emanação. Esta divina cadeia abrange todos os simbolismos exotéricos, cuja variedade de formas em nada afeta a substância e sobre cujos conceitos do universo material e de seus vivificantes princípios permanecem inalteráveis a imaterial imagem do Espírito essencial.*

Eu também poderei dizer que entre as Religiões e a Religião se dá o mesmo fenômeno que se observa com o formoso Ipê da nossa flora. As religiões estão representadas neste arbusto por seus ramos e sua folhagem verde, e a Religião está estereotipada nas flores amarelas que o ornamentam quando se despe por completo das folhas que o cobriam antes.

As flores da espiritualidade são homogêneas na cor e na forma, e não se diferenciam umas das outras porque são da mesma natureza e estão vitalizadas pela mesma essência.

O Cristianismo é um dos elos da Grande Cadeia ou uma flor da mesma árvore espiritual; portanto, é matizado pelas mesmas verdades que coloram as outras religiões, verdades que se apresentam parcialmente no exoterismo, mas que no esoterismo se revelam na esplêndida beleza de sua maravilhosa nudez.

O exoterismo satisfaz os ignorantes, mas somente o esoterismo pode atrair os pensadores, mostrando-lhes o jardim florido da sabedoria.

A doutrina oculta é ciência pura, só assimilável por mentalidades desabrochadas e não por inteligências medíocres que se contentam com a letra do Evangelho. O abandono do Cristianismo por pessoas cultas, que passaram para o agnosticismo, foi motivado pelos ensinos absurdos da Igreja, fazendo crer na existência de um Deus antropomorfo, sujeito a cóleras tremendas e a crueldades inauditas.

Algumas Escolas de Mistérios vieram esclarecer a tese teológica tão tergiversada, e muitas vezes repudiada pela classe intelectual de pensadores do mundo inteiro, na sua maioria, materialistas.

Essas Escolas não vêm trazer novidade alguma, mas, sim, fazer reviver o antigo prestígio do Cristianismo, cujo brilho ficou empanado por falsas interpretações e ignorantes e hipócritas comentários.

Se olharmos atentamente para os Evangelhos, descobriremos analogias interessantes com símbolos que já conhecemos. Os seus compiladores – São Mateus, São Marcos, São João e São Lucas – são representados, de modo simbólico, respectivamente, por um Anjo, por um Leão, por um Boi e por uma Águia. Reunamos agora esses quatro símbolos e teremos a esfinge de Gisé, que rompe o seu silêncio pela boca de Jesus para proclamar aquelas verdades herméticas contidas no Tarô, em suas 74 lâminas divididas em 4 séries: ouros, espadas, copas e paus, que representam os quatro elementos: terra, água, ar e fogo.

Os quatro Evangelhos, assim como todos os livros sagrados, fazem parte da misteriosa caravana que atravessou o deserto silencioso dos séculos, conduzindo as pedras preciosas da sabedoria oriental para todos os templos iniciáticos.

Esses tesouros poderão ser vistos por quem conheça o *"Sesamo abrete"* das realizações internas, porém, sempre serão inacessíveis aos que vivem alheios à espiritualidade, blasonando, entretanto, de espíritos fortes e senhores da ciência moderna.

O modernismo científico é como uma avalanche destruidora, que não tem fixidez básica para se manter numa posição estável e que se desliza e se precipita com estrondo nos vales subjacentes, como uma abantesma envolta no sudário branco de sua descrença, para destruir a fé e matar a esperança – que é a alegria e a consolação das almas.

Mas a verdade há de finalmente triunfar de todos os sarcasmos da pseudociência, quando os ensinamentos arcaicos do Cristianismo mostrarem à luz da Gnose o esoterismo imanente no pensamento de todos os instrutores religiosos.

O Cristianismo recebeu do seu Instrutor Espiritual, o Cristo, os ensinamentos orais e o conjunto particular de cerimônias apropriadas a determinados propósitos para auxiliar o mundo.

Com o correr dos tempos, tanto os ensinos doutrinários como as cerimônias sofreram alterações profundas de que resultaram as lutas da reforma, a qual trouxe as suas consequências boas e más.

A Igreja Arcaica ou Gnóstica está destinada a harmonizar as contendentes e a fazer reviver a doutrina cristã em toda a sua pureza primitiva. Muitos indivíduos supõem que o ritualismo primitivo não tem razão de existir e deve ser modificado porque – segundo eles – o exoterismo cerimonial não apresenta nenhum valor oculto, e, portanto, deve ser suprimido.

Eis aqui um erro em que não se deve cair nenhum estudante de ocultismo.

Todas as religiões se propõem um duplo fim: em primeiro lugar, serem úteis aos indivíduos que se unem especialmente a elas e, em segundo lugar, inundar o mundo em geral de influência espiritual. Esses dois objetivos se percebem claramente no trabalho da Igreja Cristã.

Recordemo-nos de que o seu plano foi estabelecido pelos *Mestres Passados*, desde que visitaram o mundo pela primeira vez; e se assim nós podemos expressar respeitosamente, foi um plano habilíssimo e completamente perfeito, principalmente quando se trata daquele Mestre da Galileia.

Pelas informações ocultas obtidas, sabemos que não só o vestuário como tudo o que se relaciona com a parte cerimonial, incluindo a incensação, foi tudo meticulosamente estudado e adaptado ao plano do serviço, dependendo da sua rigorosa e verdadeira aplicação o resultado melhor ou pior na canalização de forças distribuídas pelos Grandes Seres em favor da humanidade.

Os Mestres não implantariam um determinado cerimonial, quer numa Igreja, quer num templo maçônico ou qualquer outro local iniciático, sem ter uma absoluta certeza dos seus efeitos ocultos e benéficos em favor de todos os seres.

Assim, o exoterismo do Cristianismo primitivo, na sua parte simbólica, foi elaborado com todo rigor científico e destinado a satisfazer todas as criaturas humanas com as suas características devocionais, científicas e estéticas. Através das religiões, e por efeito de suas liturgias, são traídas forças poderosas que vêm auxiliares o homem em sua evolução. Entretanto, a liturgia não deve ser o efeito de um trabalho mecânico ou automático, mas a consequência de um ato refletido e consciente, se desejarmos tornar mais eficientes os esforços reunidos para o bem comum. É claro que da atitude reverente e atenciosa de seus sacerdotes ou de seus membros resultará uma soma maior de energia do Logos derramada por intermédio dos Mestres que dirigem esses movimentos. Embora, às vezes, o celebrante não tenha noções intelectuais sobre o lado científico da cerimônia, nem por isso ela deixa de ter sua eficácia.

Certa vez, lembra um grande Iniciado, um Mestre Verdadeiro, numa cidade muito pequena, observou numa Igreja modesta, cujo sacerdote era de mediana cultura intelectual, o seguinte quadro, resultante da celebração da missa:

> *No momento da consagração, a Hóstia resplandeceu a luz ofuscante, tornando-se um Sol aos olhos do clarividente; e, quando o sacerdote a levantou sobre a multidão, observei que deles emanavam duas espécies diversas de força espiritual, que poderiam ser comparadas, uma, à luz do Sol, e a outra, aos raios de sua coroa.*
> *A primeira irradiava sua força igualmente em todas as direções sobre os fiéis que estavam na Igreja, e, atravessando as paredes desta, como se não existissem, exercia a sua influência sobre uma grande parte da população circundante. Esta força parecia ser uma espécie de potentíssimo estímulo, especialmente no plano espiritual maior, e mesmo extraordinariamente potente nos três*

subplanos superiores do plano Mental.

A sua atividade era notável também nos três subplanos Astrais, mas aqui parecia tratar-se de um reflexo do plano Mental, ou talvez, de vibrações simpáticas. O seu efeito sobre as pessoas que se achavam dentro de sua esfera de influência estava na proporção de seu desenvolvimento.

Nos poucos casos em que existia um ligeiro desenvolvimento de manifestação espiritual maior, essa força agia como potente estímulo, duplicando ou triplicando temporariamente a atividade desses corpos espirituais e a luz que eles eram capazes de emitir.

Mas, como na maior parte das pessoas a matéria espiritual estava ainda quase totalmente adormecida, a ação da força se exercia principalmente sobre o corpo causal. Além disso, como os presentes em sua maioria eram responsáveis tão somente no que dizia respeito à matéria do terceiro subplano, perdiam grande parte da vantagem que poderiam ter se a parte superior de seus corpos causais estivesse em plena atividade. Mas, de qualquer modo, todos os Egos compreendidos na esfera de irradiação, recebiam um notável impulso e um considerável benefício daquele ato de consagração, por pouco que o recebessem. Também as vibrações astrais, ainda que muito mais débeis, exerciam considerável influência no ambiente, porque os corpos astrais daquela população eram bem desenvolvidos e não é difícil suscitar neles a emoção.

Muitas pessoas que caminhavam longe da Igreja pela estrada da povoação, ou atendiam aos seus serviços nas pequenas propriedades solitárias da montanha, no momento em que essa grande onda de paz e de força espiritual passava sobre os sítios circundantes, sentiam por um momento um frêmito de afeto ou devoção, que certamente não se lembrariam de atribuir ao fato da celebração da missa em sua pequena paróquia.

Mas a mim, observava o Mestre, parecia claro que se tratava de um esquema sapientemente elaborado para alcançar grandes efeitos. Evidentemente, um dos moti-

vos, talvez o principal da celebração cotidiana da missa, é que todos aqueles que estão ao alcance de sua influência possam receber, ao menos uma vez por dia, uma dessas descargas elétricas calculadas de maneira a produzir o desenvolvimento de que cada um é susceptível. É uma emanação semelhante de força representa para cada pessoa tudo aquilo que ela é capaz de receber; e, mesmo os pouco desenvolvidos, ou os mais ignorantes, não podem deixar de se tornar melhores depois de terem sido tocados por uma nobre emoção.

Em relação aos mais avançados, essa força representa uma elevação espiritual de incalculável valor.

Eis o quadro intelectual esboçado pela clarividência do insigne Mestre para mostrar a extraordinária influência, não só da consagração da Hóstia a efeito durante o sacrifício da missa.

Quando adquirimos um conhecimento mais profundo do lado oculto da natureza, a nossa atitude em semelhantes casos será completamente modificada, e substituiremos a nossa indiferença ignorante por uma atenção respeitosa e cheia de reverência, porque então saberemos que da nossa cooperação consciente e ativa dependerá o bom êxito dos trabalhos que realizarmos dentro da Igreja Católica, de um Templo Maçônico, ou de qualquer outra Escola de Mistérios.

De todos os atos solenes, em que se realizem trabalhos desta ordem, devemos fazer parte como elementos ativos de cooperação, trabalhando mentalmente para construção da forma-pensamento cuja simetria deve obedecer no plano impecável pré-estabelecido pelo Mestre, isto é, apropriado para receber e distribuir as energias superiores e recolher a nossa devoção ou o nosso sacrifício como oferenda aos Seres da Grande Fraternidade.

É de inestimável valor e advertência que nos fez uma Irmã de grande valor, quando se refere ao ocultismo prático:

Os caracteres místicos, as letras e os algarismos, especialmente esses últimos, são à parte mais perigosa de quando se encontra na Sagrada Kabbala. E dizemos a mais perigosa pela grande rapidez de seu efeito. Inde-

pendente da vontade do experimentador e mesmo sem o seu conhecimento.

Alguns estudantes podem corroborar a exatidão desta afirmação, porquanto, depois de trabalharem com estes números, verificarão horrendos resultados de ordem física, sendo, todavia, mais perigosas às causas morais produzidas e os vários acontecimentos sobrevindos em crises imprevistas. Isso atesta o quanto é acertado é não deixar aos estudantes profanos a faculdade de discernir.

Os Pitagóricos, que conheciam bem esta verdade levantada pela Irmã, exigiam daqueles que desejavam penetrar no templo da sabedoria, o conhecimento de matemáticas; isso significa que o candidato deveria ter compreensão da ciência esotérica antes de entrar no terreno prático do ocultismo, pois a matemática na escola pitagórica era sinônimo de esoterismo.

As verdadeiras matemáticas são algo que palpita em todas as ciências; e as matemáticas não são mais que ilusória fantasmagoria, cuja encomiada infalibilidade se apoia unicamente em condições e referências materiais...

Para verdadeira matemática, que é o esoterismo, chegaremos ao conhecimento transcendental do mundo e dos sistemas planetários.

Não podemos terminar estas reflexões sem que se diga algo sobre a meiga e majestosa figura do divino inspirador do Cristianismo.

Ele representou no mundo o grau superlativo do Amor desinteressado, puro e sem jaça; Ele foi a expressão máxima da Grande Espiritualidade exteriorizado pelo coração humano; Ele foi o grande Mensageiro da Fraternidade, e a sua memória foi se engrandecendo e perpetuando no coração do homem à proporção que os séculos distanciavam a história do seu aparecimento.

Existem duas versões a seu respeito: uma consideram-no um simples Iniciado, comparando-o ao Ser que alcançou a perfectibilidade pelos seus próprios esforços; outros O supõem um Avatar que alcançou a Iniciação mais elevada na 2ª Cadeia ou no Período Solar, no qual se desenvolveu o 6º princípio do homem ou Buddi – que é o princípio essencial do imaculado Amor.

Por qualquer forma que seja estudada a sua personalidade, ela tornará sempre a grandeza inconfundível de um fato místico, histórico, simbólico ou mitológico, cujos reflexos fulgurantes iluminam o Cristianismo, essa religião doce e fraternal, com a luz intensa do esoterismo.

A beleza rara desta luz será contemplada por aqueles que acompanharem estes estudos, porque ela não só refulge no intelecto, como também principalmente brilha no coração.

O verdadeiro conhecimento do Cristianismo mostra como ele é um anel da grande cadeia que forma a Religião Universal; como ele representa uma parte das águas espirituais que constituem o tranquilo lago onde se reflete o pensamento da Grande Fraternidade Universal.

Para que o lago tranquilo possa espelhar o firmamento majestoso das grandes verdades, é preciso que a superfície esteja limpa de dogmas e superstições; só então refletirá as imagens da divina beleza e do puro conhecimento que são manifestações harmoniosas do Grande Arquiteto do Universo.

TERCEIRA PARTE
Teurgia e Taumaturgia

A ROSA KABBALÍSTICA E MAÇÔNICA
A Mística na práxis

CAPÍTULO I

TRÊS SÃO OS CAMINHOS DA INICIAÇÃO

a) Pelo ânimo despertado por sentimento estético, religioso, pela Fé.

b) Pela Vontade, sentimento que incita alguém a atingir o fim proposto por esta faculdade; aspiração; anseio; desejo.

c) Pela Inteligência, capacidade de compreender e adaptar-se facilmente; capacidade, penetração, agudeza, perspicácia.

Estes Caminhos são representados pelo enxofre, pelo sal e pelo mercúrio. A Iniciação pela Fé pode ascender o neófito pelo contato com determinada religião através da mística. A Iniciação pela Vontade adquire-se através dos ensinamentos de certas Ordens Iniciáticas ou submetendo-se a aprendizagem a um Mestre externo; como a vontade se manifesta na ação, esta Iniciação tem que ser necessariamente experienciada, pois a vida e as relações intrínsecas a ela somente são válidas quando vivenciadas. A Iniciação pela Inteligência se dá solitariamente, sem contato fluídico ou sólido com qualquer religião ou ordem, sendo o único contato aquele, imaculado, do Sagrado Anjo Guardião. Sendo esta Senda de toda perfeita, uma possibilidade pragmática e um Caminho, sobretudo pessoal, intransferível e solitário.

Ali A'l Khan S ∴ I ∴

TEURGIA

INTRODUÇÃO

*"Oh noite que guiaste,
Oh noite amável mais que a alvorada,
Oh noite que juntaste
Amado com Amada
Amada no Amado transformada!"*

São João da Cruz, *Subida ao Monte Carmelo*, T. 5

A *Teurgia* ou Magia Branca é a ciência que trata dos mistérios e práticas relativos às Inteligências celestes, busca uma maneira, uma técnica, para colocar o homem em comunicação com aqueles. Daí o nome de *Teurgia*, que foi criado por Jâmblico, segundo a opinião dos eruditos, assim como São Jerônimo foi quem chamou de Goécia a técnica da Magia Negra ou a arte de invocar as Inteligências infernais.

Na *Teurgia* revive-se a doutrina platônica cristã da existência de um Deus Criador e das hierarquias angélicas, entidades ou forças mediadoras entre o Ser Supremo e o homem.

Todos os povos antigos e modernos, inclusive os selvagens, vêm acreditando na existência dos anjos no sentido de seres invisíveis dotados de inteligência e poder. A palavra *anjo*, do grego AGGELOS, significa *enviado* ou *mensageiro*; os persas chamam os anjos de *Peris*; segundo a Tradição Kabbalista são denominados *Elohim*, cujo singular é *Eloah*; os hebreus primitivos os chamavam de *Malachim*; os masdeístas têm também sua carta angelical, aos quais chamam de *Faroeres*; é sabido que os *daimonoi* eram os anjos bons dos gregos, que o Cristianismo converteu em espíritos do mal ou demônios; os *Yorubas*, etnia de tribo afro-cubana, têm seus anjos bons e maus, aos quais chamam indistintamente de *Orixás*, classificados em três grupos e um chefe comum, chamado *Olorum*, ou seja, segundo eles, o São João Batista dos cristãos. Os hinduístas e os teosofistas denominam os anjos de *devas*, que significa divino, resplandecente, luminoso, os quais habitam os "três mundos", ou os três planos superiores ao nosso. Existem trinta e três grupos, ou seja, trezentos e trinta milhões deles. *Indra*, rei do Céu, é o príncipe destes anjos ou gênios celestiais. Os *Dhyan-Cloans* são os mais elevados, correspondem aos denominados Arcanjos da Religião católico-romana[2].

A Sagrada Escritura diz que o número dos anjos é infinito. Jacó os chamou "Exército de Deus"; em outra parte vemos serem chamados de "legiões"; noutro lugar se diz: "Sociedade de muitos milhares". Na Profecia de Davi se lê: "Milhares de milhares de anjos lhe serviam e dez mil vezes cem mil". No Apocalipse se diz: *Erat numerus corum millia millium.*

Esta imensa multidão de espíritos de luz ou anjos está distribuída em três hierarquias, e cada uma delas em três ordens ou coros. Na primeira hierarquia, estão os *Serafins, Querubins* e os *Tronos*. Na segunda hierarquia, as *Dominações, Virtudes* e *Potestades*. Na terceira, os *Principados, Arcanjos* e *Anjos*.

Esta é a doutrina da Igreja, contra a opinião de Orígenes, segundo o qual todos os anjos são iguais em substância, virtudes e poderes.

Segundo a Sagrada Kabbala, os espíritos luminosos são, também, inumeráveis e estão classificados em nove categorias ou coros.

No primeiro coro figuram os *Querubim*; no segundo, os *Beni-Elohim*; no terceiro, os *Elohim*; no quarto, os *Malachim*; no quinto os *Seraphim*; no sexto os *Hashmalim*; no sétimo os *Aralim*; no oitavo os *Ophanim* e no nono os *Hay-yoth ha Qadosh*[3].

São Tomás definiu os anjos chamando-lhes de "Inteligências criadas", para expressar abstratamente a mais exata forma de sua vida e de sua simplicidade, porque certamente uma Inteligência não é e nem pode ser outra coisa senão um espírito vivente, ativo e pessoal.

Os cristãos, ordinariamente, representam os anjos sob a figura de homem, não porque pertençam a este sexo, mesmo porque, supostamente, espíritos puros não têm sexo, mas para expressar sua força varonil. Sempre são representados num estado jovial, cheios de graça e beleza, numa juventude perpétua e inalterável, para recordar a predisposta alegria do adolescente, de vida sadia e vigorosa. Sua *rapidez* extraordinária

---

2 - A existência dos anjos somente foi negada pelos Saduceus, e posteriormente pelos Anabatistas e os Socianos. Julga fazer constar aqui a negação dos racionalistas, cujo sistema filosófico rechaça tudo quanto não está de acordo com a limitada razão humana.
3 - Atenção para não confundir a palavra *Qadosh* com o termo kabbalístico *Kadosh*, que significa coisa sagrada; este vocábulo também é empregado na Maçonaria para designar um dos seus graus.

é figurada pelas suas asas, suas vestes ligeiras e seus pés desnudados; são representados frequentemente com arpas e outros instrumentos de música, em alusão aos louvores que entoam ao Supremo Criador; com trombetas, em memória do último são da trombeta no dia do Juízo; com um incensário na mão, para significar que oferecem a Deus, como um puro incenso, mostra orações; com vestes brancas e cinturão de ouro, para indicar a pureza imaculada de sua natureza espiritual; a cabeça descoberta, as mãos estendidas para o Céu, as asas pregadas e de joelhos, para expressar a santa adoração que rendem ao Eterno.

Os anjos são representados outras vezes com a cruz à frente ou armados com os instrumentos da Paixão, em sinal da veneração que guardam ao Salvador crucificado.

A seita cristã conhecida por Fraternidade Rosa ✠ Cruz tem um profundo sentimento de veneração pelas Inteligências angelicais. Uma dos aforismas inspirados, saturados desse amor por um Irmão dessa Fraternidade:

> *Aqueles que conhecem nossa tradição kabbalística sabem que a humanidade do Período Lunar são os seres chamados Anjos, e os anteriores a este período são aqueles que conhecemos com o nome de Espíritos Luciferianos. Max Heindel (ocultista rosacruciano 1865-1919) nos diz que os Anjos não têm uma maneira de fazerem-se compreender por nós, por estarem muito mais adiantados em sua evolução, e que os Espíritos Luciferianos se encontram numa situação intermediária entre o homem e os Anjos. E que, por sua potência passional, potência que se infiltrou nos homens, para fazê-los gerar pensamentos elevados e também para comunicarem-se com os homens mentalmente; Heindel afirma que os Anjos que não têm outra maneira de fazer contato conosco, a não ser por este meio; devem transmitir aquilo que tem sua natureza com mais afinidade das nossas, e a isso é que se pode chamar de linguagem dos anjos.*

É provável que alguns de nossos Irmãos tenham experimentado, por algumas vezes, nas suas vidas uma sensação de aquietamento em seu corpo, em sua mente e nos seus sentidos, um repouso desconhecido num ambiente de felicidade, sem mácula passional. Como se encontram naqueles momentos infiltrados entre um mundo e outro, algo semelhante à luz, que não pode ser percebida pelos olhos físicos, somente pela nossa sensibilidade na quietude do ser. Estado mágico de um novo despertar consciencial, como se os sentidos ordinários percebessem novas sensações, novos odores, desconhecidas harmonias, harmonias de paz arrojadas. Comoções perfumadas de santidade, misericórdia e amor, formando um conjunto, que somente se pode gozar-se no silêncio mais profundo da alma, na ausência total de pensamentos e dos impulsos dos sentidos. Neste estado parece-nos como se destilassem cada átomo de nosso cérebro em gotas de luz impregnadas de um divino e cordial sentimento, e que ao submergirmos em sua essência, nos trazem pensamentos, mensagens dos Anjos, mensagens que dispensam palavras, mas que nos induzem a realizar seus propósitos, enchendo-nos de força e beatitude.

É evidente que os anjos exercem uma grande influência sobre o mundo físico e no homem; têm a faculdade de mover os corpos de um lugar ao outro e trabalhar neles e com eles muitos efeitos surpreendentes, os quais somente podem chamar de *fenómenos*.

Conhecidos, pois, os poderes e faculdades dos anjos de luz, os magos brancos (*teurgos*), invocam-lhes e impetram sua intervenção em determinados atos da vida, rendendo-lhes homenagens com orações e práticas de magia divina.

A *Teurgia* se fundamenta no princípio de que a Criação rege uma hierarquia de forças divinas, uma plêiade de entes espirituais escalonados numa séria ascendente, na qual os entes superiores ordenam, comandam os inferiores, que obedecem prontamente. O verdadeiro mago branco ou *teurgo* dispõe das Forças da Natureza a seu inteiro arbítrio, estabelece contato com as entidades celestiais que povoam os planos superiores, mediante certos exercícios mentais e espirituais.

Tratamos sobre estes exercícios nas incontáveis páginas dos nossos livros publicados até o momento. Porém, o ensinamento cabal dos mesmos requer além dos livros, dedicados aos queridos leitores, pois, na verdade, este conhecimento encontra-se dentro de cada um, apenas aguardando o despertar real, que só depende de nossa *Vontade Verdadeira*, que através de um fio condutor entre a teoria e a prática se faz *Arte Mágicka* e eleva o espírito à uma unidade total.

O estudante de Ocultismo deve perseguir o *Conhecimento*, sem

ARCANUM • A MAGIA DIVIVA DOS FILHOS DO SOL

desfalecimento, dia e noite. Deve ler muito, meditar, investigar com profundo senso de realidade, e aquilo que, porventura venha duvidar, mais cedo ou mais tarde, carregado de um sentimento elevado, será auxiliado pelas forças divinas, que nos rodeiam, e que não o deixarão desemparado dissipando toda e qualquer dúvida; dar-lhe-ão a ajuda necessária para conduzir-se à Verdadeira Iniciação, cujo caminho que é *pessoal, intransferível* e *solitário*.

Encerramos esta breve introdução lembrando as célebres palavras da insigne ocultista Mme H.P. Blavatsky, segundo a qual, em essência, devemos ter em nossa mente de maneira perene:

Uma vida casta, uma mente serena, um coração puro, um intelecto ansioso de conhecimento, uma percepção espiritual clara, um afeto fraternal para com toda a humanidade, uma boa disposição para dar e receber conselhos e instruções, uma resignação animada nas adversidades, uma valorosa defesa daqueles que são injustamente atacados, uma devoção perseverante para o ideal do progresso do Homem e um amor desinteressado pela Ciência Sagrada, são os degraus de ouro pelos quais o principiante há de subir para alcançar o Templo da Sabedoria Divina.

O QUE É A MAGIA?

TAL É A LEI

"Tu nunca atingirás o essencial deste ensinamento se condenares o teu mental, preocupando-te com a conformidade, a organização ou as responsabilidades dos Guardiões do Limiar.
Eles só podem desempenhar o seu papel para ti e não mudarão a menos que tu mudes. Com o teu ódio dirigido contra eles, tu alimentas a sua ação contrária a tua opinião no momento".

MONIN, Emmanuel-Yves – *O Breviário do Cavaleiro.*
Ed. Zéfiro, Sintra, 2006, p. 185

As definições desta Arte são várias e por vezes até contraditórias.

Para a Igreja Católica, a Magia é a arte de produzir fenômenos sobrenaturais mediante a intervenção dos demônios. Para os homens da ciência, a Magia foi a primeira forma do instinto do saber, no afã de investigar os segredos da Natureza.

Os antigos dividiam a Magia em duas classes de finalidade oposta. Uma era aquela que tratava de toda ação benfeitora, a qual se inspirava unicamente na ideia de fazer o Bem aos nossos semelhantes, e para o qual era necessário possuir altos dotes de bondade, uma consciência limpa, uma abnegação e desinteresse sem limites. A esta Magia deram o nome de Teurgia ou Magia Branca. A outra se compunha de um conjunto de práticas vulgares, de atos desprezíveis, condenados por todo e qualquer um que seja dotado de razão; atos covardes de procedimentos para fazer sofrer, adoecer ou até de matar uma pessoa, impunemente, sem dano algum para o feiticeiro; terríveis segredos para perpetrar vinganças cruéis; receitas criminosas para satisfazer os mais insanos desejos de luxúria e perversidade; enfim, seu objetivo sempre foi de causar o Mal. Era chamada de *Goécia* ou *Magia Negra*.

Henri Corneille Agrippa[4], o *"Magister Doctíssimus"*, autor da famosíssima obra intitulada *De Occulta Philosophia*, diz:

> *A Magia era considerada pelos sábios da antiguidade como a mais alta expressão da sabedoria, porém, certos filósofos e inimigos da mesma a desfiguraram por completo. Desta sublime Ciência hoje só restou um conjunto de fórmulas para envenenar-se e ter sonhos eróticos ou visões terríveis[5]. Da "Magia Cerimonial" não restou mais que um conglomerado de conselhos e prescrições para se colocar em contato com os espíritos inferiores. Por isso, enquanto eu viver combaterei a falsa magia. O mais sagrado dom que o home tem é o raciocínio, pelo qual pode elevar-se até a Verdade e ao próprio Deus, que é, precisamente, o fim que persegue a verdadeira Magia.*

É necessário compreender que existe unicamente uma

---

4 - AGRIPPA H.C., médico e filósofo. Um dos mais sábios de sua época. Nasceu em Colônia em 1486 e faleceu em 1535. Segundo seus inimigos, morreu envolvido na mais espantosa miséria, num hospital de Lion, mas isso foi comprovado, o que está plenamente demonstrado e certo é que morreu na residência de seu amigo Francisco Vachon, na época presidente do Parlamento do Delfinado.

5 - Refere-se, seguramente, aos unguentos mágicos que produziam a ilusão, os quais eram utilizados no *Aquelarre* (festa dos bruxos).

só Magia: a Sabedoria integral das Iniciações, una em essência e múltipla na sua forma. E esta ciência é precisamente e exclusivamente a Magia dos antigos. Tudo mais é Bruxaria.

A Magia nos ensina a conectar nossa alma com os demais elementos da Natureza e, quando possível, com o Todo. Para isto temos uma força enorme, que é a Vontade, pois com ela podemos fazer coisas incompreensíveis aos ignorantes que as tomam por milagres.

Assim, a Magia é a rainha das ciências e somente os homens de retas intensões devem cultivá-la.

Schopenhauer, o insigne filósofo alemão, ocupou-se extensamente da Magia e das Ciências Ocultas em geral. Eis aqui sua opinião sobre a Magia:

> *A magia de outrora, aquela famosa arte secreta, de cuja realidade todos estavam convencidos, durante todas as idades, não somente foi perseguida nos séculos cristãos, como também foi perseguida por outros povos por toda a terra, inclusive os selvagens e sobre a 'perniciosa aplicação', impunham a pena de morte, seja pelas doze tábuas dos Romanos, pelos livros de Moisés, e até Platão no décimo primeiro livro das Leis, de modo que levavam este assunto muito a sério, mesmo na ilustrada época romana. Prova disso é a defesa judicial de Apuleio contra as acusações de feiticeiro (Oratio de Magia) que se lhe dirigiram ameaçando sua vida, defesa na qual não se esforçava mais que afastar de si tal acusação, porém, sem negar, nem muito menos, a realidade da Magia.*
>
> *No século XVIII é o único que na Europa forma exceção a respeito desta crença, devido a que Baltazar Becker, Tomasius e alguns outros, afirmaram a impossibilidade da Magia, com o saldável propósito de fechar para sempre a porta dos cruéis processos contra as bruxas.*
> *Esta opinião, favorecida pela filosofia deste século, conseguiu sobrepor-se, mais ou menos, nas classes mais cul-*

tas. O povo nunca deixou de acreditar na Magia, muito menos na Inglaterra, cujas leis ilustradas, pelo contrário, com fé de carvoeiro em coisas de religião, fé que as rebaixa, sabem unir uma inquebrantável incredulidade a São Tomás, a respeito de todos os fatos que saem das leis do choque e do contrachoque, ou dos ácidos e alcalinos, sem que quisessem confessar com sua grande compatriota, que existe no céu e na terra mais coisa que se pode sonhar sua filosofia ("Há mais coisas entre os céus e a terra, Horácio, que aquelas sonhadas em nossa Filosofia." - Hamlet, Shakespeare).

Lê-se na história da Magia, escrita por Tiedemann, sob o título de Disputatio de questione, quae fuerit in artium magicarum origo, Marb, 1787, obra premiada pela Academia de Gotinga, assombra-se aquele que lê sobre a perseverança com que, apesar de tantos contratempos, tem-se perseguido a Humanidade em todo o tempo e lugar os pensamentos da Magia, inferindo-se que tem de haver na natureza humana, quando nas coisas em geral, algo que possa ser por um capricho arbitrário.

Ainda divergem os escritores ao dar uma definição sobre a Magia, não cabe desconhecer seu pensamento fundamental. Em todos os tempos e em todos os povos, tem dominado a ideia de que, fora da arte regular de produzir alterações no mundo mediante o nexo causal dos corpos, há outro saber distinto deste, que não se repousa no sexo causal; disso resulta que apareçam patentemente absurdos e seus meios se lhes concebe no sentido da primeira arte, enquanto salta aos olhos da conformidade da causa aplicada a respeito do efeito que se busca e o impossível do nexo causal entre eles. Só que a pressuposição que aqui se fazia era a que, fora do enlace externo, devido ao nexum physiqum, entre os fenômenos deste mundo, tinha que existir outro, extensível, pela essência em sim a todas as coisas, e por sua vez a um enlace subterrâneo, graças ao qual se pudera trabalhar um ponto no mundo fenomê-

nico, imediatamente sobre outro qualquer ponto dele, por um nexum metaphysicum; que, portanto, devia ser possível uma ação sobre as coisas exercidas internamente, em vez da ordinária de fora; uma ação do fenômeno, sobre o fenômeno, graças a essência em si, que é uma e a mesma em todos eles; assim como somos causais enquanto natura naturata, devemos também ser capazes de uma ação natura naturans, e que pelo momento podíamos fazer valer ao microcosmo como no macrocosmo; que por mais sólidas que sejam as barreiras da individualização e sua separação do resto haveriam de permitir, em ocasiões, uma comunicação por detrás dos bastidores, ou por debaixo da mesa, como jogo familiar; e que assim como a claridade sonambúlica se dá uma supressão de isolamento do conhecer, poderia também suprimir-se ao isolamento individual da vontade.

Semelhantes ideias não poderiam ter nascido empiricamente, nem poderiam ter sua confirmação pela experiência naquilo que tenha mantido em segredo por todos os povos durante séculos, além do mais a maioria dos casos, haveria sido adversa à própria experiência. Julgo, portanto, que temos que buscar muito fundo na origem desta ideia tão universal em toda a Humanidade e tão inextinguível, apesar de opor-se tanto na experiência e de ser oposta ao sentir comumente as pessoas. E creio que essa origem está no íntimo sentido da omnipotência da vontade em si, daquela vontade que é a essência íntima do homem e por sua vez de toda a Natureza, e na pressuposição conseguinte a tal sentido da qual a omnipotência pode fazer-se valer pelo indivíduo, pelo menos uma vez e de algum modo.

Não havia qualquer modo capaz de investigar ou discernir algo que pudesse ser possível a essa vontade como "coisa em si", ou como fenômeno individual (subjetivo); senão que apenas se supunha que podia, em certas circunstâncias, romper com esses diques da individualidade, pois aquele sentido contrariava constantemente a no-

ção tirada da experiência, que é como disse o poeta: "O Deus que habita em meu interior pode remover profundamente minhas entranhas; porém ele entronizado sobre todas minhas forças nada pode mover para fora".[6]

De um autor também muito conceituado do início do século XX, Dr. Ochorowicz, temos sobre esta questão os seguintes comentários a partir da obra *A Sugestão Mental*.

A Magia nada mais é que uma ciência experimental mal fundamentada, desnaturalizada, incompleta, tudo aquilo que se quer argumentar a seu favor é insuficiente, porém ninguém pode contestar que é uma ciência experimental, isso não se pode negar. Ao retomar os estudos do passado com os meios mais aperfeiçoados que dispomos nos dias de hoje, com uma precisão do método, o qual podemos nos orgulhar, constatamos que um progresso inesperado resultou desta aliança, entre o passado e o presente; uma nova época do Renascimento.

Os desejos do célebre doutor foram levados a cabo pelos seus eminentes colegas, por filósofos e literatos ilustres, cujos trabalhos deram os resultados mais que satisfatórios. Por isso, Gustave Le Bon, o grande pensador francês disse: "Enquanto a Magia das velhas idades contava com defensores verdadeiramente iluminados, a Magia atual conta entre seus adeptos, físicos célebres, fisiólogos ilustres e eminentes filósofos".

Acreditamos desnecessário continuar reproduzindo tudo quanto já foi dito e pensado sobre a Magia dos homens de talento de todas as épocas. Com as opiniões expostas, já é o bastante para se formar juízo sobre a *"Rainha das Ciências"*, segundo a expressão de Agrippa. Portanto, podemos sorrir compassivamente ante as simplórias opiniões de leigos e pressupostamente ignorantes neste assunto, que a tomam por superstições sem conhecer a matéria que combatem.

---

6 - Da obra *Sobre a Vontade na Natureza,* por Arthur Schopenhauer.

MAGIA ANGÉLICA

O sábio fala assim: a alma, tendo uma vida dupla, uma em conjunção com o corpo, mas a outra separada de todo corpo; quando estamos despertos empregamos, na maior parte, a vida que é comum com o corpo, exceto quando nos separamos inteiramente dele através de energias puramente intelectuais e dianoéticas. Mas quando dormimos, somos como que perfeitamente livres de certas limitações, e usamos uma vida separada da geração.

Jâmblico

Manteremos as explicações da Magia Angélica dentro do mesmo tema da introdução. Parece-nos demasiadamente interessante, dentro da Teurgia, o estudo desta matéria, comumente chamada também de angelologia, e recorrendo novamente a valiosa opinião da Mme Blavatsky sobre a divina ciência dos anjos, conceito que encontramos exposto em seu monumental *"Glossário Teosófico"*. Desta obra extraímos os parágrafos que seguem:

TEURGIA (do grego THÉOS, deus e ERGÓN, trabalho). A Teurgia trata da comunicação do homem com os anjos e espíritos planetários – deuses de luz – e meios de atraí-los para a Terra.

O conhecimento do significado interno das hierarquias de tais espíritos e a pureza de vida são os únicos meios para alcançar os poderes necessários que permitem a comunicação com os anjos. Para chegar a tão sublime resultado, o aspirante a *teurgo* há de ser absolutamente digno, puro e desinteressando. Por isso, as práticas teúrgicas são muito pouco convenientes e até perigosas atualmente. O mundo se corrompeu demasiadamente para exercitar aquilo que somente os homens santos e sábios, como Ammonio Saccas, Plotino, Porfírio e Jâmblico puderam praticar com toda pureza durante suas vidas. Em nossa época, a Teurgia, corre o perigo de converter-se em Goécia.

A primeira escola de Teurgia prática, no período cristão, foi fundada por Jâmblico, entre outros sacerdotes alexandrinos. Os que pertenciam aos templos do Egito, Babilônia e Grécia, e cujo ofício era evocar aos deuses durante a celebração dos Mistérios, eram designados com o nome de *teurgos*.

Os espíritos (não confundir com espíritos dos mortos, cuja evocação se chama necromancia), faziam-se visíveis aos olhos dos mortais. Assim, pois, o teurgo, havia de ser um hierofante e um homem experto na *ciência esotérica*[7] dos santuários de todos os grandes países. Os neoplatônicos da escola de Jâmblico eram denominados teurgos, porque praticavam a Magia Cerimonial e evocavam as almas dos antigos heróis,

---

7 - Esotérico: "o interno", o oculto, aquilo que só se comunica aos Iniciados. Exotérico: "o externo", o contrário de esotérico. Diz Renan, em sua *Vida de Jesus*: "É evidente que Jesus confiava aos doze apóstolos certos segredos, que eram proibidos de se comunicarem aos demais, e que os explicava o sentido oculto de algumas parábolas que havia lançado ao vulgo". A estes usos e conhecimentos os ocultistas chamam de Ensinamentos Esotéricos.

deuses e eudaimonia[8] (entidades divinas, espirituais). Nos raríssimos casos em que se requeria a presença de um "espírito visível e tangível", o teurgo tinha que administrar, para obter a fantástica aparição, tinha que doar da sua própria energia, isto é, tinha que praticar a THEOPCEA, que assim era chamada na criação dos deuses, na qual se obtinha mediante um misterioso procedimento muito bem conhecido pelos antigos magos, e que atualmente são conhecidos por alguns modernos tantristas e brahmanes Iniciados na Índia. Isso prova a perfeita identidade dos ritos e do cerimonial entre a antiguíssima Magia Brahmânica e a Teurgia dos platônicos alexandrinos.

O brâhmane evocador deve encontrar-se num estado de completa pureza antes de atrever-se a evocar aos *Pitris* (espíritos mais elevados). Depois de haver preparado uma lâmpada adequadamente (veja este assunto em nossa obra *SECRETUM, Manual Prático de Magia Teúrgica*, Ed. Isis, SP, 2014), uma quantidade de sândalo (incenso), etc., e, após ter traçado os círculos mágicos necessários para sua proteção, a fim de manter distantes os maus espíritos, cessa a respiração vulgar trocando-a pela rítmica adequadamente ao trabalho que irá empreender e chama a sua presença as Inteligências que irão lhe instruir. Tudo isso feito metodicamente e com muita tranquilidade, chama em sua ajuda o Fogo[9], para "dispersar" seu corpo. Pronuncia certo número de vezes a *palavra sagrada[10]*, e sua alma, melhor dizendo, seu corpo astral, escapa da prisão, desaparece o corpo, e a alma (imagem) da entidade evocada desce até o corpo duplo e o anima.

Então a alma (astral) do *teurgo* volta a entrar em seu corpo, cujas partículas sutis vão se agregando de novo (no sentido objetivo), depois

---

8 - Eudaimonia (do grego antigo: εὐδαιμονία) é um termo grego que literalmente significa "o estado de ser habitado por um bom *daemon*, um bom gênio", e, em geral, é traduzido como felicidade ou bem-estar. Contudo, outras traduções têm sido propostas para melhor expressar o que seria um estado de plenitude do ser.

9 - Refere-se ao fogo serpentino ou *Kundalini*, palavra sânscrita. *Kundalini* é uma das Forças da Natureza; é o poder que engendra certa luz naqueles que se dispõem para o desenvolvimento espiritual ou clarividência. A eletricidade e o magnetismo não são mais que manifestações desta Força. Este é o poder que produz o "ajustamento contínuo das relações internas com as relações externas", que é a essência da vida, segundo Herber Spencer, e "o ajustamento contínuo das relações externas com as internas", que é a base da transmigração das almas, segundo as doutrinas dos antigos filósofos da Índia.

10 - Refere-se à Sílaba Sagrada AUM. Isso é verdadeiramente importante. Levantamos uma ponta do véu que cobre este assunto na nossa obra *HERMETICUM, Caminhos de Hiram*, Ed. Isis, SP, 2017.

de haver formado delas mesmas um corpo aéreo para o *deva* (deus ou espírito) que ele tenha evocado. A partir disto, o operador dirige à entidade evocada, pergunta sobre os mistérios do Ser e a transformação do imperecível.

A ideia popular predominante é a de que os *teurgos* operam prodígios, tais como evocar as almas ou "sombras" dos heróis e deuses, e outras ações taumatúrgicas, mediante poderes sobrenaturais. Porém, isso jamais foi bem assim. Na verdade, deveria ocorrer simplesmente por meio da liberação de seu próprio corpo astral[11], que, tomando a forma de um deus ou herói, servia como um médium ou veículo, por cujo meio podia alcançar e manifestar a corrente especial que conserva as ideias e o conhecimento de dito herói.

Encerraremos esta parte com umas breves informações sobre os principais filósofos neoplatónicos e *teurgos* da antiguidade, tais como: Ammonio Sacas, Plotino, Porfírio, Jâmblico (o mais notável dos *teurgos*) e Proclo.

Ammonio Saccas. Este celebre filósofo viveu em Alexandria entre o segundo e terceiro século de nossa Era. Segundo alguns autores, foi chamado *Saccas*, porque, sendo pobre, teve que transportar sacos de trigo para ganhar seu sustento. No tempo do imperador Cómodo, pôde abandonar essa ocupação e se dedicou ao estudo da filosofia, quando teve grandes progressos e se predispôs a abrir uma escola pública em Alexandria, da qual saíram discípulos notáveis, como Orígenes, Herennio, Plotino, Porfírio e Jâmblico.

Ammonio aprofundou seus estudos em Platão e Aristóteles e, admirado com a doutrina desses grandes homens, dedicou-se a conciliar os princípios de uma e outra filosofia. Por isso diz Hierocles, que era eclético, que foi ele, Ammonio, quem organizou os fundamentos da filosofia neoplatônica. Os filósofos Plotino, Longino, Hierocles e Porfírio tributaram-lhe grandes elogios. Hierocles o chamava de *Theodidaktos*, isto é, instruído por Deus.

Plotino (*Plotinus*). Eminente filósofo da escola de Alexandria, nasceu em Lycópolis, povoado do Alto Egito, no ano 205 e morreu perto de Miturna, em Campania (Itália) no ano de 270. Foi o mais ilustre

---

11 - O corpo astral vem a ser a ponte de comunicação entre a alma e o corpo – Annie Wood Besant.

e o maior de todos os neoplatônicos, depois de Ammonio Saccas, seu mestre.

Era o maior entusiasta dos *filaleteos* ou "amantes da Verdade". Seu ideal foi fundar uma religião baseada sobre o sistema de abstração intelectual, que é a verdadeira Teosofia, ou toda a essência do Neoplatonismo.

Até a idade de vinte e oito anos, não tinha conseguido encontrar um mestre ou uma doutrina que o satisfizesse. Então acertou ao decidir ouvir Ammonio Saccas, fundador da escola neoplatônica, e, desde aquele dia, continuou assistindo a sua escola.

Aos trinta e nove anos, acompanhou o imperador Gordiano à Pérsia e à Índia, com o propósito de aprender a filosofia desses países.

Plotino ensinou uma doutrina idêntica à filosofia Vedanta, isto é, que "o Espírito-Alma emana do Princípio-Uno deificando com Ele depois de sua peregrinação". Essa ideia foi expressa claramente ao morrer, quando pronunciou as seguintes palavras: *Vou levar o que há de divino em nós e o que há de divino no Universo".*

A alma, segundo Plotino, procede de Deus (o Demiurgo) por emanação e habita no corpo como encarcerada. A Terra é um antro e nossa permanência nela é uma prova. Somente por meio do êxtase podemos conhecer nossa alma divina (ou *Nous*) e fundirmos em Deus, como uma chispa retornando à fogueira da qual emanou. Para alcançar a emanação completa, para renascer de fato, é preciso completar o círculo de vidas, durante as quais, a alma, despojando-se de sua natureza grosseira, vai aproximando-se de Deus. O ar está povoado de seres invisíveis, que vai de Deus até nós; na pura região do éter, vivem seres intermediários.

Sustentou também a doutrina da reencarnação. A princípio, interessou-se pouco pela Teurgia; porém, mais tarde, acabou se tornando um dos teurgos mais famosos e dedicados de sua época, dedicou se de corpo e alma a esta Arte Sagrada.

Foi um homem universalmente respeitado e querido, cujo saber era imenso e de grande probidade. Clemente de Alexandria fala muito alto a seu favor, e muitos padres da Igreja de Roma foram seus discípulos.

Morreu com a idade de sessenta e seis anos. Suas obras foram recopiladas por seu amado discípulo Porfírio, quem as dividiu em seis partes chamadas Enéadas em face de cada uma delas constar de nove livros.

Porfírio (*Porphyrius*). Célebre filósofo neoplatônico, discípulo predileto de Plotino, e seu sucessor na Escola. Nasceu em Batanea na Síria, segundo a opinião mais generalizada, e segundo outros autores, em Tiro, capital da Fenícia, por volta dos anos 232 ou 233 de nossa Era. Parece que viveu a maior parte de seu tempo na Sicília, onde faleceu aos sessenta e um ou sessenta e dois anos, no princípio do século IV.

É considerado como um filósofo da mais alta estirpe de sua época e o mais sagaz de todos os neoplatônicos. Foi um escritor notabilíssimo que adquiriu especial renome por sua controvérsia com o famoso Jâmblico a respeito dos perigos inerentes à prática da Teurgia. Não obstante, acabou por converter-se nas crenças de seu adversário e as defendeu talentosamente e com muito afinco as praticou convencido de suas eficácias.

Viajou pela Caldeia, Pérsia e Egito, adquirindo "conhecimentos ocultos" que lhe permitiram interpretar a Bíblia de Moisés, o Talmude, os papiros e hieróglifos egípcios.

Viveu muito tempo em Roma, onde ensinou suas teorias, e escreveu obras tão notáveis como *Comentários sobre o Timeo, Introdução às categorias de Aristóteles, Tratado da abstinência da carne dos animais, Vida e Doutrina de Pitágoras, Vida de Plotino, Questões históricas, uma Carta à Anabón*, sacerdote egípcio, a qual trata da Teurgia, e algumas outras obras que se perderam ou de que somente restaram alguns fragmentos.

Místico por nascimento, seguiu o mesmo caminho de seu mestre Plotino, a disciplina referente aos poderes psíquicos e espirituais que conduzem à união da alma com o Eu divino. Contudo, lamentava-se de que, apesar de todos seus esforços não conseguiu alcançar dito estado de êxtase até chegar aos sessenta anos, enquanto que Plotino lhe avantajava neste ponto.

Porfírio menciona numa de suas obras um sacerdote do Egito que, "sob a prece (rogos) de um amigo de Plotino, foi-lhe mostrado, no templo de Ísis, em Roma, o *daimon* familiar daquele filósofo". Em outras palavras, fez a evocação teúrgica, por meio da qual o hierofante podia revestir-se de seu próprio duplo astral ou de qualquer outra persona com a aparência de seu Ego superior e comunicar-se com Ele. Isto é o que Jâmblico e muitos outros, entre eles os Rosacruzes da Idade Média, entendiam por "união com a Divindade".

Porfírio sustentava que a "Alma deveria estar, dentro do possível, dentro dos laços da matéria, disposta a separar tudo que fosse da matéria, do corpo físico".

Recomenda a prática da abstinência dizendo que "nos assemelhássemos aos deuses se pudéssemos abster de alimentos animais e alimentarmos de vegetais apenas com o necessário."

Os padres da Igreja consideravam Porfírio como inimigo mais obstinado e mais irreconciliável com o Cristianismo. Sem dúvida, e com ele todos os neoplatônicos, segundo Santo Agostinho, "elogiava a Cristo e menosprezava o Cristianismo". Jesus afirmava: "nada disse contra as divindades pagãs e operava milagres com suas ajudas".

Porfírio prescrevia a pureza... e, mais ainda, praticava-a.

Jâmblico (*Jamblicus*). Este grande teurgo e filósofo neoplatônico e discípulo de Porfírio nasceu em Cálcis (Síria) por volta dos anos de 310 d.C. De suas numerosas obras somente restaram cinco livros dos dez que compôs: *Sobre a Vida de Pitágoras*, um tratado interessantíssimo sobre os *Mistérios dos Egípcios e dos Caldeus*, outro sobre *Os demônios*, e vários fragmentos.

É considerado o fundador da Magia Teúrgica. Sua escola era, a princípio, distinta da de Plotino e de Porfírio, as quais eram contrárias à magia cerimonial e também à Teurgia prática, por considerá-las perigosas. Porém, mais tarde, Jâmblico convenceu Porfírio da conveniência dessas práticas; a partir daí, tanto o mestre quanto o discípulo passaram a adotá-las e acreditar firmemente na Teurgia e na Magia; a primeira sendo principalmente o mais elevado e eficaz meio de comunicação com o Ego superior do magista, por meio de seu próprio corpo astral. A Teurgia é a magia benéfica e se converte em magia goética, ou seja, magia negra e maligna, quando empregada para fins egoístas. Porém, os teurgos não têm qualquer vínculo com a magia negra.

Em um de seus manuscritos, Jâmblico faz as seguintes advertências: "Qualquer um que queira contatar as divinas aparições (fantasmas), há de saber que é preciso abster-se de comer carne de qualquer espécie, seja de aves ou de quaisquer outros alimentos de origem animal. Aquele que sente almeja liberar-se dos vínculos terrenais, para alcançar a união com os deuses celestiais, o que há de ser respeitado com o maior rigor".

Todos os biógrafos de Jâmblico estão uníssonos em acreditar na sua austeridade e pureza de vida e de sua sinceridade extraordinária. Dele se sabe que uma vez se elevou a uma altura de dez *codos* sobre o solo – como se sabe, alguns iogues modernos e médiuns também manifestaram este fenômeno.

Proclo. Célebre filósofo neoplatônico e excelente poeta nascido em Lícia no ano de 412 de nossa Era; morreu aos setenta e três anos de idade em Atenas. Estudou com Plutarco e Siriano, a quem sucedeu na escola desta cidade; por tal motivo foi chamado *Diadoco*, que quer dizer o sucessor. Era designado também com o sobrenome de Sacerdote do Universo, pelos seus vastos conhecimentos das ciências naturais e da Teurgia. Quis elevar o paganismo por meio de um sistema de interpretação místico dos poemas órficos e dos oráculos dos caldeus como uma revelação divina.

Proclo pareceu ser o último elo de uma cadeia de homens consagrados a Hermes, os quais se haviam perpetuado por herança à Ciência Secreta dos Mistérios, porém, podemos afirmar que não terminou com ele a metafórica cadeia.

Um historiador do século passado diz o seguinte sobre Proclo: "Comercializou com os demônios, operou milagres e teve lugar entre os deuses após a sua morte".

Seu último e fervoroso discípulo e tradutor de suas obras foi Thomas Taylor de Norwich, um místico moderno que adotou o Paganismo, por acreditar que este estaria fundamentado na fé verdadeira.

A maior parte das obras de Proclo se perdeu, porém se conserva um número considerável acervo de tratados filosóficos e científicos; dos *Comentários a Platão* e de outras obras só restaram alguns fragmentos.

A esta brilhante escola de Alexandria, chamada neoplatônica, pertenceram também Teodoro, o admirável, Sopater, Máximo o Mago, Juliano o Apóstata, Edésio e muitíssimos outros.

De Edésio se refere que, empregando uma fórmula de Jâmblico, apareceu-lhe um fantasma que lhe recitou um oráculo em versos hexâmetros.

A divina luz da Teurgia não tardou em apagar-se ante o fanatismo da intransigência dos bispos da Igreja Católica de Roma. Com a ascensão do imperador Constantino, o Cristianismo prevaleceu em Roma, e então se converteu de perseguido a perseguidor.

Os bispos se apoderaram do poder civil; destruíram a sangue e fogo os gnósticos e os teurgos; aniquilaram as antigas crenças e, como alguns filósofos intencionaram ressuscitar a verdadeira doutrina de Jesus, foram perseguidos como feras, sendo foram obrigados a fugir.

Este imperador decretou que todos deviam pensar como a autoridade eclesiástica, e a imensa noite da Idade Média caiu pesadamente sobre o mundo.

A EVOCAÇÃO TEÚRGICA

As evocações teúrgicas devem ser sempre motivadas por um sentimento de amor ou por uma causa elevada e ter um propósito laudável; do contrário, são operações perigosas para a razão e para a saúde. Evocar por simples curiosidade e para saber se ocorrerá algo é dispor-se antecipadamente à fadiga e ao sofrimento. A Ciência Secreta não admite dúvida e muito menos a puerilidade.

O motivo laudável de uma evocação pode ser de amor ou de inteligência. As evocações de amor exigem menos preparação e são muito mais fáceis. Os procedimentos para tais operações são:

Evocação de Amor[12]. Deve-se, a princípio, recolher com cuidado todas as recordações daquela pessoa a quem se deseja rever, os objetos que lhe serviram e que tiveram suas impressões conservadas, as mobílias que foram usadas pela pessoa ou a própria habitação que habitou em vida ou seu escritório de trabalho. E num local escolhido, para tal reencontro, deverá colocar um retrato (de tamanho natural, se possível), coberto com um véu branco e rodeado de flores, daquelas que a pessoa amada mais gostava, e que deverão ser trocadas todos os dias.

Depois há que se escolher uma data precisa, um dia do ano em que celebraria seu aniversário, ou outro dia mais feliz para que tenha ocorrido nas relações com esta pessoa; um dia em que suponhamos que sua alma ficaria feliz por recordar esta ocasião, de um momento indelével na vida daquela pessoa amada, este será o dia certo para a evocação, para a qual deverá preparar-se quatorze dias que antecedem esta data.

---

12 - Tratamos deste assunto (Psicurgia) em nossa obra *Gnosticum, A Chave da Arca*, Maçonaria Prática. Ed. Isis, SP, 2018.

Durante este tempo será preciso não dar a ninguém as mesmas provas de afeto, que o defunto ou a defunta teria direito a esperar de nós, deverá abster-se totalmente do sexo, viver isoladamente e se alimentar somente uma vez ao dia de comidas leves e simples.

Todas as noites, no mesmo horário, antes de dormir, deve ir para o local elencado para o "encontro", deverá recolher-se sempre na penumbra, servindo-se apenas da luz de uma vela, quando necessário, ou de uma lamparina. Esta vela ou lamparina deverá estar atrás de si; perfumará o local com incenso macho e benjoim, mesclados; em seguida levantará o véu do retrato, ante e cuja presença permanecerá por uma hora em total silêncio; depois sairá do local andando para trás.

No dia fixado para a evocação será preciso vestir-se e preparar-se, desde o momento em que acordar, como se fosse para uma festa de grande solenidade. Não dirigir primeiro a palavra a ninguém, não fazer mais que uma comida composta de pão, vinho e frutas; a toalha da mesa deverá ser de cor branca, completamente limpa; colocar-se-á na mesa dois lugares e se cortará uma parte do pão, que deverá ser servido por inteiro; verter-se-á também uma pequena quantidade de vinho na taça destinada a pessoa a quem se deseja evocar. Esta refeição deverá ser feita em total silêncio, na câmara (local) escolhida para a evocação; depois se recolherá todo serviço, exceto a taça do falecido e sua parte do pão, que serão deixados diante do retrato.

Pela noite, se dirigir-se-á, na hora da acostumada visita, ao local de evocação; ascenderá um fogo claro de madeira de cipreste e quando sobrar somente brasas, jogará sobre elas sete punhadinhos de benjoim e sete gramas de incenso de boa qualidade, pronunciando baixinho o nome da pessoa que se quer rever. Em seguida apagará a lamparina e aguardará até extinguir o fogo. Neste dia não se retirará o véu do retrato.

Quando as brasas estiverem se extinguindo, jogar-se-á mais um pouco de benjoim e incenso sobre elas e se invocará a Deus, segundo as fórmulas da religião a que tenha pertencido à pessoa falecida e com as mesmas ideias e cerimoniais que ela tinha a respeito de Deus.

Será necessário, ao fazer esta pregação, identificar-se todo possível com a pessoa evocada, falar como se fosse ela que estivesse falando, acreditar de algum modo como se fosse ela própria. Depois de um quarto de hora de silêncio, conversará com a falecida como se ela estivesse presente, com afeição e fé, rogando-a que se deixe ver; renovar este rogo mentalmente, com intensidade, cobrindo o rosto com as duas mãos; depois chamar três vezes e em voz alta a pessoa; esperar de joelhos e com os olhos cerrados, durante alguns minutos, falando mentalmente ou com voz muito baixa; chamá-la de novo outras vezes com a voz doce e afetuosa e abrir lentamente os olhos.

Se não ver nada, será necessário renovar esta experiência no ano seguinte, nas mesmas circunstâncias, até três vezes. É evidente que na terceira vez se obterá a aparição desejada, que será tanto mais visível quanto maior pelo tempo que teve que esperar.

Estas evocações devem fazer-se sempre com uma fé inquebrantável; não se deve desconfiar o mínimo por não ter conseguido o êxito esperado na primeira nem na segunda vez.

Evocação de Ciência e de Inteligência. Estas evocações se fazem com cerimônias muito mais solenes. Trata-se de personagens célebres, sendo necessário meditar sobre sua vida e seus escritos vinte e um dias para formar-se uma ideia de seus aspectos pessoais, de seu mundo pessoal, de sua voz; falar-lhe mentalmente e imaginar quais seriam suas respostas; deve conseguir um retrato (em pintura, fotografia ou desenho, etc.); seus defeitos ou apelidos devem ser estampados num cartão que deverá ser levado junto ao coração; submeter-se estritamente a um regime vegetariano durante estes vinte e um dias e fazer um jejum nos últimos sete dias.

Nestas condições, chegado o momento supremo, o operador se vestirá com as indumentárias de mago[13] e se recolherá no ambiente destinado à evocação, local que deverá ter preparado o altar mágico.

Este local, onde se dará as evocações, deverá estar hermeticamente fechado, e as operações deverão ser executadas *a priori* sempre à noite. Caso opte para fazê-la durante o dia, deverá deixar uma pequena abertura (fresta) no lado onde deve estar o sol na hora da invocação, colocar-se-á, diante desta abertura, um prisma triangular em cima do altar e ao lado deste prisma um globo de cristal cheio de água.

Se a operação for à noite, colocar-se-á uma lamparina de azeite, de maneira que deixe cair seus raios de luz sobre a fumaça do turíbulo que estará sobre o altar.

Estes preparativos têm por objetivo administrar o agente mágico dos elementos necessários para obter a aparência da corporeidade do fantasma (forma astral) que será evocado.

---

13 - A descrição detalhada das vestes do mago evocador, assim como o altar mágico, encontrar-se-á nas *Clavículas de Salomão*, edição do Mago Bruno.

O braseiro do fogo sagrado deve ser colocado no centro do oratório, e o altar dos perfumes[14] ficará a pouca distância. O evocador deve estar voltado para o Oriente para orar, e para o Ocidente para evocar. Deve estar só ou assistido de duas pessoas de moralidade ilibada, os quais observam no silêncio mais profundo. Estará revestido das vestes mágicas e coroado de verbena. Terá que se banhar antes da cerimônia teúrgica, e todas as roupas íntimas deverão estar rigorosamente limpas.

Começará com uma pregaria apropriada às crenças do desencarnado e que pudesse ser aprovado pelo mesmo, se vivo estivesse. Para os grandes homens da antiguidade, podem-se recitar hinos órficos, os *Versos de Ouro* de Pitágoras, as máximas de Jâmblico, etc.

Para a evocação das almas pertencentes às religiões do Judaísmo ou do Cristianismo, será conveniente recitar a invocação salomônica, seja em hebreu, seja em qualquer outra língua que tenha sido familiar à pessoa que se evoca.

Invocação Kabbalística de Salomão. Esta invocação, traduzida quase literalmente do hebreu, é como segue:

Anjos de luz! Iluminai meu caminho.
Glória e Eternidade! tocai meus ombros
e conduza-me ao caminho da vitória.

Misericórdia e Justiça!, sede o equilíbrio
e o esplendor de minha vida.

Inteligência e Sabedoria!, dai-me a coroa.
Espíritos de Malkuth! Indica-me as
duas colunas sobre as quais se apoia o templo.

Anjos de Netzah e de Hod!, afirma-me
sobre a pedra cúbica de Yesod.

Oh, Geduael!, Oh, Geburael!, Oh, Tiphereth!
Oh, Binael!, sede meu amor.

---

14 - No braseiro devem arder ramos de cipreste e mirra, e na vasilha dos perfumes devem queimar-se incenso macho, mirra e flores de canela. Sobre as propriedades mágicas das plantas, recomenda-se consultar nosso *Manual Mágico de Kabbala Prática*, Ed. Madras, SP, 2018.

*Ruach Hocmael!, sede minha luz; sede o
que es e o que serás.*

*Oh, Pahaliah, guardai minha pureza.
Oh, Ketheriel! guiai meus passos.*

Ischim! ajuda-me em nome de Shadday.

Querubim! sede minha força em nome de Adonay.

*Beni-Elohim!, sede meus irmãos em nome do filho
e pela virtude de Tzabaoth.*

Elohim!, combatei por mim em nome de Tetragrammaton.

Malachim!, proteja-me em nome de Jehovah.

Seraphim!, depurai meu amor em nome de Eloah.

*Hasmalim!, iluminai-me com os esplendores de Elohim e de
Shekinah.*

Aralim!, trabalhai.

Ophanim!, girai e resplandecei.

*Hay-yoth ha Qadosh!; Shadday!; Adonay; Iotchavah!; Eiea-ze-
reie!*

Aleluia! Aleluia! Aleluia!

Uma vez terminada a invocação salomônica, aguardar-se-á sossegadamente que apareça no espaço a aparição do corpo astral do ser evocado. Esta se dará por uma luz, tênue a princípio, que, pouco a pouco, irá intensificando até tomar uma forma de contornos imprecisos.

Então, o mago, com todo respeito, solenidade e amor lhe dirigirá a palavra, doce e suavemente, e a aparição fantasmagórica parecerá fazer-se corpórea, ainda que flutuante e transparente como uma nuvem. O evocador se despedirá do espírito com as seguintes palavras:

"Que a paz seja contigo; eu não tive a intenção de perturbar tua tranquilidade; não sofras nem me faças sofrer. Eu tratarei de corrigir-me em tudo e quanto possa lhe ter ofendido. Rezo e rezarei contigo e para ti. Roga comigo e para mim e retorna ao teu grande sono, esperando aquele dia em que nos despertaremos junto. Silêncio e adeus".

Operações de Magia Divina

Começaremos pela exposição do Exorcismo *Ad Omnia*, por acreditar ser de grande utilidade para o exercício da magia prática, pois com ele simplificam muitas operações longas e embaraçosas, como, por exemplo, a fabricação de um pergaminho virgem, tintas mágicas, confecção de certos instrumentos mágicos, etc. Neste sentido, um pergaminho qualquer, devidamente exorcizado, isto é, purificado mediante o exorcismo *ad omnia*, pode ser utilizado na confecção de talismãs ou Pantáculos; as tintas que forem empregadas para este fim devem ser fabricadas sob determinadas influências astrológicas, podendo, na impossibilidade, serem substituídas por quaisquer outras, adquiridas no comércio, contanto que sejam purificadas e exorcizadas.

Os magos que conhecem estes detalhes não empregam em suas operações nenhum objeto sem que os tenha purificado ou exorcizado previamente com o exorcismo *Ad Omnia*, como segue abaixo:

Em nome de ADO✠NAY, *o Inefável; em nome de* SHAD✠DAY, *o infalível, e em nome de* JEHO✠VAH, *o Todo-poderoso.*

Bendiga e santifica meus pensamentos, segundo tua Lei e Vontade divina, para que se convertam em obras de bondade e de justiça.

Bendiga e santifica minhas ações, segundo tua Lei e Vontade excelsas, para obter a virtude de afastar de meu redor os espíritos das trevas.

Bendiga e santifica minhas palavras, segundo tua Lei e Vontade inexorável, para que com elas eu possa obter o poder de atrair as influências dos anjos de Luz.

E em nome das três bendições do Santíssimo Pai, eu te exorcizo criatura... (*)[15], para que me sejas útil e benéfica na operação que irei realizar.

Em nome do PAI✠, *em nome do* FI✠LHO, *e em nome do* ESPÍRITO✠SANTO. *Amém.*

As cruzes (✠) indicam que se deve fazer o sinal da Cruz; o qual se realiza com a mão direita estendida sobre o objeto ou a substância que se está exorcizando.

Operação da Enteléquia Divina

Esta operação de Alta Magia deverá ser realizada a meia noite, num ambiente retangular, onde as paredes e teto da mesma terão que ter um só tom (azul ou branco), sem desenhos ou linhas; junto à parede do Oriente colocará uma mesinha de madeira branca, coberta com uma manta branca, limpa e lavada expressamente para esta cerimônia; sobre a mesa se colocará uma faixa de seda azul, formando um triângulo, que se sujeitará colocando em cada uma de suas pontas uma lamparina de azeite; no centro do triângulo se colocará uma pequena vasilha (fogareiro) com carvão vegetal e ramos de murta. Ascender-se-á o fogo dos carvões e jogará sobre eles um punhadinho de incenso macho. Neste local não deverá ter qualquer outro tipo de móvel.

O operador cobrirá seu corpo com um confortável balandrau branco, que deverá chegar até seus pés, e estará calçado com sapatos brancos. Sobre sua cabeça colocará uma coroa de verbena. Sobre as

---

15 - Nomeia-se o objeto ou substância que se quer exorcizar desta forma: *"Eu te exorcizo criatura pergaminho, ou criatura tinta...".*

vestes e em cima do coração levará o Pantáculo Salomônico, desenhado sobre pergaminho virgem, conforme desenho abaixo:

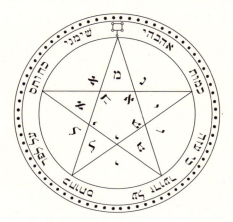

Deve trazer consigo também um ímã, em forma de ferradura, de tamanho regular, para utilizá-lo quando for indicado ao recitar a invocação.

O evocador, de pé e de frente para o Oriente, com a mão esquerda sobre o coração e o braço direito estendido para o alto, sustentará a ferradura imantada e começará a recitar com voz firme e solene a seguinte invocação:

> Eu te invoco, Oh Supremo e Inefável Ser Incriado e Sem Nome! Eu te invoco chamando-lhe com admiração e respeito profundo: Enteléquia[16] Divina. (Joga-se um punhadinho de incenso ao fogo).

AUM

(Com o ímã, na mão direita, traça-se um triângulo no espaço).

> Eu te invoco, Senhor da Tríplice Luz Incolor, Senhor da Graça, Senhor dos Sete Raios Sagrados, Senhor das Sete Esferas "*Logóicas*", Enteléquia Divina (Joga-se outro punhado de incenso ao fogo).

---

16 - Enteléquia, palavra grega usada pela primeira vez por Aristóteles, e na modernidade foi retomada por Leibniz, para designar as Mônadas criadas e emanadas (os Elementais emitidos dos Espíritos ou Deuses cósmicos).

AUM

(Repita o mesmo sinal anterior com o ímã na mão direita)

Eu te invoco, Oh Rei Pai! Dono Absoluto da Mente Cósmica, da Criação Incognoscível. Eu te invoco, Enteléquia Divina (joga-se outro punhado de incenso ao fogo), ao começar meu trabalho espiritual. Eu te invoco e te peço humildemente que clareie minha inteligência e dê força ao meu coração.

Dai-me a Graça; penetra em meu aposento hermético, iluminado pelas três luzes mágicas, purificado com os perfumes celestes e preservado pelo mirífico Pantáculo de Salomônico, e ponha tuas mãos luminosas sobre minha cabeça.

Dê aos meus pensamentos a doce suavidade dos Santos Óleos.

Ilumina o fundo de minha alma com um relâmpago branco-violáceo.

Dê aos meus sentidos a voluptuosa fragrância dos Lírios de Luz Divina para que perfumem meu coração, para que eu possa apreciar as coisas da Terra com valor e certeza.

Revele-se tua imponderável presença no ato místico que se realiza em mim neste momento solene, para que eu possa vencer os obscuros obstáculos que por minha ignorância e minha impureza possa atrair-me aos seres que me rodeiam.

Cruza tua Vontade pela minha frente para que se faça poderosa e forte ante toda classe de inimigos do mundo invisível.

Ilumina-me, oh Inefável Enteléquia Divina! (Joga-se outro punhadinho de incenso ao fogo) com os resplendores do Fogo sagrado que iluminou e inspirou São João.

Inspira-me como inspiraste o Santo Evangelista, palavras de simplicidades, porém profundas, para que com elas possa impetrar a ajuda das Forças Ignotas do Plano Divino, e que estas sirvam pa ra... (ao chegar aqui, o operador formulará seus desejos, isto é, aquilo que queira conseguir, fazer ou evitar, etc.), e possa pela poderosa intercessão dos *Æons* alcançar o que neste ato solene anelo de todo coração (com a ferradura imantada se traçará no espaço, um triângulo e ao mesmo tempo se pronunciará a palavra A U M).

MAGIA PANTACULAR

A Magia Pantacular[17], às vezes chamada também de *Talismânica*, trata-se das forças misteriosas, siderais, anímicas ou psíquicas, as quais "carregam" (imantam) objetos mágicos, que tem por finalidade *a priori* aplicar a força humana dinamizada. Neste sentido, figuras geométricas, símbolos e mantras são impulsionados com radiações cosmológicas e astrobiológicas, com objetivos específicos para desprender influências benéficas ou maléficas de acordo com a Vontade Verdadeira de seu possuidor.

A origem desta Ciência Sagrada se perde na noite dos tempos. A palavra "Talismã", segundo muitos autores, deriva das expressões árabes *tilism* ou *tilsam*, que significa "a imagem mágica"; segundo outros autores, origina-se da palavra grega Θελέμα (thelema), que significa "vontade", e certos comentadores dos livros herméticos creem que sua origem é *telesma*, que equivale a "força astral".

O que é estes objeto? Generalizadamente, todos os ocultistas o definem nestes termos: "É um objeto de pedra, metal, madeira, papel, marfim ou qualquer outro material, preparado em determinadas condições e aspectações astrológicas e sob certos ritos de magia cerimonial traz em si forças que o magista lhe conferiu objetivamente para certos fins. Os Pantáculos mais comuns são em forma de medalhas de metal escolhido de acordo com as equivalências daquele planeta que está relacionado com seu proprietário. As formas podem ser das mais variadas possíveis, mas geralmente são circulares; nelas se gravam ou cinzelam as figuras rodeadas de signos kabbalísticos e palavras mágicas, escritas comumente em caracteres dos alfabetos mágicos, consagrados pela Tradição. Quando feitos em papel vegetal ou pergaminho virgem, devem

---

17 - Veja nosso livro *Manual Mágico de Kabbala Prática*, Ed. MADRAS, SP, 2018.

seguir certos preceitos específicos, como a preparação das tintas e exorcismo dos papéis ou do pergaminho que se irá utilizar.

O mago que conhece a fundo a *Arte Pantacular* pode converter uma joia ou qualquer outro objeto num perfeito Talismã; pode saturá-lo (carregá-lo) de eflúvios magnéticos e transmitir-lhes influências benéficas ou maléficas, segundo os desejos do operador. Um Pantáculo pode até se converter num Talismã, mas nem todo Talismã é um Pantáculo.

O insigne ocultista e Ir∴ C.W. Leadbeater, conhecedor profundo desta matéria, diz:

> *Cada pessoa tem sua classe especial de vibração mental e astral, e qualquer objeto que tenha estado em contato com ela por um longo tempo, estará saturado dessas vibrações e pode, por sua vez, irradiar ou comunicá-las a outras pessoas, que levem tal objeto ou que se ponham em contato intimamente com eles.*

Segundo Ricardo Plank[18], o curandeiro místico, que dedicou sua existência à Arte Mágica, operando verdadeiros milagres em pleno século XX, diz a respeito desses objetos:

> *Um Pantáculo ou talismã é um tipo de escapulário; se considerar que a alma, a vontade, o desejo, a oração, podem introduzir-lhes e permanecer dentro desses objetos benditos, influenciando-os ou magnetizando-os magicamente. É isto, se considerar que todo corpo inerte pode animar-se sob uma potência que o vivifica, como uma descarga elétrica que faz do aço um potente ímã. Isso só se dá conta quando fica claro ou entendido a estrutura de qualquer objeto, que tem movimento em suas moléculas, que estará girando átomos em altas velocidades e frequências que não se vê a olho nu. Quando opomos nossa força mental nestes corpos, nos quais se desliza em transferência de uma potência que o pensamento canali-*

---

18 - *El Poder de la Fé* (Medicina Espiritual), por Ricardo Planck. Obra fundamental para aquele que tem interesse na Magia Branca, e de uma maneira especial, para aqueles que se proponham realizar a magia teúrgica.

zado de uma Vontade pura, os faz inteligentes e agentes de nossas necessidades ante a vida, na perspicácia de compreender a capacidade e adaptar-se facilmente, com exatidão, penetração, agudeza, através de uma operação que tal objeto benfazejo nos influenciará ou magnetizará com total e plena eficácia naquilo que mais idealizamos para realizar nossa Vontade Verdadeira. É Deus que trabalha sobre este objeto, e é o homem quem acumula neste artefato a influência espiritual.

Ainda sobre Pantáculos e Talismãs, temos a seguir a opinião de um Irmão Rosacruz muito bem fundamentada. Nela surgem novos pontos de vistas, logicamente subjetivos, de acordo com a filosofia da Fraternidade a qual pertence.

A construção e o uso dos Pantáculos e Talismãs remontam a mais distante antiguidade, na infância do ser humano, quando este começou a perder o contato com os deuses e sua consciência foi obscurecendo no Mundo Celeste. Por outro lado, ia despertando no mundo material, o instinto humano, lhe fez dar-se conta do tesouro que perdia, das forças da Natureza e ficava privado do poder de servir-se delas. Não obstante, aqueles que ainda possuíam uma reminiscência da visão espiritual puderam observar os objetos, por sua natureza, percebiam aquilo que escapada à percepção da maioria, e procuraram se servirem destes objetos que possuem e irradiam a potencialidade daquelas forças. O conhecimento destas forças constitui a base fundamental da Ciência Talismânica e da Arte da Magia Pantacular.

Como acontece em todas as artes, os princípios destas se deram de sobremaneira de forma empírica, porém, o estudo e a perseverança de seus cultivadores fizeram-na avançar rapidamente até chegar a um grau esplendoroso, que não desdenharam ocupar-se delas homens tão eminentes como Agrippa, Paracelso e outros. O uso dos

Pantáculos e Talismãs foram tomando considerável incremento e desdobrando; estendeu-se em todas as classes sociais, desde a rainha Catarina de Médici[19] até o mais humilde aldeão.

O comércio destes objetos sagrados despertou a cobiça dos especuladores, quem os parodiaram para explorar a boa-fé dos idiotas, o qual contribuiu muito para desacreditar a divina Ciência Talismânica e a kabbalística arte da Magia Pantacular; os detratores desta apoiaram-se nos abusos dos farsantes para ridicularizar e desacreditar estas ciências, que ficou por longos anos esquecida.

Não é verdade que o homem atual perdeu a fé nos talismãs e nos Pantáculos por imaginar que ficaram menos eficazes. Aquele que estuda este assunto com seriedade sabe que existem as forças da Natureza, os Talismãs e Pantáculos conservaram todo seu poder, e este homem estudioso, sabe claramente que nestas artes poderá encontrar um bom amigo que irá auxiliá-lo nos momentos mais apurados de sua vida.

Para compreender como atuam os Talismãs nos serviremos de algumas comparações, e se atinamos por fazê-las, é para facilitar a compreensão do leitor sobre estes objetos mágicos. Quando nos falamos na presença de uma bela flor, de perfume delicado, de cores radiantes, nos sentimos como exaltados e uma doce alegria invade nosso ser; e aí nos damos conta de como acrescenta nossa vitalidade, ainda que muito sutilmente, é certo, porém, muito real; eis aqui como, de modo semelhante, atua a influência da arte Talismânica e Magia Pantacular.

---

19 - Catarina Maria Romola di Médici (em italiano: *Caterina di Medici*; Florença, 13 de abril de 1519 – Castelo de Blois, 5 de janeiro de 1589) filha de Lourenço II de Médici e de Madalena de La-Tour de Auvérnia, foi uma nobre italiana que se tornou rainha consorte da França de 1547 até 1559, como a esposa do rei Henrique II de França.

Observa-se, ademais, uma reciprocidade de forças bióticas entre o homem e a flor, porque esta nos comunica através de partículas de sua vitalidade, e, por outro lado, nós também transmitimos a ela nossa vibração de alegria, saudade, medo ou qualquer outro sentimento que estejamos investidos naquele local e momento; assim se nossa saúde é perfeita, mais duradoura se fará em nossas estruturas física e psíquica as louçanias da presença da flor, enquanto que em mãos de uma pessoa enferma ela se murchará muito mais rapidamente.

É sabido que as radiações ou emanações de uma pessoa sadia operam como um bom talismã para um enfermo. Se uma pessoa jovem, sã, for condenada a conviver durante algum tempo entre velhos e gente achacadiça se notará que em pouco tempo sua juventude se desvanecerá, se murchará como aquela flor que foi entregue a uma pessoa enferma, suas forças decairão, etc. Por isso, certos magnatas, pessoas ricas da antiguidade, que conheciam os efeitos saudáveis de tão benéfica influência, quando se aproximavam da velhice, se rodeavam de gente jovem, robustas e alegres. Com o propósito claro de rejuvenescerem-se ou, pelo menos, retardar a velhice, ainda que cônscios do prejuízo que causariam amável criatura jovem, que na maioria das vezes, por necessidade ou pura inocência, desconheciam ou aceitavam conscientemente os danos irreparáveis que lhes causavam. A este fenômeno poderíamos qualificar de 'Vampirismo magnético'.[20]

Pois bem; aqui começa a arte de servir-se da Ciência Talismânica ou Magia Pantacular: Colocar aquilo que falta e neutralizar aquilo que sobra. Todo ser humano leva dentro de si a semente de todas as coisas por ser ele a contraparte exata da Natureza em toda sua complexidade dual. Dentro da Natureza existe tudo: a felicidade, a sorte, a desgraça, o poder, a escravidão, a saúde, a

---

20 - Veja este assunto no nosso livro *Manual Mágico de Kabbala Prática*, Ed. MADRAS, SP, 2018.

enfermidade, etc. Uma só força poderá colocar em movimento a Natureza, manifestando-se distinta, segundo o gérmen ou a semente que desperta. Um Pantáculo ou Talismã é um acumulador e transmissor de determinada manifestação da Força Una, e quando é colocado em contato com seu oposto, o equilibra, e, si tão potente é sua energia, chega a transmutá-lo.

Certos autores admitem o poder dos talismãs atribuindo-lhes à autossugestão de seu possuidor; creem que a fé por si só opera o "milagre" e negam que o talismã em si tenha qualquer eficácia. Os que assim pensam, não sabem o que é a fé, não sabem nem compreendem como esta atua.

Quem se atreveria a negar que o azeite de óleo de rícino purga por si só, e afirmar que seus efeitos são devidos unicamente à fé ou a autossugestão daquele que o toma? Se nos objetará que o azeite de rícino é uma substância que se ingere, isto é verdade, porém, em si, é uma potência que atua por si mesma, como outros agentes incognoscíveis, mas que podemos apreciar por seus efeitos, como por exemplo, a eletricidade. Sabemos que a força atrativa de um ímã é um fato real, que sua aplicação opera sobre o sistema nervoso e, sem dúvida, não se percebem seus fenômenos, magnéticos ou medicinais, pela sua forma e sim pelos seus efeitos.

À medida que estas forças sendo sutilizadas, fazem-se mais imperceptíveis aos nossos sentidos corporais. Isso é o que se passou precisamente na "primeira humanidade" ao perder os sentidos superiores; deixou de perceber certas forças que hoje chamamos de misteriosas, e são estas forças, as quais entendemos existir na Arte Talismânica e na Magia Pantacular, que tratam de armazenar (carregar) nestes objetos aquilo que designamos do fundo de nossos corações, de nossa força mental e espiritual.

Os estudantes destas curiosas ciências que desejem trabalhar com sucesso, não devem esquecer-se de estudar a Astrologia, sua aliada, uma vez que os Talismãs e Pantáculos são os agentes transmissores das energias estelares nos momentos de máxima exaltação astral de cada planeta.

Por isso o Talismã astrológico e os Pantáculos planetários a priori são os mais eficazes, por terem sido construídos, confeccionados expressamente para uma determinada pessoa, de acordo com seu horóscopo; então o Talismã ou Pantáculo trabalha neutralizando os maus aspectos dos planetas nefastos ou mal aspectados e reforçando os bons fluídos daqueles que lhes são benéficos.

Neste caso há de se ter em conta que um Talismã ou Pantáculo não trabalha instantaneamente, senão que aguarda o momento oportuno, isto é, quando, no rodar dos planetas, lhe for propício. Não que se acredite que eles estejam dotados de inteligência para trabalhar por si só, senão, naquele exato momento de afinidade vibratória do planeta, isto é, na sua exaltação máxima. Aos signos e símbolos se lhes associa as forças das Inteligências planetárias, numa operação de Consagração e Carga do Sigilo, que poderão ser feitas através das fórmulas (Rituais) mágicas e das Kameas ou do esquema da Rosacruz Kabbalística[21]. Neste sentido e nos preceitos consagrados pelos Æons atuarão com persistente regularidade.
A Ciência Astrológica nos ensina que as influências planetárias, que regem no instante do nascimento de um ser humano marcam o caráter deste, determinam sua natureza e lhe imprimem todas as boas e más qualidades que formarão sua personalidade."

---

21 - Veja este assunto no nosso livro *Manual Mágico de Kabbala Prática*, Ed. MADRAS, SP, 2018.

COMO SE CONSTROEM OS
TALISMÃS E PANTÁCULOS

Para a construção dos Talismãs, seguiremos teremos como balizador o consagrado grimório intitulado *As Clavículas de Salomão* de Iroe, o Mago.

Eis aqui suas palavras:

Os talismãs devem ser feitos sempre em dias claros, sem haver uma só nuvem no céu. Tem-se entendido que sua fabricação não deve realizar-se quando o Sol se encontra no seu ocaso. Durante as primeiras horas de uma manhã de primavera é o tempo mais favorável para estas operações.

As formas dos talismãs variam segundo as virtudes que se lhes quer transmitir, quadrados, triangulares, retangulares, pentagonais, hexagonais, octogonais, ovais ou redondos, etc. Também podem ser feitos em formato irregular, porém os mais poderosos têm forma ovalada ou circular.

Os materiais usados em sua fabricação também são das mais diversas; se usa o marfim, ossos de certos animais, madeiras, cerâmica, os sete metais planetários, o pergaminho virgem, rochas e cristais e uma liga metálica muito especial comentado nas obras de Paracelso, o "*Electrum*[22]".

Os talismãs devem ser feitos pelo próprio usuário. Quando isso não for possível, deve-se encarregar uma pessoa confiável que tenha este conhecimento. Esta deve executar o trabalho sob todos os aspectos da Tradição, com o mais firme propósito de construir a encomenda como se fosse para ele próprio e ter em mente a intensão dos mesmos desejos e Vontade Verdadeira da pessoa para a qual se trabalha. Se possível, a pessoa interessada deve presenciar a operação talismânica, seguindo mentalmente todos os movimentos do mestre, como se ela mesma que estivesse executando a confecção.

Durante a confecção do talismã, o lado esquerdo do magista artesão deverá ser ungido com o perfume pertencente ao dia.

Os utensílios mágicos que se necessitam para a confecção dos talismãs em metal são: o punção e o buril; para os talismãs em pergaminho se requer a pena de coruja ou de corvo, as tintas áureas, azul celeste e as dos sete perfumes planetários.

---

22 - Veja também no *Manual Mágico de Kabbala Prática*, Ed. MADRAS, SP, 2018.

Com a tinta áurea se traçam os signos kabbalísticos; com a azul celeste, escrevem-se os nomes dos anjos, e, com a tinta dos sete perfumes, desenham-se as figuras simbólicas do talismã[23].

Tendo terminado a gravação ou o desenho do talismã, submeta-o ao perfume adequado e guarde-o num bolsinho de seda na cor relacionada ao planeta correspondente.

Os perfumes planetários são sete e correspondem logicamente aos sete planetas da tradição, aqueles que regem os dias da semana. Assim, fica estabelecido que o Sol se queima no domingo; o da Lua, na segunda-feira; o de Marte na terça-feira, o de Mercúrio, na quarta-feira; o de Júpiter, na quinta-feira; o de Vênus, na sexta-feira e finalmente o de Saturno, no sábado.

Estes perfumes são agradecidos aos gênios que presidem a operação mágica e afugentam os espíritos malévolos que tratam de mesclarem-se em nossa obra com o fim de perturbá-la[24].

Talismã da Sorte. Este talismã está sob a influência de Ock. Concede toda classe de riquezas e ganhos de dinheiro; ajuda a recuperar bens perdidos, encontrar tesouros, atrair sorte, fazer prosperar nos negócios e triunfar em todos os aspectos da vida. É um maravilhoso Talismã da Sorte.

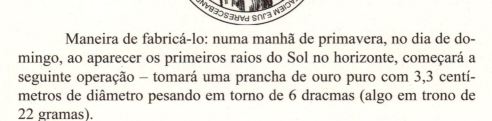

Maneira de fabricá-lo: numa manhã de primavera, no dia de domingo, ao aparecer os primeiros raios do Sol no horizonte, começará a seguinte operação – tomará uma prancha de ouro puro com 3,3 centímetros de diâmetro pesando em torno de 6 dracmas (algo em trono de 22 gramas).

---

23 - As fórmulas das tintas áurea e azul celeste se encontram no Enchiridion Leonis Papæ, e a fórmula dos sete perfumes planetários se encontra nas Clavículas de Salomão. Estas obras têm por autor o Mago Bruno e são publicadas até hoje por Editorial Humanitas, S.L. Barcelona, Espanha.

24 - A composição verdadeira desses perfumes se encontram no *El Gran Grimorio del Papa Honorio*, publicado por Editorial Humanitas, S.L. Barcelona, Espanha

Traçará sobre dita prancha dois círculos concêntricos e no espaço compreendido entre eles escreverás, com um punção (buril) de arte, as seguintes palavras: *Folgurarant oculi ejus et mas faciem ejus paresceband omnes gentes et omnes populi*; e depois os signos kabbalísticos que estão no desenho e na continuação uma ✠. Por último se desenhará a misteriosa imagem de Ock, que se encontra no centro do talismã, rodeada de caracteres mágicos.

Perfuma-se o talismã com os perfumes do Sol e envolva-o num bolsinho de seda amarelo. Deverá carregá-lo junto ao peito preso por um cordão ou no bolso da camisa. Este talismã também poderá ser confeccionado em pergaminho virgem, da seguinte forma: na mesma hora e nas mesmas circunstâncias, recortarás um pedaço circular de pergaminho virgem e, valendo-se de uma lanceta mágica, faça os círculos e os signos kabbalísticos que deverão ser traçados com tinta áurea, as palavras que rodeiam o talismã, com tinta dos perfumes planetários; em seguida desenhará figura central com tinta azul celeste. Nos demais detalhes deverá proceder como na confecção metálica.

O possuidor deste talismã deve ser bondoso e caritativo, e a sorte lhe coroará de favores até o último instante de sua vida.

Na obra intitulada *As Clavículas de Salomão*, da qual tiramos os dados relativos à fabricação Talismânica, figura a descrição detalhada de outros seis talismãs, todos muito poderosos, tais como o *Talismã Protetor*, para preservar-se de toda classe de enfermidades; o *Talismã Fascinador*, com o qual se consegue fascinar as pessoas e ver através das paredes; o *Talismã Dominador*, que tem a virtude de dominar as pessoas e atrair-se lhes as simpatias; o *Talismã de Saturno*, para ver-se livre de toda classe de animais venenosos e subjugar a bestas mais ferozes, fazendo-as cair rendidas por terra, como mortas por um raio; o *Talismã dos Silfos*, que concede o poder de viajar invisivelmente pelos ares; o *Talismã do Amor*, que transmite uma influência enfeitiçadora para fazer-se amar com loucura a uma pessoa e de fazê-la comparecer onde quer que se queira e de conseguir dela toda classe de sacrifícios, favores, presentes, etc.

São muitos os homens eminentes que estudam estas forças, ainda que pouco conhecidas, que dão vida a tais talismãs. Os doutores Gerard Encausse (Papus), Donato, D'Arianys, Ely Star, Piobb, Rochas e muitos outros, cuja solvência científica foi universalmente reconhecida, escreveram sobre esta matéria luminosa. Escreveram informações e tratados de grande transcendência, os quais contribuíram, sem dúvida alguma, para que dentro de pouco tempo a ciência Talismânica se incorpore à ciência oficial. Como ocorreu com o Magnetismo, depois de ter sido duramente combatido, acabou por ser admitida no início do século XX a antiguíssima *Rabdomancia* (Tratado da Varinha Divinatória), com uma ligeira mudança no nome, pois passou a chamar-se *Rabdologia*, cuja denominação, menos precisa, se consegue, em troca, subtrair-lhe o detalhe mágico da terminação *mancia*.

O PODER DAS PALAVRAS MÁGICAS

A palavra A U M

O mago emprega fórmulas orais, palavras e orações que, como palavras sacramentais na Igreja católica, constituem o principal elemento *opere operato*, de acordo com o que diriam os teólogos. Segundo estes, há matéria e forma nos sacramentos. A *matéria* são as coisas sobre as quais caem as formas, e *forma* são as palavras que determinam a matéria e, assim, tanto uma quanto a outra, são partes essenciais de uma única moeda.

No sacramento da Eucaristia, por exemplo, a matéria é a substância do pão de trigo e vinho da videira, assim como a forma são as palavras da consagração, em virtude das quais o pão e o vinho se convertem em corpo e sangue de Cristo. Tão essenciais são as palavras para uma consagração quanto o pão o é para o sacramento. Assim, o sacerdote que dissesse: *Ecce corpus meum e Ecce sanguis mei,* em vez de *Hoc est enim corpus meum e Hic est enim cálix sanguis mei...* teria anulado o sacramento.

De modo análogo é a Magia cerimonial, que não consiste em mudar uma só letra na tradicional estrutura das orações kabbalísticas, conservando *ipsis litteris* e com respeito seus termos obscuros, às vezes antigramaticais e incompreensíveis, suas vozes estranhas, que não pertencem a qualquer idioma conhecido, seja do latim monstruoso ou dos hebraísmos extravagantes.

Muitos se perguntam se estas palavras de incompreensíveis significações e de rara estrutura morfológica poderiam ser suprimidas sem prejuízo do fim proposto daquelas fórmulas mágicas, as quais os pontífices da Arte Mágica criaram na infância da humanidade. Estamos convictos que qualquer mudança ou adaptação alteraria ou retardaria seus resultados previstos. Aliás, entendemos que o mago pode e deve criar suas próprias fórmulas, adaptar aquelas da Tradição, de acordo com sua intuição e *Vontade Verdadeira*. No desenvolvimento de uma operação mágica, o magista é dono de seu destino. Fórmulas próprias não debilitam a força do ato mágico, pelo contrário, só iriam produzir mais fenômenos positivos; porém, se preferir seguir as indicações dos *mestres passados*, isso deve ser feito com total exatidão.

Segundo alguns ocultistas práticos, as *palavras mágicas* atuam de forma que ativam as atrações e condensações fluídicas nos planos suprafísicos. Ao pronunciar com perfeição ou inexatidão as Invocações e Evocações, como também toda classe de Conjuros e Exorcismos, etc., possibilita-se ao magista o sucesso ou o fracasso do resultado final pleiteado. Os ocultistas vão mais além, dizendo que convém adestrar-se às regras de uma prosódia iniciática, sempre regida por tonalidades musicais. Isto é, ao saber pronunciar certas palavras com precisão e determinadas regras de emissão rítmica da voz, as quais intensificam grandemente seu poder faz toda diferença – sendo esta a parte secreta, a parte não revelada nos livros mágicos e que somente pode-se ensinar a um verdadeiro Iniciado.

A palavra sagrada AUM (Emblema místico da Divindade, segundo os Vedas), são poucos os Iniciados que sabem pronunciá-la, segundo as regras da prosódia mágico-cromática da qual temos mencionado. Sem dúvida, é tão grande a força mágica desta palavra que não deixa de produzir efeitos surpreendentes ainda que pronunciada de forma equivocada.

O mesmo se dá com a palavra TETRAGRAMMATON, palavra sagrada que muitos escritores leigos entenderam se tratar de uma expressão diabólica. Esta palavra, que todo pseudo-ocultista escreve como se fosse oxítona, é proparoxítona, tal como a escrevemos. Esta observação, que pode parecer frívola, é de suma importância e convém tê-la como algo sério, pois sua pronunciação com o acento na sílaba *grám* aproxima muito da pronúncia conhecida pelos verdadeiros Iniciados.

Os *mantras* ou *mántrams* são versos tomados das obras védicas e usados como encantamentos, feitiços, pregarias, conjuros, etc.; são certas combinações de palavras ritmicamente dispostas, mediante as quais se desencadeiam certas vibrações que produzem determinados efeitos ocultos.

Esotericamente, os *mantras* são invocações mágicas como as orações religiosas. Como ensina a Ciência Esotérica, cada som corresponde nos reinos invisíveis alguma reação e incita alguma força ou outra no lado oculto na Natureza.

O som é o mais eficaz e poderoso agente mágico, e a primeira das chaves para abrir a porta de comunicação entre os mortais e os imortais. Por outro lado, cada letra, cada palavra tem seu significado oculto e sua razão de ser; é uma causa e um efeito de outra causa precedente, e a combinação destas produz frequentemente os efeitos mágicos. As vogais, sobretudo, contêm as potências mais ocultas e formidáveis. Os *mantras* foram retirados daqueles livros especiais que os brâmanes mantêm ocultos; cada *mantra* produz um efeito mágico distinto, de modo que quem os recite ou lê (cantando-o corretamente), percebe seus efeitos imediatos e provam suas eficácias.

Os *encantos* ou *encantamentos* são certas fórmulas ou combinações de palavras, em verso ou prosa, sílabas repetidas, palavras soltas ou combinadas, que se utilizam para produzir efeitos extraordinários ou maravilhosos. Grande número de encantamentos se opera também mediante procedimentos mágicos ou magnéticos (sopro, tato, sugestão, etc.), mas estes obedecem a outras causas.

A palavra francesa *charme* e a inglesa *charm* vêm da palavra latina *carmem*, que, além de verso, significa uma fórmula concebida em determinadas palavras, encanto, salmo, conjuro, etc., sendo, portanto, equivalente à palavra sânscrita *mántram* (hino, feitiço, fórmula rústica de encantamento, etc.)[25].

Lemos em Plínio que, em seu tempo, por meio de certos encantamentos, extinguiam-se os incêndios, estancava-se o sangue das feridas, voltava-se aos seus lugares os ossos desconjuntados, curava-se a gota, dispersavam-se as nuvens precursoras de uma tempestade, impedia-se que capotasse um veículo, etc.

---

25 - Alguns autores afirmam que a palavra *mántram* significa unicamente "meditação". Nós entendemos que, além de meditação, ela também significa outras coisas. O ocultista prático, quando recita um *mántram*, leva em conta a prosódia rítmica, medita no valor das palavras e imprime no espaço figuras e cores...

Na antiguidade, todos acreditavam firmemente nos encantos, cuja fórmula consistia, muitas vezes, de certos versos gregos ou latinos. Assim, por exemplo, para curar a gota, escrevia-se numa prancha de ouro o seguinte verso latino, traduzido por Homero:

"Conscio turbata est, subter quoque terra sonabat".

Os *dharani* (palavra sânscrita) no Budismo, e também no Induísmo, significa *mántrans*, ou seja, versos sagrados do *Rig-Veda*. Na antiguidade, estes *dharani* eram considerados místicos e praticamente eficazes para resolver determinados casos da vida ordinária e também tinham a virtude de afastar a má sorte e evitar os transes amargos que na luta pela existência trazemos atrelados à nossa própria sorte. Temos que somente a escola *Yogacharya* da teosofista Mme Blavastky serviu-se do conhecimento prático dos *dharani*.

Jâmblico, o famoso teurgo, nos fala minunciosamente do poder das palavras mágicas e diz que *"elas têm por si só mesmas uma força oculta, que ao homem, normalmente, não é possível penetrar"*. As evocações dos anjos *"tem-se que recitá-las com o fogo do espírito e solenemente"*, expressa o filósofo platónico.

Essa crença no poder misterioso das palavras mágicas foi universalmente conhecida e em todos os tempos. Milton, em seu poema imortal, *O Paraíso Perdido*, disse:

Tenho ouvido com frequência, porém jamais acreditado até agora, que exista quem possa, com potentes conjuros mágicos, submeter a seus desígnios leis da Natureza.

Um ocultista espanhol, Alfredo Rodriguez Aldao, que conhecida perfeitamente os ritos da Magia Branca e da Magia Negra, escreveu, sobre esta transcendental questão, o seguinte:

A Ciência Secreta sempre afirmou ser inegável que certos sons articulados e certas palavras desencadeiam poderosos fenômenos no plano astral, tanto por seu poder vibratório dos sons, quanto pela força inteligente que lhes prestam os pensamentos dos quais são veículos. Em corolário, as palavras podem ser e são forças mágicas que o Iniciado dispõe e combina algum valor de seus componentes fonéticos e do efeito que se deseja produzir. Alguns ocultistas contemporâneos se dedicaram a observar o efeito dos sons e das palavras em pessoas submetidas no sono hipnótico e no ambiente astral, valendo-se das faculdades de vidência de certos indivíduos adormecidos e despertos. Resulta que aparte do poder criador ou destruidor dos pensamentos, das palavras, dos sons, das sílabas e das letras, é inegável que existe um característico efeito nas regiões do Invisível, que afetam sobremaneira as pessoas vulneráveis ou sensíveis à sua influência. Isso demonstra, pelo menos em possibilidade, que as fórmulas conjuratórias e de tradicional temor existe em todos os países, onde se encontra o povo que pratica o exorcismo e maldições – determinados efeitos são visivelmente percebidos nas pessoas neuróticas e desequilibradas, as quais se acreditam estarem possuídas ou enfeitiçadas, a grande maioria supõe-se serem vítimas de influência sobrenatural de malfeitores.

Muitos ritos da Igreja Católica são acompanhados de cantos e salmos entoados (são puros *mántrams*), que não têm outro objetivo senão o de atrair os espíritos de luz, os anjos ou outras entidades celestes.

Basta lembrar a rica variedade de inflexões de voz que o sacerdote pronuncia quando entoa o sagrado *Kirie eleison*, e verificar-se-á a inegável influência de pronunciação mântrica.

Os *trugg-loos* africanos (encantadores de serpentes) faz adormecer todo tipo de ofídios com seus monótonos cantos.

As palavras mágicas *Ossy Ossa Ossy*, pronunciadas com arranjo correto dentro das leis mântricas, têm a virtude de produzir a catalepsia em toda classe de serpentes.

No R.E.A.A. fazemos a aclamação pela palavra "Huzzé", por três vezes, em determinado momento do nosso Ritual, produzindo purificação e benefícios necessários para aquela ocasião.

Encerraremos este assunto com algumas práticas referentes ao poder mágico das palavras[26]. Com isso, nossos atentos leitores poderão apreciar algo de muito maravilhoso que encontra nesta parte da Ciência Esotérica.

Já comentamos anteriormente sobre a palavra sagrada AUM e sabemos que são raríssimas as pessoas que conhecem sua verdadeira pronúncia. Dificilmente, por não dizer impossível, podem dar-se por escrito regras que permitem aprender ou apreender com acerto a entonação desta palavra sagrada e sublime. Sem dúvida, trataremos de dar uma orientação superficial, que está ao nosso alcance, para que nossos leitores obtenham uma experiência notável através da pronunciação valiosa deste poderoso mantra AUM, ainda que fique distante de sua verdadeira forma fonética, que é tão grande seu poder, que causam assombrosos resultados quando se põe a prova.

Estes ensaios devem ser realizados numa habitação desabitada, rodeada do mais profundo silêncio e completamente às escuras. O magista deverá se colocar no meio do ambiente (se for uma sala, posicione no centro desta); de pé e mantendo o corpo reto; os braços caídos; a cabeça ligeiramente inclinada para trás. Mesmo que tudo esteja no escuro, cerrará seus olhos; meditará sobre o profundo significado da palavra que sairá dos seus lábios.

Permanecerá uns breves momentos em completa passividade espiritual e, assim que começar a sentir os benefícios desta palavra, começará a pronunciar o mantra AUM, conforme as seguintes regras:

Levantará os braços e os estenderá; como numa atitude de invocar; fixará a mente no espaço e com os olhos do espírito procurará ver um triângulo de luz azulada; quando esta imagem tiver alcançado a máxima clareza, então poderá começar a pronunciação mântrica.

Se pronuncia a A... alongando seu som (fazendo uma espiração), seguindo com uma visão espiritual na linha ascendente do triângulo luminoso (lado esquerdo), até chegar ao vértice do mesmo, onde se termina a espiração. Imediatamente se pronuncia a U... e se alonga seu som (fazendo uma nova espiração), seguindo com os olhos do espírito, a linha descendente do triângulo (lado direito), até chegar ao final da

---

26 - Veja este assunto em nossa obra *Gnosticum, A Chave da Arca - Maçonaria Prática*. Ed. Isis .

mesma. Ao chegar aqui se pronuncia a M... que se junta com a espiração começada e se termina com uma longa aspiração[27].

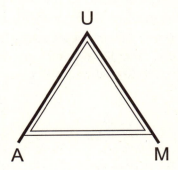

Além de tudo que já dissemos a respeito da pronunciação da palavra AUM, deve-se entoá-la de acordo com as três notas musicais DO... MI... SOL...

No princípio, este exercício pode parecer um pouco difícil, mas, pondo um pouco de atenção, no não tardará muito em dominá-lo e mais tarde se realizará com suma facilidade.

O que se alcança com a pronunciação desta palavra sagrada? – pode perguntar algum leitor com pouco conhecimento – Com ela, se pronunciada corretamente, obter-se-ão fenômenos extraordinários, poderes maravilhosos, efeitos surpreendentes, tanto no mundo físico como nos planos do mundo invisível.

Com esta palavra, ainda que pronunciada com imperfeição, como já dissemos, mas que tendo nossa boa vontade e intenção, podemos deter um acidente infeliz, afastar o perigo de uma pessoa ou também alcançar determinados benefícios para nossos semelhantes. Para isso, basta fazer a petição, falando ou mentalmente, em cada caso em particular, o que se fará colocando nossos bons desejos e se terminará com a palavra sagrada, como se faz com a palavra *Amém* nas orações da Igreja.

Por fim, diremos que o mantra inefável AUM é a chave da Magia Divina e, portanto, somente devemos pronunciá-lo para fins altruístas, para o Bem em geral. Se utilizado para fins egoístas não ocasionaria qualquer dano, mas tampouco obteríamos qualquer benefício.

---

27 - Aspirar é atrair o ar exterior aos pulmões. Espirar é colocá-lo para fora. Estes dois exercícios são indispensáveis para realizar a respiração psíquica.

As explicações gerais que demos sobre a Teurgia é suficiente para o leitor colocar em prática suas petições e necessidades do dia a dia. Mas, antes de dar por encerrado estas breves explanações, quero recordar-lhes as palavras profundas de Mme Helena Petrovna Blavatsky; palavras que devemos ter de maneira indelével em nossa mente. Se trabalharmos de acordo com elas, não nos será possível tomar o "caminho da mão esquerda", o qual todos sabem, que só conduz ao desespero ou a loucura.

Eis aqui as palavras:

A escada pela qual o candidato se ascenderá, formam degraus de sofrimentos e dores; a estes unicamente a voz da virtude pode impor silêncio. Ai de ti discípulo, se conservas em só vício, algum que não tenha deixado para trás! Porque então a escada cederá sob seus pés, e te precipitarás ao chão; sua base se apoia no seio profundo de teus pecados e faltas, e antes que possas tentar cruzar este longo abismo da matéria tem que lavar teus pés nas Águas da Renúncia.

Cuidado, não seja aquele que tentará colocar o pé no degrau inferior da escada.

Ai daquele que se atrever a sujar com o barro de seus pés um só degrau! A lama repugnante e viscosa secará, e se fará tenaz, cravará seus pés naquele local, e a maneira de um pássaro, colhido na liga do visco do caçador astuto, ficará detido em seu progresso.

Seus vícios assumirão forma e lhe arrastarão ao fundo do abismo. Seus pecados emergirão por suas próprias vozes, a maneira do riso de um chacal, e de um só soluço, depois que o sol se pôr, seus pensamentos se converterão num exército e eles se apoderarão de ti como um escravo.

A PRÁTICA DA TEURGIA

Deus Universal, Única Luz, única Vida Único [Poder,
Tu, o Todo em Tudo, o além da expressão, o além da compreensão].
Ó Natureza! Tu, o algo do Nada,
Tu, o Símbolo da Sabedoria:
Em mim nada sou,
Em Ti Eu sou Eu.
Eu vivo em Ti,
Vives Tu em mim,
E da região do eu conduz-me
À Luz eterna.

AMEN

Existe um mundo invisível em tudo que nos rodeia, para a maioria dos homens, ainda que não seja necessariamente invisível. A alma humana possui faculdades que vão além do inimaginável, a capacidade para perceber dito mundo, de sorte que poderia até mesmo explorá-lo e estudá-lo, da mesma maneira que vem explorando e estudando a mundo sensível. Tais faculdades são herança adormecida da espécie humana que vão desenvolvendo e despertando no interior de cada um de nós à medida que adiantamos nossa evolução; neste sentido, uma ferramenta indispensável ao nosso labor é a oração, se o homem soubesse o valor da oração, passaria a vida de joelhos.

PRINCÍPIO DO SANTO EVANGELHO SEGUNDO SÃO JOÃO

No princípio era o Verbo, e o Verbo estava com Deus, e o Verbo era Deus.

Ele estava no princípio com Deus.

Todas as coisas foram feitas por ele, e sem ele nada do que foi feito se fez.

Nele estava a vida, e a vida era a luz dos homens.

E a luz resplandece nas trevas, e as trevas não a compreenderam.

(João 1, 1-5)

Examinem a explicação dessas enigmáticas palavras. Assim falava São João às multidões, seguindo, além dos traços de inspiração divina, as quais os sacerdotes antigos da Grécia, quem ao dirigir a palavra do iniciado, diziam:

Admira ao Criador do Universo; é Uno e está presente em toda parte desde o começo! As palavras de João Batista eram dirigidas aos homens superiores, os quais, ao refletirem sobre a diferença das inteligências e das forças físicas, longe de acusar de injustiça o Criador de todas as coisas, vira nessa desigualdade uma decisão sábia, e, para explicá-la, admitiram que os homens menos dotados de qualidades físicas e morais pela natureza seriam chamados à existência sobre a Terra uma segunda vez, a fim de expiar com uma vida, em harmonia com a anterior, as faltas ou prevaricações que houvessem cometido, ou para chegar, caso contrário, à perfeição. Estas ideias foram condenadas pelo Homem da Galileia na parábola: *"Oculos habet et non videbunt"* (têm olhos e não veem).

Houve um homem enviado de Deus, cujo nome era João.

Este veio para testemunho, para que testificasse da luz, para que todos cressem por ele.

Não era ele a luz, mas para que testificasse da luz.

Ali estava a luz verdadeira, que ilumina a todo o homem que vem ao mundo.

Estava no mundo, e o mundo foi feito por ele, e o mundo não o conheceu.

João 1, 6-10

Esta luz mencionada no Evangelho não é outra coisa senão o Criador do Universo, cuja bondade é infinita. Deus colocou todos os ensinamentos, todas as ciências e todas as experiências dentro da natureza, que estão aqui significando a palavra luz. Basta que o homem medite apenas nisso para compreender e apreender este saber.

Chegou um dia em que essa luz se converteu em homem mortal e veio habitar entre nós, para que o homem derramasse essa luz sobre si. O mundo, em sua totalidade, não conheceu; veio em sua própria herança e os seus descendentes não a receberam. Deu o poder de ser chamados filhos de Deus aos que acreditaram nessa luz e no seu nome e que não são nascidos do sangue, nem dos desejos da carne, nem da vontade do homem, senão de Deus, quando estão regenerados pelo sacramento e pela graça de Jesus; e a maioria desses seres não aceitou a herança[28].

O Verbo tomou forma humana e habitou entre nós e nós vimos sua glória a qual devia tê-la o Filho único do Pai. Estava cheio de graça e de verdade. Demos graças a Deus!

EVANGELHO DE JOÃO, CAPÍTULO 1 - GREGO

João 1

εν αρχη ην ο λογος, και ο λογος ην προς τον θεον, και θεος ην ο λογος. ουτος ην εν αρχη προς τον θεον. παντα δι αυτου εγενετο, και χωρις αυτου εγενετο ουδε εν ο γεγονεν. εν αυτω ζωη ην και η ζωη ην το φως των ανθρωπων. και το φως εν τη σκοτια φαινει και η σκοτια αυτο ου κατελαβεν. εγενετο ανθρωπος απεσταλμενος παρα θεου ονομα αυτω ιωαννης. ουτος ηλθεν εις μαρτυριαν ινα μαρτυρηση περι του φωτος, ινα παντες πιστευσωσιν δι αυτου. ουκ ην εκεινος το φως αλλ ινα μαρτυρηση περι του φωτος. ην το φως το αληθινον, ο φωτιζει παντα ανθρωπον, ερχομενον εις τον κοσμον εν τω κοσμω. ην και ο κοσμος δι αυτου

28 - O Todo-poderoso permite tudo isso porque os homens não são mais débeis porque crescem inconscientemente, como uma mata de ervas, sem escutar a voz da natureza nem ver a luz divina, ou porque a ignorância ou a imbecilidade lhes tapa os ouvidos e lhes cega os olhos ou lhes fala em outra linguagem. Profanos, acreditam que será sempre assim? Um fruto não chega a madurar sem longos dias de chuva e de sol. Primeiro germinará, depois florará, até que, por último, se transformará em fruto mais ou menos demorado. Porque, quando Deus escreveu sua vontade em algum lugar, é necessário que se apresente um dia ou outro, quando chegue o tempo, para torná-la visível (clara).

εγενετο και ο κοσμος αυτον ουκ εγνω. εις τα ιδια ηλθεν και οι ιδιοι αυτον ου παρελαβον. οσοι δε ελαβον αυτον εδωκεν αυτοις, εξουσιαν τεκνα θεου γενεσθαι, τοις πιστευουσιν εις το ονομα αυτου,
οι ουκ εξ αιματων ουδε εκ θεληματος σαρκος ουδε εκ θεληματος ανδρος αλλ εκ θεου εγεννηθησαν. και ο λογος σαρξ εγενετο και εσκηνωσεν εν ημιν και εθεασαμεθα την δοξαν αυτου, δοξαν ως μονογενους παρα πατρος πληρης χαριτος και αληθειας.

EVANGELIUM SECUNDUM IOANNEM, 1 - LATIM

1. in principio erat Verbum et Verbum erat apud Deum et Deus erat Verbum

2. hoc erat in principio apud Deum

3. omnia per ipsum facta sunt et sine ipso factum est nihil quod factum est

4. in ipso vita erat et vita erat lux hominum

5. et lux in tenebris lucet et tenebræ eam non conprehenderunt

6. fuit homo missus a Deo cui nomen erat Johannes

7. hic venit in testimonium ut testimonium perhiberet de lumine ut omnes crederent per illum

8. non erat ille lux sed ut testimonium perhiberet de lumine

9. erat lux vera quæ inluminat omnem hominem venientem in mundum

10. in mundo erat et mundus per ipsum factus est et mundus eum non cognovit

11. in propria venit et sui eum non receperunt

12. quotquot autem receperunt eum dedit eis potestatem filios Dei fieri his qui credunt in nomine ejus

13. qui non ex sanguinibus neque ex voluntate carnis neque ex voluntate viri sed ex Deo nati sunt

14. et Verbum caro factum est et habitavit in nobis et vidimus gloriam ejus gloriam quasi unigeniti a Patre plenum gratiæ et veritatis.

Vertendo para o português temos: 1 No Princípio era a Palavra, e Palavra estava em D-us, e D-us era a Palavra (ou Razão que é uma tradução admitida para o termo Logos) 2 a mesma que estava no Princípio em D-us 3 Tudo por meio dela veio a existir, e aparte dela nada viria a existir daquilo que existe 4 Nela (ou em si) a vida existia, e a vida era a luz da Humanidade 5 A luz em meio as trevas brilha, e as trevas não a suprimiram. 6 Houve um homem enviado por D-us, chamado Yochanan, 7 Ele veio como testemunha, para testemunhar sobre a Luz, para que todos cressem por meio dele. 8 Ele não era a luz, mas veio para dar testemunho da luz. 9 Era a luz a verdade que iluminava todos os homens que entram no mundo. 10 Ela estava no mundo, e por meio dela o mundo veio a existir, e o mundo não a compreendeu (ou percebeu) 11 Ela veio para os seus e os seus não a receberam 12 Mas a todos quantos a receberam deu-lhes o poder de se tornarem filhos de D-us, aos que crem no seu nome. 13 dos quais não nasceram do sangue, nem da vontade da carne, nem da vontade do homem, mas de D-us foram gerados. 14 A Palavra se tornou um Ser Humano, e tabernaculou entre nós e vimos a sua glória como a glória do único gerado do Pai, cheio de graça e de verdade.

O Evangelho de São João

Está destinado a garantir e preservar-nos de toda sorte de acidentes durante o dia. Recitando-o pela manhã ao levantarmos e tendo lavado o rosto com água benta, dizendo: *"Asperge me hyssopo et mundobor: lavabis me, et super nivem dealbabor"*. Orientamos para que não sejam vistos por ninguém e rezemos o *Confiteor Deo Omnipotente...* dando-nos os correspondentes golpes no peito ao chegar a *mea culpa*, e logo, depois, o Evangelho que fica transcrito. Devemos permanecer, todavia, por uma hora em nossa habitação, recitando a oração correspondente ao dia, as quais verão mais a frente; e por último, a Litania dos Santos e o Pai Nosso.

Leva-se guardado no peito o Evangelho indicado, escrito em pergaminho virgem e convenientemente posto dentro de um saquinho de seda, no primeiro domingo do ano, uma hora antes de sair o Sol, com estes cuidados conseguirá ser invulnerável e garantirá imunidade de muitos males.

Psalmo 6 – *"Domine ne in furore tuo arguas me"*

1. in finem in carminibus pro octava psalmus David

2. Domine ne in furore tuo arguas me neque in ira tua corripias me

3. miserere mei Domine quoniam infirmus sum sana me Domine quoniam conturbata sunt ossa mea

4. et anima mea turbata est valde et tu Domine usquequo

5. convertere Domine eripe animam meam salvum me fac propter misericordiam tuam

6. quoniam non est in morte qui memor sit tui in inferno autem quis confitebitur tibi

7. laboravi in gemitu meo lavabo per singulas noctes lectum meum in lacrimis meis stratum meum rigabo

8. turbatus est a furore oculus meus inveteravi inter omnes inimicos meos

9. discedite a me omnes qui operamini iniquitatem quoniam exaudivit Dominus vocem fletus mei

10. exaudivit Dominus deprecationem meam Dominus orationem meam suscepit

11. erubescant et conturbentur vehementer omnes inimici mei convertantur et erubescant valde velociter

Senhor, não me repreendas na tua ira, nem me castigues no teu furor.

Tem misericórdia de mim, Senhor, porque sou fraco; sara-me, Senhor, porque os meus ossos estão perturbados.

Até a minha alma está perturbada; mas tu, Senhor, até quando?

Volta-te, Senhor, livra a minha alma; salva-me por tua benignidade.

Porque na morte não há lembrança de ti; no sepulcro quem te louvará?

Já estou cansado do meu gemido, toda a noite faço nadar a minha cama; molho o meu leito com as minhas lágrimas,

Já os meus olhos estão consumidos pela mágoa, e têm-se envelhecido por causa de todos os meus inimigos.

Apartai-vos de mim todos os que praticais a iniquidade; porque o Senhor já ouviu a voz do meu pranto.

O Senhor já ouviu a minha súplica; o Senhor aceitará a minha oração.

Envergonhem-se e perturbem-se todos os meus inimigos; tornem atrás e envergonhem-se num momento.

David fez este salmo para pedir a Deus a vitória contra seu filho Absalón e o perdão de seus pecados. Recitado devotadamente consola o pecador, livrando-o da tristeza de ter ofendido a Deus, convertendo-a em amor e alegria.

São Casiodoro afirma que todo aquele que recitar três vezes com verdadeira unção (comoção) em momentos em que se ver envolvido num processo injusto, trocará a vontade de juiz iníquo que devia condenar-lhe e a sentença lhe será favorável.

Também é conveniente recitá-lo contra os trabalhos, tormentos e traições do espírito, sete vezes seguidas, e invocando em cada uma delas o nome de Deus, na seguinte forma:

"Eu te suplico, ó Jehovah!, amoroso senhor da saúde dos seres, que pela virtude de teus santos nomes e pela eficácia deste salmo, me livre das dores e tribulações que me atormentam".

TABELA DOS NOMES OU
CARACTERES DIVINOS

1º Linha:	HAEL	𝔍𝒶𝒳ᴄ𝒮ö̈ë̈ö̈
2º Linha:	HEMEL	𝒳ᴁ𝒲ᛩᴣ𝒯ᚨ
3º Linha:	RAMIAC	ᚦᛣᚢᛃ𝒜ᛘᛌ𝔍
4º Linha:	JENDSEL	ᛒ᛾ᛉ𝒯𝒢ᛑᛌᛎ
5º Linha:	SILLU	ᛎᛃᛃᚻᛘᚨ𝒢ᚨ
6º Linha:	STILIE	ᛏᛃᚦᛏᚷᛣᛈᚺ
7º Linha:	DAVI	𝔷ᚾᛉ𝒩ᚨᛇ𝒩ᚾ

Também é eficaz para curar e aplacar as enfermidades da vista, recita-se cem vezes ao dia, e durante três dias seguidos invocando no final o nome divino e escrevendo todas as vezes com seus caracteres numa folha de alface, com a qual se deve tocar o olho do enfermo. Neste caso, o nome divino é HAEL, e os caracteres são aqueles que estão na primeira linha da tabela. Os nomes divinos Hael, Hemel, Ramiac, etc. da tabela, podem ser escritos com tinta dourada sobre um pergaminho virgem e servirá de amuleto levado sobre o coração.

Psalmo 31 – atual Salmo 32 – *"beati quorum remissæ"*

1. huic David intellectus beati quorum remissæ sunt iniquitates et quorum tecta sunt peccata
2. beatus vir cui non inputabit Dominus peccatum nec est in spiritu ejus dolus
3. quoniam tacui inveteraverunt ossa mea dum clamarem tota die
4. quoniam die ac nocte gravata est super me manus tua conversus sum in ærumna mea dum configitur mihi spina diapsalma
5. delictum meum cognitum tibi feci et iniustitiam meam non abscondi dixi confitebor adversus me iniustitiam meam Domino et tu remisisti impietatem peccati mei diapsalma
6. pro hac orabit ad te omnis sanctus in tempore oportuno verumtamen in diluvio aquarum multarum ad eum non adproximabunt
7. tu es refugium meum a tribulatione quæ circumdedit me exultatio mea erue me a circumdantibus me diapsalma
8. intellectum tibi dabo et instruam te in via hac qua gradieris firmabo super te oculos meos
9. nolite fieri sicut equus et mulus quibus non est intellectus in chamo et freno maxillas eorum constringe qui non adproximant ad te
10. multa flagella peccatoris sperantem autem in Domino misericordia circumdabit
11. lætamini in Domino et exultate justi et gloriamini omnes recti corde

Bem-aventurado aquele cuja transgressão é perdoada, e cujo pecado é coberto.

Bem-aventurado o homem a quem o Senhor não imputa maldade, e em cujo espírito não há engano.

Quando eu guardei silêncio, envelheceram os meus ossos pelo meu bramido em todo o dia.

Porque de dia e de noite a tua mão pesava sobre mim; o meu humor se tornou em sequidão de estio. (Selá.)

Confessei-te o meu pecado, e a minha maldade não encobri. Dizia eu: Confessarei ao Senhor as

minhas transgressões; e tu perdoaste a maldade do meu pecado. (Selá.)

Por isso, todo aquele que é santo orará a ti, a tempo de te poder achar; até no transbordar de muitas águas, estas não lhe chegarão.

Tu és o lugar em que me escondo; tu me preservas da angústia; tu me cinges de alegres cantos de livramento. (Selá.)

Instruir-te-ei, e ensinar-te-ei o caminho que deves seguir; guiar-te-ei com os meus olhos.

Não sejais como o cavalo, nem como a mula, que não têm entendimento, cuja boca precisa de cabresto e freio para que não se cheguem a ti.

O ímpio tem muitas dores, mas àquele que confia no Senhor a misericórdia o cercará.

Alegrai-vos no Senhor, e regozijai-vos, vós os justos; e cantai alegremente, todos vós que sois retos de coração.

Serve para saber se Deus nos tem perdoado nossos pecados. Protege-nos contra ataques de animais peçonhentos. Em particular, as palavras do salmo que dizem: *in chamo et freno maxillas eorum constringe qui non adproximant ad te*, devem ser ditas com maior unção e recolhimento.

Tem virtudes especiais contra aqueles que ocultam crimes e temem ser descobertos. Levando escrito sobre o peito o nome divino da Inteligência, que é HEMEL, ele te protegerá contra os males visíveis e invisíveis. Ente nome deverá ser escrito de uma só vez e nunca se deverá falar dele. (O Sigilo desta inteligência encontra-se na segunda linha da tabela).

Psalmo 37 – atual Salmo 38 – *"Domine ne in furore tuo arguas me"*

1. psalmus David in rememorationem de sabbato
2. Domine ne in furore tuo arguas me neque in ira tua corripias me
3. quoniam sagittæ tuæ infixæ sunt mihi et confirmasti super me manum tuam
4. non est sanitas carni meæ a facie iræ tuæ non est pax ossibus meis a facie peccatorum meorum
5. quoniam iniquitates meæ supergressæ sunt caput meum sicut onus grave gravatæ sunt super me
6. putruerunt et corruptæ sunt cicatrices meæ a facie insipientiæ meæ
7. miser factus sum et curvatus sum usque ad finem tota die contristatus ingrediebar
8. quoniam lumbi mei impleti sunt inlusionibus et non est sanitas in carne mea
9. adflictus sum et humiliatus sum nimis rugiebam a gemitu cordis mei
10. Domine ante te omne desiderium meum et gemitus meus a te non est absconditus
11. cor meum conturbatum est dereliquit me virtus mea et lumen oculorum meorum et ipsum non est mecum
12. amici mei et proximi mei adversus me adpropinquaverunt et steterunt et qui juxta me erant de longe steterunt
13. et vim faciebant qui quærebant animam meam et qui inquirebant mala mihi locuti sunt vanitates et dolos tota die meditabantur
14. ego autem tamquam surdus non audiebam et sicut mutus non aperiens os suum
15. et factus sum sicut homo non audiens et non habens in ore suo redargutiones
16. quoniam in te Domine speravi tu exaudies Domine Deus meus
17. quia dixi nequando supergaudeant mihi inimici mei et dum commoventur pedes mei super me magna locuti sunt
18. quoniam ego in flagella paratus et dolor meus in conspectu meo semper

19. quoniam iniquitatem meam adnuntiabo et cogitabo pro peccato meo

20. inimici autem mei vivent et firmati sunt super me et multiplicati sunt qui oderunt me inique

21. qui retribuunt mala pro bonis detrahebant mihi quoniam sequebar bonitatem

22. non derelinquas me Domine Deus meus ne discesseris a me

23. intende in adiutorium meum Domine salutis meæ

Ó Senhor, não me repreendas na tua ira, nem me castigues no teu furor.

Porque as tuas flechas se cravaram em mim, e a tua mão sobre mim desceu.

Não há coisa sã na minha carne, por causa da tua cólera; nem há paz em meus ossos, por causa do meu pecado.

Pois já as minhas iniquidades ultrapassam a minha cabeça; como carga pesada são demais para as minhas forças.

As minhas chagas cheiram mal e estão corruptas, por causa da minha loucura.

Estou encurvado, estou muito abatido, ando lamentando todo o dia.

Porque as minhas ilhargas estão cheias de ardor, e não há coisa sã na minha carne.

Estou fraco e mui quebrantado; tenho rugido pela inquietação do meu coração.

Senhor, diante de ti está todo o meu desejo, e o meu gemido não te é oculto.

O meu coração dá voltas, a minha força me falta; quanto à luz dos meus olhos, ela me deixou.

Os meus amigos e os meus companheiros estão ao longe da minha chaga; e os meus parentes se põem à distância.

Também os que buscam a minha vida me armam laços e os que procuram o meu mal falam coisas que danificam, e imaginam astúcias todo o dia.

Mas eu, como surdo, não ouvia, e era como mudo, que não abre a boca.

Assim eu sou como homem que não ouve, e em cuja boca não há reprovação.

Porque em ti, Senhor, espero; tu, Senhor meu Deus, me ouvirás.

Porque dizia eu: Ouve-me, para que não se alegrem de mim. Quando escorrega o meu pé, eles se engrandecem contra mim.

Porque estou prestes a coxear; a minha dor está constantemente perante mim.

Porque eu declararei a minha iniquidade; afligir-me-ei por causa do meu pecado.

Mas os meus inimigos estão vivos e são fortes, e os que sem causa me odeiam se multiplicam.

Os que dão mal pelo bem são meus adversários, porquanto eu sigo o que é bom.

Não me desampares, Senhor, meu Deus, não te afastes de mim.

Apressa-te em meu auxílio, Senhor, minha salvação.

São Jerônimo e Santo Agostinho asseguram que aquele que recita este salmo devotadamente obter perdão de suas culpas e fica isento da pena que poderia merecer. Cura o mal da memória fraca (caduquice). Escreve-se o nome e caracteres divinos (Sigilo), com um punção (buril) sobre uma lâmina de prata, quando Marte estiver em conjunção com a Lua, na hora de Mercúrio (veja em nossa obra: *Manual Mágico de Kabbala Prática.* Ed. Madras, SP, 2018, p. 158-159). Diga este salmo ao enfermo, sete vezes seguidas e ponha a lâmina em seu peito. O nome (Inteligência) divino é RAMIAC. (Caracteres na terceira linha da Tabela).

Psalmo 50 – atual Salmo 51 – *"miserere mei Deus secundum magnam"*

1. in finem psalmus David
2. cum venit ad eum Nathan propheta quando intravit ad Bethsabee
3. miserere mei Deus secundum magnam misericordiam tuam et secundum multitudinem miserationum tuarum dele iniquitatem meam
4. amplius lava me ab iniquitate mea et a peccato meo munda me
5. quoniam iniquitatem meam ego cognosco et peccatum meum contra me est semper

6. tibi soli peccavi et malum coram te feci ut justificeris in sermonibus tuis et vincas cum judicaris

7. ecce enim in iniquitatibus conceptus sum et in peccatis concepit me mater mea

8. ecce enim veritatem dilexisti incerta et occulta sapientiæ tuæ manifestasti mihi

9. asparges me hysopo et mundabor lavabis me et super nivem dealbabor

10. auditui meo dabis gaudium et lætitiam exultabunt ossa humiliata

11. averte faciem tuam a peccatis meis et omnes iniquitates meas dele

12. cor mundum crea in me Deus et spiritum rectum innova in visceribus meis

13. ne proicias me a facie tua et spiritum sanctum tuum ne auferas a me

14. redde mihi lætitiam salutaris tui et spiritu principali confirma me

15. docebo iniquos vias tuas et impii ad te convertentur

16. libera me de sanguinibus Deus Deus salutis meæ exultabit lingua mea justitiam tuam

17. Domine labia mea aperies et os meum adnuntiabit laudem tuam

18. quoniam si voluisses sacrificium dedissem utique holocaustis non delectaberis

19. sacrificium Deo spiritus contribulatus cor contritum et humiliatum Deus non spernet

20. benigne fac Domine in bona voluntate tua Sion et ædificentur muri Hierusalem

21. tunc acceptabis sacrificium justitiæ oblationes et holocausta tunc inponent super altare tuum vitulos

Tem misericórdia de mim, ó Deus, segundo a tua benignidade; apaga as minhas transgressões, segundo a multidão das tuas misericórdias.

Lava-me completamente da minha iniquidade, e purifica-me do meu pecado.

Porque eu conheço as minhas transgressões, e o meu pecado está sempre diante de mim.

Contra ti, contra ti somente pequei, e fiz o que é mal à tua vista, para que sejas justificado quando falares, e puro quando julgares.

Eis que em iniquidade fui formado, e em pecado me concebeu minha mãe.

Eis que amas a verdade no íntimo, e no oculto me fazes conhecer a sabedoria.

Purifica-me com hissopo, e ficarei puro; lava-me, e ficarei mais branco do que a neve.

Faze-me ouvir júbilo e alegria, para que gozem os ossos que tu quebraste.

Esconde a tua face dos meus pecados, e apaga todas as minhas iniquidades.

Cria em mim, ó Deus, um coração puro, e renova em mim um espírito reto.

Não me lances fora da tua presença, e não retires de mim o teu Espírito Santo.

Torna a dar-me a alegria da tua salvação, e sustém-me com um espírito voluntário.

Então ensinarei aos transgressores os teus caminhos, e os pecadores a ti se converterão.

Livra-me dos crimes de sangue, ó Deus, Deus da minha salvação, e a minha língua louvará altamente a tua justiça.

Abre, Senhor, os meus lábios, e a minha boca entoará o teu louvor.

Pois não desejas sacrifícios, senão eu os daria; tu não te deleitas em holocaustos.

Os sacrifícios para Deus são o espírito quebrantado; a um coração quebrantado e contrito não desprezarás, ó Deus.

Faze o bem a Sião, segundo a tua boa vontade; edifica os muros de Jerusalém.

Então te agradarás dos sacrifícios de justiça, dos holocaustos e das ofertas queimadas; então se

oferecerão novilhos sobre o teu altar.

Tendo Davi tomado Bete-Seba, depois da morte de Uri, seu marido, e reconquistando-a do profeta Nathan (como se pode ver no segundo livro, capitulo dos Reis) ao conhecer o primeiro de seus pecados, fez este salmo, que tem a virtude de dar a contrição. Compôs por mandado de Deus. Santo Agostinho assegura que, dizendo este salmo todos os

ARCANUM · A MAGIA DIVIVA DOS FILHOS DO SOL

dias, anular-se-ão nossos pecados e iremos ao céu. Santo Ambrósio o chama de salmo glorioso e é útil para saúde do corpo e da alma.

É maravilhoso também contra toda sorte de tentações se recitado três vezes ao dia invocando o nome mágico ou divino e marcando os caracteres deste, sobre o peito, com azeite de linho. O nome da Inteligência é JENDSEL, e o Sigilo está na 4º linha da tabela.

Psalmo 101 – atual Salmo 102 – *"Domine exaudi orationem meam"*,

1. oratio pauperis cum anxius fuerit et coram Domino effuderit precem suam

2. Domine exaudi orationem meam et clamor meus ad te veniat

3. non avertas faciem tuam a me in quacumque die tribulor inclina ad me aurem tuam in quacumque die invocavero te velociter exaudi me

4. quia defecerunt sicut fumus dies mei et ossa mea sicut gremium aruerunt

5. percussum est ut fænum et aruit cor meum quia oblitus sum comedere panem meum

6. a voce gemitus mei adhesit os meum carni meæ

7. similis factus sum pelicano solitudinis factus sum sicut nycticorax in domicilio

8. vigilavi et factus sum sicut passer solitarius in tecto

9. tota die exprobrabant mihi inimici mei et qui laudabant me adversus me jurabant

10. quia cinerem tamquam panem manducavi et poculum meum cum fletu miscebam

11. a facie iræ et indignationis tuæ quia elevans adlisisti me

12. dies mei sicut umbra declinaverunt et ego sicut fænum arui

13. tu autem Domine in æternum permanes et memoriale tuum in generationem et generationem

14. tu exsurgens misereberis Sion quia tempus miserendi ejus quia venit tempus

15. quoniam placuerunt servis tuis lapides ejus et terræ ejus miserebuntur

16. et timebunt gentes nomen Domini et omnes reges terræ gloriam tuam

252

A PRÁTICA DA TEURGIA

17. quia ædificabit Dominus Sion et videbitur in gloria sua

18. respexit in orationem humilium et non sprevit precem eorum

19. scribantur hæc in generationem alteram et populus qui creabitur laudabit Dominum

20. quia prospexit de excelso sancto suo Dominus de cælo in terram aspexit

21. ut audiret gemitum conpeditorum ut solvat filios interemptorum

22. ut adnuntiet in Sion nomen Domini et laudem suam in Hierusalem

23. in conveniendo populos in unum et reges ut serviant Domino

24. respondit ei in via virtutis suæ paucitatem dierum meorum nuntia mihi

25. ne revoces me in dimidio dierum meorum in generationem et generationem anni tui

26. initio tu Domine terram fundasti et opera manuum tuarum sunt cæli

27. ipsi peribunt tu autem permanes et omnes sicut vestimentum veterescent et sicut opertorium mutabis eos et mutabuntur

28. tu autem idem ipse es et anni tui non deficient

29. filii servorum tuorum habitabunt et semen eorum in sæculum dirigetur

> *SENHOR, ouve a minha oração, e chegue a ti o meu clamor.*
>
> *Não escondas de mim o teu rosto no dia da minha angústia, inclina para mim os teus ouvidos; no dia em que eu clamar, ouve-me depressa.*
>
> *Porque os meus dias se consomem como a fumaça, e os meus ossos ardem como lenha.*
>
> *O meu coração está ferido e seco como a erva, por isso me esqueço de comer o meu pão.*
>
> *Por causa da voz do meu gemido os meus ossos se apegam à minha pele.*
>
> *Sou semelhante ao pelicano no deserto; sou como um mocho nas solidões.*
>
> *Vigio, sou como o pardal solitário no telhado.*
>
> *Os meus inimigos me afrontam todo o dia; os que se enfurecem contra mim têm jurado contra mim.*

Pois tenho comido cinza como pão, e misturado com lágrimas a minha bebida,

Por causa da tua ira e da tua indignação, pois tu me levantaste e me arremessaste.

Os meus dias são como a sombra que declina, e como a erva me vou secando.

Mas tu, Senhor, permanecerás para sempre, a tua memória de geração em geração.

Tu te levantarás e terás piedade de Sião; pois o tempo de te compadeceres dela, o tempo determinado, já chegou.

Porque os teus servos têm prazer nas suas pedras, e se compadecem do seu pó.

Então os gentios temerão o nome do Senhor, e todos os reis da terra a tua glória.

Quando o Senhor edificar a Sião, aparecerá na sua glória.

Ele atenderá à oração do desamparado, e não desprezará a sua oração.

Isto se escreverá para a geração futura; e o povo que se criar louvará ao Senhor.

Pois olhou desde o alto do seu santuário, desde os céus o Senhor contemplou a terra,

Para ouvir o gemido dos presos, para soltar os sentenciados à morte;

Para anunciarem o nome do Senhor em Sião, e o seu louvor em Jerusalém,

Quando os povos se ajuntarem, e os reinos, para servirem ao Senhor.

Abateu a minha força no caminho; abreviou os meus dias.

Dizia eu: Meu Deus, não me leves no meio dos meus dias, os teus anos são por todas as gerações.

Desde a antiguidade fundaste a terra, e os céus são obra das tuas mãos.

Eles perecerão, mas tu permanecerás; todos eles se envelhecerão como um vestido; como roupa os mudarás, e ficarão mudados.

Porém tu és o mesmo, e os teus anos nunca terão fim.

Os filhos dos teus servos continuarão, e a sua semente ficará firmada perante ti.

Davi fez este salmo para o povo de Israel, o qual devia ser libertado pela vinda de N.S. J.C., como está escrito no livro II dos Macabeus. É o quarto dos chamados salmos penitenciais, e é, portanto, aquele que está no centro. São Jerônimo assegura que o recitando com verdadeira contrição, todos os dias, consola e ameniza as aflições.

Para fazer uma mulher conceber um filho, deve escrever sobre tafetá branco o nome da Inteligência e o Sigilo que se indica na quinta linha da Tabela, com tinta vermelha, colocando os escritos dentro de um bolsinho de seda branca também devidamente exorcizada e incensada, e a mulher deverá levar sempre ao pescoço, tendo o cuidado ao coabitar com seu marido, de que o amuleto não seja tocado a não ser por ela. O nome da Inteligência é SILLU.

Psalmo 129 – atual Salmo 130 – *"De profundis clamavi ad te, Domine"*...

1. De profundis clamavi ad te, Domine;

2. Domine, exaudi vocem meam. Fiant aures tuæ intendentes in vocem deprecationis meæ.

3. Si iniquitates observaveris, Domine, Domine, quis sustinebit?

4. Quia apud te propitiatio est; et propter legem tuam sustinui te, Domine.

5. Sustinuit anima mea in verbo ejus:

6. Speravit anima mea in Domino.

7. A custodia matutina usque ad noctem, speret Israël in Domino.

8. Quia apud Dominum misericordia, et copiosa apud eum redemptio.

9. Et ipse redimet Israël ex omnibus iniquitatibus ejus.

Das profundezas a ti clamo, ó SENHOR.

Senhor, escuta a minha voz; sejam os teus ouvidos atentos à voz das minhas súplicas.

Se tu, Senhor, observares as iniquidades, Senhor, quem subsistirá?

Mas contigo está o perdão, para que sejas temido.

Aguardo ao Senhor; a minha alma o aguarda, e espero na sua palavra.

A minha alma anseia pelo Senhor, mais do que os guardas pela manhã, mais do que aqueles que guardam pela manhã.

Espere Israel no Senhor, porque no Senhor há misericórdia, e nele há abundante redenção.

E ele remirá a Israel de todas as suas iniquidades.

Cantava-se este salmo no segundo grau, figurando que a Igreja de Deus roga incessantemente pelos pecadores, a fim de desvanecer os sinais de seus crimes.

São Jerônimo disse que Davi foi convertido pela sua virtude, como o foi também o Apóstolo São Paulo e o povo por Deus libertado.

Santo Agostinho chama esta oração de verdadeiramente penitencial, por sua utilidade para os mortos, sobre os demais salmos graduais. Se recomenda contra as tempestades e tentações, e o mesmo santo diz que esta oração redime de todos os pecados ante Deus se feita com devoção.

Serve para revelar-nos os sonhos e se escreve os caracteres (Sigilo) indicados na sexta linha da Tabela, sobre três folhas de cedro, colocando-as em seguida debaixo de uma almofada dizendo o salmo por três vezes e a seguinte oração por sete vezes:

"Eu te rogo, HASSAR, que me faça ver claramente esta noite a resposta daquilo que desejo saber".

O nome da Inteligência é STILLE.

Psalmo 142 – atual Salmo 143 – *"Domine exaudi orationem meam"*,

1. psalmus David quando filius eum persequebatur Domine exaudi orationem meam auribus percipe obsecrationem meam in veritate tua exaudi me in tua justitia

2. et non intres in judicio cum servo tuo quia non justificabitur in conspectu tuo omnis vivens

3. quia persecutus est inimicus animam meam humiliavit in terra vitam meam conlocavit me in obscuris sicut mortuos sæculi

4. et anxiatus est super me spiritus meus in me turbatum est cor meum

5. memor fui dierum antiquorum meditatus sum in omnibus operibus tuis in factis manuum tuarum meditabar

A PRÁTICA DA TEURGIA

6. expandi manus meas ad te anima mea sicut terra sine aqua tibi diapsalma

7. velociter exaudi me Domine defecit spiritus meus non avertas faciem tuam a me et similis ero descendentibus in lacum

8. auditam mihi fac mane misericordiam tuam quia in te speravi notam fac mihi viam in qua ambulem quia ad te levavi animam meam

9. eripe me de inimicis meis Domine ad te confugi

10. doce me facere voluntatem tuam quia Deus meus es tu spiritus tuus bonus deducet me in terra recta

11. propter nomen tuum Domine vivificabis me in æquitate tua educes de tribulatione animam meam

12. et in misericordia tua disperdes inimicos meos et perdes omnes qui tribulant animam meam quoniam ego servus tuus sum

Ó Senhor, ouve a minha oração, inclina os ouvidos às minhas súplicas; escuta-me segundo a tua verdade, e segundo a tua justiça.

E não entres em juízo com o teu servo, porque à tua vista não se achará justo nenhum vivente.

Pois o inimigo perseguiu a minha alma; atropelou-me até ao chão; fez-me habitar na escuridão, como aqueles que morreram há muito.

Pois que o meu espírito se angustia em mim; e o meu coração em mim está desolado.

Lembro-me dos dias antigos; considero todos os teus feitos; medito na obra das tuas mãos.

Estendo para ti as minhas mãos; a minha alma tem sede de ti, como terra sedenta. (Selá.)

Ouve-me depressa, ó Senhor; o meu espírito desmaia. Não escondas de mim a tua face, para que não seja semelhante aos que descem à cova.

Faze-me ouvir a tua benignidade pela manhã, pois em ti confio; faze-me saber o caminho que devo seguir, porque a ti levanto a minha alma.

Livra-me, ó Senhor, dos meus inimigos; fujo para ti, para me esconder.

Ensina-me a fazer a tua vontade, pois és o meu Deus. O teu Espírito é bom; guie-me por terra plana.

Vivifica-me, ó Senhor, por amor do teu nome; por amor da tua justiça, tira a minha alma da angústia.

E por tua misericórdia desarraiga os meus inimigos, e destrói a todos os que angustiam a minha

alma; pois sou teu servo.

Para que nos sirva de exemplo, Deus disse a Davi que não se veria livre de seus inimigos nem jamais encontraria a paz em seu reino até que fizesse esse salmo, que é chamado: *a oração chorosa de Davi,* em virtude da qual, teve quanto pediu, porque o Espírito Santo lhe guiou em todas suas ações. Sua virtude nos conduz, pelo espírito de Deus, a todos os lugares gloriosos e cheios de bens espirituais e temporais.

São Jerônimo disse que este salmo cura a saúde da alma e do corpo, mais eficazmente que os demais.

É penitencial e de grande virtude.

É bom para aqueles que viajam pelo mar e por terra, e para aqueles que anseiam cargos e dignidades.

Se a pessoa que o recita o faz de todo coração e é merecedora, o Espírito Santo lhe mostrará o caminho que deve seguir e a guardará de todo perigo.

Para possuir esses dons, é necessário que todos os dias e à hora da saída do Sol se faça a recitação deste salmo com grande devoção e recolhimento, e que se tracem sobre pergaminho virgem os caracteres (Sigilo) de Davi (linha 7 da tabela), os quais devem levar-se no lado do coração, bem dentro de um bolsinho bem costurado dentro das vestes.

São Jerônimo assegura ter tido bons resultados por diversas ocasiões com este salmo.

É bom, também, para aqueles que querem retirar-se do mundo, casar-se ou ter êxito em tudo que empreendam, porque o Espírito Santo os guiará mediante a virtude deste salmo.

Serve igualmente para os que estão na prisão, porque serão, por sua grande virtude, livres e consolados.

Os ímpios, incrédulos, avaros, mentirosos e, em uma palavra, os maus, que sem um arrependimento verdadeiro intentam fazer suas experiências, serão castigados com um resultado nulo em compensação a sua malévola curiosidade; e os bons, piedosos, humildes e virtuosos realizarão seus desejos sempre que o pretendam, porque Deus se compraz em premiar o bem.

A PRÁTICA DA TEURGIA

A SEMANA MÍSTICA

Quando os pensamentos, palavras e obras são bons, abre-se plenamente um fluxo de benesses que nele penetra e impulsiona. Quando pensa ou trabalha o bem a direção da corrente espiritual, produz nele um fenómeno especial, o qual a matéria mental, astral e etérea alinha-se em paz e luz, de maneira que fica em harmonia com a Natureza, que é uma força coadjuvante com Deus no rio da vida.

DOMINGO

Dia do Sol

O Sol é o planeta que transmite energia e riquezas infinitas. O Sol é o portador da vida, e a sua luz é benéfica para todos. É o pai que tenta abrigar seus filhos com proteção e amor. Sua energia fortalece nosso corpo, dando-nos saúde para o trabalho e luz para fortalecer as nossas energias, expandindo e fazendo crescer tudo à nossa volta. As cores do Sol são: o dourado e o amarelo. O ouro e o diamante e tudo que é dourado simboliza a riqueza que o Sol pode proporcionar a todos que apelam para sua energia.

259

Invocação a Michael

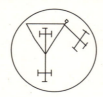

Selo de Michael

Ele é único e imutável, ele todo é uno em verdade, ele é o Sol permanente e uno em totalmente em sua deidade. Que a paz seja contigo, Pai! És amor e meu caminho, e esta para mim é a única sabedoria. Em todas as esferas e em todas as línguas lutam para sua glória e minha vida é sua vida, pois somente Tu é Verdade e Felicidade. Dai-me, meu D-us, o reencontro contigo e o sorriso buscando minha alma e iluminando sempre meu caminho. Vejo seu rosto iluminar ao ouvir minhas palavras, e seus lábios sorrindo dizendo Verdades místicas. Oh Primeira e única Beleza gloriosa num tríplice espelho reflete sua Luz. A mesma fonte que está em tudo, uno é o fogo, mas a verdade reconhece que as chamas, iguais, são três, porém todos sabem que sua substância é uma. És único e imutável, és tudo em um verdadeiramente, um sol imutável uno em tudo, em sua eterna resplandecência.

Bateria: ●●● ○ ●●●

Selo do Anjo correspondente: *"Machen"*

Gênio: **YLEMIS** – 29º *Piscis*

Sephirah nº 6 *Tiphereth* – Sol, *saúde* – Mantra: *Yahveh Aloath va Daath*

Acender o incenso. Mistura: Canela, Galanga, Âmbar-cinzento, Louro e Olíbano.

Seis velas douradas, dispostas em forma hexagonal.

PANTÁCULO DE DOMINGO

O quarto Pantáculo do Sol pode dar ouro, riquezas e bens materiais, o favor dos poderosos, as honrarias, fazer cessar as inimizades e curar as doenças.

QUARTO PANTÁCULO DO SOL
METATRON

Um profeta hebreu foi o sétimo descendente de Adam e Eva. Filho de Jared e pai de Matusalém. Segundo a Bíblia, foi um homem reto e devoto de D-us.

Por esta completa devoção a D-us, jamais alcançou a morte.

Na idade de 365 anos (365 são os dias do ano), D-us o tomou e o levou ao céu (Gênesis 5, 24).

D-us recompensa a Enoch, tomando-lhe o corpo e o levando ao céu, sem Enoch ter falecido.

Quando chega ao céu, Enoch é transformado imediatamente em um Arcanjo muito poderoso, e D-us lhe dá o nome de Metatron, que significa "Nome de D-us", não porque este seja o nome de D-us, mas sim por que falará, por D-us.

D-us o bem disse 1,365,000 vezes, dá-lhe 72 asas, 365 olhos, uma coroa de pedras preciosas. Conhecido também como o Demiurgo.

Quando é invocado aparece como um pilar de fogo.

Tem 78 nomes, todos baseados no nome de D-us (el).

É responsável pelo bem-estar da humanidade e velar por suas necessidades. Segundo alguns relatos, foi quem dirigiu os Judeus quando saíram do Egito, eles seguiram uma chama de fogo enorme.

Alguns de seus 78 nomes são: *Tatnadiel, Apapel, Zebuliel* e *Sopriel.*

INVOCAÇÕES AO ARCANJO METATRON

Em nome do Eu Sou O que Eu Sou, em nome de minha Presença Eu Sou, em nome do Meu Santo Cristo Pessoal.

Da origem do Reino da Terra, da rainha, da natureza, da mãe inferior SHEKINAH que representa o VÉ do princípio material e da natureza física. Invoco a Presença do Arcanjo Metatron.

Aleph !!!
Aleph !!!
Aleph !!!
Oh! Príncipe dos Serafins.
Oh! Abba!!!
Oh! Abba!!!
Oh! Abba!!!
Oh! Pai dos Elementais do Ar, Fogo, Água e Terra.
Vinde!!!
Vinde!!!
Vinde!!!

Arcanjo Metatron, Luz de todos os Serafins.
Com Vossa sublime proteção primordial,
Ajudai-nos à quietude de nossos espíritos,
para dar-nos forças de continuar a vencer,
sempre em nome da verdade,
Iluminai-me sempre em todos os meus caminhos.

Arcanjo Metatron, que usai vossa Luz Divina,
dai-me Sorte,

mantende-me sempre confiante e com Fé em meus ideais.
eu estarei a vosso serviço
pois sou digno de vossa proteção.

Arcanjo Metatron, livrai-me de todas as impurezas,
que possam me prejudicar.
Peço-vos que meus sentimentos sejam sempre
Elevados e exaltados!

Príncipe do Mundo.
Eu vos saúdo.
Para que eu tenha uma existência tranquila.
E que minha vida, seja assim designada,
para trabalhar repleta de amor.

Oh! Arcanjo Metatron, do planeta Netuno,
Vós, que governais todas as forças da criação,
o poder da abundância e da supremacia.
Vós que significais o Mensageiro ou o Grande Instrutor.
Vós, que reunis nas mãos o esplendor de sete estrelas.
Vós, o 314, número igual ao da divindade El Shadday.

Oh! Rei do Arcanjos.
Faz descer, aqui e agora, do mundo de Atziluth,
da Sephirah-Kether que é a emanação da Divindade e a inteligência divina, toda a vossa Sabedoria, Poder e Amor.

Arcanjo M E T A T R O N!
Glória à Ti, Metatron! Guia Eterno, Fonte espiritual de poder:
Eu o chamo!
Guie minha mão da manhã à noite
e da noite para a manhã.
Com seus braços de Gigante Cósmico,
enlace minha existência.

Fogo nutriente! ilumine de amor meu caminho;
de forma que eu caminhe com um passo firme e decidido

para um amanhecer brilhante,
para uma manhã clara e feliz;
clareada pelo meu sucesso moral e material.

Arcanjo M E T A T R O N!
Arcanjo Metatron, que forma com os Serafins a esfera sublime de Luz e do Fogo primordial...!

Faça poderosa e cintilante a Chama de minha inquietude espiritual de forma que meu desejo ardente de avançar, na pesquisa da Verdade, nunca desapareça. Porque é Você, é Você quem tem inflamado em mim este fogo.

Arcanjo Metatron! que seu Divino Fogo nunca permita que eu permaneça indiferente ao que chega em meu redor.

Mantenha vivo o Fogo , Arcanjo Metatron e Serafins! em minhas ideias, em meus projetos, em meu desejo para devolver em Serviço e ser útil para meu próximo.

Queime, Serafins de Kether, todas as escórias, todas as impurezas que meus desejos atraem, de forma que em meus sentimentos sobreviva somente o desejo ardente para queimar tudo o que é: perverso, medíocre e vil.

Também, dá ao meu corpo, Príncipe do Mundo, o calor necessário para uma saúde boa, porque eu quero ser útil no trabalho humano que Você me nomeou.

Príncipe Metatron, Serafins de Kether, Senhor e Mestre do Domínio Infinito do Fogo Celestial:
É do meu nível Humano que eu Lhe envio minhas saudações cheias de amor!

SEGUNDA-FEIRA

Dia da Lua

A Lua simboliza a mãe, a protetora que nos dá alimento e conforto em nosso lar. A Lua crescente aumenta as possibilidades e a Lua cheia expande tudo à sua volta. A Lua minguante afasta as doenças e os pesadelos. Aproveite a segunda-feira para pedir tudo que deseja. A cor da Lua é o branco e prateado; as suas pedras, o quartzo branco e a pérola.

Invocação a Gabriel

Selo de Gabriel

Oh Vós, que brilhais sob a luz da Lua, movam-se aos meus serventes, mostrai-me poderosamente, e façai de mim um grande vidente, porque sou d'Aquele que vive e reina para sempre. O Leste é uma Casa de Virgens que cantam louvores entre chamas e a primeira glória onde o Senhor abriu sua boca: e se converteram em 28 vivas moradas nas forças do homem se regozija, e elas são vestidas com ornamentos de uma brilhante luz que faz maravilhas em todas as criaturas. Vossos Reinos e vossa permanência são como o Terceira e a Quarta, Fortes Torres e lugares de consolação, os assentos da Misericórdia e da Permanência. Oh Vós, Serventes de Misericórdia! Movei-os, aparecei: quantos louvores ao Criador e sede poderosos entre nós. Porque a esta recordação se lhe tem dado o poder e nossa força cresce vigorosa em nosso Consolador.

BATERIA: ●●● ○ ●●● ●●●

Selo do Anjo correspondente: *"Shamain"*

Gênio: **MANMES** - 3º de *Tauro*

Sephirah nº 9 *Yesod, psiquismo* – Mantra: *Shadday el Chai*

Acender o incenso. Mistura: Lírio-florentino, Cânfora, Jasmim, Limão e Bétula.

Nove velas brancas ou prateadas, dispostas em forma eneagonal.

PANTÁCULO DE SEGUNDA-FEIRA

O quarto Pantáculo da Lua defende de todos os malefícios e de todo dano do corpo ou alma. Seu anjo, Sophiel, proporciona o conhecimento da virtude das plantas e pedras medicinais.

TERÇA-FEIRA

Dia de Marte

Marte é o planeta que simboliza a força, a coragem, a iniciativa. É o guerreiro que vai à luta em busca de seus objetivos. É o planeta da determinação. A cor de Marte é o vermelho, e a sua pedra é o rubi.

Invocação a Samael

Selo de Samael

Oh Tu, segunda chama, a casa da Justiça, que tens teu princípio na glória e consolarás o justo, que caminhas sobre a terra com 8.763 passos, que entendem e separam as criaturas! Grande és no D-us do Desdobramento e Conquista! Mova-os e mostra-os! Abri os mistérios de vossa Criação! Sede amistoso comigo! Porque eu sou o servidor de D-us, um verdadeiro adorador do Altíssimo.

BATERIA: ●●● ○ ●●

Selo do Anjo correspondente: "*Machon*"

Gênio: **AMIA** - 18º de *Capricórnio*

Sephirah nº 5 *Geburah, valor* – Mantra: *Elohim Gibor*

Acender o incenso. Mistura: Pinho, Manjericão, Pimenta-da-Jamaica, Almíscar e Coentro.

Cinco velas vermelhas, dispostas em forma pentagonal.

PANTÁCULO DE TERÇA-FEIRA

O quarto Pantáculo de Marte é de grande virtude e poder na guerra, favorece a vitória e a todo desafio de disputa na vida.

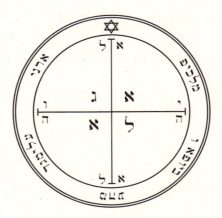

QUARTA-FEIRA

Dia de Mercúrio

Mercúrio é o planeta da comunicação. Aproveite esse dia para pedir um emprego através da escrita. Faça ligações telefônicas para seus pedidos, comunique-se e divulgue os seus papéis e coloque em ordem sua vida material. A cor de Mercúrio é a laranja, e a sua pedra, o quartzo verde.

Invocação a Raphael

Selo de Raphael

Princípio de todas as coisas, Tu mesmo sem princípio e fim de todas as coisas, Vida de todas as coisas, Tu mesmo mais além de todos os mundos. Canta comigo as glórias do Senhor.

BATERIA: ●●● ○ ●●● ●●

Selo do Anjo correspondente: *"Raquie"*

Gênio: **AKIRGI** - 15º de *Virgo*

Sephirah nº 8 *Hod, sabedoria* – Mantra: *Elohim Tzabaoth*

Acender o incenso. Mistura: Mástique, Funcho, Aneto, Lavanda e Cálamo.

Oito velas laranjas, dispostas em forma octogonal.

PANTÁCULO DE QUARTA-FEIRA

O quarto Pantáculo de Mercúrio é mais apropriado para adquirir o entendimento e o conhecimento de todas as coisas criadas e para buscar e penetrar nas coisas secretas. Tem o poder sobre os espíritos aleatórios para que realizem embaixadas; obedecem imediatamente ao recorrer às práticas evocatórias destas Inteligências.

QUINTA-FEIRA

Dia de Júpiter

Júpiter é o planeta da riqueza, da abundância e da prosperidade. Nesse dia poderá atrair mais dinheiro. Somos merecedores de obter muita prosperidade e abundância e, com toda nossa força mental e espiritual, sintonizemos com a energia de Júpiter, o planeta da proteção e da sorte, que faz expandir e crescer os nossos negócios. Sua cor é violeta, e a sua pedra é ametista.

Invocação a Sachiel

Selo de Sachiel

Oh Tu, poderosa Luz e ardente chama de consolo que abres a glória de D-us até o centro da terra, em quem os 6.332 segredos da Verdade tem sua morada, que és chamada em teu reino, Alegria, e não pode ser medida! Seja para mim uma porta de surpreendentes sucessos, fartura e prosperidade. Mova-os e mostra-os! Abri os Mistérios de vossa Criação! Sede amistosos comigo! Porque sou um servente de D-us, um verdadeiro adorador do Altíssimo.

BATERIA: ●●● ○ ●

Selo do Anjo correspondente: *"Zebul"*

Gênio: **NIMTRIX** – 15º de *Câncer*.

Sephirah nº 4 *Hesed* – Júpiter, *riqueza* – Mantra: *El*

Acender o incenso. Mistura: Cedro, Noz-moscada, Hissope e Cravo.

Quatro velas violetas, dispostas em forma quadrangular.

PANTÁCULO DE QUINTA-FEIRA

O quarto Pantáculo de Júpiter serve para adquirir riquezas e honra; para possuir honra e grande bem-estar. Seu anjo é Bariel.

SEXTA-FEIRA

Dia de Vênus

Vênus é o planeta da beleza, da arte, do amor. Aproveite o dia de Vênus para pedir tudo que é belo: uma casa melhor, um carro novo, roupas bonitas, etc. Não tenha receio de pedir, você merece o que existe de melhor no universo, e ter uma casa confortável é a necessidade de todo ser humano. Peça proteção de Vênus para ter harmonia com todas as pessoas em seu trabalho e realização também no amor. Sua cor é o verde, e suas pedras, ágata e esmeralda.

Invocação a Anael

Selo de Anael

Surgi, Oh Filhos do Prazer!, e aproximai-vos de mim, porque eu sou filho do Senhor que é e viverá para sempre. Em nome do Criador, mova-os e mostra-os como agradáveis libertadores, para que eu possa louvar-Lhes e glorificar o Eterno entre os filhos dos homens.

BATERIA: ●●● ○ ●●● ●

Selo do Anjo correspondente: *"Sagum"*

Gênio: **ZALONES** - 27º *Piscis*

Sephirah nº 7 *Netzah* – Vênus, *amor* – Mantra: *Yahveh Tzabaoth*

Acender o incenso. Mistura: Rosa, Violeta, Baunilha, Algália e Ylang-ylang.

Sete velas verdes, dispostas em forma heptagonal.

PANTÁCULO DE SEXTA-FEIRA

O quarto Pantáculo de Vênus concede ao possuidor grande poder sobre as Inteligências de Vênus fazendo aquela pessoa obedecer e vir ante ti perante as práticas teúrgicas evocatórias.

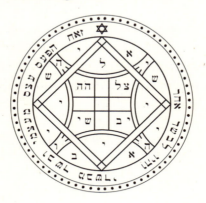

SÁBADO

Dia de Saturno

Saturno é o planeta da sabedoria, da persistência e da responsabilidade. Nesse dia você deverá pedir forças. Aproveite para afirmar seus objetivos materiais. Faça uma lista de tudo que necessita. Comece essa lista com o planejamento financeiro que precisará para comprar seus bens materiais. Programe tudo e, com persistência e Vontade Pura, assuma seus compromissos. A cor de Saturno é o negro, e a sua pedra é o ônix.

Invocação a Cassiel

Selo de Cassiel

Os espíritos dos Quatro Ângulos são Nove, Poderosos no firmamento das águas: a quem o primeiro dispôs como um tormento e uma guirlanda para o justo: dando-lhes dados de jogo para proteger a terra e 7699 Trabalhadores que não se descansam jamais, cujos cursos visitam com consolo a terra e que estão no governo e na continuação como o segundo e o terceiro. Por isso escuta minha voz: tenho falado de vós e os convoco com vosso poder e presença: vossas Obras serão um canto de honra e a louvação de vosso D-us na vossa Criação.

BATERIA: ●●●

Selo do Anjo correspondente: (...)

Gênio: **CHEIKASEP** – 21º *Libra*

Sephirah nº 3 – *Binah* – Saturno, *karma, tikun* – Mantra: *Elohim*

Acender o incenso. Mistura: Algália, Mirra, Cipreste e Vetiver.

Três velas negras, dispostas em forma triangular.

PANTÁCULO DE SÁBADO

O quinto Pantáculo de Saturno defende aos que invocam as Inteligências de Saturno pela noite, e promove contato com os espíritos que guardam os tesouros.

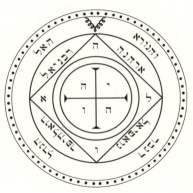

A SÍNTESE DA ARTE PANTACULAR

Os Pantáculos devem ser consagrados aos Espíritos Olímpicos Planetários, referente ao dia da semana em que a pessoa nasceu (veja em nossa obra *Manual Mágico de Kabbala Prática*); em seguida, consagrados aos outros espíritos até fechar o ciclo dos sete dias.

Invocação dos Espíritos chamados Olímpicos, sua natureza e ofício

Os Espíritos celestes, por meio dos quais Deus administra o universo, são sete. Em linguagem olímpica, são conhecidos por:

Och rege 28 legiões visíveis Sol - domingo

Phul rege 7 legiões visíveis Lua - segunda-feira

Phaleg rege 35 legiões visíveis Marte - terça-feira

Ophiel rege 14 legiões visíveis Mercúrio - quarta-feira

Bethor rege 42 legiões visíveis Júpiter - quinta-feira

Hagith rege 21 legiões Vênus - sexta-feira

Aratron rege 49 legiões visíveis Saturno - sábado

Estes sete administradores governam um total de 196 regiões. Os meios de tabular comunicação com os Poderes e os Principados, assim como os mistérios das regiões, se explicam, segundo Waite, "na ciência sublime da astrologia transcendental".

Aratron rege as coisas pertencentes a Saturno. Converte todo vivente em pedra sem que mude seu aspecto externo. Transforma os tesouros em carbonos e os carbonos em tesouro. Proporciona bons espíritos "familiares", reconcilia os gnomos com os homens. Ensina magia, filosofia e medicina e a arte de tornar-se invisível; concede longevidade.

Aparece no sábado na primeira hora.

Bethor governa as coisas pertencentes a Júpiter. Reconcilia o homem com os espíritos do ar, transporta pedras preciosas e proporciona medicinas de efeitos maravilhosos. Outorga espíritos familiares e prolonga a vida até setecentos anos.

Deve invocar-se na quinta-feira na primeira hora.

Phaleg rege as coisas que se encontram sob o domínio de Marte. A pessoa que possui seu selo, confirmado por ele, é elevado em honras militares.

Och rege sobre as coisas que pertencem ao Sol. Prolonga a vida até seiscentos anos com boa saúde. Proporciona sabedoria, concede

excelentes espíritos familiares, outorga medicinas efetivas e converte qualquer substância em metais puros. Proporciona uma bolsa na qual, segundo Arbatel, "cresce o ouro".

Hagith rege sobre as coisas que se encontram sob o domínio de Vênus. A pessoa que possui seu selo é adornada pela beleza. Converte o cobre em ouro e o ouro em cobre instantaneamente. Proporciona serventes (espíritos) fiéis.

Ophiel rege sobre as coisas atribuídas à Mercúrio. Concede espíritos familiares, ensina todas as artes e ensina ao possuidor de seu selo a converter o mercúrio na pedra filosofal.

Phul rege sobre as coisas da Lua. Transmuta todos os metais em prata e proporciona espíritos da água para que sirvam ao homem em forma visível. Prolonga a vida até trezentos anos.

DAS INFLUÊNCIAS FAVORÁVEIS PARA COMPOR OS PANTÁCULOS E OPERAR NOS RITOS MISTERIOSOS

Da influência do Sol, correspondente ao domingo

Em geral, a influência mais favorável é aquela que reúne circunstâncias extraordinárias. É preciso, primeiramente, que a Lua se encontre em posição igual à do Sol. Isso acontece a cada cinco anos, pelas razões expostas pelo autor de *THRÉICIE* ou *La Seule Voie des Sciences Divines et Humaines*. É preciso que a Lua se renove em um domingo e que o Sol faça sua entrada no primeiro grau de Áries; assim, a hora favorável começa quando se dá a conjunção, isto é, na hora em que a Lua se renova. Nesse momento, pode acontecer um eclipse do Sol e, enquanto este durar, a ocasião será favorável para se escrever o Pantáculo. A segunda influência acontece quando a Lua se renova em um domingo e o Sol faz sua entrada no primeiro grau de Leão. A pessoa que nascer nessas horas favoráveis será um ser privilegiado pela natureza; terá um gênio extraordinário para o que se relacione com as ciências e as artes.

Da influência da Lua, correspondente à segunda-feira

A primeira influência favorável da Lua se dá quando ela se renova em um domingo e o Sol faz sua entrada no primeiro grau de Touro. É preciso esperar até o terceiro dia, o qual corresponderá ao terceiro grau do mesmo signo, que é o lugar de sua exaltação. A segunda influência se dá quando ela se renova em um domingo e o Sol faz sua entrada no primeiro grau de Câncer. É preciso esperar que ela esteja na nona casa, isto é, em seu nono dia, que será uma segunda-feira; consequentemente, a primeira, oitava e 15ª hora desse dia são favoráveis para compor os Pantáculos dos Gênios que estão sob a influência da Lua.

Da influência de Marte, correspondente à terça-feira

A primeira influência favorável de Marte acontece quando a Lua se renova em um domingo e o Sol faz sua entrada no primeiro grau de Capricórnio. É preciso esperar que ela esteja em seu 18º dia, que será uma terça-feira, porque a sua 18ª casa corresponde a Escorpião, que é o domicílio de Marte. Sendo assim, o Sol e a Lua se acharão na mesma posição, a 18ª de Capricórnio, que é o local de sua exaltação. A segunda influência acontece quando a Lua se renova em um domingo e o Sol faz entrada no primeiro grau de Áries; sendo assim, o terceiro e o 18° dias da Lua corresponderão, cada um, a uma terça-feira, e todas as circunstâncias serão favoráveis para compor os Pantáculos que estão sob a influência de Marte.

Da influência de Mercúrio, correspondente à quarta-feira

A primeira influência de Mercúrio acontece quando a Lua se renova em um domingo e o Sol faz sua entrada no primeiro grau de Gêmeos; assim, a primeira quarta-feira da Lua será favorável às operações de Mercúrio. A segunda influência de Mercúrio acontece quando a Lua se renova em um domingo e o Sol faz sua entrada no primeiro grau de Virgem. É preciso esperar que ela esteja no seu 15° dia, então corresponderá ao 15° grau de Virgem. Nesse dia Mercúrio chega ao ponto de sua exaltação.

Da influência de Júpiter, correspondente à quinta-feira

A primeira influência de Júpiter acontece quando a Lua se renova em um domingo e o Sol faz sua entrada no primeiro grau de Câncer. É preciso aguardar o dia e a hora em que passa a ser Lua cheia, e então ela comunica-se com o Sol a 15 graus de Câncer, que é o ponto de exaltação de Júpiter. A segunda influência acontece quando a Lua se renova em um domingo, e o Sol faz sua entrada no primeiro grau de Sagitário. É preciso esperar que ela esteja na sua 19ª casa, que corresponde a Sagitário e a Júpiter.

Da influência de Vênus, correspondente à sexta-feira

A primeira influência de Vênus acontece quando a Lua se renova em um domingo e o Sol faz sua entrada no primeiro grau de Peixes. É preciso esperar que ela esteja em sua 17ª casa, que corresponde a este signo, isto é, quando ela estiver no seu 27° dia; então, ela irá comunicar-se com o Sol no 27° grau de Peixes, que é o ponto de exaltação de Vênus. A segunda influência acontece quando a Lua se renova em um domingo e o Sol faz sua entrada no primeiro grau de Touro. Assim, a primeira sexta-feira da Lua será favorável às operações.

Da influência de Saturno, correspondente ao sábado

A primeira influência de Saturno acontece quando a Lua se renova em um domingo e o Sol faz sua entrada no primeiro grau de Libra. É preciso esperar o dia e a hora em que a Lua chega ao quarto-minguante, quando ela se comunicará com o Sol no 21º grau de Libra, que é o ponto de exaltação de Saturno. A segunda influência acontece quando a Lua se renova em um domingo e o Sol faz sua entrada no primeiro grau de Capricórnio. É preciso observar o dia e a hora em que a Lua entra no quarto-minguante, fazendo sua entrada na 21ª casa, que corresponde a Capricórnio. Os sábios devem observar as influências dos astros e prepararem-se de antemão para, quando um deles se achar em circunstância favorável, poderem disso se servir oportunamente, a fim de obterem sucesso nas operações relativas aos mistérios do planeta dominante. A pessoa que desejar tirar partido das influências celestes nunca deve pronunciar nem escrever o que tiver entendido e concluído intimamente em relação a esses assuntos. Somente D-us e o Gênio da alma devem conhecer nosso pensamento. O mau Gênio só pode conhecer o que pronunciamos e, se um mau Gênio conseguir penetrar em nossos projetos, provocará todos os incidentes possíveis para vê-los malograr.

Com essas descrições, poderá invocar, dentro da Grande Arte, os espíritos, anjos e suas hierarquias para realizar sua Verdadeira Vontade, e conseguir tudo que deseja e merece. Agradeça aos representantes dos planetas por sua força e energia, e acredite que o mais importante é a determinação e a força mental para ter tudo em sua vida. Lembre-se de que tudo conseguirá se estiver sintonizado com a luz da sabedoria divina.

ALGUNS CUIDADOS NECESSÁRIOS AO BOM TRABALHO

Ao iniciar qualquer trabalho Teúrgico, é de bom alvitre que tenhamos em mente o RITUAL, que pode ser desenvolvido, de acordo com as preferências e convicções daquele que pretende se unir a Deus. Alguns detalhes são genéricos e ficam aí algumas sugestões como pretexto de preparações.

A primeira delas é sobre o incensamento, ao lançar mão das especiarias, perfumes e cristais o magista deve ao mesmo tempo que a fumaça começa a lançar-se no espaço fazer uma oração, e damos como fórmula básica a seguinte:

> *Ó Senhor! Que minha oração seja como incenso ante tua vista, e a elevação de minhas mãos como sacrifício vespertino. Vigia, ó Senhor, minha boca e ponha trave aos meus lábios, para que meu coração não se incline às más palavras e meus pensamentos não sejam senão aqueles que me dão a honra e o privilégio de ser chamado filho de Deus.*

Esta oração se refere naturalmente aos Anjos do Incenso. É um maravilhoso espetáculo vê-los descer no ambiente em preparação para receber nossas oferendas e derramar sua influência na congregação, levando com eles a essência do perfume que, ao passar pelos nossos sentidos, purificam nossos pensamentos e acalmam nossos batimentos cardíacos. O principal objeto de seu esforço está expressado nas palavras do magista quando move o turíbulo dizendo:

> *Que o Senhor acenda em nós o fogo de seu amor e a chama de perpétua caridade. Amém!*

Depois vão incensando os presentes (visíveis e invisíveis – pela ordem de dignidade), e todos os instrumentos mágicos que são convenientes às operações e práticas espirituais. Isso tem três objetivos:

Iº. Tributar-lhes uma demonstração de respeito, como o evidencia a variação do número de incensações.

IIº. Incluí-los (todos) no campo magnético e numa só força de pensamento e objetivo.

IIIº. Evocar as potências de amor e devoção que cada qual tem latentes, a fim de que todos desempenham sua cota parte cumprindo sua obrigação com o trabalho da grande obra que vai ser executado. O incenso estabelece uma condição de enlace e vibração sincrônica, que pode utilizar-se para dirigir-se tanto ao exterior como ao interior o fluxo de energia.

Aos presentes e paramentos mágicos se lhes incensa com três prolongados balanços de incensário: o primeiro para o centro, o segundo para a esquerda e o terceiro para a direita. Enquanto isso, o turiferário dá estes três balanços deve pensar firmemente:

> *Amo a todos. Incluo-os em nosso santo círculo. Purificai vossos pensamentos e elevai-os às coisas santas.*

Lembremos que pensamentos são substâncias. O pensamento é uma formidável e vívida energia. Tal como pensa, assim será.

De acordo com as Clavículas de Salomão, foram propostos sete Pantáculos planetários. Nesta síntese, sobre a Arte Pantacular, elencamos apenas um Pantáculo para cada planeta. Maiores informações e detalhes poderão serem vistos na nossa obra: *Manual Mágico de Kabbala Prática*, Editora Madras, SP, 2018 (doravante MMKP). Além desses Pantáculos planetários, podemos fazer um que atenda a todos os planetas e conveniências do nosso dia a dia. Trata-se do Grande Pantáculo de Salomão, que tem o seguinte *layout*:

A preparação deste Pantáculo deve ser feita durante a primavera. Pode ser feito em qualquer dia da semana, exceto no sábado. O planeta em que escolher para fazê-lo deve estar num signo e dia favorável e ter a Lua, Vênus e Júpiter bem aspectados. Deve começar a fazê-lo no momento do nascer do Sol e terminado dentro de uma hora, quando feito em pergaminho virgem. Depois de pronto deverá ser envolvido num saquinho de linho branco e guardado numa caixa apropriada. Tem virtudes particulares de defender dos espíritos maléficos e evitar que os Gênios possam lhe prejudicar.

O lugar e tempo apropriados para o exercício desta grande Arte não pode ter descuido ou abstrações, exige a atenção máxima e local retirado, afastado do ruído dos grandes centros para captar e adaptar a natureza dos Gênios, Inteligências que, pela sua distinta espiritualidade possuem uma Natureza e comportamento Divinos, e são mais facilmente conectadas quando os homens estejam na solidão tranquila e silenciosa.

Ao preparar o ambiente necessário para este trabalho, que pode ser um quarto fechado ao qual ninguém possa interrompê-lo neste momento mágico. Será de bom alvitre que este local não tenha ornamentos ou objetos que possam distrair ou desviar sua atenção. Bastando apenas uma mesa, cadeira e uma cômoda fechada a chave, que são suficientes para a prática desta Arte. É importante que todo ambiente esteja devidamente higienizado e exorcizado conservando sua integridade moral e física até que tenha concluído seu trabalho.

Como já dissemos, o momento mais apropriado para este fim é, sempre, ao nascer do Sol, porque a mente estando menos preocupada com os afazeres diários não estará sujeita a interrupção e em corolário não afastará dos propósitos em voga e ficará distante das interferências cotidianas. Contudo, se as circunstâncias e as posições dos planetas foram de tal maneira que deverá operar no meio ou no fim do dia, deveis ficar desde o nascer do Sol até a hora ideal, num estado de quietação, procurando preparar-vos para a operação, para que ela possa ser conduzida com a precisão necessária sem perda de energia ou tempo. É importante fazê-la bem durante a influência dos planetas que entram na operação e no menor momento que a constelação durar.

Os talismãs, Pantáculos e outras figuras mágicas poderão ser feitos em pergaminho novo ou numa lâmina de metal; cravejando com rochas, pedras preciosas, além, é claro, das ligas de metais que correspondem aos planetas, devem obedecer a ritos que estão descritos na nossa obra supracitada (MMKP). Sem esquecer, logicamente, das influências kabbalísticas que fundamentam e direcionam as energias evidenciadas.

A correspondência básica dos planetas com os metais são: o ouro para o Sol; a prata para a Lua; estanho para Júpiter; o ferro para Marte; o cobre para Vênus; o chumbo para Saturno e mercúrio para Mercúrio. É evidente, por isso, que devemos entender que o ouro convém às operações de Domingo; a prata, às Segundas-feiras; o ferro, às Terças-feiras; o mercúrio, às Quartas-feiras; o estanho, às Quintas-feiras; o cobre, às Sextas-feiras; e o chumbo, aos Sábados.

O modo pelo qual deveis preparar uma figura kabbalística ou Pantáculo, é na hora e dia de um dos sete planetas, com os devidos cuidados e habilidade, amplamente descritos no nosso MMKP.

CAPÍTULO II

TAUMATURGIA

INTRODUÇÃO

"O essencial é invisível aos olhos"

– Antoine de Saint-Exupéry

É através do olhar bondoso e justo do Ir∴A∴A∴K∴ que somos introduzidos à vida e obra exemplares do Ir∴ Paulo Carlos de Paula - M∴ Miguel (1914-2000). Maçom, rosacruz e praticante de seus próprios ideais teóricos sobre o pilar humanitário concebido a tempos da Revolução, isto é, *Liberdade, Igualdade e Fraternidade*, M∴Miguel deu prova de boa fé e da viabilidade da realização humana concreta fundando o *Instituto Joaquim Soares de Oliveira*, em Santos Dumont, interior de Minas Gerais, cujo nome consiste numa homenagem ao fundador da *Fraternitas, Rosacruciana Antigua* (FRA) no Brasil.

Nesse sentido, o legado e o trabalho de excelência realizados pelo Ir∴Miguel nos convidam a uma atitude perante o Outro, atitude de posicionamento e de assunção (um tomar-para-si) que não pode ser passiva: somos, sim, responsáveis pelo Outro, e é esse o intuito da Fraternidade a que a própria vida de Ir∴ Miguel nos convoca, ou seja, o da necessidade de enxergar, pressionar e suturar a ferida, não a partir de teorias e reflexões vãs e abstratas, mas no campo da realização.

É neste intento, o de demonstrar a primazia da prática em relação à teoria frívola, que o autor em questão nos propõe este *Curso de Taumaturgia* pelo viés da atividade das *práticas taumaturgistas*. Ele pede: abram os olhos da alma, não haja como um cético; e assim o faremos, concedendo ao autor a premissa que nos reclama. Afinal, como explicita nesta introdução, a primeira cura deve ser, inexoravelmente, a cura de si mesmo.

Uma vez aceita essa prerrogativa, o autor nos apresenta com exemplos palpáveis o que se entende como *Lei das Transformações*, ou Lei de Lavoisier, que toma a amplitude das coisas materiais, sejam elas do mundo microscópico dos átomos ou do mundo pantagruélico dos astros. Dessa forma, refuta o fazer *algo* do *nada* ou fazer *nada* a partir de *algo,* objetivos pretensos pelo que se chamaria *Magick.* É com esse suporte que o autor nos apresenta seu entendimento de que o que chamamos *destruição* deveria vir sempre entre aspas, pois, na realidade, nada de fato se destrói: apenas assume uma outra forma. Igualmente, equivalente ressalva deve ser concedida à *criação,* dado que toda matéria também já esteve e estará constantemente inalterada em seu todo quantitativo, alterando-se apenas em termos de configurações formais.

Preparado o terreno, a reflexão proposta é a de que se toda a *Substância* do Universo, os átomos, em última medida, estiveram presentes desde e para sempre, tudo o que existiu, tudo o que é presente e tudo o que está em devir não ultrapassa os limites do que se tem como a união da matéria em formas determinadas. Assim, abrindo espaço para uma nova teoria, o autor levanta o questionamento sobre a origem e substância da *energia potencial* que, por assim dizer, *mantém* e *se mantém* nos átomos.

Nesse ponto, o Ir∴A∴A∴K∴ propõe, numa leitura particular da *Teoria do Caos,* que se o pensamento, como manifestação da inteligência humana, puder ser lido como uma das fontes propulsoras dessa *energia* que intervém na materialização das coisas, em nível substancial, então existiria nesse pensamento um grande poder capaz de reger o mundo material a partir da *Vontade Verdadeira,* ou seja, a partir do que se deseja no mais íntimo do *Ser* e que nos coloca em contato com o serviço metafísico da *Utilidade* – devendo-se, para ser nobre e digno, descartar o que for fruto apenas de desejos e apetites do corpo e da carne. Afinal, para realizar grandes ações, é preciso aprender a *Humildade* e a *Gratidão* para compreender e reconhecer o *Dom* do *Saber* e do *Servir.*

Encerro esta introdução aludindo ao poema *Invictus,* do inglês William Ernest Henley:

INVICTUS

Do fundo desta noite que persiste
A me envolver em breu – eterno e espesso,
A qualquer Deus – se algum acaso existe,
Por mi'alma insubjugável agradeço.

Nas garras do destino e seus estragos,
Sob os golpes que o acaso atira e acerta,
Nunca me lamentei – e ainda trago
Minha cabeça – embora em sangue – ereta.

Além deste oceano de lamúria,
Somente o Horror das trevas se divisa;
Porém o tempo, a consumir-se em fúria,
Não me amedronta, nem me martiriza.

Por ser estreita a fenda – eu não declino,
Nem por pesada a mão que o mundo espalma;
Eu sou o mestre de meu destino;
Eu sou o capitão de minha alma.

(Tradução de A. Masini)

***

E que se realize!

E se realizará!

Isadora Saraiva Vianna de Resende Urbano

AO MESTRE MIGUEL

Encontramo-nos diante do maior Enigma do Universo, o Homem e acima dele um Diretor Supremo, conhecer e compreender a si próprio é a Chave para perscrutar o Outro que apesar de invisível nossos olhos não podem negá-lo, os nossos ouvidos não podem deixar de escutá-lo e, se não alcançarmos esta compreensão pela via interior, ficamos isolados no vácuo e entregues ao capricho do desconhecido e da própria ignorância...

Em cada sistema planetário todo homem busca se encontrar para realizar sua vida, para entender seu destino final. O mesmo 'des-a-fio' de sempre lhe toca no íntimo, conhecer o Diretor; como o operário ao presidente de sua empresa. É de toda necessidade pôr-nos em contato com Ele, para entender o Grande Mistério da Vida, a sua Vontade, o seu Plano, e daí cumprir nossa Verdadeira Missão.

Dizia o insigne *Filósofo Desconhecido*, Louis-Claude de Saint-Martin: *"O homem sem prática é como uma árvore sem frutos"*. De todos os Iniciados que tive o prazer e a felicidade de conviver nesta vida, apenas um demonstrou em teoria e prática este aforismo martinista, de forma exemplar, amorosa e altruísta, acima de tudo: Ir∴ Paulo Carlos de Paula – M∴ Miguel, (1914-2000), maçom, rosacruz, um alquimista da alma, um taumaturgo a serviço do Outro; um sacerdote do Mundo da Vida. Provou, por meio de sua existência, que era possível mudar o ambiente a sua volta, desenvolver e dedicar-se a um trabalho de excelência, no resgate daqueles que necessitam de ajuda. Este Ser iluminado, que realizou bastante na face da Terra Dizia, dizia, com muita simplicidade, as Verdades que todos nós procuramos nas entrelinhas do Caderno da Existência; uma destas provocações consistia no seguinte dilema:

Um homem, para realizar qualquer coisa, necessita:

Ser CEGO para não ver as dificuldades futuras;

DOIDO, para ter coragem;

BURRO para trabalhar sem salário ou saber o que vai ganhar e;

SURDO E MUDO para não escutar nem responder aos derrotistas.

Era preciso ver para crer, precisava mesmo meter o dedo na chaga para poder acreditar que existiam chagas, que tem mais necessidade de fatos reais que teoria e boas intensões; era necessário que se fizesse algo concreto em detrimento do Outro, daquele abandonado, do excluído. Este Ser de Luz e de Boa Vontade dedicou sua vida em detrimento do Outro, com exemplo concreto na cura de um trabalho fabuloso, criando, em Santos Dumont, Minas Gerais; o *Instituto Joaquim Soares de Oliveira*, cujo nome foi uma homenagem ao amigo fundador da FRA, no Brasil, que, apesar de sua breve estada neste mundo, conseguiu grandes realizações, divulgando e produzindo o que teve de melhor, em prol da *Fraternitas Rosacruciana Antigua*.

Poderia dizer que M∴ Miguel acreditava na existência das coisas que não tinha visto e lutou, bravamente, para colocar em prática sua ideia visionária e alavancar, a partir do mínimo recurso, sua empreendedora fábrica de homens dignos...

Dedico este capítulo a este insigne ocultista M∴ Miguel e lhes pedimos que fixe sua atenção além do método das práticas taumaturgistas, que, como principiantes na senda da Arte da Cura, precisa-se mesmo meter o dedo na chaga, para poder acreditar que há chaga; que tem mais necessidade de sinalizar fatos comprovadamente reais, que teorias de abstrações puramente insólitas. Daí, que começaremos esta parte, que prefiro nomeá-la como Curso sem as abordagens de ensinamentos psíquicos, nem de quimeras escalafobéticas, mas, sim, com coisas simples, de sentido comum; com fatos comprovados e provados pela ciência, que mesmo não tendo sido lido ou ouvido pelo leitor poderá parecer *a priori* muito familiar. Apenas pedimos que abram os olhos, que busquem enxergar além do limite visível, que compreendam e acreditem naquilo que possa sentir; que não haja como um cético, sem que antes verifique, sem preconceito, esta ciência da alma. Logicamente que, quando você tiver conseguido acreditar naquilo que sentir sem ver, estará capacitado para enxergar algo que resolveu acreditar. Isto, porém, somente virá num período mais avançado de seus estudos, quando estiver habilitado a colocar em prática algo que só dependerá de você, pois a primeira cura é necessariamente a de si mesmo.

Toda substância que já tenha existido, em forma material, existe hoje sob alguma forma. Toda substância que tiver que existir algum dia em forma material existe hoje sob alguma forma.

Esta afirmação é factualmente comprovada pela ciência e tem demonstrado que podemos comprovar pela reflexão de uma razão simples. Se, por exemplo, um pedaço de gelo é aquecido, ele se transformará em água; fervendo-se essa água, ela se tornará vapor. O verdadeiro vapor é invisível; este que nós chamamos vapor é o gelo condensado. Independentemente do que você fizer esta substância sempre existirá como gelo, água ou vapor e nunca perecerá. Pode ser invisível aos olhos, mas nem por isso deixará de existir.

Num poema, lindo e simples, intitulado *"A Nuvem"* diz:

Sou filha da Terra e da Água, sou o adorno dos Céus, penetro os poros dos oceanos e das costas: me transformo, mas nunca pereço.

Outra reflexão que podemos inferir como outra abstração é de um pedaço de papel, uma folha de árvore, que queimamos para nos ver livres deles e, entretanto, não nos livramos deles, pois seus componentes ainda existem sob a forma de gazes, de fumo e de cinzas, os quais pesam exatamente o que pesavam o papel e a folha; por isso que uma dada quantidade de substância material pesa sempre o mesmo, é o que diz a ciência, e prova que a matéria nunca perece.

Na antiguidade se acreditava na *magia negra*; acreditava-se que do nada se poderia fazer alguma coisa e que essa alguma coisa poderia voltar-se ao nada mediante encantamentos.

A ciência demonstrou que: por mais que os magos parecessem terem alcançado seus objetivos naquilo que aparentemente sinalizava como realidade, era, na verdade, uma falsa realidade. A destruição aparente da matéria era uma simples ilusão de ótica, pois como dizia Demócrito:

Nada jamais se pode transformar em alguma coisa, nem algo jamais em nada.

A palavra "destruição" nem deveria aparecer no Dicionário. Neste sentido, nada se destrói, senão se "transforma". É por isso que os químicos modernos, quando escrevem a palavra "destruição" sempre a colocam entre aspas, para indicar o seu emprego errôneo.

Ainda recorrendo a outro exemplo: uma semente. Consiste numa certa combinação de substâncias e com o seu desenvolvimento se apropria de outras substâncias. De onde a toma? De onde senão do solo que a suporta? E essa substância que a semente absorve sempre existiu a espera de ser utilizada. A semente se transforma em árvore, esta produz folhas, troncos e raízes; a qual exige cada vez mais substâncias. De onde ela retira todos esses nutrientes necessários para sua formação senão que do mesmo solo que nutre e conduz a uma infinidade de vegetais, cada um com sua forma e especificidades próprias. Certamente que não é só por meio das raízes; desde que seu esforço pela atividade na vida e sua formação buscam também substâncias no ar e no Sol. Então, o ar e o sol também contêm substâncias à espera de que a utilizem tanto quanto a da terra. Seguindo este raciocínio, vemos também que de tempos em tempos a árvores perde as folhas, flores e ramos, que sofrem um processo químico de deterioração e retornam à terra e ao ar, aos grandes armazéns de substância. A árvore finalmente morre, cai no solo, apodrece, desaparece e se transforma em carvão de pedra, que depois usamos como combustível.

Agora vem a pergunta: desaparece a substância quando queimamos o carvão, ou sequer diminui essa substância? Não; alguma coisa da matéria, que um dia foi árvore é hoje fumaça. Uma parte é gás, outra cinza; subsiste, porém, a mesma substância intacta e com o mesmo peso.

E segue-se a transmutação: a substância que foi para o ar passa por outras transformações; que talvez se transforme em chuva que, por sua vez, vai tomar parte do crescimento de uma nova árvore. E aquela substância que ficou no solo, as cinzas, retorna à Mãe Terra como nutrição de novas árvores, talvez dissolvidas como sais na água da chuva, ou como alimento dos animais ou até mesmo dos peixes que mais tarde nos servirão de alimento.

Tal é a eternidade e a versatilidade da substância.

Disso vimos então, com nossos próprios olhos e pensamentos subjetivos que a matéria jamais perece e que nunca houve e nem haverá maior ou menor quantidade de substância. Apenas que, por vezes, não a vemos e outras podemos até ver, mesmo que de formas variadas e em outras aparências. O fato é que tudo permanece continuamente existindo, porque a vida é múltipla de suas essências e formas e eterna na diversidade das coisas.

A mesma quantidade de substância que envolvia a vida dos nossos *mestres passados* envolve hoje todo ambiente a nossa volta, aguardando a oportunidade própria para se tornar visível e reconduzir aos feitos e fatos daqueles que já foram árvores, troncos e frutos de uma existência profícua, numa sociedade que sofre e busca necessárias mutações, que podem e devem ter nossas participações ou contribuições ativas. Toda substância materializada nos esforços sociais e humanitários por aqueles que desenvolveram trabalhos divinos, para minimizar o sofrimento alheio e ativar o mecanismo de paradigma sustentável, deve ser copiada, reproduzida e lembrada sempre por todos nós, que podemos ser capazes de mudar e redesenhar toda paisagem à nossa volta. De alguma forma esta matéria prima e sagrada que existiu dando forma e vida a uma Instituição, existe ainda hoje sob alguma forma. Toda riqueza com que o mundo há de contar, amanhã ou daqui a um milhão de anos, existe hoje circundando nossas mentes e esperando um chamado para tomar forma material daquela que floresceu um dia pelas obras daqueles que demonstraram suas habilidades humanísticas.

Não podemos dizer que desconhecia tais riquezas e que estas não estavam à nossa disposição, apenas porque não sabíamos de sua existência ou nem havíamos ouvido falar nos simples ensinamentos que nelas estavam difundidos. Aliás, todos nós sabemos de nossa responsabilidade e não é necessário que alguém o faça por nós; somos, sim, responsáveis pelo outro, porque vivemos no mesmo mundo e somos da mesma espécie, usando e abusando da substância que está sempre ao nosso dispor para o empreendimento que melhor nos aprouver. Não podemos nos comparar com um menino de posse de um livro cheio de letras e de sinais sem significado algum para ele, apenas por causa de sua ignorância, não é verdade? Entretanto, por este menino não saber interpretar essas letras e esses sinais, não nega que os mesmos tenham um significado; ao contrário, os leva à sua mãe a quem diz: "Mãe, ensina-me a ler livros como a senhora os lê". O homem, porém, costuma não ter a modéstia do menino; contenta-se, em vez disso, com o seu orgulho, dizendo: "Eu não posso ler isso, logo não tem qualquer significado". A menos que tenhamos a modéstia, a simplicidade, a fome de saber que possui o menino, não nos serão reveladas essas coisas, aparentemente simples, mas que fazem toda diferença na contabilidade de um juízo final.

A pessoa que duvida que haja substância à espera é como aquele que somente aprendeu inglês, para quem uma página em francês não tem qualquer significado. Mesmo que nada conhecesse no outro idioma, não seria tolo em afirmar que nada significa por não saber ler noutra língua.

Bom, descobrimos então que a quantidade de substância no Universo é invariável; que o próprio ar que nos rodeia está cheio dessa matéria onipresente e que ela está esperando ser utilizada, dando-lhe formas úteis. Uma vez convencidos desta Verdade, estamos prontos para perguntar a nós mesmos: que é que faz com que essas pequenas células se unam e se agrupem em formas suficientemente grandes para serem visíveis aos olhos? Por que não se conservam elas desagregadas no ar? Quando é que se unem e o que as mantém unidas?

> *Essa lei... esse grande princípio... que por toda parte procurávamos e que uma série de mistérios nos oculta-va.... aparece-nos em todo seu esplendor... compreendemo-la porque é nós-próprios... A unissonância com o Ego divino e uma Alteridade concreta estabelece-se espontaneamente e os obstáculos desaparecem, pois entendemos que tudo será possível e está tão somente aguardando nossas atitudes voluntárias para delas fazer uso da maneira que melhor nos aprouver... Sentimo-nos a partir deste instante penetrados de felicidade pura e de um amor transcendental.*

O que nos responde a Física? Podemos muito bem depender das conclusões da ciência, pois os sábios não chegam a conclusões por meio de suposições, mas, sim, por meio da empiria – a química, a física, as matemáticas, a botânica, a fisiologia e todas as outras ciências devem ser acordes em seus princípios fundamentais, porque onde termina uma principia a outra, de maneira a terem, assim, um ponto de união. E quando uma ciência se estende sobre o campo de outra, as condições de ambas, no terreno comum, devem concordar a não ser que uma ou outra esteja equivocada. O estudante da metafísica, que também é uma ciência, terá suas conclusões em harmonia com as outras ciências, porque se seus ensinamentos e resultados não estiverem em consonância com as outras, certamente que não poderá estar no caminho correto e uma delas estará errada. Quando as coisas materiais se tornam demasiadamente sutis para que possam ser computadas por meio de instrumentos de física, a ciência mental toma frente ao trabalho, e suas conclusões devem estar de acordo com as da física, caso contrário, como dissemos anteriormente, uma das duas estará fadada ao erro.

Há algum tempo, um sábio físico francês formulou uma teoria peculiar sobre os átomos, pois os sábios, antes de pretenderem comprovar a verdade, têm que imaginar primeiro. "Aprendamos a sonhar que, talvez assim, encontremos a verdade", dizia A. Kukele, outro pensador. – Este sábio francês que inovou a teoria atómica disse que cada átomo estava munido de um gancho ou rabo, com o qual agarrava e prendia os seus semelhantes que passassem por perto, resultando daí a formação dessas unidades isoladas de grupos ou corpos. Outros cientistas, trabalhando em torno dessa teoria, fizeram estudos laboriosos dos átomos e, embora não tivessem encontrado os ganchos, encontraram muitas novidades sobre estes componentes da substância. Cada nova descoberta conduz sempre a outra nova teoria. As conclusões dos sábios são as seguintes:

Alguma coisa dentro dos elementos da substância faz com que os átomos se busquem uns aos outros, que se juntem e lancem suas raízes, cada vez mais, sobre os elementos dos seus respectivos grupos.

Um fenômeno muito curioso tem preocupado estes sábios atomistas: os átomos da mesma espécie nem sempre agem da mesma maneira em condições similares. Algumas vezes, um átomo busca certa classe de átomos e com eles se combina, ao passo que outro, aparentemente, da mesma espécie, une-se a uma classe diferente de átomos. Que os átomos mostrem assim, por sua própria iniciativa, com tais preferências, é coisa que não parecia estar de acordo com as leis invariáveis da natureza, sendo, então, os sábios levados a aceitarem a conclusão de que os átomos que pareciam ser da mesma qualidade, realmente não o eram, atribuindo-se essa conduta variável a qualquer coisa diferente dentro do átomo. A esse "algo" denominaram "energia potencial ou latente".

De onde e de que maneira o átomo adquiriu a "energia potencial"? O que é "energia potencial"? Muitos sábios afirmam que essa energia, que faz com que a matéria informe tome forma, é a eletricidade. Se assim fosse, a eletricidade controlaria o Universo e, sendo a mais alta força, não poderia estar sujeita ao controle de outra força qualquer. Isso, porém, não é convincente, pois sabemos que a eletricidade pode ser controlada e, mais ainda, se não é controlada é uma força cega. O que ou quem, então, que controla a força elétrica? O homem sujeitou a eletricidade, embora em pequeno grau, por meio de sua inteligência. Conseguintemente, a inteligência do homem deve ser um poder mais alto do que a eletricidade. Logo, a inteligência pode ser a energia potencial que atua sobre os átomos. E queremos aqui acrescentar que, embora não possa a ciência definir ou explicar a eletricidade, prova que a energia é indestrutível.

Alguns sábios não se atreveram a indicar a fonte da energia. Dizem que tal determinação está fora do campo da física, isto é, encontra-se na metafísica, no mundo das ideias. – A verdade é que essa determinação está no limite da física, sendo a psicologia seu ponto de contato e fio condutor das duas pontas do mesmo barbante.

Alguns físicos, entretanto, vão ainda mais longe na explicação da energia. J. A. Fleming, pensador físico muito conceituado, assim diz:

> *Resulta, afinal, que a energia não nos pode ser compreensível senão como uma demonstração da operação direta daquilo que chamamos Mente ou Vontade.*

A física e a psicologia encontram aqui num campo comum, pois o pensamento não é outra coisa senão a operação que denominamos Mente ou Vontade. O Pensamento (expressão da inteligência) – dizem então ambas as ciências – é a energia potencial que se transforma em substância material, atrai e retém juntos os átomos da substância.

- Neste sentido, quem possui senso comum sabe que, para entender ou receber inteligência é preciso ter inteligência. Logo, os átomos à espera de ordens devem ser inteligentes, uma vez que recebem e obedecem à inteligência.

- A partícula infinitesimal em espera começa a agitar-se, tão logo sinta a atração de outra partícula carregada de energia. O átomo em espera é assim como um ser infinitesimal aguardando a carga da ideia;

é como um pequeno cérebro ansioso que põe mão a obra ativamente, quando se lhe dá uma ideia para realizar.

A partícula carregada é um núcleo em trono do qual giram vertiginosamente outras partículas. Um núcleo é um centro de formação, uma semente que contém o embrião, a forma que, mais tarde, se desenvolverá ou crescerá. O grupo vem a ser um pequeno universo excitado, um sistema de mundos em rodamoinhos a trabalhar em órbitas fixas agindo, porém, harmoniosamente. Há sábios que dizem:

> *A trajetória descrita por um único átomo é tão fixa como a órbita de um planeta, e a única diferença que há nos dois casos é a marcada pela nossa ignorância.*

Os átomos, explicam os químicos, são retidos em um pequeno mundo atômico por um ápice de eletricidade. "O elétron (partícula carregada de energia) encadeia e une todo o sistema". É assim que a energia dá forma à massa informe.

O pequeno sistema de átomos em turbilhão se encontra com outros sistemas nas mesmas condições: seus propósitos e prazeres parecem mútuos: unem forças; sua massa cresce cada vez mais até que, finalmente, toma a forma visível que nos é familiar.

Toda matéria mineral, vegetal ou animal foi formada pelo sistema de núcleo. Mesmo o Sol, a Lua e as estrelas são formados por esse modo. Já Virgílio disse:

> *Os céus, a terra, a pálida lua e a via láctea são nutridos por uma alma, por uma inteligência brilhante, cuja chama alenta em cada membro do universo e guia o todo grandioso.*

Uma vez deixado em paz cada sistema turbilhonado, este cresce em tamanho e força, pois essa é a lei natural, a lei do infinito. Disse um notável químico contemporâneo:

> *Há uma lei universal de desenvolvimento progressivo por meio da qual o erro diminui gradualmente e a verdade se expande.*

A natureza jamais contou os seus escalões para baixo, mas, sim, para cima, de acordo com as leis do Infinito.

O que então significa tudo isso para você? Certamente que não tem outra resposta, significa que os nossos pensamentos carregam a substância em espera que nos rodeia, obrigando-a a tomar forma, exatamente a forma do pensamento. Isso nos diz que todas as coisas são fragmentos formados, intrinsecamente, de inteligência que respondeu à inteligência: mais ainda, que a buscam. Isso clareia a expressão de São Paulo: *"As coisas que vemos não foram feitas de coisas visíveis"*.

Deveria dizer-nos que o mesmo princípio rege a criação das coisas maiores: que o pensamento é a forma pela qual podemos atrair para nós as coisas que desejarmos ter e que o pensamento foi que atraiu o que agora temos de bom ou de mau. De tal modo, a inteligência responde à inteligência, que está inteiramente em nosso poder fazer com o universo inteiro responda à nossa ideia. O Dr. Max Mason, insigne acadêmico americano de Chicago, escreveu:

> *Sacudi um átomo aqui e, algum dia, de alguma forma, todos os demais no universo inteiro se sacudirão em resposta. Chamai a isso irradiação; chamai-lhe o que quiserdes.*

Por isso disse Jesus: *"Todas as coisas que quiserdes, crede que as estais recebendo e que as haveis de ter"*. Quer dizer, quando criamos uma ideia, a transformamos em energia, o núcleo de substância que contém em si a atração necessária para criar a forma material da ideia assim expressa: Nesse mesmo instante o desejo está realizado no céu, no núcleo. E, quanto mais acreditarmos nisso, mais prontamente o universo conspirará para realizar sua Vontade Verdadeira.

Convencido ou não de que estas coisas e muitas outras são reais e podem ser compreendidas e vivenciadas nós não podemos forçar, mas apenas indicar, provocar e demonstrar por meio de exemplos que nossos olhos poderão enxergar muito além do horizonte visível, pelo fato de nunca haver percebido tais circunstâncias prestes a transformar-se em riqueza, não nega você a existência dela. A ciência prova que existem à nossa inteira disposição bilhões de pequenos átomos e tem até mesmo contato e fotografado nos seus caminhos, mesmo que não possam ser visíveis a olho nu. Assim como estes átomos temos também infinitas possibilidades de um trabalho digno e suficiente para mudar nossas vidas e do outro que aguarda nossa colaboração. Que o Eterno possa nos ajudar abrir os olhos e nos ensinar a ver com os olhos mente e do coração as possibilidades do trabalho nas diversidades da vida.

A verdadeira visualização é o atributo e Poder da Vista de Deus, em ação na mente do homem. Quando um indivíduo representa conscientemente na mente algo que deseja realizar, está empregando um dos mais poderosos meios de trazer esse desejo à sua experiência objetiva, tangível. Há muita confusão e incerteza no espírito de muitos relativamente ao que de fato sucede quando alguém visualiza ou cria um quadro mental de alguma coisa que almeja. Em nenhuma parte do universo, uma forma jamais se manifestou sem que alguém tivesse mantido conscientemente a imagem dessa forma no pensamento, porque todo pensamento contém uma representação da ideia que encerra. Até mesmo os pensamentos abstratos encerram uma representação de qualquer espécie ou, no mínimo, uma imagem que é a concepção mental que deles faz quem os emite.

Indicar-vos-ei um exercício pelo qual podereis desenvolver, governar conscientemente e dirigir com êxito infalível. Há várias etapas no processo que o buscador pode empregar a todo e qualquer tempo. A prática traz, de fato, resultados objetivos, palpáveis, quando aplicada corretamente. O primeiro passo consiste em deliberar sobre o plano ou desejo a ser realizado. Quando isso fizer, atentai para que seja uma coisa construtiva, nobre, merecedora de vosso tempo e esforço. Cuidai escrupulosamente de examinar vossos motivos verdadeiros para provocar a manifestação de tal criação. Deveis ser honestos, tanto no que vos concerne quanto no que se refere ao resto do mundo, e não simples capricho de apetites dos sentidos físicos ou no afã de reconhecimento social por pura vaidade. Lembrai-vos da enorme diferença que há entre utilidade, desejo e apetite. Utilidade é o cumprimento da Grande Lei Universal de Serviço. Desejo é a atividade expansiva de Deus por meio da qual a manifestação é constantemente mantida, e é a Perfeição ampliando-se a si mesma. Apetites dos sentidos são apenas hábitos estabelecidos pela satisfação contínua da natureza sensual e consistem unicamente de energia concentrada e qualificada por sugestões da atividade externa da vida.

Certificai-vos cuidadosamente de que não haja em vosso interior algum sentimento oculto de que vos regozijareis em vos beneficiar a expensas de outrem – e só que o seja tirará proveito desta espécie de prática – segurai firmemente as rédeas e deliberai corretamente a disciplinar e governar conscientemente a personalidade humana. Escolhei o que há de fazer ou não em seu mundo e, pelo processo de figurá-lo na mente, estabelecei e fazei manifestar-se definitivamente determinado plano de vida. Desta forma construireis um sólido sentido para suas construções mentais e espirituais, livres de escória das paixões humanas. É no silêncio de vossa consciência que a atividade Divina penetra na alma de vossas ações e no sentido próprio do Mundo da Vida.

(...) O segundo passo consiste em observar e escrever vosso plano por meio de palavras, tão concisas e claras quanto ao vosso pensamento original, livre de dissipações e sem ânsia de resultados, pois pensamentos puros e nobres são de todo perfeitos...

A∴A∴K∴

Todas essas ilações, provocações e lições, quando vistas e aproveitadas corretamente encherão nossas vidas de riqueza daquelas substâncias legadas por aqueles que doaram suas existências em detrimento do Outro. Substâncias de incomensuráveis riquezas estarão ao nosso dispor quando começarmos a dar o primeiro passo na conquista de nosso armazém de abundantes tesouros; o dom do saber e do servir é o maior e mais digno tesouro que o Iniciado pode receber. Quando sabemos da existência de algo que realmente podemos dispor e conquistar e está ao nosso alcance, só não faremos uso se não quisermos.

> *Bendito sejam os que viveram antes de nós, os que estejam conosco e os que nos sigam sejam dadas aos seus Mestres Diretores Invisíveis. Bendito sejam os que estão por cima, embaixo, à direita e à esquerda, e venham a nós as forças neles incorporadas. Benditos sejam os que nos amam e nos compreendem e benditos os que odeiam porque não nos compreendem e graças sejam dadas às almas neles encarnadas. Bendizei-nos oh! Forças concentradas nos NAHUAS, na Loja Branca do Montserrat e nas outras esparsas pelo mundo e permita que os Irmãos Invisíveis cuidem destas criaturas... até o fim de seus dias. Assim seja.*

Todas as vezes que vierem dúvidas de que você está rodeado de substância de riquezas incontáveis, recorde-se de que a ciência sustenta e prova que esta substância é indestrutível e eterna, de que existe hoje toda a riqueza que todas as gerações futuras hão de conquistar, a qual está apenas à espera de que alguém lhe dê forma.

Quando acreditar, no fundo de seu coração, nessa substância eterna, à sua espera perguntará a si mesmo: O que é que lhe dá forma? E chegará à mesma conclusão que chegou a ciência, que existe certa energia que atrai essas unidades de substância e as reúne, dando-lhes aquilo que chamamos forma, talvez, a forma do aspecto humano que lhe trará a relembrança de seus iguais.

Uma vez aceita tal energia, você relacionará assim: "Se eu consigo descobrir que espécie de energia é essa talvez eu possa apropriar-me de uma parte dela". Se conseguir isso, poderei ordenar a esses átomos que se agrupem e tomem forma, e ordenar a outras formas que se desorganizem. Então, acreditarei naquilo que disse Jesus: *"aquilo que pedirdes recebereis"*; *"tudo o que o Pai tem é meu"*; *"aquilo que eu faço, podereis fazer, e ainda maiores coisas do que eu poderei fazer"*. Poderá acelerar a obra da natureza. Poderá ter tudo quanto quiser, em paz, riqueza, saúde, poder, harmonia e prosperidade. Foi esta substância que o Ir∴Miguel descobriu na sua passagem por esta vida, deixou-nos um legado de trabalho e amor puro. Um servidor de Deus... e possa dizer com ele a prece que nos indicou:

> *Amor puro, que reinas sobre todo o Universo! Enche plenamente meu coração e meu corpo, a fim de que eu possa amar, com todas as minhas forças, ao Divino Senhor da Criação, ao meu próximo e a todos os seres viventes. Divino Mestre! Dou-te graças por tudo quanto fizeste por mim. Deposito, em ti, toda a minha confiança e todas as minhas esperanças. Tenho absoluta fé em Teu Saber Infinito, em Tua Omnipotência Divina e em Teu Imenso Amor para com todas as criaturas. Sabedoria Divina! Reflete-te continuamente em meu espírito! Sê minha chama, meu amparo e meu Guia, e, assim marcharei firmemente no caminho da Justiça e da Verdade! Assim seja.*

Se vosso desejo, ou melhor, sua *Vontade Verdadeira* for construtiva, serás como Deus vendo seu próprio Plano. Quando Deus Vê, constitui isso um Decreto ou ordem irrevogável, de execução imediata. Na criação desta terra e do sistema planetário a que pertence, Deus disse: "*Faça-se a Luz*", e a Luz surgiu. Não foram necessários *œones* de tempo para criar a Luz. Esse mesmo deus poderoso está dentro de você agora e, quando vir ou falar, são os seus atributos da visão e da voz que atuam em você e por meio de você.

> *O Desejo é, em nós, a inclinação para um objeto ou para um ser; representa a atração, resultante do próprio amor, como a magnetização resulta do ímã; é essa inclinação, tomando secundariamente a aparência de diversos sentimentos, que nos arrasta na vida.*

Se tiverdes perfeita compreensão do que realmente isso significa, podereis dar ordens com seu Pleno Poder e Autoridade, porque *Sois Sua Consciência de Vida*, e só a Autoconsciência da Vossa Vida pode ordenar, imaginar ou desejar um Plano Perfeito, Construtivo. Todo Plano Construtivo é Plano de Deus. Por isso, sabeis que Deus está sempre em ação, ordenando:

"Que este desejo (Vontade Verdadeira) *se realize agora".*

E será realizado!

CONSIDERAÇÕES SOBRE O SER E O MUNDO DA VIDA

Estamos conscientes da desordem e do sofrimento que existem generalizadamente ao nosso redor. Na Política vivemos o caos absoluto, a falta de moral e ética delineia uma marca registrada desta instituição. Nossa sociedade passa por uma crise de inversão de valores, escasseia os costumes virtuosos, e a população perdeu o bom senso e a moralidade, estando muito distante de um ponto sustentável. Vimos mundo afora, guerras, depressões econômicas e convulsões sociais em diferentes períodos.

A crise da qual refletiremos não é relativa a esses desastres sociais periódicos. A crise, da qual nos ocuparemos, não atende particularmente um país em especial, nem se origina de um sistema político qualquer, ou até mesmo de uma religião ou outro sistema secular; mas, uma crise que afeta os próprios valores fundamentais humanos, a própria significação do homem através dos tempos. Desde a grande Revolução de 1789, o mundo não parou de decair. Neste sentido, pensar em reformas e adequações paliativas, ou substituição de um sistema por outro, não resolveria o problema. Para compreender toda essa ebulição de comportamento conclusivamente e real, seria necessário apenas alguns minutos de contemplação e clareza da realidade em que vivemos.

Somente uma REVOLUÇÃO ontológica seria necessária e suficiente para mudar os rumos destes sinais dos tempos para reformar a consciência e sentimento do ser humano. Toda esta confusão e angústia generalizada, facilmente observada nos rostos e no comportamento das pessoas, não resultam de meros fatores externos, por mais desastrosos que se tenham apresentado diante dos nossos olhos, por meio de reportagens trazidas de todo canto do mundo, mas é, antes, o resultado de uma falsa realidade que mora em nós mesmos. Portanto, sem a devida compreensão do problema individual, que é o problema do mundo, e não sendo possível a paz e a ordem dentro de nós, consequentemente, muito menos a teremos fora de nós.

Só há uma revolução fundamental. Essa revolução não é produto de ideia, nem se baseia em padrão de ações inconscientes. Verifica-se essa revolução ao desapare-

cer a necessidade de nos utilizarmos uns dos outros. Tal transformação não é coisa abstrata, ou uma aspiração, mas sim, uma realidade possível de experimentar-se logo que começamos a compreender a natureza de nossas relações. Essa revolução fundamental está sustentada no amor, puro e livre de dissipações. É o único fator criador, o único capaz de operar a transformação de nós mesmos, e consequentemente, da sociedade em que vivemos.

Uma vez que somos os únicos responsáveis por tanta degradação e agonia, é de todo inútil apelarmos para qualquer sistema, seja ele político ou religioso, como solução na esperança de transformarmos nossas condições atuais, já que o caos reinante é proveniente de nossas escolhas no Mundo da Vida. Isso somente poderá ser revertido após uma aceitação dos valores reais e profundos serem entendidos e aplicados como norma nas nossas vidas.

Essa transformação dos valores não poderá realizar-se mediante qualquer Constituição ou legislação em particular, nem pela compulsória de ações nos fatores materiais externos. Caso optemos para essas possibilidades, o que encontraremos será uma pura e simples repetição das mesmas aflições e confusão generalizada. Neste estado de conflito e desorientação, fomos reduzidos pela predominância que temos atribuído aos bens materiais, porquanto estes produzem *a priori* ao embotamento da mente e ao desgaste desnecessário do coração. Os valores materiais somente colaboram para a nossa existência automatizada e estéril.

Nossas necessidades humanas materiais não representam, em si próprias, um fim, mas se convertem nisso quando a significação psicológica do homem deixa de ser compreendida na sua totalidade. A regeneração só será possível quando cada um, como indivíduo, tornar-se cônscio das condições que delimitam o pensamento e o sentimento, em relação a si mesmo e aos outros. Tal limitação é imposta à mente por ela própria, na incansável busca de segurança para si, seja pela forma de propriedade, família, ideia ou crença religiosa. Esta busca psicológica de segurança torna necessário o desenvolvimento e o cultivo das coisas criadas pela mão ou pela mente humana. Neste sentido, a família, a crença e todas as coisas em geral, assumem uma importância excepcional, porque é falso acreditar que é pelo meio delas que procuramos alguma forma de felicidade. Mas, como não é possível encontrar-se nelas a tão sonhada ventura de autorrealização, cria-se um pensamento, uma forma mais transcendente de crença, uma forma mais elevada de segurança que vão desaguar no labirinto de desilusões ou nos fracassos existenciais. Enquanto a mente buscar essa garantia para proteção dos aspectos externos, não haverá compreensão das relações humanas; pois, nesse caso, a vida de relação consistirá apenas numa falsa busca de prazeres e não num processo profícuo de autoconhecimento e crescimento de ascensão verticalizada.

Releva compreender-se o significado da verdadeira vida de relação. Sabemos não ser possível a existência no isolamento ou reclusão, pois o homem é um produto do meio e necessita dele para se realizar. Ser é estar em relação. Sem relação, não se concebe a existência.

> *O modo como o Outro se apresenta, ultrapassando a ideia do Outro em mim, chamamo-lo, de fato, rosto. Esta maneira não consiste em figurar como tema sob o meu olhar, em expor-se como um conjunto de qualidades que formam uma imagem. O rosto de Outrem destrói em cada instante e ultrapassa a imagem plástica que ele me deixa, a ideia à minha medida e à medida do seu ideatum — a ideia adequada. Não se manifesta por essas qualidades, mas kath'autó. Exprime-se.*

> LEVINAS, E. *Totalidade e infinito*. Trad. José Pinto Ribeiro. Lisboa: Edições 70, 1988, p.38.

A vida de relação é "*des-a-fio*" e pura reatividade. A relação de atrito ou harmoniosa de uns com os outros constitui a sociedade; a sociedade não existe independente de nós; a coletividade não é uma entidade em separado, mas é o produto de todos nós e de nossas relações com outros. Mas, em que se baseiam essas relações? – Poder-se-á dizer que estão baseadas na interdependência, no auxílio mútuo, etc.; mas não levando em consideração essa cortina sentimental, que estendemos à frente uns dos outros, em que se fundamenta, na realidade, a vida de relação? – Na satisfação mútua, não é verdade? Se eu não lhe agrado, você poderá desvencilhar de mim por diferentes maneiras; e, se eu lhe agrado, poderá me tomar para marido, vizinho, amigo, ou "guru". Este é o fato real; na vida, ao deparar com o Outro temos *a priori* duas impressões, a simpatia ou a antipatia, quanto aos primeiros queremos sempre tê-los ao nosso lado, já os outros queremos apenas distância. Mantemos relações onde encontramos satisfação e aprazimento e quando isso não ocorre recorremos ao divórcio, ou resignando-nos à situação, recorremos a outros na busca de nossas satisfações, nas mais variadas opções de necessidade que se encontram sempre à nossa disposição; ou seja: trocamos de "guru", de mestre, ou nos filiamos a outras organizações. Passamos ou mudamos nossas relações até encontrarmos aquilo que nos traz felicidade, que é a satisfação, a segurança, o conforto, etc. Ao procurarmos satisfação na vida de relação é sempre certo o conflito.

Quando na vida de relação se busca a segurança, sempre fugaz, surge a luta pela posse, pelo domínio, e as penas da inveja e da incerteza. As exigências egoístas, a ânsia de possuir, o desejo de segurança e conforto psicológicos, nada mais são que a negação do amor verdadeiro. Podemos falar do amor como responsabilidade, dever, etc., mas o fato é que não existe, não é perceptível o amor na estrutura da sociedade moderna. A maneira como tratamos nossas esposas e maridos, nossos filhos, vizinhos e amigos é bem indicativa da ausência do amor na vida de relação.

> *Não compreendemos a vida de relação; o processo total de nosso Ser, nossos pensamentos e atividades só tendem para o isolamento, o qual impede o estado de relação. Os ambiciosos, os sagazes, os crentes não podem estar em relação uns com os outros. Só podem servir-se uns dos outros, o que contribui para criar-se discórdia e malquerenças. Enquanto não se operar uma revolução fundamental em nossas atitudes para com o outro ser humano não teremos paz social.*

Qual é, então, o significado da vida de relação? Se observarmos a nós mesmos, nas nossas relações, podemos descobrir que exprimem um processo de autorrevelação? O nosso contato com outros não revela, se estivermos atentos, o nosso próprio modo de ser? A vida de relação constitui um processo de autorrevelação, de autoconhecimento; quando ela nos revela pensamentos e ações desagradáveis e inquietantes, dá-se uma fuga dessas relações para outras mais cômodas e confortantes. Nossas relações tornam-se muito pouco significativas quando baseadas na mútua satisfação, mas, por outro lado, podem se tornar altamente significativas quando nos revelam a nós mesmos. O amor prescinde de relações. É somente quando a outra parte se torna mais importante que o próprio amor é que começam as relações de prazer e de dor. Quando nos anulamos ou reduzimos nossas pulsões egoístas total e completamente é quando amamos em realidade; a partir deste momento deixam de existir as relações de satisfação mútua ou o processo de autorrevelação passa a ser mais importante nos libertando dos vícios do caráter. No amor, não há recompensa. Um amor como tal é algo perfeito, maravilhoso. Não há nele atritos, mas uma completa integração e um típico estado de êxtase. Estes momentos raros, de suprema ventura e alegria, ocorrem ao desenvolvimento da existência do amor, dá-se, então, a comunhão completa. O amor se retrai quando o seu objeto assume maior importância; declara-se então um conflito de posse, temor e despeito; e por isso diminui sua propriedade; e, quanto mais se retrai, mais cresce o problema das relações, perdendo estas seu fundamento e objetivo de significação. Não se pode construir uma relação de amor por meio da disciplina ou qualquer outro método de imposição, até mesmo pela compulsão intelectual. É um estado que se manifesta apenas depois de cessarem as atividades do ego. Estas atividades não devem ser suprimidas pela disciplina, nem reprimidas ou evitadas, porém devem ser, sim, compreendidas. É necessário distinguir e compreender as atividades egóicas, em todas as suas múltiplas camadas.

> *O amor e a verdade não podem ser encontrados em nenhum livro, Igreja ou Templo. Vêm à existência com o autoconhecimento. O autoconhecimento é um processo árduo, porém não é impossível; só se torna difícil quando estamos tentando alcançar um resultado. Mas o estar cônscio, simplesmente, a todos os momentos, das tendências de nossos pensamentos, sentimentos e ações sem condenar nem justificar, traz uma liberdade, uma libertação na qual somente se pode encontrar a bem-aventurança da Verdade. Uma Verdade que trará a paz ao mundo. Uma Verdade que fará de cada um de nós uma fonte de alegrias e felicidades nas nossas relações.*

Somente a partir da clareza no pensamento é que podemos conceber autoconhecimento. Só pode surgir o pensamento correto quando se está consciente dos nossos verdadeiros sentimentos, dentro das atividades do nosso dia a dia, independentemente das circunstâncias de interesse pessoais que nos envolvem. Nesta percepção clara e absoluta, não pode haver condenação ou preconceitos, cada pensamento deve ser livre de ideias preconcebidas, para completar-se e ser compreendido na sua inteira conjuntura. Desse modo, numa percepção isenta de dileção, a mente começa a libertar-se das preconceituosas visões externas, da coisa em si e das sujeições que ela mesma cria ao entrar em contato com dados ilusórios da falsa realidade. Somente desta forma conseguiremos entrar no cerne da questão e observar com nitidez a realidade das coisas.

Nosso problema não consiste em nos ligar a qualquer sistema de pensamento, seja ele político ou religioso, mas fazer despertar em nós o nosso próprio conflito, sem os pressupostos que causam apenas confusão e sofrimento. Quando nos tornamos ciente da luta e da dor de nossa existência, a reação imediata é a fuga das crenças, das atividades sociais, dos entretenimentos ou com os sectarismos políticos de direita ou de esquerda. É lógico que a confusão e o sofrimento não serão dissipados com a fuga, que só faz recrudescer a luta e a angústia. As fugas que nos são propostas pelas organizações religiosas, como mecanismos de dissolução dessas confusões existenciais, são evidentemente indignas de um homem que tem por meta a busca suas liberdades. O Deus que estas organizações oferecem é o Deus da segurança e não do entendimento de toda confusão e da dor que todo homem depara diante do Mundo da Vida.

A idolatria, o culto das coisas fabricadas pela mão ou pela mente do homem, só redunda no incitamento de uns contra os outros; o que ela favorece não é a dissolução do sofrimento humano, mas uma fuga constante e cômoda, uma distração para anestesiar a mente e amansar o coração. Da mesma natureza são os sistemas políticos; neles o homem encontra as vias de facilidade para uma existência material e imediatista. Isso porque, nessas proposições oferecidas como solução, o presente é sacrificado em detrimento do futuro. Mas o presente é a única porta através da qual a compreensão pode despontar. O futuro é sempre incerto e só o presente pode ser incomensuravelmente transformado pela compreensão transcendente e transcendental da realidade. Dentro dessas considerações, tanto as organizações políticas ou religiosas não são capazes de resolver a angústia e o sofrimento do homem diante da vida.

> *É sempre o interior que prepondera sobre o exterior, se não compreendermos o processo psicológico, na sua totalidade, não teremos base alguma para pensar. Todo pensamento que produz um padrão de ação inconsciente, isto é, com falta de clareza, só poderá culminar em mais ignorância e maior confusão.*

É o próprio homem; ou seja, somos nós mesmos que temos de enfrentar essas questões, deixando de fora todos os sistemas e todas as crenças e procurar entender e compreender o que realmente somos e o que se passa em nosso interior. Porquanto somos o mundo e não estamos no mundo, não é possível promover-se a transformação do mundo sem a prévia transmutação de nós mesmos. Assim sendo, cumpre-nos insistir não numa simples transformação do mundo, mas na transformação do próprio indivíduo; porque, como já dissemos, nós somos fundamental e integralmente mundo, e o mundo não existe sem nós. Para realizar-se essa transformação, o guia, espiritual e secular, torna-se um empecilho, um fator de degenerescência na civilização. Só poderá realizar-se essa regeneração quando nós, afastando-nos os empecilhos, tais como fundamentalismos e fanatismos políticos e religiosos, preconceitos organizados e enrijecidos pelo tempo e aqueles obstáculos que incitam o homem a lutar com o homem – a suspeita, a intolerância, o ódio irracional ou aversão a outras raças, etc. Só a partir desses limites compreenderemos a nós mesmo e perceberemos os nossos pensamentos sem as escórias desnecessárias, aflorando daí os sentimentos e ações de cada dia à luz da realidade translúcida.

> *O mundo somos nós. Sem a transformação do indivíduo não haverá possibilidade de uma revolução radical no mundo. Revolução na ordem social, sem a transformação do indivíduo, só pode conduzir a novos conflitos e desastres. Porque a sociedade é a relação existente entre nós e o outro. Sem uma revolução completa e radical*

nessas relações, qualquer esforço destinado a implantar a paz, é meramente uma quimera, isto é, um retrocesso, por mais revolucionária que seja esta reforma.

É só quando o pensamento estiver libertado dos valores materiais, criados pela mão ou pela mente, é que nos será dada a visão da verdade. Não há caminhos sem luta que nos conduzirão ao Porto da Verdade. Temos que aprender a navegar por mares sem roteiros para encontrarmos, porque não estamos lá, mas, sim, aqui e agora. A Realidade não pode ser comunicada a outro, porquanto o que se comunica é o que já se sabe, e o que é sabido comumente não é o Real. A felicidade não reside na multiplicação de projetos ou sistemas, nem nos valores oferecidos pela civilização atual; ela reside, antes, naquela liberdade que a virtude nos traz; a virtude não é por si só, um fim, mas é essencial; porque só diante dessa liberdade poderá se manifestar o juízo da Realidade. A mera procura e a simples multiplicação dos valores materiais só podem conduzir-nos a uma confusão maior, a uma angústia maior, a novas guerras e desastres.

A paz e a ordem no mundo só serão possíveis quando nós, como indivíduos, pelo autoconhecimento e pelo entendimento claro, o qual não se encontra em livros nem nos é transmitido por qualquer mestre que seja. É necessário livrar-nos daqueles valores que geram luta e confusão. A finalidade do homem não é essa batalha e infortúnio sem fim, mas, sim, aquele amor e aquela ventura que somente nascem com o surgimento da Realidade interna de cada um. A única realidade que glorifica o homem é o serviço que este pode prestar ao Outro.

REFLEXÕES NECESSÁRIAS E PRÁTICAS SIMPLES NO MISTÉRIO DA UNIDADE E NO ESPÍRITO RELIGIOSO

M∴M.

1ª REFLEXÃO

Invocação

A Ti, Ó Presença Infinita e Onipenetrante que irrompes com o Teu Esplendor Poderoso através da atmosfera terrestre, nós rendemos louvor e graças pelo avanço do Poder Crístico de Amor e Sabedoria, que sem a menor dúvida está elevando a consciência da humanidade acima do egoísmo da atividade do eu externo. Nós Te rendemos louvor e graças por nos haver tornado conscientes por todo o sempre da Tua Poderosa e Ativa Presença, e porque no reconhecimento consciente de Ti, Tu impregnas para sempre mentes e nossos corpos de Tua Pura Presença.

- Eu trago saudações para todos vós da Legião do Esplendor.

A Religião do Espírito da Unidade ou o Mistério da Unidade.

315

ARCANUM · A MAGIA DIVIVA DOS FILHOS DO SOL

1) Usamos aqui a palavra "Mistério", como força de expressão, para designar aquilo cuja causa desconhecemos. Porém, não há "Mistérios", porque tudo que acontece se resume dentro de um Decreto verdadeiro, que conhecemos sob o nome de Lei de Atração e Repulsão; Ação e Reação entre outras emanadas da Lei Infinita.

2) Falamos que a Unidade é um Mistério no sentido da compreensão pelo Eu humano que está além da capacidade cerebral; no entanto, a Unidade é uma Realidade e nela e com ela está a solução de todos os problemas e a cura verdadeira de todos os doentes.

3) O Espírito da Unidade usa a mente, o corpo e os sete sentidos para se manifestar.

4) A palavra "Espírito" está empregada aqui no sentido de Consciência.

5) Tudo está na Unidade, tudo se conserva nela, tudo desaparece nela.

6) O corpo físico do ser humano com seus milhões de células obreiras é uma Unidade.

7) A Unidade é uma Força positivo-negativa, masculino-feminina, é ação e reação, é força centrípeto-centrífuga, atração-projeção, de coesão e precipitação; é dualidade harmoniosa Una pelos cruzamentos.

8) Quando a Dualidade não trabalha bem surge o atrito, o conflito, o curto-circuito, a separação, a desavença, a briga, a guerra, o dilema, o problema, a doença.

9) Na área Química, os elementos incompatíveis podem se unir quando se usa um elemento catalítico.

10) Quando os Seres que têm mútua antipatia, os desafetos ou inimigos podem se unir quando se abre ao Espírito de Cooperação, Solidariedade, Fraternidade, Boa Vontade, Compreensão que são inatos em todo e qualquer indivíduo.

11) Todas as Religiões organizadas têm, por Princípio, Caminho e Objetivo, religar a criatura ao Criador, o Filho ao Pai, o Irmão ao Irmão, o homem à mulher, a Presença Divina dos bons à Presença Divina dos maus, tudo fazendo de maneira pacífica e elevada para

316

o aperfeiçoamento de ambas as partes.

12) O Espírito Divino da Unidade está sempre presente. Ele é Omnipresente, Omnisciente e Omnipotente e atua com perfeição cada vez mais perfeita em nós, quando nos abrimos confiantes a Ele.

13) O Ministério é descoberto quando conseguimos a União de nossa Consciência Humana à Consciência Divina.

14) A Religião da Unidade não manda combater o mal, o problema, a doença, o doente, o agressor. Ela nos ensina a nos abrirmos à Luz da Consciência Divina que se manifesta como compreensão. Havendo compreensão tudo fica esclarecido, as malquerenças se desfazem, reina a paz que excede a todo entendimento humano.

Prática

Busque uma postura descontraída, estando sentado, em pé, andando ou parado, trabalhando, cordado ou dormindo. Perdoe as ofensas e peça perdão por todos seus erros silenciosamente em teu íntimo. Deseje o bem para todos, amigos e inimigos invisíveis. A Lei da Atração traz a ti o que pensas e sentes em teu coração. Assimilada esta Verdade em sua corrente sanguínea, Ela que trabalha ininterruptamente em ti, serás orientado e fortalecido para fazer sempre o que for necessário e suficiente para seu progresso real.

Bênção – Ó! Poderosos Seres da Cidade de Ouro! Glorificados nos sentimos em vosso Maravilhoso Resplendor. Privilegiados somos pelo uso dos vossos Grandes Raios. Benditos somos pelo reconhecimento consciente da vossa Poderosa Presença. Envolvei-nos para sempre em vossa Transcendente Luz.

2ª REFLEXÃO

Invocação

    Ó Poderosa e Consumidora Chama-Divina! Nós nos inclinamos diante da Poderosa Majestade do Teu Poder. Nós exultamos com a Tua Presença no Coração de cada um dos Mensageiros Divinos que vêm dirigir o Seu Serviço e Energia, para bênção da humanidade. Nós rendemos louvor e graças por ter a Tua Presença alterado o curso dos acontecimentos, e por Seres como sempre Foste, a Poderosa Inteligência Diretora. Nós bendizemos e agradecemos o estarem Teu Fogo Consumidor e a Tua Atividade Criadora, presentes no coração de cada um de nós, prontos para serem libertados pelo desejo consciente de entrar em ação. Nós bendizemos e agradecemos Seres Tu a Presença Consumidora Onipresente, o "Eu Sou" aqui e ali, "Eu Sou", o Poder que esclarece todas as coisas.

- Do Coração do Fogo Criador trago saudações para todos vós.

1) Se o "Caminho" dentro de você estiver aberto, o Espírito da Unidade se manifestará. O "Caminho" que leva à Unidade é um estado íntimo de confiança e receptividade. Neste estado de graça, alegria, descontração, esperança, o Espírito de Luz da Unidade atua, conduzindo-nos e orientando-nos, direta ou indiretamente. Jamais falha.

2) A Religião do Espírito da Unidade existe, desde o Princípio insondável da Vida. É a religação da criatura à Fonte Irradiante da Vida. É a união do Ser Divino de nossa Vida, ao Ser Divino da Vida de cada Ser, seja Santo ou não. O Ser Divino de cada um sabe o que necessitamos, e tem toda a Sabedoria para realizar a união, dar compreensão e iluminação, dissolver as discórdias e nos fortalecer, para que sejamos fraternos. Basta abrirmos a Ela, a Fonte.

3) O Templo da Religião da Unidade é o Corpo de cada Ser e do Universo, de cada planeta, de cada estrela, de cada astro. Nestes Templos estão as forças luminosas de todos os Símbolos, seja o Triângulo, a Cruz, a Pirâmide, etc. Seu Templo é também Semente, o Grão de Areia, cada Átomo, cada elétron ou a mais ínfima partícula.

4) A Religião da Unidade não tem dogmas, não tem rituais, regras ou horas marcadas para a sua Prática. É a Religião da Nova Idade, fundamentada nas experiências abençoadas dos Seres do Velho *Æon*, que está findando. É a Religião da Fraternidade Consciente e do Trabalho Pacífico e Cooperativista, que substituirá a competição desonesta, violenta e desigual.

5) Sua ação visível e invisível é perfeita circulação da Vida, que vem da Fonte sempre nova, a cada instante em que inalamos o seu alento.

6) Na concepção pura da Unidade, a criatura se une ao Criador Divino e entra num estado interior de solucionar problemas, aliviar dores, curar doentes.

7) Na Unidade, o Espírito une-se à Matéria e a Matéria ao Espírito, numa comunhão salutar, benéfica e complementar.

8) Sentindo a Unidade, sentimos Deus e percebemos a realidade da Vida Eterna. Sentimos a Unidade, a criatura extrai a Luz latente, submersa na forma do bem e do mal, assim como nas ocorrências agradáveis e desagradáveis, das vitórias e das derrotas.

9) Na Unidade sentimos o amor puro e verdadeiro; sentimos que o Amor é a Força Luminosa, circulante e inteligente da Vida emanando Luz.

10) Na Unidade sentimos que a Luz da Força da Vida, em cada átomo, cria as formas e consome as formas. E este átomo nelas trabalha para o aperfeiçoamento e a conscientização de cada criação.

11) Na Unidade desaparece e se dissolve a aversão de uma criatura para com a outra. Na Unidade sentimos que cada criatura é uma Essência da Única Fonte da Vida, seja esta criatura elevada ou que ainda se encontra num estado de evolução inferior. Na Unidade, cada criatura adquire a consciência de que pode desenvolver e conscientizar sua Essência Vital Divina.

Prática

Ligue as antenas de sua Tela Mental para atrair do Alento Divino da Vida, o que almeja em seu coração.

Acredite na Verdade de que, no Alento que irá respirar vivem Seres de Luz, Chispas de Luz, Átomos de Luz a espera de suas Aspirações, para lhe atender.

Assim, poderá atravessar, romper e superar qualquer obstáculo de poluição, física ou mental do ambiente.

Depois, respire natural e conscientemente, sem ânsia e sem tensão.

Benção – Poderoso Fogo Criador! Rendemos louvor e graças pela Tua Grande Onipresença neste dia, para curar, abençoar e fazer prosperar em toda parte. Penetra no coração dos homens com Teu Gênio e Presença Criadora, e deixa a Plenitude e Justiça Divina da Tua Supremacia reinar em todas as funções públicas por todo o país. Faze com que toda a autoridade esteja nas mãos dos Teus Mensageiros instruídos e fiéis; que eles possam orientar plenamente todos os cargos de governo no Brasil a assistência Divina – para que nosso país se restabeleça, seja abençoado e prospere para todo o sempre; para que todas as influências sinistras sejam consumidas e banidas para sempre das fronteiras no nosso país.

REFLEXÕES NECESSÁRIAS E PRÁTICAS SIMPLES NO MISTÉRIO DA UNIDADE E NO ESPÍRITO RELIGIOSO

3ª REFLEXÃO

Invocação

Ó Poderosa e Infinita Presença! Ó Criador de tudo o que existe, sempre majestoso em Tua Conquistadora Presença, só a Ti damos Poder! Retiramos para sempre todo poder que vínhamos dando as coisas externas e nos colocamos serenos em Tua Majestosa Presença, em Teu Amor, em Tua Sabedoria e Poder. Sabendo que "Eu Sou" aqui, ali e em toda parte, então "Eu Sou" tranquilo em Tua Majestosa Presença, manifestando Teu Amor, Tua Sabedoria, Teu Poder e Discernimento, porque eu posso a Tua Previsão e enxergo muito além das possibilidades humanas. Rendo louvor e graças por reconhecer e aceitar por todo o sempre, unicamente a Tua Presença Poderosa e Vitoriosa em todas as coisas, na minha vida, no meu mundo, na minha mente e no meu corpo.

- Regozijo-me por ter colocado em torno de cada forma, Teu Círculo Mágico, Invencível e Impenetrável a tudo que não sejas Tu. Eu monto guarda à minha vida, ao meu corpo, a minha mente, ao meu ambiente e aos meus negócios para que nada se manifeste a não seres Tu. Nós Te agradecemos.

1) O Reino de Deus está na Unidade e a Unidade é o Reino de Deus.

2) Na hora do sofrimento, se nos unirmos ao Espírito da Unidade, somos levados ao sentimento de gratidão, compreensão, reconhecimento, perdão e Amor, e assim, o sofrimento desaparece.

3) Unidade é sentir a União da Centelha Pura da Vida, de um átomo a outro átomo, de uma célula à outra célula, de um Ser a outro Ser. Assim, dissolvem-se as malquerenças e os desentendimentos.

4) Se você consegue sentir a união de sua Centelha Divina à Centelha Divina de seu desafeto; se você consegue unir a Centelha Divina do bem à Centelha Divina envolvida na forma do mal, sucederá que o mal desaparece e modifica a atitude do malfeitor, sem combatê-la. Se você consegue libertar a Centelha de Luz, que está nas trevas, a Luz se Acende e as Trevas se dissiparão. – Como realizar esta Operação? – Veja esta resposta na "Prática" a seguir.

5) Acreditando no Amor, na Paz, na Beleza, na Sabedoria da Vida, que está dentro e fora de você, assim como está dentro de cada Ser – mesmo que seja ignorante desta Verdade – seja ele bom ou mau, você será conduzido a Viver na Alegria, para atrair e irradiar amor, paz, beleza e sabedoria.

6) Acreditar significa "assimilar" – não apenas provar e dirigir uma Verdade. E, quando se consegue "assimilar", transformar tal Verdade em "carne de nossa carne", "sangue de nosso sangue", "vida de nosso viver", acontece que esta crença passa a movimentar, a operar, dia e noite, dentro de nós.

7) Se você acredita na Luz que emana do Espírito da Unidade, ela o libertará da equivocada concepção de posse ou propriedade, geradora de medos, tabus, preconceitos, guerras, desavenças, desarmonias. A Religião da Unidade não é contra você possuir bens materiais em abundância; Ela somente nos adverte para não nos apegarmos nem nos considerarmos possuidores permanentes de tais posses.

8) Sempre que você agradecer e abençoar os frutos da Natureza e os Seres formadores de tais frutos, você está, ao mesmo tempo, desfrutando da plenitude e proteção do Espírito da Unidade.

9) Sinta a beleza, o conforto, o bem-estar dos Seres, unidos ao Princípio Divino que está em tudo e em todos.

10) A Religião da Unidade considera que todos os Seres vieram da Unidade Central; vieram inconscientemente e a Ela voltarão conscientemente. A Unidade Central é a Fonte da Vida.

11) A Lei da Unidade é a Lei Natural, que tudo regula e rege, inclusive o sobrenatural. Cada Ser tem o direito e o dever de abrir seu próprio "Caminho" para retornar à Unidade. O "Caminho" é o percurso que traçamos e o tempo elencado para fazê-lo da maneira de nosso viver, do nosso conviver, de agir e reagir, de ganhar e de perder.

12) Há a Imensa e Infinita Unidade. Há as pequenas, circunscritas e finitas Unidades; todas são necessárias ao nosso desenvolvimento.

13) Podemos nos unir no campo do trabalho ideológico, artístico, material, no âmbito familiar, no serviço social, no cenário político, nas Escolas e no Trabalho espiritual.

14) Prepararmo-nos para sentirmos a Visão do Divino em cada Ser é uma das Mensagens da Religião da Unidade. Tal Visão nos leva a olharmos tudo com os olhos da alma, a sentirmos renovada esperança na confraternização humana, e desta, para com todos os seres vivos.

Prática

Descontraidamente, procure respirar a Luz Invisível do Alento da Vida e aspire entrar no Reino da Unidade. Com esta Prática, deite-se confortavelmente e corretamente, a Luz penetrará em todo o seu corpo e iluminará sua mente, sua cabeça, seu cérebro.

Bênção – Infinito Deus de Amor. Nós agradecemos a Tua Misericórdia, Dádiva de hoje. Teu Poderoso Resplendor que impregnou todas as coisas em toda parte. Rendemos-Te louvor e graças por termos penetrado no Teu Mundo, onde Tudo é tão Belo, onde Teu Resplendor, Criador em cada pensamento, torna Perfeitas todas as coisas que abrigamos em nosso pensamento.

4ª REFLEXÃO

Invocação

Ó Guardião Poderoso e Silencioso! Assim Tens diante de Ti o Cristo Cósmico, projeta Teus Raios, fixando-os nos corações dos Filhos de Deus. Ensina-lhes a obedecer a Luz, Impregna-lhes o Coração e a mente de Tua Paz, de Teu Silêncio, de Teu Equilíbrio. Deixa a Alegria de Teu Coração encher os corações, até ao extravasamento de Tua Substância e da Pura Força Eletrônica que traz Consigo as Tuas Bênçãos Incomensuráveis, Infinitas. Faze que cada um sinta Teu Cuidado Onipresente e Vigilante, Teu Amor Sustentador, Tua Sabedoria e Poder.

- Eu vos trago a saudação da Grande Legião de Luz que guarda atentamente o Extravasamento do Esplendor Divino, cujo Grande Amor, Paz e Luz sempre vos envolvem, como Mensageiros da Luz, prestando sempre obediência de estrita observância à Grande Luz.

1) Cada Ser comungará com o Espírito da Unidade, de acordo com seu temperamento.

2) Unidade é sentir a união da Chispa Pura da Vida, de um átomo a outro átomo, de uma célula a outra célula, de um Ser a outro Ser. Se conseguirmos sentir a união de nossa Chispa Divina à de quem se julga nosso desafeto; se conseguirmos unir a Chispa Divina do

REFLEXÕES NECESSÁRIAS E PRÁTICAS SIMPLES NO MISTÉRIO DA UNIDADE E NO ESPÍRITO RELIGIOSO

bem à Chispa que se acha envolvida na forma do mal, este desaparece e o malfeitor se liberta. Se conseguirmos libertar a Chispa de Luz, que está envolvida pelas trevas, a Luz se manifestará neutralizando os sentimentos nefastos e se evitará o combate.

3) Cada Ser para se libertar das agressões, deve confiar no Ser Divino de seu amigo ou inimigo. Assim, o Ser Divino realiza e transforma o que for necessário em cada um, para harmonização dos seres através das relações positivas.

4) A Religião da Unidade considera que cada Ser é um Templo. O Templo é a estrutura sagrada conferida a todo Ser humano.

5) A Religião da Unidade liga e religa a matéria ao espírito, a terra ao céu.

6) A matéria e o espírito formam a dualidade e a multiplicidade da Unidade, em sua infinita trajetória. Matéria e Espírito se interpenetram. Na realidade não existe uma separação, apenas uma concepção errônea cria o falso dualismo, que é temporário enquanto mal interpretado.

7) A Religião da Unidade afirma que Deus está em tudo; o Todo em tudo. Está no bom e no mau, no doente e no sadio e em toda criatura vivente.

8) A energia emanada da Unidade Infinita é dual; irradia dois átomos de Luz: um positivo e outro negativo, magnéticos; um masculino e outro feminino. São as Almas Gêmeas que saem e nascem para o mundo, a fim de se conscientizarem, por meio das experiências antagônicas do mundo, para depois de "Re-Unirem", conscientemente e preparadas no Seio da Unidade.

9) O Princípio Divino ou da Vida Divina em cada Ser é impenetrável à impureza; é eterno. É Vida Iluminada de cada Ser.

10) O Mistério ou o Sagrado da Vida Iluminada está na Cruz, em cada cruzamento dos aspectos da Vida, gerando Luz e Sombra; onde uma ilumina e a outra, ensina.

11) A Religião da Unidade admite o "Livre Arbítrio" da criatura, como algo fundamental para seu progresso e autodesenvolvimento. O Ser está sempre elencando suas preferências; mesmo quando

325

escolhe nada fazer, ainda assim fez sua dileção. O "Livre Arbítrio" está na razão direta do autodesenvolvimento de cada Ser.

12) Quando uma parte do Ser se esvai, isto é, quando devolve seu corpo físico às forças transmutadoras da Natureza, guarda em seu corpo sutil algo energético da matéria física que o serviu; leva em si um extrato contábil de suas experiências mundanas. A Vida-Luz, entretanto, continua nele, em seu eterno impulso evolutivo rumo à reintegração.

13) Quando presenciamos e admitimos a Vida Divina em nossos semelhantes, esta Vida-Luz irrompe-se em nós plenamente e conscientemente. Eis o Segredo da Unidade.

14) O nosso Semelhante é a pedra, o grão, a planta, o santo e o mau, o sadio e o doente, pois em cada partícula está o Sêmen do Divino Ente Criador. (Semen + ante, ou ente).

15) A Unidade, que é o Espírito Divino é o Centro Irradiante e Atrativo da Vida-Luz.

16) A religião do Espírito da Unidade não pretende desligar ninguém de seu culto religioso, de sua Escola Esotérica, de seu grupo, aos quais se acham ligados. A Religião do Espírito da Unidade leva a todos sua cooperação, respeito e incentivo; conhecimentos necessários para seguirem cada vez mais seguros e conscientes de seu "Caminho".

Prática

Em toda e qualquer dificuldade, aquiete-se e abra-se à Vida-Luz circulante em seu corpo. Assim, sentirá a Paz e Confiança. Então silenciosamente e sob o impulso do coração, diga:

"Luz! Luz! Mais Luz! A Luz de Deus-Vida em mim e em cada Ser"...

Com esta Prática, você pode ajudar a si próprio, assim como a quem você queira visualizar.

Bênção – Ó Presença Infinita e Onipenetrante, cuja Inteligência

Ativa Governa tudo que Te contempla, impregna de Tua Poderosa Luz Interna cada um dos que buscam a Luz. Abraça cada qual mais e mais estreitamente na "Grande Presença do Eu Sou" para que ela encha o mundo de cada um com a Tua Grande, com a Tua Imensa Perfeição; para que a consciência de cada indivíduo deseje unicamente essa Grande, essa Imensa Presença e Perfeição.

5ª REFLEXÃO

Invocação

Ó Presença Poderosa e Onipotente! Ó Onipenetrante "Eu Sou"! Nós te rendemos Louvor e graças pela felicidade que impregna aqueles que se acham sob esta irradiação. Nós Te rendemos louvor e graças porque a chave simples para a Felicidade Perfeita pode ser dada para abençoar e firmar esses Filhos de Deus nos seus próprios e sólidos Domínios. Nós nos regozijamos pela harmonia mantida no íntimo de cada estudante e porque eles sentem a necessidade de conservá-la. Nós nos regozijamos porque o "Eu Sou" está presente em toda parte controlando toda atividade externa e conduzindo-a a Perfeição.

- Eu trago saudações da mais pura Luz que nos envolve toda humanidade fraternalmente.

1) "Re-ligião" é todo e qualquer trabalho que proporciona a cada Ser o ensejo de se aperfeiçoar e progredir, para servir e ser feliz, cada vez mais e melhor à coletividade.

2) A Religião da Unidade é Universal e individual. O Universo (Uni + Verso) é o Um que comporta em si o verso e o anverso, os quais unidos geram a multiplicidade das formas da Vida. É a Unidade na Multiplicidade. Indivíduo = Indivi + duo, é o dois no um; aquilo que não se pode dividir – Eu Divino e o Eu Humano Unidos. O Indivíduo é uma Unidade Individual. O Indivíduo é aquele que conscientizou da vida de seu átomo Refulgente, através da luta, do atrito, das refregas.

3) A Religião da Unidade considera que a Oração é um dos "Caminhos" para nos unirmos à Fonte da Vida e irmos à Ara dos Seres Superiores. A verdadeira Oração, entretanto, não é para suplicar e buscar bens materiais. Ela nos ilumina para usarmos, altruisticamente, os bens materiais que recebemos por dádiva do Eterno.

4) A Oração = Ora + Ação = ação de toda hora. É também a ação de Arar o Terreno Interior, limpar o terreno das ervas daninhas, das maledicências, das injúrias, do menosprezo, da vaidade, dos desejos e emoções e das paixões inferiores. A Oração não é tão somente a projeção do pensamento. O pensamento bombardeia o átomo refulgente, alojado no ventrículo esquerdo do coração. Somente um sentimento elevado e profundo libertará o átomo *nous* de sua morada, para irradiar Luz e Amor em todos os recantos do corpo atómico. Levando até à mente a seu Brilho e Clareza, para conduzir com Força e Vigor, tudo que for Justo e Perfeito na Senda da Luz Maior.

5) Antes de Orar, devemos preparar-nos, pois tal momento deve ser um encontro sublime com o Pai Íntimo – o Eu Sou – alinhado com suas hierarquias. O Pai Íntimo é a Vida do Átomo Refulgente, individualizado em nosso Ser eterno, onde um se converte no outro, numa troca necessária; onde um como Observador leva o outro a agir num ritmo de amor e verdade. Preparar-se é estar disposto e pré-disposto a reconciliar-se (reintegrar-se) interiormente e de coração pleno de amor e luz com os desafetos; querer corrigir seus erros próprios e, assim, aspirar que os benefícios da Oração sejam

para todos e não apenas para um só Ser.

6)   A Oração não deve ser apenas uma típica petição, no sentido mundano desta palavra. Deve ser uma firmação de que podemos tocar e trocar as irradiações de Luz do Centro Irradiante da Vida. Não é pedir – (Pé+Dir); é, sim, ir a pé, por si mesmo, espontaneamente, à Fonte Doadora da Vida Eterna, para darmos, para doarmos e assim continuarmos sempre Recebendo e Dando.

7)   Devemos fazer de nossa Oração o nosso Trabalho; e de nosso trabalho a nossa eterna Oração.

8)   Se você unir, com amor puro, o seu Ser ao Ser Divino de um animal feroz, ele deixará sua ferocidade. Este ato é uma Oração. A braveza dos animais é devida a agressividade humana com suas espécies.

9)   Um dos auxiliares da Oração Correta é a Respiração. Pela respiração atraímos o que aspiramos. Estejamos sempre com nossas antenas mentais e sentimentos ligados ao Alento Puro da Vida. Assim, podemos atravessar, incólumes, a poluição mental e sentimental. Respiração = Res-Pir-Ação, que é a ação de atrair os fogos celestiais do Alento da Vida.

10)   A Oração é uma higiene mental e emocional, que desperta o psicólogo e o psicanalista dentro de nós, para uma desintoxicação total. É um refrigério, um descanso, um ato de descontrair necessário, uma certeza e segurança de uma coragem transcendental. Depois de uma Oração correta, saímos renovados, plenos de esperança e confiança.

11)   Orar é dar sem reservas, sem condições; é receber sem exigir. É o início, o caminho e o fim da purificação interior, que nos conduzirá à purificação transcendente e à integração total com todos os seres viventes.

Prática

O Trabalho interno, dentro do significado pleno da Religião e da Oração, é um Alimento. Assimile este Alimento, tornando-o sangue do seu sangue, carne de sua carne, vida de seu viver vinte e quatro horas por dia. Se o homem soubesse em verdade o valor da Oração, passaria a vida de joelhos. Assimilar não é apenas gostar, mastigar e digerir. É, sim, deixar que a Luz e a Força do seu significado estejam sempre predominando em todos os seus pensamentos, sentimentos e ações.

Bênção – Tu, Grande Felicidade, Poderosa Presença e Poder que "Eu Sou"!

Eu Te Qualifico para que vás ao coração dos homens, implantando-Te e impregnando-lhes a mente, o corpo e o lar de Tua Grande Felicidade. Abre a porta de suas consciências para que o Poderoso Poder que "Eu Sou" se manifeste em Plena Perfeição. Ó Poderosa Presença! Envolve os Filhos da Luz, as Individualidades Divinas, aperta-os no Teu Abraço, deixando que a Tua Qualidade se derrame a sua ordem, impregnando-os de Tua Grande Paz. Ó Poderosa Presença de Justiça! Penetra e reina em todos os cargos públicos. Faze com que se revelem os intentos maléficos da humanidade para que possam ser repudiados e "sejam" consumidos. Deixa que a Plenitude e o Poder de Tua Luz Radiante nos envolvam a todos e que Tua Gloriosa e Transcendente Luz tudo Impregne.

6ª REFLEXÃO

Invocação

Poderosa e Luminosa Presença! "Eu Sou" o Poder Conquistador. "Eu Sou o Esplendor Radiante que impregna toda as coisas mani-

festadas. "Eu Sou" a Vida que flui em toda manifestação. "Eu Sou" a Inteligência que governa toda atividade, interna e externa, tornando-a uma Atividade Perfeita. Da Tua Luz, "Poderosa Presença que "Eu Sou" todas as coisas são precipitadas na forma. "Eu Sou" a Energia Inexaurível governada pela Tua Maravilhosa e Infinita Inteligência. Faze brilhar o Centro de Iluminação dos corpos que se encontram sob esta Irradiação. Expande essa Luz até a Iluminação Plena do corpo e da mente, elevando-a a Tua Ativa, Perfeita e Eterna Roupagem. Poderosa Luz! Projeta Teus Raios no coração dos homens, em todos os cargos públicos, ordenando que a Justiça, a Iluminação e a Perfeição do Teu Eu se manifestem, trazendo alívio, liberdade e luz para a humanidade e, por Teu Princípio Governante, ordena que tudo na atividade humana Te preste obediência.

- Trago-vos as saudações da Grande Legião do Mestres Passados que sempre guardam e dão assistência aos que por sua devoção chegam até eles.

-

1) Orar é ARAR o terreno do corpo e da alma. A alma é o corpo ou a sede das emoções e dos desejos, dentro do corpo físico. A Religião da Unidade diz que a verdadeira união deve começar entre os átomos de luz dos polos contrários ou seres que estão em discordância. As guerras terminarão e não mais existirão quando os seus autores unirem seus átomos de luz. Esses átomos de luz – seres de Luz – conduzirão os antagonistas a encontrarem uma solução pacífica para suas diferenças ideológicas, para a concórdia, para a paz e a união fraternal de todos os povos, porque na Religião da Unidade somos parte indissolúvel de um único corpo. Os átomos de luz se tornam visíveis e tangíveis, quando há boa vontade para minimizar as dissensões, que são sempre momentâneas.

2) Os Átomos de Luz vibram na atmosfera que nos rodeia, vivem e trabalham no Alento Puro da Vida que respiramos, predispõem os homens à compreensão fraternal, levando-os à cooperação Fraterna, no sentido de poderem sentir o aspecto real e benéfico de tudo, de todos e de cada um individualmente.

3) Não haverá paz fora da Unidade. Fora da Unidade só haverá a guerra, o desamor e o sofrimento. Fora da Unidade só há o Teu e

o Meu e, consequentemente, a meia verdade, o ciúme, a inveja, o orgulho, a gula, a ignorância, a vaidade. A Unidade não deve ser apenas teorizada, intelectualizada ou mesmo aceita. Há de ser AÇÃO. Você há de SÊ-LA. É chegada a hora de ver, ouvir, sentir e ser a unidade dos ensinamentos, das filosofias, das seitas, das doutrinas e das ciências.

4) Os seres humanos – matéria-prima da Humanidade – estão desagregados, mas quando formarem uma Unidade, que é o desígnio de Deus, e o farão pelo amor ou pela dor, viverão em paz e harmonia com seus iguais na Unidade pelo Amor, que lhes conduzirá à uma Natureza plena de suprimentos e ensinamentos verdadeiros.

5) A Magia, religião da Unidade, assevera que existem inúmeras formas divinas e artificiais para conduzir nossa Vontade Verdadeira. A Magia é a forma de transformar nossa Vontade em Realidade, de transformar nossas forças artificiais em formas Divinas. Magia é um ato magno, destinado a obter resultados calculados e transformadores. Os Magos usam a Força da Natureza, por meio de condensadores e transmissores visíveis e invisíveis, materiais e sutis e aplicando elas diretamente realizam suas Vontades necessárias. O ser humano, aberto à prática do bem para todos, não é atingido pelas forças do mal. O mal não entra pelos portões do Bem. A Magia traz resultados positivos e perenes somente pela união das forças e luzes divinas do sentimento e do amor fraternal. Fala-se em Magia Cerimonial, Natural, Ritualística, Sexual entre outras. A Religião da Unidade assegura que somente a Luz deslumbrante, inefável, resplandecente e refulgente do amor puro, sentido em todo ser e aplicado é que constitui o maior poder, a Magna Força e a mais Poderosa das Magias que começa e culmina sempre no Amor. Este Amor pode ser sentido, emanado e praticado por meio de uma palavra, de um sorriso, de uma oração, de um trabalho, de um ato de servir, no dar e no receber, pelo pensamento, pelo sentimento, pela emoção, por meio de um olhar, um gesto, e nos infinitos modos carregados desta energia plena de Amor. O importante, o mais importante, afirma a Religião da Unidade, é o Magno Amor, é sentir e agir com Amor puro e sincero sem ânsia de resultados. Esta Alta Magia do Amor Puro não tem fórmula ou explicação coloquial, embora possa buscar através do intelecto uma forma

para se expressar tal sentimento. É uma efusão, projeção, atração, expansão de Força, Luz, Poder, Sabedoria, inexplicáveis e, paradoxalmente, plenamente compreensíveis, mesmo que silenciosamente, pois gestos, palavras e sinais não impedem a transmissão dos fluídos amorosos, quando veiculados dentro da verdadeira forma dos atos. É grandiosidade e humildade ao mesmo tempo. É energia e brandura. É a correta solução de todos os problemas que nos conduzem ao suprimento de todas as justas necessidades.

6) O Amor Puro e Consciente manifesta-se de infinitas maneiras, porque Ele é Infinito, Eterno, incorruptível. A Religião da Unidade não define o Amor, nem o condiciona. Cada Ser instintivamente busca uma forma mais elevada nos mundos internos para realizá-lo. Cada ente o sente à sua maneira, incondicionalmente, tal como o Sol, que emite seus raios indistintamente a todos e a tudo na sua órbita.

7) As Ideologias, embora seguindo Caminhos distintos, podem unir-se para o bem geral de todos, levando o homem a um estado de dignidade fundamental, de plenitude humana e libertadora de todos seus direitos necessários e suficientes para a realização da Felicidade plena.

Prática

Quando Jesus Cristificado disse: *"A minha paz vos dou, a minha paz vos deixo"*, Ele inundou a atmosfera do Mundo com Átomos personalizados de Luz e Paz, e estes permaneceram aqui, ali e em toda a parte. Aspire-os e os Respire.

Bênção – Maravilhosa Presença do Deus "Eu Sou"! Nós te rendemos louvor e graças por este sentimento de certeza da Tua Presença, que está crescendo na consciência dos estudantes que se encontram sob esta Irradiação. Nós nos deleitamos na Grande Luz da Tua Presença que nos envolve a cada um e que se propaga a toda a humanidade, transformando a discórdia em Amor e Paz. Nós Te agradecemos.

7ª REFLEXÃO

Invocação

Ó Poderosa e Infinita Presença. Ó Inteligência Onipenetrante! O Teu Amor, a Tua Sabedoria e o Teu Poder governam todas as coisas. A Tua Divina Justiça age permanentemente na Vida e no mundo dos que Te buscam com determinação inflexível. Nós te rendemos louvor e graças por Seres Tu o Poder Dominante e a Inteligência Governante que dirige as coisas. Nós rendemos louvor e graças por Seres em nosso mundo o Poder Invisível e Perene! Nós Te agradecemos. O Eterno sempre encontra um meio de auxiliar àqueles cujos corações se voltam para Ele.

- Os aparentes mistérios da Vida, com suas correspondentes experiências, quando compreendidos devidamente, esclarecem toda e qualquer doutrina, porque qualquer experiência que nos obrigue a nos dirigirmos com mais firmeza para a Una Presença Ativa do "Eu Sou", Deus em ação ter-nos-á sido de um auxílio e bendição extraordinário.

1) As Religiões organizadas, com seus dogmas e sistemas próprios de diferenciados desenvolvimentos, podem se Unir na Luz Espiritual para benefício geral de todas as almas de seus seguidores. Quando seus partícipes e dirigentes buscarem a Unidade do Princípio Real da Divindade, seus dogmas e ritos particulares se tornarão Luz e Verdade.

2) A Religião da Unidade não impõe regras, Símbolos nem signos específicos. Seus símbolos estão na Natureza, em toda folha, em qualquer árvore, seja num tronco ou numa flor, cuja força e luz tocam cada Ser particularmente numa confraternização universal.

3) A Religião da Unidade é uma eclosão no íntimo de cada Ser.

4) A Religião da Unidade não exige Templos para seus adeptos se reunirem. Conciliam-se harmonicamente e se encontrão na catedral das almas, a qual está em cada átomo, em cada célula deste magnífico Altar da Vida.

5) O Ser humano busca incessantemente, consciente ou não, a Unidade permanente. Esta carência de Unidade é a fonte e razão de toda sua dificuldade e sofrimento. Neste sentido, o Homem foi criado para a Unidade, mesmo que isso possa lhe parecer uma multiplicidade complexa. Além do Eu individual, que pode parecer autômato ou suficientemente consciente, num paradoxal movimento constante ir à busca da Luz Maior, como uma Mariposa numa perseguição involuntária da luz do candeeiro. O pensamento e o sentimento o levam aos caminhos inimagináveis do Ser.

6) A Religião da Unidade está toda inteira em cada Ser, e nele manifesta pungentemente numa transcendental revelação de Sabedoria ontológica e única; para isso se realizar basta penetrar em si mesmo e ouvir a Voz do Silêncio.

7) A Unidade em cada Ser é a União do Eu Divino ao Eu Humano. Buscando um Saber ousado, quando a alma lhe sinaliza a sede da Verdade, contida nos quatro verbos arcaicos da Esfinge: *saber, querer, ousar* e *calar*, detendo o viajante no deserto árido das incertezas que decifrando se liberta ou sucumbindo se escraviza sendo devorado pela ilusão, o Segredo consiste no Saber Querer...

8) Excelsos Seres, *Mestres Passados*, que nos legaram grandes conhecimentos, com seus exemplos e Mensagens Divinas, seres servidores da Luz, que continuam aqui nos inspirando e nos conduzindo para a Religião da Unidade, têm nossa incomensurável gratidão e profundo respeito e a mais alta admiração. Que as Hierarquias celestiais lhes forneçam mais Luz, para infundir nestes irmãos menores a realidade plena da Verdade.

ARCANUM · A MAGIA DIVIVA DOS FILHOS DO SOL

9) O Trabalho e o Serviço são exercícios que ensinam e estimula cada Ente a possibilidade de transpor o vale das incertezas; trabalho que é sempre *pessoal, intransferível* e *solitário,* submetendo-nos aos obstáculos necessários para alcançar maturidade do Serviço em prol da Unidade. TRABALHO = "*trans - valo*" = serviço, ao que nos leva a VIR a SER, o que almejamos de coração. Amar o trabalho por amor ao próprio trabalho. Amar o trabalho que se faz. Amar as pessoas e o lugar onde se trabalha. Amar o trabalho que fazemos para nosso próprio aperfeiçoamento, eis o que é, de modo geral, o TRABALHO.

10) Na Religião da Unidade, o estímulo criativo e as competições desiguais não prosperarão; nela se busca sempre a cooperação fraternal e a felicidade geral.

11) Os Talismãs, anéis protetores, símbolos mágicos e demais condensadores e transmissores de Forças nada mais são que artifícios para ajudar a desenvolver nossas potencialidades, pelos nossos próprios méritos. Equilibram e trazem harmonização para o Ente, enquanto carente de autonomia plena.

12) O Poder Econômico atual ainda não alcançou a sua mais alta e verdadeira finalidade, que é a união e a cooperação fraternal, estado ideal em que o irmão deve ser o guardião de seu irmão, e jamais o seu algoz. A Religião da Unidade preconiza este Poder, para realizar o aperfeiçoamento tecnológico, produtivo e para fins pacíficos a serviço da felicidade comum a todos os seres humanos. Este Poder Econômico tornar-se-á, assim, um Agente propulsor e promulgador do bem-estar coletivo, não exclusivo de ganhos exorbitantes a favor de grupos competitivos.

Prática

Tudo que quiseres, queira com Amor, queira conscientemente com ousadia, queira na Luz e na Força do Silêncio; mas tudo deve ser para o bem de todos e nunca com fins exclusivistas ou egoístas...

Benção – Ó Poderosa e Infinita Presença de Deus! Nós te rendemos louvor e graças por Teu incessante Ministério. Nós imploramos as

Tuas Bênçãos, Tua Sabedoria, Tua Inteligência para que atuem por meio de cada um de nós, prodigalizando Paz de espírito, Paz de corpo, e alegria no coração, estendendo a Dominadora, Conquistadora e Vitoriosa Presença sobre todas as coisas. Nós Te rendemos louvor e graças por serem todos os cargos oficiais governados pela Poderosa Presença do "Eu Sou", fazendo com que Tua Perfeição seja sempre ativa e perenemente sustentada em Teu Nome e por Tua Presença.

8ª REFLEXÃO

Invocação

Poderosa Presença Conquistadora, Majestoso "Eu Sou" em toda a parte! Nós rendemos louvor e graças a Tua Poderosa Presença manifestada em toda a parte, a Teu Poder e Energia Onipenetrante, permanentemente mantidos à porta da nossa consciência para serem pesados – para que conscientemente possamos dirigi-los à manifestação da Tua Maravilhosa Perfeição. Havemos de render-Te eternamente louvor e graças por Tua Poderosa Presença.

- Trago-vos as saudações da Grande Legião das Excelsas Inteligências, que sempre prestam Sua Assistência para que possais manifestar Perfeição.

1) O Espírito da Unidade considera que o Poder Econômico do *Novo Æon* será dirigido por homens dotados de alta visão global e de elevados sentimentos fraternais; homens e mulheres se unirão, altruisticamente, sempre em função do outro e saberão distribuir equitativamente os resultados positivos do trabalho e do serviço, de acordo com as necessidades regionais de cada comunidade. Nestes seguimentos levarão em consideração os direitos de assistência material e educacional, que devem ser levados à criança, desde sua vida intrauterina; o direito de instrução deverá ser para todos; o direito e o dever do trabalho, segundo a aptidão profissional de cada Ser; o direito à assistência médica, hospitalar e de remédios, o direito a uma alimentação sadia e às práticas esportivas, para recreação e preservação da saúde física e mental.

2) O Espírito da Unidade entende e prevê que, nas práticas esportivas, consagra-se o ensejo de aproximação e cooperação, por meio de competições recreativas e saudáveis que substituirão as disputas de rivalidade desumanas e truculentas dos tempos atuais.

3) O Espírito da Unidade considera que uma Nação deve unir seus poderes governamentais a fim de usar todos os seus valores humanos e todas as suas riquezas naturais na educação, saúde e benefícios gerais de seu povo.

4) O Espírito da Unidade sabe que o suprimento está ao nosso alcance, basta que o Ente procure para encontrá-lo. A necessidade levará a suficiência. Os animais, através da inteligência instintiva, apontam-nos esta verdade. O homem tem condições de fazer isso com muito mais eficiência e conscientemente, muitas vezes não o faz, porque se afastou do caminho natural, do trabalho natural, do desfrutar dos dons da vida e da Natureza que tudo provê.

5) Aquele que serve com boa-féà Luz é servido, iluminado guiado e protegido pelo Espírito da Luz. Quem serve com Verdade a Fraternidade é igualmente servido e protegido pelo Espírito da Verdade e da Grande Fraternidade. A Religião da Unidade prova e comprova que todo aquele que serve à Verdade e ao bem comum, não precisa se defender, no sentido moral e espiritual. O Espírito da Verdade e do bem o defenderá, protegerá e o guiará sempre.

6)   O Espírito da Unidade apoia e incentiva a Ciência Oficial a controlar o Divino Princípio da Vida, alojado e irradiante no Coração de cada Ser, no âmago de cada partícula.

7)   O Princípio da Vida: os homens sábios e iluminados do passado e do presente, embora não usando aparelhagem moderna da Ciência Oficial, conseguirão ver e sentir a Luz e as Forças do Princípio da Vida unindo-se aos seus átomos internos, percebendo através da meditação, da oração e do silêncio introspectivo; através do trabalho e do serviço executados com Amor Puro e sem o intuito de interesses egóicos. Os sábios iluminados, servindo e se unindo a tais átomos, realizam resultados incomensuravelmente assombrosos; usam a telepatia, enxergam através dos corpos opacos e os examinam com clareza; voam através de seus pensamentos e assim podem estar visíveis e invisíveis quando e aonde quiserem; independente da distância e do momento temporal. Sabem decompor a matéria e recompô-la, num hiato de visão em paralaxe. Eles sabem ligar seus fios condutores de sua aparelhagem interior, para captar vozes, notas musicais em qualquer distância ou época na espiral do tempo.

Prática

Veja, sinta, saúda e agradeça o Amor e a Sabedoria do Princípio da Vida que está em você, em seu amigo ou no seu desafeto. Assim, este voltará a ser seu parceiro e leal amigo.

Bênção – Poderosa Presença Onipenetrante! Nós invocamos Tua Poderosa Sabedoria que governa nossa atividade mesma. Nós Invocamos Tua Poderosa Luz, que a cada um de nós ilumina na plenitude de Sua Presença Deslumbrante. Nós Invocamos Teu Poderoso Amor para que a tudo envolva em Seu Manto de Paz. Nós Invocamos Teu Esplêndido Poder, para que o Amor, a Sabedoria e o Poder possam atuar em União Perfeita, para que Ele aperfeiçoe tudo aquilo em que se fixar nossa atenção.

9ª REFLEXÃO

Invocação

Ó! Presença Infinita e Poderosa, Ó Inteligência Oniprenetante, Oniprenetante Substância de Luz! Ó Presença Majestosa, Excelso Yeschouah agora manifestado por intermédio desta Poderosa Irradiação! Rendemos louvor ao Sol Central, Àquele cuja irradiação recebemos no dia de hoje. Da plenitude de Tua Vida Exuberante, Ó Deus, inclinemo-nos diante de Tua Poderosa Presença, em adoração.

- Trago-vos saudações dos Mestres Passados. Eles que infundem Amor e clareza de pensamento em todos aqueles que buscam a Verdadeira Luz. Um grande e total reencontro está reservado no Equinócio dos Deuses, na Cidade de Ouro; na Jerusalém Celestial.

1) É fato que nos corpos dos seres viventes e, sobretudo, dos seres dos humanos existem todos os aparelhos, máquinas, computadores e quaisquer inventos já produzidos pela inteligência destes. Isso nada mais é que um processo natural do viver em si mesmo. Nos recônditos da necessidade brota nos Construtores da Vida, a forma e a essência descoberta na sua mais diversa multiplicidade da experiência, para facilitação do trabalho, na descoberta de servir a si mesmo e ao outro com eficiência; sempre em busca de facilitar nossa atividade de sobrevivência.

2) Nos seres Construtores da Vida sinaliza-se a Unidade, que os mantém na sua Diversidade. Despertaram do sono de uma vida simples na natureza o Princípio Hermético, que rege as fases da Criação e da construção das sociedades complexas e sofisticadas. Desde o momento do nascimento, morte e renascimento; da ação, reação e projeção; da atração e repulsão; do equilíbrio do positivo, negativo e neutralidade; do fluxo, influxo e refluxo; do pensamento, sentimento e ação, o homem vem proporcionando a si mesmo e à humanidade formas alternativas de sobrevivência, sempre visando à eficiência na atividade seja para construir ou para desconstruir.

3) Toda e qualquer Criação é Unidade. Há sempre um princípio irradiante vivente em cada extensão da criação. Quando perdemos a consciência da Unidade, surgem as divergências intelectuais, a discriminação, o racismo, enfim, a intolerância com o outro, no radicalismo egóico da natureza do Ser, que se perdeu na razão das coisas pelas próprias coisas.

Disse um Grande Mestre:

> *"As invenções científicas contemporâneas tendem, cada vez mais, a girar em torno de uma Unidade, que mora na base de todas as coisas e no desejo de descobrir a fonte primária de todas as manifestações."*

4) *Eu Sou Ele, Ele é Eu*, é a Unidade em todos os seres. Quando o buscador sente esta Unidade, chega a amar a todos os Seres da Criação, pois o "outro" (nosso par igual dentro da Unidade) mostra-se com todos os nossos poderes, sucumbe a todos os nossos estratagemas, a todos os possíveis crimes. Neste sentido, não existem outros, existe somente o Um, e seria da mesma forma se os lados se contrapusessem. Por outro lado, resiste com toda a sua força e com todos os recursos as imprevisíveis limitações de quaisquer liberdades. Nessa circunstância medimos força com o opositor, e quem define o eixo ou o desfecho sempre é aquele mais frágil. Com total nudez de seus olhos indefesos, por meio da integridade aparente de uma luta inexistente, só surge o algoz quando há participação necessária da vítima. Porque entregamos

de forma aberta toda nossa aventura, cativa de si mesma, numa dimensão muitas vezes nunca dita, mas que prevê o final pretendido no inconsciente de uma raça.

5) Toda a Natureza, na sua diversidade, é sempre Unidade; é a Terra, a Água, o Ar e o Fogo Solar, ligados pelo Éter Cósmico Vital. Os quatro se fundem num só encontro, dando forma a toda estrutura da vida; onde está um estão os outros na formação da Unidade, faltando um só que seja não haverá Unidade. Uma flor não existirá se nela não contiver a força magnética da Terra, o magnetismo da Água, a eletricidade do Ar e do Sol e, sobretudo, a energia dos seres que formam e protegem toda a Natureza.

6) Compreendemos a Vida e a Morte quando as sentimos como Unidade.

7) Somente podemos compreender tudo o que era tudo que é e tudo que será, quando nos unirmos ao Espírito da Unidade.

8) O sono e a vigília constituem uma Unidade. Um não existiria sem que o outro também existisse.

9) O Mantra quando verdadeiro reverbera na Unidade do corpo, da alma e do espírito exaltando o ternário para proporcionar a vivência quaternária da essência plena do Ser.

10) A Magia pode ser Divina somente quando for uma Unidade Interna e Externa, isto é, quando realizamos no externo sob o manto da Luz Divina, para compartilharmos no interno sempre em detrimento (em benefício) do Outro.

11) Amor é Unidade e a Lei. A Trindade é Unidade; quando sentimos que a Trindade trina, seu mistério nos é revelado na plenitude de sua Luz.

12) A Unidade nos faz sentir a Verdade absoluta e as verdades relativas.

13) O Espírito da Unidade de cada Ser, agindo coletivamente, realizará a paz universal.

14) Fora da Unidade surgem as competições violentas e as guerras fraticidas.

15) Para sentirmos a Unidade, temos que nos entregar à Divindade Interna, numa comunhão plena e transcendentalmente real.

16) Quando sentimos uma Unidade, começamos a compreender a dualidade das coisas e da vida em geral.

17) Alcançamos a Individualidade, isto é, individualizaremos a Divina Chispa da Vida quando nos sentirmos, em princípio, uno com todos e com tudo que nos rodeia...

18) A Consciência é Unidade, porque ela é a síntese dos aspectos antagônicos. É a síntese da dialética dos contrários, da eterna busca da harmonia no âmago do Ser.

19) Podemos descobrir o mistério milenar da Esfinge, quando sentirmos que somos Uno com todos os seres ao nosso redor; quando percebermos a essência dos verbos regentes da Verdade iniciática: Saber, Querer, Ousar e Calar.

Prática

Diga sinceramente e sob todo fluxo e refluxo do coração: Divino Princípio da Vida em mim, eu estou aberto para que Tu te unas ao meu Eu e conscientemente sentir que:

"Eu Sou Tu e Tu és Eu"

Este é o princípio do novo nascimento.

Bênção – Presença de Meru, de Nada e da Grande Legião dos Iluminados, nós rendemos louvor e graças por Teu Resplendor Deslumbrante, por Tua Sabedoria que estais gerando para tornar visível. Nós rendemos louvor e graças por serem a Tua Grande Sabedoria e Inteligência Unas com o "Grande Eu Sou" que "Eu Sou" trazendo sempre mais de Si Mesmo à ação consciente. Nós redemos louvor e graças por termos no reconhecimento da Presença do "Eu Sou" a chave para todas as coisas visíveis e invisíveis.

10ª REFLEXÃO

Invocação

Ó! Presença Infinita, que exprime Tua Perfeição em toda parte! Nós acolhemos e louvamos Tua Manifestação Perfeita em nossa vida, em nosso lar e em nosso mundo, a fim de que a Tua Luz Resplendente possa para sempre consumir tudo o que não sejas Tu, que Tua Sabedoria possa dirigir-nos sempre, que Teu Amor nos envolva sempre e que a Tua Luz ilumine Tua Senda Perfeita para que nos conserves firmemente na Tua irradiação Gloriosa, agora e sempre.

- Trago-vos Saudações da Grande Legião, dos orbes sephiróticos e Amor para esta cooperação e para aquilo que só pode abençoar, iluminar e despertar.

1) O "Espírito" da Unidade tem uma gratidão e grande admiração para com os artistas e as artes, pois entende que, por meio delas, sensibilizam os corações e promove reflexão no mundo da vida. Os artistas são as luzes que iluminam e engalanam os projetos de beleza e paz numa sociedade.

2) A música, o canto, a pintura, a escultura, a arquitetura, entre outras Artes, são as manifestações do Belo e do Agradável, extraídos dos Átomos de Luz, que os gênios do talento conseguem captar e transmitir por meio de suas Artes.

REFLEXÕES NECESSÁRIAS E PRÁTICAS SIMPLES NO MISTÉRIO DA UNIDADE E NO ESPÍRITO RELIGIOSO

3) O Espírito da Religião da Unidade vê o médico como praticante da Religião, da Arte e da Doutrina Médica; é aquele que proporciona aos seus clientes o ensejo e os meios de transformarem seus hábitos viciosos numa forma de vida saudável, descobrindo a origem do mal que os afetam. O médico deve saber escutar, apalpar, auscultar, olfatar, sentir, usar o sexto sentido e muitas vezes, até o sétimo e tentar enxergar por meio desses sentidos o ponto invisível, ou seja, a alma do paciente, a primeira que sofre pelo desequilíbrio do corpo físico; desvendar este busílis é o maior *"des-a-fio"* para promover a cura de seus clientes. Neste sentido, a alma é a sede da harmonia no corpo dos desejos, emoções e sentimentos. Deve ter consciência de que o Ser Humano comum deste planeta está sob o peso de quarenta e oito Leis e que na quadragésima nona encontra a sua Libertação e que, portanto, existem *a priori* quarenta e oito métodos de cura. Deve saber que o Ser Humano está em alguns setores, sob a Lei do Destino; em outros, sob a Lei do Acidente. (Destino = Direção consciente). Deve saber que as impressões são alimentos, que tanto podem vitalizar quanto desvitalizar. Deve orientar-se para uma medicina preventiva na sua totalidade, na Idade do Ouro do próximo milênio.

4) À medida que o Ser Humano se aperfeiçoa, vai libertando-se das diversas ordens das Leis acima citadas.

5) O Médico deve sempre perguntar aos seus clientes qual o relacionamento deles com a terra, com a água, com o ar e com o fogo ou sol, e conscientizá-los da importância da relação e contato correto com esses Elementos.

6) Deve procurar saber da alimentação completa dos clientes e como comem; qual o estado de espírito que preside o Ato de sua Alimentação.

7) Deve orientar aqueles que estão sob seus cuidados a fazerem exercícios respiratórios, compatíveis com suas aptidões físicas e seus estados mentais, e dizer-lhes que os pensamentos são de origem atômicas, que agem dentro das células, e que um só pensamento poderá libertar a Força Curativa, revigorante e iluminadora na restauração da saúde.

8) O Ser Humano ordinário, que ainda não atingiu a Unidade Permanente, está sempre com as "portas aberta" e, consequentemente, vulnerável às moléstias. A falta da Unidade constitui uma das fontes de dificuldades e sofrimentos.

9) Fisicamente, o Ser Humano é uma Unidade. Interiormente, porém, é uma multiplicidade; não tem ainda um Eu Indivisível. Tem, dentro de si, uma miríade de pequenos *eus*", que falam e sentem por meio dele ao mundo externo. Observar esses *eus*", harmonizá-los e guiá-los constitui uma parte do ensinamento, que não deve ser apenas conhecido, mas, sim, compreendido.

10) Compreender é unir o ser ao saber. O homem, para sentir sua Unidade, tem que aprender a dividir-se, multiplicar-se e diminuir-se. Os *eus*" do homem, de todo homem, fazem parte de sua personalidade. Cada pensamento, cada sentimento, cada desejo e sensação dizem: "Eu".

11) Há uma possibilidade de o Homem chegar a ser "Um", para isso é necessário esvaziar-se, inclusive do sentimento desta possibilidade que, às vezes, quando deixa a dúvida penetrar desconstrói sumariamente a proporção de unidade.

12) Para entrar na Unidade, o Ser Humano tem que compreender e agradecer a dualidade sem que deixe esta afetar o processo de alteridade na unificação do Ser.

13) A dualidade sempre leva à trindade e, por sua vez, reconduz à unidade.

Prática

Diga sentindo: "Eu Sou, Eu Sou, Eu Sou!"

Dê ênfase ao "Sou" para que o "Eu" se uma ao apelo pelo "Sou" ao Eu Divino e "Ele" ao eu Humano, a fim de sentir-se "Uno" com a Divindade, logo, com todos os seres.

Diga: "Eu Sou Ele e Ele é Eu".

Bênção – Da plenitude da Tua Formidável Opulência, Oh! Poderoso Eu Sou! Sentimos Tua Fluente Energia, Sentimos Teu Envolvente

Amor. Sentimos Tua Presença Qualificadora animando a todos aqueles que a Ti se dirigem em busca da Tua Perfeição. Sentimos Tua Gloriosa Presença envolvê-los no Teu Poderoso Manto de Paz, permitindo-lhes conservar Perfeito Autocontrole, sustentando-os com Tua Formidável Perfeição para que possam manifestar Tua Poderosa Presença – agora.

Finis Coronat apus

11ª REFLEXÃO

Invocação

Ó Presença Infinita e Permanente! Tua Luz é Onipenetrante. Onipenetrante e Onipresente é na Substância exuberante. Abrimos a atividade da consciência externa à direção consciente e à moldagem na forma de todo o bem que desejarmos. Rendemos louvor e graças por Tua Ação Inteligente na mente dos que aqui estão, com o Teu Amor, a Tua Sabedoria e com Teu Poder, para guiá-los, para elevá-los à Perfeição integral.

- Trago-vos as saudações dos Iluminados que sempre assistem às Inteligências da Luz, envolvendo-os nos Seus Mantos de Luz, Iluminação e Proteção.

1) No Finito não cabe o Infinito.

2)   Nós não temos consciência da Unidade-Deus e defini-la em nossa mente é impossível.

3)   A Unidade-Deus se expressa através do Outro que sentimos em nós e em toda Natureza.

4)   A manifestação desta Verdade Absoluta é simples, quando a deixamos penetrar em nossa vida e transpassar pelos nossos sentidos.

5)   Quando ouvimos e deixamos renascer o doce sentimento da criança dentro de nós, abrimos a porta da consciência mágica para o encontro da União Mística com Deus; como disse Jesus Cristo: (...) *"Para ganhardes o Reino do Céu tendes de vos tornardes Criança"*, porém, Criança não mais inocente apenas, e, sim, também Consciente.

6)   A Criança é Unidade.

7)   Os discípulos perguntaram a Jesus: "Como nos tornaremos Crianças?"

     - Ele respondeu: "Quando souberdes fazer da Dualidade uma Unidade."

8)   Quando souberdes fazer o Feio, o Bonito, quando souberdes retirar da Vitória a Derrota, ou transformar a Derrota em Vitória...

9)   A Unidade ao ser analisada literalmente, seja no intelectual ou material se divide, multiplica, soma-se e subtrai... Como isso se dá?

     - No mundo intelectual e material a Unidade manifesta-se *a priori* como Vida, que traz em si os aspectos totais da dualidade; positivo e negativo, masculino e feminino, alto e baixo, direito e esquerdo, alegre e triste, doce e amargo, etc.

10) Quando esses aspectos contrários se interpenetram, cruzam-se pela ação catalítica; que é no mundo da Alquimia o Amor – surge então uma terceira força, ou aspecto, que podemos chamar de Luz, Centelha, Chispa.

11) Somando os dois aspectos, que são em realidade – suas formas aparentes – desta Operação Química e Alquímica, desponta a terceira, e sentimos a Consciência e o pragmatismo da Unidade.

REFLEXÕES NECESSÁRIAS E PRÁTICAS SIMPLES NO MISTÉRIO DA UNIDADE E NO ESPÍRITO RELIGIOSO

12) Nos cruzamentos ou atritos, as forças contrárias não se somam, multiplicam-se.

13) É como no matrimônio pelo Amor. As forças emanadas de cada parceiro não são somadas, são multiplicadas para a Divina Finalidade de criar, recriar, regenerar, iluminar e aperfeiçoar.

14) O Raio da Criação emanado da Fonte Infinita da Vida, ao descer, bifurcou-se em positivo e negativo, masculino e feminino, criando assim a Dualidade.

15) Cada Raio foi em busca de experiências, cruzando-se com outros raios.

16) Por meio de experiências doces e amargas, de derrotas e vitórias, os dois Raios que vieram do mesmo Prisma Criador, consciente de sua Divindade de sua origem encontram-se, completam-se e tornam-se uma Unidade Consciente e voltam ao seio da Infinita e Cósmica Unidade; este é o processo da Reintegração, para servir a Obra Infinita do Aperfeiçoamento. São as Almas Gêmeas que se atraem pela própria Força do Espírito pela Lei da Atração, que tem por finalidade realizar a Unidade dos aspectos antagônicos.

17) A Unidade-Deus emana sua Lei. Sentimos que esta Lei é a Força Inteligente de toda a Vida e se resume numa só Força, a Força do Amor.

18) O Amor constrói, destrói, reconstrói, une, desune, a fim de nos proporcionar o desejo de adquirir, pelo livre arbítrio, a Consciência Mágica de nossa Origem, de nossa Divindade.

Prática

Olhe e examine tudo ao seu redor, dentro e fora de você. Faça isto apenas com um só olho, que está no centro, entre seus dois olhos. Busque enxergar o insólito à sua frente, procure dominar e perscrutar esta "visão invisível" (sutil), dando forma e essência à única Realidade da Vida, a Verdadeira Força, que emana de sua Alma e distribui generosamente em toda sua volta.

Este será o trabalho ininterrupto do Divino Princípio, do Divino Raio da Criação, que existe dentro de cada Ser para o Outro Ser.

Assim, tudo que vir com este terceiro olho, limpo de ilusões e pleno de verdade, conduzir-lhe-á a formação de uma imagem real e verdadeira para ascensão de sua plena Consciência.

Bênção – Da plenitude dos Nossos Corações, Oh! Poderosa Presença! Rendemos louvor e graças por Teus Formidáveis Raios hoje projetados sobre cada um dos estudantes. Rendemos graças pela intensidade deste foco que estimula nos buscadores da Sabedoria a certeza da Verdade de sua "Poderosa Presença do Eu Sou", que é o Eu Real. Fortifica-os, a cada um de pôr-se, na determinação firme de manter-se na Presença Una, que é Toda Liberdade, Toda Perfeição, Juventude Eterna e Beleza.

12ª REFLEXÃO

Invocação

Oh! Presença Infinita, Amantíssima! Sentimos Tua Paz, Teu Amor e Tua Sabedoria impregnando tudo em toda parte. Sabendo que existe somente a Una Poderosa Presença de que somos parte, sabemos também que és Onipresente, que Te manténs em fluxo constante, que provês imediatamente a todas as necessidades, que a Ti elevas a consciência da humanidade e com firmeza a sustentas até que a "Luz da Vida Eterna" sature todos os seres de Seu Resplendor, impelindo-os para frente com esse Impulso interior, para o reconhecimento Eterno, Permanente, do "Grande Eu Sou".

- Trago-vos saudações da Grande Legião das Inteligências Kabbalísticas e do Sol espiritual do Universo.

1. Escute, veja, sinta o cheiro, toque e prove tudo e todos, na Unidade dos cinco sentidos. Somente a partir deste exercício poderá entrar nos sentidos mais sutis da Natureza, no sexto e no sétimo sentido vivenciará a plenitude da capacidade humana. – Como faremos isso? – Quando separarmos a ação dos cinco sentidos e entendermos a verdade existente em cada um e a ligação que existe entre eles; que na realidade são apenas Um. Da mesma maneira que os quatro Elementos, conhecidos desde a Antiguidade, Terra, Água, Ar e Fogo são apenas e unicamente Um.

2. Um não consegue atuar e viver servindo se não tiver a cooperação e envolvimento dos outros.

3. O exemplo deste mistério a Trindade Divina é o melhor exemplo. A Vida do Pai está no Filho, como o Amor é do Amor, que surge da Luz do Espírito Santo, para criar os corpos independentes, que em essência são unos.

4. Quando percebemos os Três Aspectos ou Atributos da Trindade como Unidade, fica o Mistério da Trindade desvendado na Luz da Unidade.

5. O Filho está no Pai, porque o Filho é a Força da Vida do Pai. O Espírito Santo, que é a Sabedoria está no Amor do Pai e do Filho.

6. Quando escutamos com Sabedoria e o Amor do Espírito da Unidade, unimo-nos à Divindade de quem fala, e não apenas as suas palavras. Neste íntimo estado de percepção mágica, escutamos e desvendamos a Verdade, sentimos e damos a resposta que surge pela abstração de um pensamento que parece vir de fora.

7. Busque enxergar as coisas do Mundo da Vida numa visão em paralaxe, sentindo na Unidade e percebendo aquele objeto observado, como se fosse síntese de suas unidades tridimensionais, desta forma você não olha, então, apenas com seus olhos, mas penetra na matéria e na beleza interior daquilo que se vê além do olhar mecânico, mesmo que esta beleza esteja envolvida por um aspecto tenebroso inerente a dualidade do ser.

8. Sinta e prove o aroma que o envolve e penetra. – Como? – Quando percebemos e não pensamos o mundo, ele organiza-se diante de nós; um objeto só é objeto se pode distanciar-se e, no limite, desaparecer de meu campo visual, restando somente suas impressões mais sutis. Tudo só pode aparecer para mim em perspectiva, mas a perspectiva particular que a cada momento obtenho dos objetos observados só resulta de uma necessidade física, quer dizer, de uma necessidade da qual posso me servir e que não me aprisiona a ilusão da primeira percepção.

9. No íntimo de uma fragrância, existe uma forma que é a pura essência do Divino Princípio que está em todos e em tudo. O próprio corpo, no entanto, seria um objeto que não nos deixa. Ele se apresenta a nós sempre pelo mesmo ângulo, não sendo possível desdobrá-lo sob nosso olhar; ele permanece à margem da nossa percepção. Sua permanência não é uma permanência no mundo, mas uma permanência ao meu lado. Neste sentido, Sou além das aparências.

10. Podemos penetrar nessa Essência ao respirar a pureza, que está no alento da vida que o envolve na quintessência das coisas, e em todas as coisas. Para que isso ocorra, basta ligar nossas antenas mentais à Fonte Divina, de onde emana o Alento.

11. Toque os objetos e ouça-os com os ouvidos internos, com aquele olho central e com o olfato da Unidade cognitiva. Como? – Tudo irradia na sua estrutura interna, que, às vezes, está envolvida por vibrações desarmônicas, danosas e deletérias, desagradáveis ao mais simples contato. Neste momento, não devemos ceder as impressões externas, não permitindo que estas impressões interajam com nossas vibrações... isso somente será possível quando aprendermos a respirar, aspirar e concentrar.

12. A Saúde dos Átomos da Luz do Divino Princípio está envolvida naquelas vibrações mais sutis na matéria. Com um Amor puro e um olhar profundo, aspire suavemente sua estrutura para que o fogo do divino alento da vida purifique e desvende tais vibrações.

13. Preste atenção ao seu paladar. Ligue-se à Sabedoria da Unidade e sinta, saboreie o doce e o amargo, o salgado e o insípido de

maneira atípica, não apenas com os órgãos próprios da saliva-ção e da mastigação, mas, sim, com uma relação profunda de agradecimento aos seres que formam os alimentos. Desta forma, sentiremos em todo e qualquer alimento, a emoção de energias que proporciona ao nosso organismo físico e psíquico e de tudo que ele precisa para manter seu equilíbrio.

14. Os cinco sentidos são veículos do sexto e do sétimo, os quais nos levam a desfrutar e a irradiar os dons da Vida à Luz do espírito da Unidade.

Prática

À noite, antes de adormecer, e pela manhã ao levantar-se, agra-deça e abençoe os seus sentidos físicos.

Bênção – Oh! Poderosa, Infinita "Presença do Eu Sou"! Nós nos regozijamos por Tua Incessante Fluência, por Tua Presença Envolvente, que protege e governa a Vida destes amados buscadores da Verdade. Ajuda-os a penetrar na Plenitude da Tua Presença sem vacilação, para que possam abençoar a humanidade onde quer que vão ou estejam. In-tensifica Tua Luz Maravilhosa na atividade externa, a fim de que cada um se torne num grande canal para curar, abençoar, prosperar e iluminar. Assim seja.

PRÁTICAS TAUMATURGISTAS

1ª LIÇÃO

  O Apóstolo Tiago escreve aos primeiros Cristãos: "Se adoece algum de vós, chamai os sacerdotes da Igreja, orem estes sobre o enfermo, e a ação da Fé salvará o enfermo e o aliviará o Senhor". O Apóstolo disse: Que chamem o sacerdote e não um médico.

  Se abrirmos as Santas Escrituras, sobretudo a Bíblia, ou seja, nossa "PISTIS-SOPHIA", nelas encontraremos interessantes relatos de curas maravilhosas de enfermos, praticadas pelos cristãos que se achavam investidos do Espírito Santo. Em primeiro lugar, o Nazareno as realizou, colocando em prática, para que todos seus discípulos aprendessem o método pragmático para aliviar o sofrimento dos homens. Porém, Jesus não fez somente aqueles milagres, como também transmitiu o Poder Curativo aos Apóstolos e, por fim, a todos os crentes. Em Mateus, Cap. X, vemos que Jesus autorizou os Apóstolos a curar os enfermos, do mesmo modo como antes ele o fazia.

  Nos dias atuais, muitas seitas que apregoam ter iguais poderes, como a Ciência Cristã, tão espalhada por todo o mundo, sobretudo nos Estados Unidos. Esta Ciência Cristã mantém, em todas as partes do mundo, grupos de curadores, os quais curam orando ou lendo os versículos bíblicos para os pacientes.

  Na maioria destes casos constata-se tão somente desencadear a autossugestão, que cura mediante um poder que reside em nós. Em todas as partes "*sugestionadores*" ou hipnotizadores realizam curas, porém, até aqui, ninguém na Europa conseguiu chegar a uma arte tão perfeita de curar como o boticário francês *Coué*. O "*couenismo*" se estendeu, há anos, pelo mundo inteiro e deu bons resultados. Contudo, ainda que tenha submetido a esse tratamento milhares de pacientes, houve outros tantos milhares que saíram decepcionados, isto é, não se curaram. Não há dúvida de que esse homem mostrou ter um "poder" especial. Entretanto, isso não significa um privilégio, pelo fato de que todos nós, tu e eu, querido leitor, podemos alcançar tal poder curativo, cumprindo certas condições, isto é: preparando-nos, capacitando-nos para tal trabalho. Coué e seus seguidores curaram, sobretudo, os casos rotulados pela medicina como "neurose", mas não conseguiram curar cegos, nem leprosos, nem despertar mortos, pois este privilégio e poder só o possuíam os altos Iniciados, como o Nazareno, o Mestre Jesus, o qual sabemos que transmitiu a todos nós o poder da cura.

Ainda, segundo Mateus, Cap. X, Deus deu poderes aos seus para combater os Espíritos imundos e a faculdade de expulsá-los do corpo e de curar toda enfermidade ou doença. Em Marcos, Cap. III, 5, 15, adverte-se que somente os crentes têm poder de curar qualquer enfermidade. É interessante pontuar que Jesus, para fazer suas curas, colocava sua mão sobre a cabeça do enfermo, pronunciando determinadas frases, como: "Levanta-te e anda", para executar a cura. Aqui, cabe perguntar: sobre que parte do corpo atuou Jesus? Sobre a cabeça ou sobre o corpo material, ou sobre a alma espiritual? Na Carta aos Coríntios I, Cap. XV 44 "*Semeia-se corpo natural, ressuscitará corpo espiritual. Se há corpo natural, há também corpo espiritual*". Em várias ocasiões insiste Jesus em ensinar-nos que temos um corpo físico e um corpo espiritual. Se analisarmos as Sagradas Escrituras, verificaremos que somos uma Trindade; um corpo material, uma alma e um espírito. A ação curativa se efetua sempre e, nestes casos, atuando o médico ou um simples curador sobre o corpo etéreo, porém, impulsionado pelo espírito. A Bíblia diz que somente o corpo material é visível; os outros corpos são invisíveis, quer dizer, geralmente, pois o corpo astral, assim chamado porque é feito de uma matéria astral, pode materializar-se e aparecer como um corpo material.

Na segunda Carta aos Coríntios, Cap. IV, 16-18 diz que temos um mundo visível e um mundo invisível. Isso, para nós Iniciados, sugere que podemos tornar visível o invisível, por meio de Rituais iniciáticos. O visível, diz a Bíblia, é temporal, só as coisas que não se veem são eternas. Como temos corpos invisíveis, temos consciência da alma e, assim, reportando-nos à Bíblia, somos imortais, pois nosso verdadeiro Eu é imortal. Nesta mesma Carta aos Coríntios, acentua isto, ao dizer o

Mestre: *"Não sabeis que sois o Templo de Deus e que o Espírito de Deus mora em vós?"* E volta a repetir, dizendo: *"Sois o Templo de Deus vivo."* A seguir acrescenta: *"Eu habitarei e andarei com eles"* quer dizer, com os seus, com os crentes, *"Serei o Deus deles, e eles serão o meu povo"*. Se alguém tem direito de dizer que é esse povo, então, nós, conscientes desta possibilidade devemos reclamar também este direito. Esta arte gnóstica vem sendo praticada há milênios e nós temos, sim, o direito e o dever de aprendê-la e fazer dela o melhor de seus usos. Todo homem bom possui tal virtude curativa, por isso é mister que cultive em si mesmo tais autoridades curativas e que tenhas perseverança necessária para capacitar-se nesta nobre arte de curar os enfermos. O candidato ao aprendizado que queira triunfar nas provas tem que submeter-se a certo ascetismo. Aquele que vive nos vícios, de excessos dos usos e abusos, jamais chegará a ser um verdadeiro Iniciado. A nicotina é um veneno que intoxica e torna imundo nosso corpo, que é como vimos um Templo Sagrado. Não é crível que um mentiroso ou um ladrão obtenham poderes tão delicados. Todos são intimados a abandonarem seus vícios e a submeterem a sua Vontade Verdadeira fazendo progressos na virtude, extirpando tudo aquilo que denigre nossos corpos sagrados... a higiene do corpo e da alma são condições indispensáveis para o avanço na senda do taumaturgo.

No mundo da ciência médica, costuma-se dizer que o médico não se faz, senão que nasce médico. O verdadeiro "Gnóstico" e o verdadeiro "Iniciado" vem ao mundo com estas faculdades, da mesma forma que Mozart nasceu músico, pois aos quatro anos já compunha peças fenomenais. Entre os médicos há, às vezes, especialistas com grandes conhecimentos teóricos, porém, que fracassam ao chegar à cabeceira do enfermo. Estes médicos são materialistas. Somente conseguem enxergar o corpo material, no qual atuam com produtos químicos ou outros tratamentos. Não consideram o corpo que está aos seus cuidados um Templo e que Deus reside nele; naquele momento espera nossa colaboração de interação transcendental, para que a força divina possa efetuar a cura... e para ser capaz de curar é necessário que o curador se submeta a certos preparativos. Em parte, encontrarão literaturas com instruções para encaminhar-se nestas práticas, com as quais serão desenvolvidas as forças curativas.

2ª LIÇÃO

As correntes curativas de que falamos na lição anterior foram denominadas, cientificamente, "Emanações Ódicas", que podemos fazer visíveis na escuridão, pondo as mãos, uma em frente a outra, sem se tocarem. Têm-se lhes dado também o nome de "Forças Magnéticas". Acumulamos estas Forças Magnéticas durante à noite, quando estamos dormindo, ou quando nos colocamos durante o dia, em posição de "decúbito dorsal", ou seja, num estado de relaxamento muscular, que conseguimos, geralmente, recostando-se num divã ou no leito. Deve-se colocar toda musculatura num estado de descontração total, em todo o corpo físico... Esta condição é alcançada exercitando-se a concentração. Isso alcançado, vem a nós um momento de tranquilidade energizada, por onde penetram as Forças Cósmicas, isto é, as Correntes Magnéticas, que se convertem em Forças Curativas.

É incomensurável a quantidade de literatura médica que trata do corpo material. A Biologia, em geral, se ocupa também do corpo físico e tem realizado grandes progressos. Os psicólogos tentam penetrar nesta matéria, porém confundem, infelizmente, o sistema nervoso com a Alma, ou Espírito. O Prof. Bilre, na sua obra intitulada *A Alma*, traz à luz de forma clara e convincente este conhecimento tão necessário para nos conhecer plenamente. Dispomos de obras sobre o corpo e a alma, mas o terceiro elemento de nossa constituição, ou seja, o Espírito Santo, não são tão fáceis de serem encontradas. Em particular uma obra do teólogo Luiz Quinto, *Problema do Espírito Santo* (Ed. São Paulo, 1939), que vê e considera esta questão como um "problema". Vamos abordar este tema, em linhas gerais, para formarmos um juízo, buscando fontes na Bíblia Cristã. Vemos em Lucas, Cap. XI, Vers. 13:

Se vocês, apesar de serem maus, sabem dar boas coisas aos seus filhos, quanto mais o Pai que está nos céus dará o Espírito Santo a quem o pedir!

Onde lemos que o Pai Celestial dará o Espírito aos que o pedirem, vê-se claramente que quando o Apóstolo disse que o Espírito Santo pode ser recebido por todos, com a condição única de que o peçam e que o Espírito é uma dádiva de Deus. Por outro lado, se há um Espírito "bom" Santo, tem que haver, pressupostamente, outro que talvez não o seja. Na realidade assim é, porém, nós o rechaçamos e o combatemos com todo empenho que estiver ao nosso alcance. Os sacerdotes católicos se valem de exorcismos para banirem os espíritos maus. Outras seitas e organizações religiosas dispõem de outros meios para fazê-lo. Aqui nós faremos referência unicamente ao espírito Santo, o Bom. Refletiremos no estudo comparado dos Evangelhos e, em especial, um deles nós daremos mais ênfase, o de São João, de onde tentaremos receber a Luz.

A comparação é a Chave para compreender o Espírito Santo. Recomendamos que leiam, atentamente, nas entrelinhas, tudo que foi exposto por São João, pois este Apóstolo, como a maioria dos Iniciados, escreveu sempre numa linguagem tridimensional, ou seja, não literal, figurada e secreta.

Em primeiro lugar constatamos que, no Antigo Testamento, no Gênesis, é relatado como atuou o Criador com o Espírito. Deus infundiu um sopro para animar o corpo físico e a alma. Disse o autor deste livro surpreendente: os antigos judeus, que tinham como Deus principal *Jehovah*, citam continuadamente três corpos, Material, Alma e o Espírito, sendo este último o principal, isto é, o Espírito Santo, que foi infundido no corpo pelo Sopro Divino.

O Profeta Isaías nos fala do espírito santo e nos diz que tal Espírito dá Sabedoria ao entendimento, dá conselho à Força ou Poder e dá reconhecimento e temor a Deus...

Antes de Sócrates já se falava do "Alento Divino". Aristóteles reforçava a espiritualidade do "Alento", ao falar-nos da Força Vital, que provém ou reside no espírito, mediante o "Logos", para identificar-se com a matéria, ou seja, para penetrar nela. Na liturgia Mitraísta encontramos ensinamentos sobre Invocações Mágicas, que, quando recitadas, como disse o grande filósofo, em oração se realizam com a assistência de Deus. São João trata sobre deste assunto em particular de um modo mais extenso, referindo-se ao batismo de Jesus (o protoplasma). Descreve-nos como o Espírito Santo, que pousou em forma de "pomba" sobre a cabeça do Nazareno. Conhecemos este relato encantados e pressentimos que se trata de um mito. A "pomba" era para os judeus uma Entidade Alada, que descia do alto. Por isso, ao escrever a Bíblia, valeram-se do símbolo da pomba, para sugerir que tais escrituras vieram do céu.

Cremos que o Espírito de Deus penetrou no corpo de Jesus, precisamente no momento de receber as águas do batismo, constituindo-se, desta forma, o Nazareno, em um receptáculo para o Espírito Santo. Nesse instante converteu-se em Jesus Cristo. Naquele momento Ele é reconhecido como o Messias anunciado frequentemente pelos Profetas. Jesus, naquela condição, ao referir-se às prédicas, disse que: não somos nós que falamos, senão que aquele que fala é o espírito, o qual se vale de nossa boca como um simples instrumento. O Nazareno confessa possuir o Espírito Santo. Neste sentido, vemos confirmado que Jesus tinha relação com os planos superiores. Jesus nos deu o exemplo, nos ensinou como deveríamos atuar quando conseguimos nos comunicar com os Planos Superiores. Joel, Cap. II, Vers. 28: *"E há de ser que, depois derramarei o meu Espírito sobre toda a carne, e vossos filhos e vossas filhas profetizarão, os vossos velhos terão sonhos, os vossos jovens terão visões."* Ao falar sobre isso, fica claro que o espírito veio sobre todos. No Novo Testamento, relata-se o que aconteceu no dia de Pentecostes, quando falaram línguas estranhas.

Recomendo a leitura da primeira Carta de São Paulo aos Coríntios, sobretudo o Vers. 9, em que se diz que o espírito Santo dá graça e saúde, isto é, o poder de curar pelo mesmo Espírito. Aqui podemos ver claramente que tem uma autoridade, ou seja, permissão Divina para curar enfermos.

A expressão batizar por meio do espírito se repete no Novo Testamento por sete vezes. Aqui chamamos a atenção sobre este setenário. A Bíblia adverte que os "frutos do Espírito" são: *caridade, gozo, paz, paciência, benignidade, bondade* e *magnanimidade.*

Grande é a responsabilidade que recai sobre nós, pois nosso próprio corpo é um Templo de Deus. Está escrito que *"Deus habita em nós".*

Antes de concluir, citaremos a advertência que nos faz São João: *"Deus é Espírito e é mister que aqueles que o adoram, o adorem em Espírito e em Verdade"*...

Em suma, sugerimos a todos aqueles que se dedicam a curar enfermos que se compenetrem, em primeiro lugar, na condição primordial que devem cumprir, qual seja a de se prepararem mediante os exercícios respiratórios, que devem ser feitos sempre com a mente prefixada no desejo de que o "Ar" – *Sopro, Prana, Ruach* – entre no organismo para a criação de Forças Vitais. Deve ser ensinado a todo enfermo (com raras exceções) a fazer tais exercícios respiratórios ritmados, isto é, ao entrar o ar pelas fossas nasais, que absorva elementos salutares e revitalizados; ao expulsar o ar gasto pelo organismo o faça com a intenção de jogar para fora de si todo o mal e toda enfermidade.

O ar que recebemos ao respirar, isto é, o Alento, que pode ser considerado como o Princípio Vital Universal, recebido pelos seres humanos, como um "elixir de vida", ou quintessência dada pelo Cosmos, durante nossa existência terrena, que ao morremos, regressa ao Cosmos. Não se trata aqui de um elixir de essência alquímica, apregoado pelos místicos medievais, mencionado no *Fausto* de Goethe, como um preparado material. Estamos nos referindo àquele apregoado pelos *Mestres Passados*, ou seja, o "*Prana*", o qual é uma essência interna, íntima, como Elemento Espiritual do Ar. Naturalmente, um aspecto não anula o outro, pois as coisas têm múltiplos entendimentos, do mesmo modo que há muitas maneiras de expressar a verdade, segundo seja o plano em que atuamos. Estes exercícios devem ser feitos sempre ritmados e ordenados, segundo o caso, por 5 ou 10 minutos, por meia hora ou uma hora, porém, em todos os casos, com o mesmo ritmo e no mesmo horário.

Devem-se cumprir os mandatos da oração e ter plena confiança em Deus e em Si mesmo.

Muitos clérigos e Sacerdotes que gozavam da fama de teólogos sobre as teorias que sustentavam sobre o Espírito Santo deram explicações diferentes sobre este mesmo tema. É natural que nosso cérebro material não possa encontrar uma solução para os problemas imortais e eternos. Entretanto, todos nós temos o direito de imaginar o Espírito, e a construir, para nós mesmos, uma hipótese, que os demais possam ou não aceitar. Imagino, por exemplo, que, além da imensidão do Cosmos, existe um Sol Central, que anima e supre de calor, luz e vida a milhares e milhares de sóis como o nosso, o qual, por sua vez, supre a Terra com energias térmicas, luminosas e vitais. Cada planeta, tal qual cada ser humano, tem seu anjo guia e protetor. O protetor do nosso planeta é o Cristo, o qual veio à Terra e por isso está conectado com todos.

O Sol Central é para mim o Deus Pai.

Nosso Sol representa o Filho se suas emanações correspondem à causa primeira desse Sol Central, que é o Espírito Santo.

Entendam bem, não quero dizer que Jesus é um Anjo entre os Anjos. Cristo é Deus e ele atua aqui como um aspecto da Trindade. Por isso se pode dizer: Eu e o Pai somos Um.

3ª LIÇÃO

Um dos Mestres iluminados, um perfeito Iniciado, foi o insigne maçom Johann Baptist Krebs (J.B. Kerning) 1774-1851 Überauchen (Alemanha); foi cantor (tenor), diretor, pedagogo vocal, escritor, autor de palco, compositor. Autor de uma série de livros e manuscritos que ficaram sob a guarda do Sumo Supremo Santuário. Numa dessas obras, *Schlüssel zur Geisterwelt oder Die Kunst des Lebens,* o teólogo disserta sobre a Teurgia e Taumaturgia magnificamente, em que o grande maçom diz:

> *Deus é Um e Um mistério religioso – Triuno – O Homem é múltiplo em seus aspectos e somente Deus é Único, que se manifesta como Unidade na Diversidade do Cosmos. Está representado no Cosmos pelo "Elétron". Existe, portanto, para nós uma dualidade, de um lado, O Grande Todo, e do outro, o pequeno Elétron como parte integrante do átomo. O Elétron é a menor parte do átomo.*

A ciência da Teoria Quântica[29] já identificou partículas menores e logicamente outras divisões. Aqui cabe uma pergunta, se nestas regiões tínhamos, ante de nós, a matéria, ou seja, se já nos encontrávamos diante do Ser espiritual?

Estas teorias poderiam nos levar a uma ideia Panteísta. Até pouco tempo, os elétrons foram apresentados pela ciência como partículas menores da energia elétrica. Isso nos leva a outra pergunta: O que é, em si, a eletricidade? A resposta é que a eletricidade é um fluído, uma energia que existe na natureza. Porém, esta resposta não satisfaz plena-

---

[29] - Nossa abordagem da "Teoria Quântica" tem somente a pretensão de uma reflexão comparativa e como figura de linguagem.

mente à nossa interrogação. A única coisa que sabemos até agora é que os elétrons são os portadores, os expoentes da energia elétrica. Então perguntamos novamente: O que é a matéria? A resposta *a priori* é que a matéria é somente uma ilusão dos sentidos, pois aquilo que chamamos de matéria nada mais é que uma vibração dos átomos, dos elétrons... Isso pressupõe que o Cósmos ou o Grande Todo seja de natureza elétrica, ainda que se descubram novas divisões, isto é, um fato que nenhum homem da ciência pode negar. Não há senão uma realidade, e essa realidade é Deus. Deus onipresente e, sobretudo, presente em nossa essência. Poderíamos dizer que nossa Terra e o Cosmos são realidades que se manifestam através dos elétrons, que, todavia, não tendo um nome específico, são designados pelo nome de "SPIN". Sobre o Spin, o admitimos como a vibração própria dos elétrons. Estes elétrons formam sempre na estrutura dos átomos, nas mais variadas composições. Há átomos que têm dois elétrons e outros que têm centenas ou até mais. Pressupomos que os átomos que dão forma ao coração devam ter, em sua essência, um número máximo de elétrons. Para nós, estes representam a ponte entre o material e o espiritual. Somos conscientes de que temos uma vida interna e outra externa. A interna é a que nos ocuparemos para prosseguir nesta lição. Sabemos que os átomos formam moléculas e cristais e destes, forma os corpos celestes e deles os sistemas solares, e, daí, a Via Láctea e desta estrutura foram produzidos os seres humanos. Estes seres humanos, isto é, nós, formamos as famílias, estas formam grupos sociais e estes formam povos e Estados. O Ser humano tem uma parte visível e outra invisível, denominada *Vida Interna*. O Gênesis, referindo-se à Criação, repete sempre: *"E disse Deus"*... *"E fez Deus"*... Compreendemos quando diz São João que no princípio foi a palavra, o Logos. Aqui repito textualmente: *"No princípio existia o verbo, e o verbo era Deus"*... Convido aos leitores que meditem detidamente sobre estas palavras...

Em todo Ocidente, Igrejas oficiais e seitas praticamente adotaram a Bíblia e como estudiosos deste livro sagrado, nenhum conseguiu explicar convincentemente o Cap. 17 Versículo 1, de Lucas, onde se diz: *"É impossível que não venham escândalos, mas ai daquele por quem vierem!"*. Talvez não tenham explicado por acharem enigmático. Nestes últimos séculos anunciaram a próxima vinda de Jesus. Esperam vê-lo aproximar-se da Terra, sentado sobre uma nuvem. Porém, as *Sagradas Escrituras* são muito claras a este respeito, quando dizem, respondendo à pergunta: *"Quando virá o Reino de Deus?"* O Reino de Deus não virá de modo exterior, nem podem dizer: *"está aqui, ei-lo ali, porque o Reino de Deus está dentro de nós"*... E, se admitimos que nosso Espírito é uma parte de Deus, então, é uma verdade incontestável, que o Eu Pessoal não é idêntico ao Eu Espiritual. E, se o Espírito é parte de Deus, como dissemos, então tem de sê-lo desde toda a Eternidade.

O EU HUMANO

O Eu Humano é o produto da matéria com o espírito, ao qual chamamos "Alma".

Para melhor compreender isto, podemos nos valer de um exemplo empregado por Kerning, como segue:

> *Se tomamos uma flauta, tomamos um instrumento de madeira, adequado para produzir o som da música. Porém, a flauta não é a música por si só.*

O mesmo sucede com o Homem; não é o Homem só um corpo, nem só espírito, mas, sim, um instrumento, mediante o qual se manifesta o Espírito Divino. Suponhamos que o artista, proprietário da flauta, deixa-a abandonada durante anos, sem limpá-la nem cuidá-la. Evidentemente que a flauta ficaria imprestável e não poderia mais produzir música harmônica, senão desarmônica... E a flauta precisa ser bem cuidada para produzir bom som e não desarmonias. O mesmo sucede com o corpo humano. Quando dele descuidamos, infringindo as Leis da Natureza, adoecemos e deixamos de progredir. Claramente vemos isso nos seres humanos com deficiência mental, quando o cérebro se transtorna preferindo apenas frases desconexas ou falando disparates. O instrumento cérebro requer cuidado. Outro exemplo nos dá o relógio. Durante muitos anos anda com a exatidão do Sol, porém, um dia, se afrouxam as engrenagens ou deterioram seu mecanismo, já não pode nos indicar com exatidão as horas certas. Sustentamos, portanto, o seguinte axioma: "Temos uma vida externa e uma vida interna, que é a causa e a base da exterior". Voltando à Bíblia, nos deparamos com a seguinte citação: *"Se estivésseis em mim, e minhas palavras estivessem em vós, pediríeis tudo quanto quereríeis? E tudo vos seria dado*". Esta frase bíblica nos obriga a compreender o modo de atuar sobre a vida interna para proveito próprio. Mateus, Cap. 21, diz: "*Todas as coisas que pedirdes em oração crendo, as terei*". Poderia ainda citar muitos versículos que a vida interna nos ensina como uma força, como um poder, que não reconhece obstáculos... Não esqueçamos, entretanto, que as Santas Escrituras dizem também que se requer, sobretudo, a Caridade e o Amor. São Paulo disse aos Coríntios Vers. 13:

> *E ainda que tivesse o dom de profecia, e conhecesse todos os mistérios e toda a ciência, e ainda que tivesse toda a fé, de maneira tal que transportasse os montes, e não tivesse amor, nada seria.*

A Caridade e o Amor, diz o Apóstolo, "*Nunca fenece, ainda que se acabem as línguas e seja destruída toda a ciência. A ciência que requer a memória é material e desaparece com a morte. Supondo que existisse um homem que soubesse todas as coisas de memória, que pudesse relatar-nos textualmente, por exemplo: todos os clássicos e que não tivesse vida interna, de nada valeria.*"

A faculdade de tratar enfermos relaciona-se com o Grande Médico, que sabe valer da vida interna, com todas suas prerrogativas e poderes. A ciência cerebral não é a chave para as coisas espirituais. Gernold, em sua obra, *A última Lei* disse: "*Cada enigma não desperto é uma certa mancha no escudo da Ciência. Cada desgraça que sofre a humanidade pode considerar-se, finalmente, como um fracasso dos homens da Ciência.*" Assim, o avanço científico da civilização dos últimos séculos nos trouxe a cultura de uma ciência materialista, e menosprezou a cultura da educação moral e cívica, tendo na última Grande Guerra a confirmação do fracasso, Maldição eterna merecem todos os instrumentos inventados para matar homens empregados nesta guerra. A ciência abandonou as Ciências Naturais e o Plano espiritual. Precisamos voltar ao verdadeiro Caminho. As armas usadas, que aparentam ser maravilhosas, de alta tecnologia, não são mais que uma maldição ao desserviço da Humanidade. Diz ainda Gernold, "*que o conhecimento final não está onde os cientistas se dirigem, e sim de onde vêm*".

A desordem sobre a qual padece o mundo se alimenta e aumenta com a paciência das pessoas decentes. Aquele que abandona o trono a um guerreiro, torna dono de sua casa os cães de guarda. Ser guerreiro contra a guerra é única prova de dignidade. Isso equivale tanto quanto a ser um protetor da humanidade. A diferença entre um crime comum e a guerra está em que o crime é cometido somente contra uma pessoa ou contra uma família ou até mesmo contra um estado e a guerra é um crime cometido contra toda a humanidade. Neste sentido, não há um crime bom, não pode haver, tampouco, uma boa guerra. A guerra contra a guerra não pode qualificar-se como tal, pois é um serviço policial sempre desnecessário.

Nestas lições de Taumaturgia, não apresentaremos receitas científicas, senão algo que está muito além delas.

Vamos expor aqui, em poucas palavras, a Arte de Curar, a verdadeira arte de recuperar a saúde perdida.

A tuberculose, o câncer, a cólera, a forme e a miséria estão por toda parte, não são combatidos com penicilina, nem os vícios que despertaram as grandes guerras foram dominados com frases, mas, como deveriam ter sido neutralizados com injeções de dignidade.

Parece que o mundo está cada dia mais indigno, e para voltar a chegar a uma vida digna, temos que apelar a Deus em seu expoente, ou seja, na Vida Interna. A este Ser que reside em nós. Isso não se consegue mediante frases, orações ditas em voz alta, mas, antes, cumprindo o que diz a Bíblia, chamando a Deus, recorrendo a Ele... Clamar a Deus por seu nome. Quando ando pela rua e vejo o Senhor Miguel, a quem necessito, chamo-o pelo seu nome, para que venha a mim. Esta regra elementar é tão simples, pode ser aplicada, também a Deus. A Bíblia diz: "(...) *Não serão escutados os que só chamam Senhor, Senhor!*". Quando Moisés perguntou ao Todo Poderoso, com que nome deveria chamá-Lo, ele disse: "Por *Jehovah*". Fixemos bem este Nome. Em muitos idiomas está escrito com H, em outros não. Em alguns com J, e em outros com Y, ou seja, YEOUA, as cinco vogais de todos os idiomas naturais; isso quer dizer que, segundo a Bíblia, devemos chamar a Deus por meio das vogais, essas cinco vogais, combinadas com as diferentes consoantes produzem milhões de palavras.

4ª LIÇÃO

O pensamento antecede à fala e abarca todas as coisas reais e inimagináveis. Os conceitos determinam os indícios da imaginação. Pensamentos simples são aqueles que ocorrem quando a imaginação e os sinais têm similaridades.

Toda força pressupõe movimento, e este se realiza no tempo e no espaço, sendo condicionado pela matéria e forma. As forças absolutamente simples são aquelas que a matéria e a forma são idênticas. Fixemos bem que estas condições simples levam em si as letras de todos os alfabetos.

O insigne escritor maçom Ir∴ Kerning (Johann Baptist Krebs), a quem prossigo referindo, nos diz que:

> *Não são as letras materiais, as letras mortas, senão que tudo se concentra no valor espiritual das mesmas. É um expoente divino, O Espírito que vive nas letras, sobretudo nas vogais, nas quais reside um imenso poder. As vogais são os expoentes da natureza, são as primeiras sonoridades que empregam as crianças quando balbuciam. Uma prova de que são a manifestação do Espírito Humano é que quando uma pessoa se fere com alfinete, grita inconscientemente: I I I I I... e quando batemos em alguém com o punho, reagem dizendo: U U U U... Quando, durante à noite, vemos fogos de artifícios, dizemos: A A A A... Assim, podemos inferir que as vogais de todo alfabeto, o Verbo (o Logos) têm algo de primitivo e sagrado com eles podemos comunicar com Deus.*

Os efeitos destas sequências de letras têm resultados sempre grandiosos. Sobressaindo-se algumas destes está o efeito de I A O.

Deus, que deu a linguagem ao homem, nos fala pelas letras e por meio delas os escritores transmitem suas mensagens e provocações filosóficas; porém, Deus nos fala por meio de toda a Natureza. Fala-nos por meio da flor, da pedra e de seus cristais, das fontes, das estrelas, do firmamento, do mar e da terra. Fala-nos através das mudanças ocorridas nas estações do ano, nas transposições do dia para noite, no sorriso de uma criança, enfim, em tudo que nos circunda e, principalmente, na peculiaridade do movimento.

Cada movimento tem seu caráter específico. As formas singelas, geralmente, são de caráter simples, de forma simples; contudo, de importância divina são as letras do alfabeto. O Gênesis relata que Deus disse: "*Faça-se a Luz... e a Luz foi feita*". Não devemos supor que Deus, o Criador, apresentou-se como uma espécie de mago para produzir fenômenos. Não, Deus deixou ou deixa atuar as forças do Cosmos, que é um de seus corpos... e, assim, se formou a Luz.

Em cada decreto e em cada ordem, com o "Faça-se", conseguiu ou consentiu que as coisas se realizassem.

A linguagem serve ao homem para formar conceitos, por meio dos quais se expressam os pensamentos. Se quisermos formar uma ideia do que é o alfabeto, do ponto de vista científico, abrimos uma enciclopédia. Então, nos deparamos com longos artigos sobre a Ciência. Com desenhos (símbolos) nos fazem ver como atuam os lábios, os dentes, o palato, a língua, as fossas nasais, a glote, as cordas vocais e a traqueia.

Teceram grandes elogios ao venerável monge beneditino Pedro Ponce de León (1520 - 1584), sem suspeitarem, talvez, de que fora ele quem deu fundamento sólido para que se rompesse o silêncio, que desde muito tempo reinava no campo da fonética. Logo ficou assinalada a importância de que esta Ciência tem para fazer-se entender aos surdos, mudos, etc. Porém, não nos ocuparemos aqui destas particularidades. Vamos referir somente às forças, ao poder, assinalando os benefícios que nos podem proporcionar as letras empregadas na Arte Mágica, como serviço Divino, como meio para entrar em contato com a vida interna e com Deus.

No Apocalipse de São João, Cap. 1, Vers. 8; Cap. 21, Vers. 6 e Cap. 5, Vers. 13, está escrito: "*Eu sou o Alfa e o Ômega.*" Isso quer dizer que Deus é todo Alfabeto.

Simbolicamente, podemos imaginar que Deus é a Divindade sempre onipresente no espaço. A Palavra, o Logos e o Poder com o qual se manifesta. Esse Poder e essas Forças residem nas letras e no espírito do alfabeto. O caráter das letras é Espiritual e se individualiza pela Palavra. Jesus, o Nazareno, falou quase sempre por parábolas, cuja forma de falar podemos imitar, para melhor nos fazermos compreender.

Tudo que vemos ou sentimos podemos dizer, ou melhor, demonstrar através da linguagem. Uma parábola de Deus é o Espírito, é a Palavra de Deus, que se manifesta em toda a Natureza, no raio, no trovão, etc. Podemos simbolizar o Pai como Substância Primeira, ou seja, ainda com o elemento essencial ou causa da matéria prima e todas as forças que podem simbolizar, em sua aplicação, o Filho.

Todo movimento reside na letra e o Espírito é o caráter específico do movimento.

Nas letras reside toda a vida interna, a Estabilidade da Divindade.

Enquanto tudo muda em suas formas e seus componentes, as letras permanecem imutáveis, não sofrem mudanças, salvo entre si as consoantes.

Em Coríntios se diz: "*Nosso corpo é material e nele reside o Espírito*". Já temos indicado várias vezes: Deus está com todo o Poder, Sabedoria Divina, em nós, em nosso templo interior. É o mesmo Deus que espera que apelemos a Ele, para realizarmos obras que podemos chamar simplesmente de "Magia", pois o Mago Branco está sempre unido e a serviço de Deus, de maneira adversa está o "mago negro", que arrasta as cadeias do demônio cavando masmorras ao vício afastando toda possibilidade do progresso espiritual...

Neste mundo temos que aprender todas as coisas. Nossa vida sobre a terra é somente um grande aprendizado. O soletrar não é uma exceção. Assim como a criança pronuncia as vogais inconscientemente e nos surpreende com suas primeiras palavras, da mesma forma temos que começar a soletrar todos os atos de nossa vida. Geralmente, as crianças começam a falar com vocábulos simples. Nós temos que aprender muito com as crianças; temos que que começar "soletrando", do mesmo modo que elas; porém, o homem com o cérebro já desenvolvido deverá soletrar interiormente, pois nesta manobra de soletrar reside uma Lei de fundamental importância na vida. Os monges religiosos, por exemplo, retiram-se para a solidão, a fim de guardar o silêncio. Quando se encontram dois no claustro, se cumprimentam, pronunciando somente duas palavras latinas: *"Memento Mori"*, que traduzidas corretamente significam: *"Recorda-te que tens que morrer"*.

Nós empreendemos uma rota diferente. Não nos impomos a obrigação de guardar silêncio, senão que, com as letras, com as vogais, atuamos sobre nossa vida interior, obtendo, assim, Forças Mágicas, para atuar em nossa vida interior.

Conhecemos exercícios, experimentados há séculos, que se fazem com as vogais, com o objetivo de desenvolver tais forças mágicas, que podemos transmitir aos enfermos, para curá-los e muito frequentemente quando a Ciência médica secular tenha fracassado.

Não quero recomendar, com isso, que os enfermos não procurem o médico profissional. Seria desejável que os médicos usassem algo além de seu sistema material, que considerassem o ser humano além da matéria física, isto é, com seus múltiplos corpos sutis. Se o médico é um homem com formação religiosa, verá que as citações expostas aqui são cópias fiéis e exatas dos originais das Sagradas Escrituras; na Bíblia, em São João, Cap. 1, diz assim:

> *No princípio era o Verbo, e o Verbo estava com Deus e o Verbo era Deus e estava, no Princípio, em Deus. E por Ele foram feitas todas as coisas e sem Ele não teria feito coisa alguma de quantas tenham sido feitas. Nele estava a Vida e a Vida era a Luz dos Homens...*

O Nazareno nos prometeu que estaria sempre conosco quando nos reuníssemos em seu nome.

O médico, portanto, deve ser *a priori* um Sacerdote, que nos momentos supremos deve recomendar aos familiares do enfermo para que o ajudem e o assistam por meio da Oração.

Uma obra notável, publicada em 1930 pelo insigne Rosacruz, fundador da FRA (Fraternitas Rosicruciana Antiqua), Heinrich Arnold Krumm-Heller (15 de Abril de 1876 – 19 de Abril de 1949), cujo título *"Logos, Mantra, Magia"* traz este tema à luz, de forma pragmática e elucidativa, ou seja, vale a pena ser lido. Nesta obra o autor alemão tratará desta ciência dos Mantras e palavras de poder com clareza suficiente para adaptá-las e empregá-las ao desenvolvimento de nosso estudo sobre Taumaturgia.

O "caminho" para a vida interior requer, para dar condições de Templo à residência de Deus, quatro colunas – *Verdade, Sabedoria, Beleza* e *Força* – e, para se desenvolverem estes elementos, requer-se Harmonia.

Na nossa vivência diária damos deixamos livre nossos maus hábitos de usos e abusos, dos vícios e de má conduta. O corpo humano, que um dia saiu harmonioso das mãos do Criador, se converteu, por nossa única culpa, num conjunto desarmônico, ou seja, sem harmonia que reside na vida interior, a qual reage ao mais leve chamado.

Com toda certeza, os átomos que formam parte das células cerebrais ou cardíacas são harmônicos com aqueles que formam e constituem a planta dos pés. Todas as Sociedades Iniciáticas fazem esta indicação aos neófitos. Para nos conduzirmos praticamente à Harmonia, devemos pensar intensamente na letra I. Se estivermos sós, devemos pronunciá-la e, ao mesmo tempo, mentalmente, devemos levá-la desde o cérebro até ao coração e, lentamente, passá-la por todo o organismo levando-as até aos pés.

Deve-se fazer isso todos os dias e sempre na mesma hora. Num primeiro tempo, com a letra I, em seguida com a E, e na continuação o O, depois o U e por último com a letra A. Desta forma, podemos fazer passar por todo nosso corpo. O Nome Sacrossanto de Deus, seguindo sempre a mesma rota.

Estes exercícios devem combinar-se com a Meditação, à medida que se avança no desenvolvimento da Arte.

Num dos nossos livros publicados (*Gnosticum* - A Chave da Arca - Maçonaria Prática), tratamos de projeções e da *Ciência dos Tattwas*, de forma pragmática e com muita clareza; o leitor que quiser avançar nesta senda, com segurança e resultados profícuos, deverá ler e praticar os exercícios nele expostos.

Apenas como ilustração de um pensamento avançado. Projeta-se uma figura qualquer na parede, por exemplo. Um cubo, um triângulo, uma cruz. Logo escrevemos as letras vogais, em seguida o alfabeto e depois as palavras para transmiti-las aos nossos semelhantes. Afirmamos que é de suma importância refazer e praticar os exercícios de visualização, desde todo um processo de educação iniciática, para ser aplicado no nosso cotidiano. Recomendo aos leitores estas práticas *Táttwicas* sugerindo-lhes que meditem e reflitam sobre seus progressos anotando no Diário Mágico os avanços que forem conquistando.

Os Mestres não devem jamais permanecer na inatividade, senão que devem tratar de ajudar a todos e a cada um em particular, quando solicitado.

Cada ser humano tem sua Vogal, e todos que fazem os exercícios (práticas da Arte Mágica) acima sugeridos não ficam sem descobrir a Vogal que lhes alavancará da inércia. E quando as encontrar, guarde-as como um Tesouro e somente as use em benefício próprio ou daquele que lhe pedir socorro.

5ª LIÇÃO

Nosso *des-a-fio* nesta lição será esclarecer a importância do Corpo Astral, já que, para o desenvolvimento do trabalho de um Taumaturgo, isto deve ser de considerável interesse. Depois de provocar aos leitores a reflexão e o exame da questão dos sons vocálicos, agora vamos expor a possibilidade do manejo do *Fogo Kundalini*, para em seguida introduzi-los na Magia Prática e finalmente abordarmos o hipnotismo e o exorcismo.

Até aqui fizemos várias alusões sob os auspícios do belo trabalho do M∴ Kerning; esta obra supracitada é um primor de literatura ocultista, que nos causou uma espécie de *Déjà vu* (que significa "já visto"); com isso quero dizer que: mesmo que não tivesse, até aquele momento, lido algo tão peculiar em termos de raciocínio lógico de um assunto tão diferenciado, pareceu-me, numa primeira impressão, como algo que já havia lido ou que conhecia, algo familiar, tal como uma releitura agradável e convincente. Sou muito agradecido aos MM∴ por terem colocado em minhas mãos livros que me fizeram optar e trilhar nesta estrada. Estas obras esclareceram plenamente e me fizeram compreender a questão do Corpo Astral que *a priori* não é um tema fácil de ser abordado.

O entendimento de tais conhecimentos, que recebemos do além-mar, nos diz que esta teoria do Corpo Astral, que existe há milênios, desde o antigo Egito, vem carregado de lendas e teorias escalafobéticas; aqui buscaremos uma maneira de colocar esta matéria ao nível da compreensão inteligível e pragmática.

O Corpo Astral tem muitas denominações: alma, duplo etéreo e *"doppelganger"*, como o chamam os Rosacruzes germânicos. Este nome é geralmente aceito pelos ocultistas tradicionais, entre eles a Mme Blavatsky (Helena Petrovna *Blavatsky* – Ekaterinoslav, 12 de agosto de

1831 – Londres, 8 de maio de 1891), que também o denominou pelo nome de *Linga* Sharira[30]. Dito nome traduzido ao português significa: corpo fluídico, corpo diurno, corpo invisível, corpo vital, protótipo, duplo etéreo; em certas seitas espíritas o chamam de corpo fantasma. Blavatsky estava certa ao dizer que este corpo tem a mesma forma do corpo físico, que é um acumulador e veículo da vida, e que dirige correntes fluídicas, distribuindo-as regularmente, segundo as necessidades do organismo. Os gregos o chamavam de *Eidolon*, sendo basicamente o fator principal, no qual repercutem as enfermidades, mediante a ação sobre elas exercida podem-se provocar eventos curativos, atuando como manancial de tratamento para o restabelecimento da saúde, quando nosso corpo físico estiver debilitado e afetado por algum tipo de moléstia. Tantas denominações para designar uma mesma ideia, o mesmo assunto, provam a importância e interesse que tem a alma, de cuja ação sempre gerou desconfiança e dúvida.

Todos os livros sagrados o proclamam como base e constituinte de sua religião, o que, com razão, tem provocado tantas discussões, quando a Ciência e a Religião querem indagar sobre esta matéria tão importante.

A nós maçons, rosacruzes, gnósticos, ocultistas em geral, interessam todas estas discussões, sobretudo as explicações da Bíblia, porém, devemos advertir que, muitos séculos antes do nascimento do Nazareno, já havia um grupo de estudiosos, chamados de Gnósticos, que via esta questão numa espécie de síntese, que denominaram de "*Pistis Sofia*". O que é *Pistis Sofia* em sua essência íntima? Em grego sua essência significa Fé. Sob esta designação, todos os dicionários a registram como "Essência da Religião Gnóstica". Sofia é a própria essência, ou melhor, a sabedoria em seu aspecto mais íntimo.

---

30 - *Linga sharira* (em sânscrito: *linga*, significando modelo; e *sharira*, que provém da raiz verbal *sri*, significando apodrecer), ou duplo etéreo, designa, na teosofia, o 3º princípio na constituição setenária do homem, que é levemente mais etéreo que o corpo físico (sthula sharira). Segundo a Teosofia, ele permeia todo o corpo humano, sendo um molde de todos os órgãos, artérias e nervos. Linga Sharira também recebe outros nomes, tais como: corpo etéreo, corpo fluídico, duplo etéreo, fantasma, *doppelganger*, homem astral, etc. Após a morte física, este duplo etéreo ainda permanece algum tempo com vitalidade, formando o que se chama de "espectro" ou "fantasma". Segundo Blavatsky, o duplo etéreo desempenha um papel importante nos fenômenos espíritas, sendo a substância que forma os chamados "espíritos materializados" nas sessões espíritas.

PRÁTICAS TAUMATURGISTAS

Cremos que nossa missão nesta terra é conquistar conhecimentos e conseguirmos unir em nosso interior a Fé com a Sabedoria: A "*Pistis*" e a "*Sofia*" com respeito à alma.

Os Sacerdotes de todas as seitas cristãs buscam seus conhecimentos nas Universidades. Esses Colégios superiores ensinam Lógica, Estética, Metafísica, Pedagogia e, sobretudo, a Teologia. É sabido que a maior parte dos estudantes sai desses centros de ensino insatisfeitos e inseguros, isto é, não totalmente convencidos destes conhecimentos, e que muitos desses homens tornam-se materialistas, uma lastimável realidade. Geralmente como céticos encarreguem de divulgar impropérios que, a sós, em suas consciências, não possam vir a acreditar mais tarde pelas suas próprias reflexões e de que estavam no erro nas suas convicções.

> *Ao acessarmos o "Armazém das Consciências", um típico "sítio eletrônico", ou este "armazém nos acessar", em face de nossas percepções, nos estados alterados de consciência – onde a cada instante nos mostra compartimentos de ideias incomensuráveis, imbricados uns nos outros, com possibilidades ilimitadas, como um caleidoscópio, "simplesmente" nos elevando aos planos magníficos da metafísica, um mágico sistema ainda não desvelado ao "Mundo da Vida" se apresentará diante dos nossos olhos...*

A∴A∴K∴

Quando na vida prática pretendem decifrar os aspectos e as relações das manifestações observadas na Natureza, no Mundo da Vida, com suas mais intrigantes realidades, encontram-se, por um lado, frente às próprias leis naturais, nas quais necessitam crer, porque são observadas; por outro lado, encontram-se frente à incógnita que está por toda a parte e dentre de si mesmos e que denominam milagres, por fugir de suas compreensões de lógica científica. Ver, provocar milagres não é monopólio das religiões, nem da fé cristã, senão de todas as religiões que se vangloriam de poder produzir milagres.

A Ciência conseguiu colocar dentro de um recipiente compacto e negro, um Círculo Branco, que representa tudo aquilo que foi conquistado; porém, à medida que vai aumentando a parte branca, alarga-se cada vez mais o círculo negro radiante, ou seja, apresentam-se sempre mais e mais novos paradigmas, um sem fim de problemas que vão superpondo uns aos outros por um novo problema que acaba por ser aceito como novo conceito, um paradigma atrás do outro. Este "ignorabimus", que devemos confessar constantemente, é lamentável, sobretudo para a classe médica, quando se encontram na cabeceira de um paciente e têm que confessar, muitas vezes, que não poderá estabelecer um diagnóstico concreto, seguro, sendo incapazes de prescrever a medicação correta, quando então não lhes sobra outra solução senão classificar o caso como incurável, desenganando o enfermo.

Se os médicos reconhecessem suas debilidades e estudassem o espiritualismo e, sobretudo, a Ciência Rosacruz, meditando e examinando de fato nas coisas aparentemente simples, que são, por vezes, complexas ou vice-versa, poderiam convencerem-se que existe um algo Sagrado, incomensuravelmente insólito, inigualável, uma verdadeira Panaceia Universal, algo que bem aplicado não falha. Estamos nos referindo à alma, um dos corpos sutis do ser humano.

A alma é o conteúdo do corpo e pode curá-lo quando este estiver desarmônico e doente. Esta ação, geralmente chamada de cura, mediante Forças Curativas, residentes em todos os seres, é que permite restabelecer a saúde das pessoas abandonadas em povoados distantes, onde não há médicos nem curandeiros... Essas curas espontâneas não são mais que manifestações da alma, que, assim, constrói e renova o corpo, curando-o quando padece de algum mal.

As pessoas, quando veem essas curas espontâneas, sobretudo quando se trata de casos graves e não muito comuns, falam de milagres. Ditos milagres são vistos por todas as partes, e muito particularmente nos famosos santuários de todo o mundo, como o de Lourdes, do Pilar de Zaragoza, o de Guadalupe no México e em muitos outros no mundo oriental, principalmente na Índia. Como pode ser constatados milagres, que são vistos por todos os lados do mundo e também em todas as religiões se prodigalizam estes feitos, sobretudo na Igreja Ortodoxa grega.

Muitas Sociedades Secretas, tais como as rosacrucianas e seitas cristãs gnósticas, dão muita importância a esta classe de milagres e se preocupam em alcançar curas milagrosas. Sem querer delongar mais em relatos de casos de curas, como fazem até a exaustão alguns médicos e curandeiros, a título de propaganda, aqui me parece apenas conveniente recordar um fato notável sobre este mistério.

> *As revistas médicas relataram a cura de um câncer ultra maligno, que acometeu um graduado militar do exército inglês, na Índia. Quando o enfermo viu que todos os médicos consideravam seu caso como incurável e fatal, fez vir a sua presença um faquir, de aparência pouco simpática, prometeu fazer desaparecer o câncer do infeliz doente. Realizou uma cura em poucos dias. A Faculdade de Medicina de Calcutá se interessou pelo caso e todos os médicos europeus, que conheciam o caso ficaram maravilhados, dizendo que se tratava de um portentoso prodígio. Resolveram interrogar o faquir, rogando-lhe que lhes desse a conhecer a "Chave" da cura. As testemunhas viram somente que o faquir havia pronunciado algumas palavras, num tom especial e que, com os olhos para o céu, havia posto uma mão sobre o enfermo e que, depois disto, o paciente começou a melhorar, dia após dia. Não tardou muito em tornar-se pública essa cura sensacional, considerada como radical, após dez anos, quando não se manifestou nenhuma metástase. Como dissemos antes, pediu-se, na ocasião, que o faquir desse alguma explicação sobre esta cura maravilhosa por ele realizada, porém, ele somente respondeu, como um verdadeiro Yogui, "que suas forças curativas provinham de um fenômeno desconhecido da medicina europeia, que nós denominamos: Kundalini.*

Agora, cabe-nos explicar o que é *Kundalini*. A Mme Blavatsky disse: *Kundalini* é poder da vida. É o poder que engendra certa Luz, que atua naqueles que se dispõe a trabalhar como médicos redentores, desenvolvendo a Força Curativa, ou seja, a alma... Os Hindus a designam como *"Poder Divino"*, latente em todos os seres humanos, como disse Vivekananda, ao designá-la como O *Princípio Universal da Vida Cósmica*, que se manifesta em todas as partes da Natureza. A eletricidade e o magnetismo, dizem os orientais, não são mais que manifestações dessa luz chamada *Kundalini*. Herbert Spencer, a chama de "Poder Ígneo" e confessa que, geralmente, os Iniciados da Índia possuem esse Poder.

Diz-se que, após termos exercitado no vocabulário, temos aqui um convite para desenvolver em nós a Força *Kundalini*, que, segundo os *Yoguis* e os dicionários especializados, é uma Luz. Os Cristãos recomendam a Bíblia, recordando o que disse São João: "*Ele foi enviado para dar testemunho da Luz e para nós, por meio dele todos acreditasse, pois Ele é a Luz Verdadeira, que ilumina este mundo*". A Mme Blavatsky nos fala dessa "força" dizendo que Ela é a essência da eletricidade. Em seu dicionário lhe dá o nome de *Fohat* ou *Luz Astral*, que para os hermetistas significa *Força Vital Universal*, com a qual se pode realizar grandes milagres.

Assim, temos ao lado da "vocalização" esta nova "ferramenta" potencializadora, isto é, a "*Força Kundalini*", que deve ser amplamente estudada e desenvolvida para se praticar a Taumaturgia.

6ª LIÇÃO

Na continuação sobre os componentes da alma (Corpo Astral), ainda temos que dar alguns esclarecimentos. O Iniciado Blum a define como uma substância espiritual, que é a *"Anima Mineralis"* da alma vegetativa, que resulta dos organismos vegetais, que unida a um outro animal tem sua ação no impulso da alma sensitiva, que nada mais é que a própria alma.

Somos conscientes de que o espaço é composto de uma substância denominada "Éter", alguns dizem que é Vida, o mais correto é simplesmente chamá-la de "Força" ou "Luz Astral", porque está constituída dos componentes do espaço cósmico. Esta *"psique"* ou alma é um *"mineralis"*, que tem sua localização no prolongamento da medula da espinha dorsal, que penetra no cerebelo, de onde irradia, por todas as extremidades e, sobretudo, pelos olhos, as forças etéreas, que nos dão poder para transmutar vida em poder espiritual.

Na antiga Grécia, Platão já dizia que essas forças espirituais são inerentes à matéria, que atuam sobre a alma sensitiva, controlando a consciência e a vontade. A monumental enciclopédia Espasa-Calpe, cujos colaboradores são versados plenamente nestes assuntos, explicam-nos a alma como uma substância espiritual, expoente imortal do homem, que o torna capaz de querer e sentir, sendo, por isso, o Princípio Positivo que dá vida e instinto a todos os seres.

Podemos reunir todos estes conceitos na palavra alma, componente da trilogia corpo, alma e espírito.

Acreditamos que, com estas breves definições, os leitores terão compreendido a ação do Espírito, que atua sobre a alma. Estamos de acordo com Goethe quando diz: *"Que a alma não somente constrói o corpo, mas que também o cura, quando ele se acha em desarmonia ou enfermo"*. Lamentavelmente, os psicólogos, cheios de "certeza", admitem a *psique* e, no entanto, negam a alma. Eu os comparo àquele néscio que dizia: *"sou ateu, graças as Deus"*...

Presenciamos as manifestações da alma por toda a parte, porém, só podem ser estudadas, sobretudo, nos estados alterados de consciência e no sono, pois na vigília e no conhecimento imediato é menos provável ser reconhecida.

> *Através do sonho penetramos no que há de mais profundo no ser humano, mais ontológico e mais verdadeiro... O sonho é o palco de um teatro onde o sonhador é simultaneamente a cena, o ator, o ponto, o diretor, o cenário, o crítico e a plateia.*

A∴A∴K∴

É importante estudar e refletir nestas coisas, possuir este conhecimento, sobre aquilo que sucede durante o sono é perscrutar uma parte do nosso ser além das aparências. Negar peremptoriamente sem os devidos cuidados de um estudo sério e, sobretudo, transcendental é suprimir um conhecimento necessário. Dizem que o sono é um mistério do ser que desconhecemos e, por isso, devemos sempre meditar sobre estes recados da nossa alma; dizem que um sonho não interpretado é como uma carta não lida...

Temos, sim, que investigar refletindo nestas instâncias possíveis e buscar uma resposta sobre este mistério.

- E o que é mistério?

- Diz-se que mistério reside na religião verdadeira e que é inacessível à razão sendo, por isso matéria de Fé, ou seja, que é uma coisa recôndita ou arcana, que não se pode compreender nem explicar. É uma lástima ler tal definição, pois isso nos prova que ainda estão muito longe de chegarem às últimas consequências. Nosso dever é precisamente decifrar tudo que é misterioso, traduzir o incessível em tratados fluentes. Neste sentido, não devemos abandonar uma questão por aparentar um busílis indecifrável, inacessível ao nosso precário entendimento; devemos, sim, perscrutar, aprofundar e meditar no xis da questão até clarear o assunto, vencendo assim nossas limitações, logicamente sem ânsia de resultados, pois a ansiedade bloqueia a realidade. A Bíblia não diz que por meio da fé compreenderemos como foram formados os veículos mediante a palavra de Deus (*Jehovah* – IEOUA), para que o visível fosse feito do invisível? Com isso está explicada a Fé para os Gnósticos e aqueles que tenham lido atentamente estas ilações aceitando cordatamente estas explicações como algo sustentável mesmo diante de um assunto *a priori* insólito. Agora vamos abordar a Arte Prática ou empírica. O verdadeiro Hermetista deve buscar compreender tudo que se refere a metafísica; aquilo que está além dos fatos sensíveis, buscar conhecer os dois mundos, o visível e o invisível. Dedicar a esta ciência oculta e praticar aquilo que o vulgo chama de magia é um dos nossos *des-a-fios*. A magia, como se sabe, foi a percursora de todas as religiões; isso não pode ser negado. Está escrito que o Nazareno pregava mediante parábolas e alegorias, já os nossos antigos hermetistas deixaram seus conhecimentos velados, por meio de símbolos e textos escritos sob figura.

Voltamos nossa atenção ao Evangelista, quando diz que somos um "templo" um Templo de Deus. Ao dizermos Templo, imaginamos uma grande igreja, uma cúpula, como, por exemplo, o da Catedral de Notre-Dame em Paris, este magnífico templo medieval, de pedra talhada. Sabemos que os antigos maçons foram os construtores destas igrejas e se valiam de seus símbolos para deixar ali seus conhecimentos subliminares. O círculo, como nós sabemos, é um símbolo do universo. O mago, para realizar uma obra santa, deve colocar-se dentro de um templo, ou seja, voltar-se para dentro de si mesmo, e ao redor dele traçar com giz um círculo, que terá como finalidade proteger seu trabalho de interferências externas (veja nosso *Manual Mágico de Kabbala Prática*, Ed. Madras, SP, 2018). A primeira operação que o mago deve fazer depois de desenhar o círculo a sua volta, é passar a espada (A Espada Mágica), perfazendo o traçado do círculo, para desta forma isolar-se das más influências e ataques do baixo astral. O mago, dentro do círculo, representa o Grande Arquiteto do Universo. M∴ Therion (Aleister Crowley) nos ensina que o círculo não é sempre obrigatório, mas que também pode se servir de qualquer outra figura geométrica para o mesmo objetivo. O importante é que o operador esteja isolado, afastado das influências sinistras. O círculo representa a unidade no Universo e também sendo um símbolo do equilíbrio deve reinar (atuar) com eficácia durante a operação, daí o mago deve traçar o TAU grego no centro do círculo, para identificar a essência e direção de seu trabalho mágico. O TAU, rodeado do Símbolo R✠C, com as sete rosas sobre a Cruz, significa a união do sujeito com o objeto; significa também o *"lingam-Yoni"*. Da mesma forma, a torre com a nave da igreja constitui outra cruz, considerada como símbolo.

Um grande alquimista do século XVI fez uma Roseta Mágica, que sempre está exposta nos supremos santuários rocicrucianos. A Mme Blavatsky a descreve como representando as dez emanações da divindade, como sendo um dos símbolos mais sagrados que temos. A insigne teosofista a respeito das dez emanações diz: "Sua concentração está no *Ain-Soph-Aur* ou Luz Infinita. Cada *Sephirah* produz, por emanação, outra *Sephirah*, constituindo desta forma as dez *Sephiroth*, que são: *Kether*, Coroa; *Chokmah*, Sabedoria; *Binah*, Inteligência; *Chesed*, Misericórdia; *Geburah*, Poder; *Tiphereth*, Beleza; *Netzah*, Vitória; *Hod*, Esplendor; *Yesod*, Fundamento e *Malkuth*, o Reino.

O conceito da Divindade contido nas dez *Sephiroth* é muito sublime, e cada *Sephirah* é, para o hermetista, uma representação de um grupo de sublimes ideias, títulos e atributos que o nome só exprime superficialmente. Cada *Sephirah* pode ser ativa ou passiva, o que pode induzir ao erro. Passiva não significa aqui retorno à "existência" negativa. As duas acepções expressam apenas a relação existente entre as *Sephiroth* individualmente, e não a um atributo absoluto.

Os leitores que tenham acesso ao Glossário de Blavatsky deverão estudar e aprender sobre os atributos de cada *Sephirah*, e então verão que ali está realizada a obra que une o Macrocosmo ao Microcosmo. Isso nos faz concluir que devemos, sim, aplicar os ensinamentos desta Sagrada Ciência à nossa vida prática; sugiro a leitura sobre este conhecimento do nosso livro, *Maçonaria, Simbologia e Kabbala*, Ed. Madras, SP, 2010, parte II. Chamo atenção aos leitores sobre o fato em que o famoso físico Max Planck, um dos homens mais proeminentes da Ciência Moderna, o qual em seus trabalhos científicos sempre indicou grandes verdades e andou na linha de frente com os sábios que se dedicaram a decifrar a constituição da matéria e afirmou em seu último discurso acadêmico:

> *Os estudos do átomo, quanto à Lei de conversão da energia, e, sobretudo pelos efeitos demonstrados, nos leva*

à convicção de que a Natureza deve ser forçosamente guiada por uma Força Cósmica Superior. Hoje em dia a religião e a ciência não se contradizem, complementam- -se, dão as mãos. As ciências e as Leis Naturais chegaram a um ponto de entendimento. Os conceitos de espaço e de tempo já não são mais que relativamente aplicáveis à matéria e entram como componentes de um mundo ideal e espiritual.

Outro cientista, comentou Planck, disse que jamais suspeitou da ausência da existência do além, nem da existência de um Criador, de um guia do Universo, tanto no macrocosmo, quanto no microcosmo e que este assunto estava muito perto de ser desvendado. Hoje o materialismo venceu a si mesmo. Querer hoje explicar a matéria pela matéria é um dos maiores absurdos. Todos sabem que a maioria das civilizações andinas cumprimentava-se utilizando palavras nas quais se acham contidas nas vogais I O A, ou nas cinco vogais IEOUA. Arnold Khumm-Heller, que visitou essas civilizações, ficou emocionado quando o Iniciador lhe deu o nome iniciático de Huiracocha, no qual se encontram claramente várias vogais. A língua basca, cuja origem se perde na noite dos tempos, denomina o Senhor, com a palavra JAUN, e a Deus, com a palavra JAUMGOFKOA. Krumm-Heller relata também que, nas suas viagens a estudo pelo Oriente, verificou que nas Mesquitas, onde se fez amigo dos *"almuadens"*, a cada cinco horas chamam os islamitas para a oração. E constata que estes guardiões conhecem muito de *"Mantrans"*, sobretudo o som e a entonação das palavras de poder. Em Constantinopla, procurando esses sacerdotes, pediu-lhes que lhe ensinassem a pronúncia de palavras sagradas de sua religião e suas funções mágicas e constatou suas eficácias nestas práticas, vendo que, ao fazer tais exercícios, sente-se como um doce sussurrar, uma coisa que é confirmada pelos vários sacerdotes das Mesquitas da Turquia; o estase da alma aflorar...

Ao aplicar a mão sobre os enfermos, de maneira adequada, é conveniente fazê-lo sempre sobre as partes afetadas. As doenças cardíacas são muito susceptíveis de cura por este método.

7ª LIÇÃO

Henrich Arnold Krumm-Heller foi um médico, ocultista e rosa-cruz de origem alemã, mas que viveu muitos anos no México. Ele fundou a *Fraternitas Rosicruciana Antiqua* (FRA), uma tradicional Ordem hermética, que atua nos países de fala hispânica e no Brasil. Krumm-Heller nasceu em 15 de abril de 1876 e morreu em Marburg, Alemanha, em 1949. Ele veio para a América do Sul ainda jovem e foi médico do exército mexicano durante muitos anos. Logo iniciou a estudar ocultismo e tornou-se maçom e rosa-cruz. Filiou-se a *Ordo Templi Orientis* (O.T.O.). Foi contemporâneo também de Theodor Reuss (fundador da O.T.O.).

O insigne ocultista, Ir ∴ Krumm-Heller relata ter tido a felicidade de conhecer e ter como mestres dois personagens de fama mundial, duas pessoas que, para ele, deram grandes contribuições para o ocultismo Ocidental, deixando um legado incomensurável de ensinamentos e obras que revolucionaram a Arte Mágica e trouxeram clareza e objetividade de grande magnitude para as Ciências Ocultas. Conta que com os dois aprendeu a atuar como taumaturgo e a manejar do *Dogma e Ritual de Alta Magia* do sábio Eliphas Lévi (8 de fevereiro de 1810 - 31 de Maio de 1875), pseudônimo de Alphonse Louis Constant, que foi um escritor, ocultista e mago cerimonialista francês. Seu contato com Eliphas Levi foi por meio de um de seus melhores discípulos. O outro foi Dr. Encause (Gérard Anaclet Vincent Encausse – Corunha, Espanha, 13 de Julho de 1865 –Paris, França, 25 de Outubro de 1916), mais conhecido pelo pseudônimo de *Papus*, foi um médico, escritor, ocultista, rosacrucianista, Kabbalista, maçom e fundador do martinismo moderno). Sua obra prima *Magia Prática* é uma das mais importantes no gênero e seu *Tarô Divinatório* de qualidade insuperável. Conta que estas duas obras foram para ele uma espécie de balizador no caminho que o conduziu de maneira infalível a decifrar os Arcanos das Ciências Ocultas.

Entre outros companheiros de viagem, teve a honra de conviver com Dr. Hartmann, que viveu alguns anos na Índia desfrutando da amizade de Mme Blavatsky. Quando retornou à Alemanha, deu uma série de conferências, das quais algumas não foram ainda publicadas. Nessas conferências expôs claramente o esoterismo da Bíblia e da Tradição Cristã.

Admite também que outro mestre que exerceu grande influência sobre ele foi nada menos que Mestre Thérion, um dos pseudônimos de Aleister Crowley, ou Edward Alexander Crowley (Royal Leamington Spa, 12 de outubro de 1875 — Hastings, 1 de dezembro de 1947), que foi um membro da Ordem Hermética da Aurora Dourada e influente ocultista britânico, responsável pela fundação da doutrina (ou filosofia, dependendo do ponto de vista) Thelema. Ele foi o co-fundador da A∴A∴ e mais tarde um líder da O.T.O. conhecido hoje em dia por seus escritos sobre magia, especialmente o Livro da Lei, o texto sagrado e central da Thelema.

Conta que Thérion lhe presenteou com um manuscrito de sua obra *"Liber Aleph"* Vel CXI, *"O Livro da Sabedoria ou da Insensatez"*, escrito em forma de cartas dirigidas a seu "filho". Diz que Thérion e Theodor Reuss foram os Mestres de Rudolf Steiner, o qual teve a satisfação de ter sido um de seus discípulos predileto.

Observa que, no *Dogma e Ritual de Alta Magia*, de Levi, a comunicação de Cagliostro, em que menciona a relação que existe entre a alma e nossos órgãos, utilizando sempre das forças magnéticas para ajudar na ação curativa por meio de perfumes e de fumigações. Daí ter influenciado e inspirado a escrever o seu opúsculo sobre este assunto intitulado *Do Incenso à Osmoterapia*, que foi editado pela FRA, RJ, em 1935 – obra de grande importância dentro do contexto da Taumaturgia.

Eliphas Levi diz:

> *Quando o cristianismo proibiu o exercício público dos antigos cultos, os partidários das outras religiões foram compelidos a reunirem-se secretamente para celebração de seus Mistérios. Ditas reuniões eram sempre presididas por altos iniciados, que estabeleceram, entre os diversos matizes desses cultos perseguidos, uma ortodoxia que a Verdade Mágica os ajudava a estabelecer. Assim*

foi o Mistério de Ísis, de Ceres, de Baco e outros que reuniram aos da Boa Deusa e aos do Druidismo primitivo. É indispensável ao taumaturgo a mais perfeita pureza de intenção, pois lhe faz falta dispor de uma corrente favorável e de uma confiança ilimitada em si mesmo.

Quando o sábio Iniciado diz: "Eu Quero", é Deus quem diz: "Eu Quero", e então tudo que for ordenado se realizará.

É a ciência e a confiança do médico que dá virtude aos medicamentos e não existe medicina mais real e eficaz que a Taumaturgia.

Eliphas Levi era um partidário convicto da Homeopatia, sobre a qual disse:

As substâncias energéticas que se agregam em quantidades, por assim dizer infinitesimais aos medicamentos, são como uma consagração e atuariam como sinais da vontade do médico a mesma.

Na Taumaturgia usamos o "sopro quente" e o "sopro frio", e diz Eliphas Levi: é também nossa própria experiência que comprova que a insuflação quente e prolongada restabelece a circulação do sangue, cura as dores reumáticas e gotosas, restabelece o equilíbrio dos humores e dissipa a lassidão. A insuflação fria aplaca as dores que têm como origem congestões e acúmulos fluídicos. Esta se faz a uma maior distância, e a outra, quente, se faz diretamente sobre o corpo. Às vezes, é necessário alternar ambas as insuflações, observando a polaridade do organismo humano e, trabalhando de uma maneira oposta sobre os polos que serão submetidos, um após o outro, a um magnetismo de polaridade contrária. Assim, por exemplo, para curar uma conjuntivite ou uma inflamação em um olho, será preciso fazer insuflações quentes e suaves no olho são, praticando-se depois, sobre o olho inflamado, insuflações à distância, isto é, frias, na mesma proporção das quentes.

Os médicos, os quais citamos anteriormente, eram todos "*Naturopáticos*" e se valiam de todos os recursos hidroterápicos, de ginástica médica e, sobretudo, dos exercícios respiratórios. Estes últimos são os meios excelentes para o taumaturgo e o mesmo podemos dizer da *osmoterapia*, que sempre requer mãos especializadas. Eliphas Levi acentuava que não respiramos somente pelo nariz ou pela boca, mas também por todo o corpo e através dos poros. As extremidades dos dedos, onde terminam os nervos, fazem irradiar a Luz Astral e a absorvem, segundo nossa vontade.

Os passes magnéticos, sem contato, são um simples e leve sopro. O contato acrescenta ao sopro a impressão simpática e equilibrante. Não se necessitam de grandes estudos, nem de estar muito esclarecido na Ciência para ser um taumaturgo. Temos relatos de analfabetos, pessoas simples e naturais, tal como Xamãs das tribos indígenas, que realizam curas miraculosas, isto é, atuam como taumaturgos plenos.

O Abade Louis Constant conta-nos a respeito de uma famosa cartomante de Paris, a Mme Lenormand, que não fazia grandes prodígios como advinha, mas que, por outro lado, atuava como *taumaturga,* com extraordinária habilidade, curando enfermos desenganados pela medicina tradicional; era uma semianalfabeta e de grande simplicidade. Repito, para ser taumaturgo não requer grande erudição, não necessita ser sábio, porém, não nos devemos esquecer de que o ser humano requer, como disse muito bem Eliphas Levi, para sua existência, a memória; mas esta se esvai na velhice, é passageira e não é eterna. Se a ciência fosse necessária para a vida interna, na qual atuamos com a Taumaturgia, depararíamo-nos com milhões de seres que não tiveram a possibilidade de realizar estudos e seriam injustamente castigados pelo destino, não podendo assim desenvolver sua vida interna plenamente. Isso é inadmissível, pois Deus é justo e perfeito... Por isso o Cristianismo não é ciência, mas, sim, sabedoria e amor. Se Deus é a Sabedoria máxima dentro de nós, toda nossa atuação deve dirigir-se a Ele. Sabendo-se que por meio da vocalização conseguimos despertar os poderes internos, devemos aprendê-la e praticá-la. Ao lermos a Bíblia, do ponto de vista da Taumaturgia, veremos que em toda ela se encontra, a cada passo, a vocalização.

Recomendamos a leitura da Bíblia, como livro de sabedoria de grandes ensinamentos. A Religião Católica sempre fez ressalvas à leitura da Bíblia por pessoas pouco dispostas a uma interpretação elevada da mesma, e assim nos parece. Seria, entretanto, um enorme erro proibir o estudo deste livro sagrado às pessoas leigas. Por isso insistimos aqui sobre a vocalização, pois cremos que este é o melhor método para abrir a mente à compreensão dos Mistérios encerrados nas Santas Escrituras. A Lei é para todos!!!

8ª LIÇÃO

Para que compreendam mais claramente explicarei de forma mais pragmática o tema central de nosso estudo de Taumaturgia, servi-rei-me de uma lenda muito antiga.

Perto de Meca vivia um ermitão cujo nome era Ben Chasis, que tinha por missão instruir a Maomé todos os segredos da Natureza. Quando o profeta atingiu seus trinta anos, seu Mestre e Iniciador acreditou que sua missão havia terminado e, como prova disto, entregou-lhe uma placa metálica, na qual estavam gravados os sinais de todos os segredos iniciáticos. Estes sinais aparecem também, mesmo que de maneira velada, no Alcorão e ainda subsistem na maçonaria Turca.

Os Cruzados, ao voltarem de suas epopeias pelo Oriente, trouxeram para a Europa sinais semelhantes, procedentes, indubitavelmente, da antiga cultura egípcia, cujos vestígios se encontram nas ilhas do Mar Egeu, ou melhor, em todo o Mediterrâneo. Ainda se veem esses signos e símbolos na maçonaria alemã. Infelizmente, o sentido oculto e sagrado, ou seja, a parte esotérica desses sinais arcanos, foi perdendo-se pouco a pouco pelos maus usos e maus costumes dos IIr∴ relapsos.

Abu Beker, o principal Califa, herdou a placa anteriormente mencionada, e verbalmente lhe fora comunicado, de lábios ao ouvido, as Chaves deste Conhecimento Oculto. O Califa, convencido de que a divulgação dessas Chaves Secretas poderia produzir grandes danos nas mãos profanas, obrigou os doutrinadores que a haviam aprendido, sob juramento, a guardarem seu segredo sob total reserva e o mais rigoroso sigilo.

Por certos motivos, que agora vamos expor aqui, a Maçonaria vem sendo perseguida, e uma prova disso são as "Vinte e Seis Condenações da Maçonaria pela Igreja Católica de Roma" (veja em nossa obra, *Arsenium – O Simbolismo Maçônico,* Ed. Isis, SP, 2016), e mais recentemente o hitlerismo da Alemanha Nazista. Todos nós sabemos que a Maçonaria Alemã era composta de elementos seletos da sociedade. Os abastados maçons, e eram muitos, foram despojados de suas fortunas e, enquanto uns gemiam nos campos de concentração, outros foram condenados a padecer na miséria. Os templos maçônicos foram fechados, embargados, profanados e destruídos sob qualquer pretexto. As bibliotecas particulares dos maçons foram revistadas, obras raríssimas foram confiscadas, principalmente aquelas cujos títulos sugeriam assuntos secretos, místicos ou religiosos. Obrigaram nossos Irmãos a se apresentarem à polícia secreta nazista, para darem contas de que não fundariam secretamente Lojas Maçônicas.

Com os objetos maçônicos confiscados, foram organizadas exposições "ilustrativas" onde um fanfarrão nazista profano, com "gracioso" discurso e total desconhecimento se permitia a dar explicações grotescas e irreverentes sobre o sentido exotérico e esotérico dos objetos expostos. Publicaram todos nossos catecismos e rituais, sendo o mais citado o de Leo Taxil. Por essas razões, hoje, seria ridículo pretender ocultar aquilo que já e do domínio público; até porque, em função da garantia dos Direitos Autorais de todos os Rituais, por força de Lei, estão disponíveis, para consulta e pesquisa na Biblioteca Nacional do Brasil e de todos os outros países generalizadamente.

Permita-me, antes de prosseguir, fazer aqui uma pequena digressão. O *"pietismo"* (movimento de renovação da fé cristã que surgiu na Igreja luterana alemã em fins do século XVII, defendendo a primazia do sentimento e do misticismo na experiência religiosa, em detrimento da teologia racionalista afirmação da superioridade da fé sobre a razão) foi muito divulgado no mundo inteiro. Apresenta Deus como uma espécie de negociante, que se deixa convencer pelos gestos e súplicas constantes daqueles que se acreditam pecadores ou culpados. Não há dúvida de que, com jejuns e orações, muito se alcança, pois estas práticas atuam sobre a alma, quer dizer, sobre a vida interna, da qual todos nós dependemos. Para mim, particularmente, o *"pietismo"* é uma concepção crassamente materialista de Deus e da Religião, cabendo a culpa a quem se tenham unido a *Pistis* à *Sofia*, ou seja, a Fé e à Ciência. Outrossim, ainda desviando do assunto central. Quando os conquistadores espanhóis, com seu séquito de monges, visitaram as tribos no norte do México explicando aos índios suas tendências ideologias religiosas à "luz" da Bíblia.

Ensinaram sobre a Vida de Jesus, da existência de anjos, etc. para aqueles povos simples e humildes. Presenciaram que, às vezes, os nativos riam, dizendo que, tudo aquilo explicado e pregado pelos monges por meio de livros, eles sabiam e podiam demonstrar que era real e tangível. Ofereceram aos espanhóis pedaços de cactos para comer. Eles aceitaram, comeram as plantas e viram com seus próprios olhos seres celestes e escutaram músicas maravilhosas, etc... Naturalmente que os espanhóis acreditaram tratar-se somente de artes diabólicas e não deram crédito ao que haviam experimentado. Esta planta é denominada em botânica de "*Echinocactus williamsii*", comumente conhecida como *peyote* pelos mexicanos. Um dos espanhóis mais ilustres, Padre Sahagum, foi quem mencionou em seu diário esta planta sagrada. Os norte-americanos, com seu espírito mercantil, fundaram um novo culto com esta planta e deram o nome de *Peyote Church*. No México existe um Templo à Virgem do *Peyote*.

Assim como os índios disseram aos missionários que provassem da planta e garantiram que veriam com seus próprios olhos os resultados imediatos, dizemos nós, Gnósticos e Ocultistas, que façam a Vocalização ensinada e obterão também os mesmos resultados incomensuravelmente reais e pragmáticos.

Na vida, geralmente as coisas mais simples são realmente as mais verdadeiras, ainda que tenhamos o mau costume de acreditar nas coisas mais complicadas, achando que somente elas podem resolver os problemas difíceis.

A Natureza é, por si mesma, muito simples, somos nós que complicamos e dificultamos a interpretação da mesma. A Bíblia nos diz que devemos ser simples como as criancinhas para que possamos chegar aos Reinos dos Céus.

Retornemos agora à questão da qual ocupamos ao descrevermos os Sinais: forme-se um punho com a mão direita, após ter feito isso, estenda horizontalmente o dedo indicador. Neste momento deverão ser invocadas as Forças Divinas, para que bendigam e ajudem a ação taumatúrgica. Seguidamente, levante a mão de tal forma que o indicador aponte para o céu. Ao fazê-lo, pronuncie a vogal "I", mental e ininterruptamente... I i i i i i i i i i

Pensando na vogal "A" coloque a mão em posição horizontal, de forma que o polegar fique estendido para cima e forme um ângulo de 90°

PRÁTICAS TAUMATURGISTAS

graus. Se já tiverdes treinado os exercícios de vocalização, certamente sentirá dentro de si dita vogal.

Agora unam-se as pontas dos dedos, indicador e polegar, que formarão a letra "O". O "I" significa o "Eu", o Ego. O "A", ou seja, dois "I" formando ângulo, significa Humanidade, e o "O", ou seja, o círculo representa o Cosmo. Em todas as religiões estas três letras são os Sinais Raízes de todos os Mistérios. Crowley, o insigne mago inglês, nos dá estas Chaves, da qual eu somente citarei detalhes. Mais tarde o leitor interessado buscará este conhecimento disponível nas obras do grande ocultista no *Novo Æon*.

Poderíamos citar muitos versículos bíblicos, nos quais aparece, de maneira clara, este mistério da vocalização.

Jesus, dirigindo-se ao seu discípulo Simão (São João, 21, Vers. 15-17) diz: *"Simão, filho de Jonas, me amas mais que estes?"* E repete por três vezes para infundir-lhe, assim, o "E", o "U" e depois, as vogais I – O – A. Estas vogais juntas formam o nome arcaico e sagrado de I – E – O – A, ou seja: JEOVAH.

Todo homem deverá consultar, em primeiro lugar, a sua voz interna, que se fará cada vez mais clara, à proporção que se exercite na vocalização.

Nossa alma e espírito são partes de Deus, e estas estão continuamente em contato com o Criador. Assim, cremos que isso basta para alcançar tudo que nos convenha. Não me cansarei de repetir que o espírito tem a faculdade de conhecer e saber tudo que o homem necessita... Nada mais temos a fazer, a não ser identificarmos com a dita "Vida Interna", com a qual podemos resolver todas nossas necessidades.

Nas escolas da Índia pretenderam alcançar os resultados acima daqueles por nós obtidos, por meio de procedimentos mecânicos e, sobretudo, estranhos à nossa idiossincrasia. Agora também surgem, em todas as partes, como cogumelos depois da chuva, Escolas e mais Escolas dedicadas ao desenvolvimento da Vontade, da clarividência, publicando-se grandes obras de hipnotismo. Estas Sociedades cobram grandes somas aos incautos, e os resultados são sempre os mesmos: a desilusão. Não há dúvida de que existem Escolas e Ordens sérias, mesmo que com honrosas exceções. Excluímos e alertamos aos queridos leitores ficarem longe dessas arapucas para pegar desavisados...

Nossa missão na vida é unir a *Pistis* com a *Sofia*, e isso podemos alcançar por meio da meditação, da respiração e, sobretudo, pela vocalização. São Paulo foi, no princípio, um inimigo encarniçado de Jesus, e fez esforços inauditos para desprestigiar o Nazareno. Não ignorava os milagres por ele realizados e, seguramente, tratou de ter êxitos semelhantes. Foi judeu, crente e ortodoxo. Entretanto, tudo isso não lhe serviu para nada... até que experimentou o "êxtase" de Damasco. Nós, por meio da vocalização, conseguiremos uma espécie de êxtase parecido com aquele experimentado pelo Apóstolo. E é isso que nos fará sermos verdadeiros Taumaturgos, ou médicos espiritualistas.

Fazendo um pequeno resumo, veremos como a lenda do "Anão dos Maias" nos diz que a *"Chave do Hermetismo"* estava gravada em uma placa ou disco de metal e que, ao descobri-la, tal anão se tornou Mago ou Rei. Que esta Ciência produza inveja é natural, e é por isso que os "hitleristas" perseguiram nossos Irmãos germânicos, porém, jamais conseguiram penetrar ou apoderar-se dos nossos segredos.

A Maçonaria Turca tem o grande mérito de ter conservado em seu Rito, a *"Chave dos Sinais"*, "toques e vocalização", com os quais chegamos ao êxtase, indispensável para comunicarmos com o Plano Superior, antes da morte. Como já dissemos, ditas vogais I A O, como também as cinco letras sagradas I E O U A serão encontradas em todas as Escolas de Mistérios e em todas as Religiões.

9ª LIÇÃO

Numa das obras do Rosacruz Arnold Krumm-Heller relata uma entrevista que ele teve com um médico chinês, o qual diagnosticava, com surpreendente acerto, valendo-se somente da observação do pulso do paciente, o que fazia reclinando sua cabeça sobre a região do pulso do braço esquerdo daquele indivíduo, durante alguns minutos. Conta que, ao aplicar aquele método, o médico oriental acertava com assombrosa exatidão o diagnóstico. Suas prescrições compunham, sobretudo, de plantas medicinais, hidroterapia e massagens. Estas últimas eram realizadas empregando alguns movimentos semelhantes aos já descritos anteriormente, ao falar da Maçonaria turca.

O Rosacruz alemão passa então a explanar alguns detalhes da medicina Oriental, em especial sobre a Tibetana[31], em face de ter adquirido alguns conhecimentos através do médico mongol, o qual passara boa parte de sua vida acadêmica num convento do Tibete. Era obvio que aqueles conhecimentos mexeram fortemente com o médico alemão, despertando não somente uma curiosidade normal de um cientista, mas algo muito além disto, um interesse real de aprender além da trivialidade acadêmica. Aquelas experiências relatadas, totalmente atípicas, misteriosas e tão pouco conhecidas na medicina Ocidental, balançou as bases de Krumm-Heller.

---

31 - O sistema médico tibetano é uma das mais conhecidas tradições médicas e mais antigas do mundo. É parte integrante da cultura tibetana e foi desenvolvido através de muitos séculos. Acreditamos que a origem da tradição médica tibetana é tão antiga quanto a própria civilização. A Medicina tibetana é uma arte, ciência e filosofia que oferece uma abordagem holística à saúde. É uma ciência, pois seus princípios são enumerados em uma estrutura sistemática e lógica baseada em uma compreensão do corpo e sua relação com o meio ambiente. É uma arte porque usa técnicas de diagnóstico baseadas na criatividade, perspicácia, sutileza e compaixão do médico. É uma filosofia porque ela abraça os princípios fundamentais budistas de carma, altruísmo e ética.

Uma das maiores personalidades médicas do Tibete publicou muitas obras, sobretudo de hidroterapia, botânica, farmacologia natural e de cirurgia geral. Sua obra prima, com cinco volumes, trata-se especialmente do diagnóstico feito pela observação do pulso. Naquela época publicou o primeiro *Atlas Anatômico Tibetano*, em que descreve a circulação do sangue e as transformações da água no organismo, tornando-se referência a partir desta publicação.

Um dos sucessores desta corrente paradigmática, Wlodzimierz Badmajeff, residiu muitos anos em Varsóvia, onde teve grandes êxitos em suas curas e viveu até seus 112 anos.

Os tibetanos entendem que a medicina deve apoiar-se sobre duas colunas: a fisiológica e a psicológica. Isso quer dizer que o médico deve se ater em primeiro plano à biologia, conhecendo o corpo físico, e também a alma, pois esta última como já disse, repetidas vezes, é o agente mediante o qual as curas poderão ser realizadas.

Podemos dizer que o sistema tibetano é Naturo-Prático e que tem por excelência o médico agindo como um verdadeiro Taumaturgo.

Todos os remédios devem proceder do reino vegetal e basear-se em agentes físicos. Todavia, a atuação psíquica, ou seja, a ação sobre a Alma se deve verificar por meio de orações, vocalizações de mantras e fumigações, para que possa conseguir que o corpo e a alma formem um Eu harmônico, isto é, estejam em perfeito e total equilíbrio. Caso não esteja dentro deste parâmetro, logo surgem as enfermidades.

Outro fator de suma importância é a questão moral, não como a entendem os ocidentais, senão como a capacidade de desenvolver a força da Vontade, para poder impor seu pensamento ao paciente e transmitir-lhe, ao mesmo tempo, dita Força, para que deseje com toda Fé a Saúde tão almejada.

O médico deve ter força de vontade para suprimir toda classe de vício e conseguir, assim, o domínio sobre si mesmo. Isso quer dizer que o médico deve ser *a priori* também um sacerdote. A culpa da origem de muitas enfermidades é a ignorância; a falta de conhecimento e, sobretudo, de educação. O homem ainda se encontra exposto à influência da civilização e da cultura, que naturalmente debilita seu organismo, enfraquecendo-o e, de certo modo, até interferindo ou prejudicando-o na resistência, que tiveram seus antepassados. O homem antigo tinha o poder de reação muito mais forte contra as enfermidades. Se hoje, em termos médicos, vive-se mais anos, isso se deve aos progressos da higiene e de muitos descobrimentos da medicina moderna. Esta perda de força reativa do organismo, da qual mencionamos, é a causa de muitas patologias que somente podem ser vencidas, segundo aquele médico tibetano do século XVIII, por meio da concentração e da oração, pedindo Forças Divinas que concedem três fatores, os quais todos já temos potencialmente e que precisamos e devemos desenvolvê-los. Sao eles: Vontade, Sabedoria e Amor, que são indispensáveis para conseguirmos a harmonia do corpo e da alma. Esta harmonia é, precisamente, o que eles chamam de Moral, sendo que a desarmonia é o oposto, ou seja, a Imoralidade.

Quando a ignorância predominam as ações da vida em geral do ser humano, desconhecemos os perigos que nos atacam, fazendo-nos sensíveis a uma grande possibilidade de contrair enfermidades. A falta de Caridade, ou seja, de Amor, diminui nossas faculdades reativas contra as enfermidades. Assim, esses três fatores são, em síntese, a essência estrutural da Moral.

Aquele que alcança e conquista o comportamento com esses fatores será sempre um homem são. O homem moderno dirige todo seu empenho em utilizar os progressos da técnica para fazer sua vida mais agradável e prazerosa, segundo suas escolhas ao elencar seus esforços somente para obtenções de bens materiais, esquecendo-se de que os bens espirituais é que são as verdadeiras dádivas que ordenam nossa saúde física e moral.

Os tibetanos conhecem há séculos a existência da célula e a consideram como um organismo consciente e independente. Sabem que nosso organismo está constituído de colônias celulares, que adquirem sempre diferentes formas, que, por um lado, são produzidas pelo impulso do crescimento e desenvolvimento interno e, por outro, pela influência do ambiente sobre o qual reagem, para logo se adaptarem. Estes dois impulsos fazem com que não se interrompa a criação das células e a formação de colônias celulares, cujo desenvolvimento se inicia no seio da mãe, produzindo tecidos, músculos, ossos, nervos, gorduras, etc. A célula necessita das seguintes condições para existir: espaço, calor, ar, terra e água. Estes são os elementos que nossos *Mestres Passados* sempre sinalizaram como verdades reconhecidas, e nossos leitores atentos sabem que cada um desses elementos está representado por uma vogal, formando em seu conjunto as cinco vogais supracitadas: I E O U A.

O espaço condiciona a existência para tudo. Sem ele não haveria movimento; nele coexistem todos os poderes e somente por ele é explicada a existência da Luz, das Cores e, sobretudo, o Equilíbrio da temperatura normal em nós.

Para os tibetanos, o calor implica fogo, e este, o Sol. Curiosamente é que tenham a mesma palavra para expressar o calor e a bílis. É intraduzível o sentido que os tibetanos dão a designação desses três elementos. Porém, para nós, como atentos buscadores, não será difícil perceber e penetrar no sentido profundo dados aos mesmos, pois os nativos no norte do México dizem que o *Peyote* e o *Cervo* são a mesma coisa e que até disparam suas flechas contra dita planta, acreditando matar, desta forma, o Cervo.

Da mesma maneira, pode-se aceitar que o calor e a bílis são a mesma coisa. Ao aderirem-se ao ar, ao fogo e à água não o fazem sob o ponto de vista material, tal como nós os fazemos, mas, sim, do ponto de vista espiritual, ou melhor dizendo, como os tais elementos fossem realmente espírito e não matéria.

Quando falam de água, se referem ao elemento líquido existente tanto no Cosmo quanto no Microcosmo, o que quer dizer que a água do ar, das nuvens e do mar é também o líquido da célula primária. A este respeito, recordamos aqui o que escreveu o autor catalão, quando diz: *"Que ele crê que, no princípio, toda terra era mar e que o Espírito de Deus se movia sobre as águas, e que estas se foram solidificando, pouco a pouco, para que o Espírito se fosse elevando com a terra, até as montanhas."*

"Quod est inferius est sicut *quod est superius,*

O que está embaixo é como o que está acima"

Essa ideia, conhecida no Tibet, também foi difundida pelo insigne médico Paracelso.

10ª LIÇÃO

Os reinos animais e vegetais formam um laboratório sintético-físico-químico. O tibetano, assim como nós, sabe que aquilo que chamamos de ar é um composto de gases: amoníaco, ácido sulfúrico, nítrico, ozônio, oxigênio, iodo, carbureto de hidrogênio, hélio, criptônio, neônio, etc. Porém, isso não é o que lhes interessa, mas, sim, a síntese no plano espiritual. É o espírito do "ar" que impulsiona a ação do átomo. Atrás de tudo, disse o oriental, há uma parte etérea ou uma substância sublime, que poderíamos dizer que representa ao mesmo tempo o calor e o fogo. Quando ele fala do fogo, chama-o de *Chara*, que é luz, o calor e tudo aquilo que é produzido pelo Sol, sem se referir ao astro como tal, senão algo espiritual, aquilo que o anima.

Os três elementos de ar, fogo e água são para os Gnósticos as letras I A O, que são a base dos mantras que utilizamos. Curiosamente a tradução da palavra Chara, como já dissemos, é bílis e também fígado, pois os tibetanos dão a este órgão uma grande importância. Os estudantes de medicina sabem nitidamente a grande importância que têm suas funções em nosso organismo e a grande influência que exerce sobre nosso estado de ânimo e até sobre nosso estado mental. Aqui, o Taumaturgo tem uma dupla função a realizar: fazer massagens sobre o fígado e influir, simultaneamente, sobre a mente do enfermo, convencendo-o de que tudo o que se faz é para restabelecer a harmonia sobre as células correspondente ao órgão afetado.

Os tibetanos sustentam que a qualidade das células é diferente em cada órgão. Assim, a do pulmão está mais influenciada pelo ar; a do fígado pelo fogo e a dos rins pela água. Sabem que os efeitos produzem uma corrente de ar pode ser fatal para a saúde, o mesmo que uma roupa molhada, aplicando para cada caso, água na temperatura normal, quente ou gelada, segundo a origem da doença. Todavia, insistem sempre que a cura se fundamenta no restabelecimento da harmonia interrompida nesses elementos, quer dizer, na água, no fogo ou no ar, do organismo humano. Esses elementos atuam algumas vezes sozinhos e em outras, em conjunto.

Os tibetanos dão grande importância à enteléquia[32], a qual, segundo Aristóteles, é uma forma preferida no plano espiritual pelo Criador, dando-se nesta forma início a toda a evolução.

Aristóteles dizia que a alma é a primeira enteléquia do corpo físico, que tem a Vida em potência, e por isso o desenvolvimento do homem está condicionado à sua enteléquia. São João disse que, no princípio, existia o verbo, a palavra, ou seja, o "Logos", porém devemos considerar que existe também um logos individual e que este é a nossa enteléquia, que orientou, orienta e orientará a vida de todos os seres. O médico tibetano tem a faculdade de vislumbrar, no passado, no presente e no futuro, o desenvolvimento da existência desta forma, a qual pressente o Taumaturgo, pois a força criadora, ou seja, a reação contra nossos males existe em potência como também em todos os seres, e assim aproveita para fazer seus diagnósticos, prognósticos e tratamentos.

Os elementos principais, ou seja, o espaço etéreo, o fogo, o ar, a água e a terra, que já mencionamos – existentes em nós mesmos – o médico tibetano os emprega para restabelecer a harmonia em nosso organismo, ou seja, para curar-nos.

O corpo humano está constituído de tal maneira que alguns de seus órgãos têm uma maior mobilidade que outros. Os mais dotados de movimentos são as mãos, os braços, os pés e as pernas, que constituem nossas extremidades. Menos móveis são o ventre, a cabeça e o pescoço. Esta mobilidade maior ou menor se acha sempre relacionada com a função que cada órgão exerce. Todo movimento necessita de espaço, isto é, necessita do corpo. Os seres viventes necessitam mover-se forçosamente e, assim sendo os órgãos de maior mobilidade são também de uma importância extraordinária para a vida. Por conseguinte, os braços e as mãos realizam a grande função de transportar os alimentos à boca; as pernas e os pés trazem a possibilidade de nos transportar com maior facilidade e, segundo nossa vontade, de um local a outro, etc.

A ingestão dos alimentos produz em nosso organismo movimentos que não dependem de nossa vontade consciente. Se considerarmos

---

32 - Enteléquia [Do gr. *entelécheia*, pelo lat. tard. *entelechia* (com *i* longo).] Segundo Aristóteles (v. *aristotelismo*), o resultado ou a plenitude ou a perfeição de uma transformação ou de uma criação, em oposição ao processo de que resulta tal criação ou transformação. A forma ou a razão que determinam a transformação ou a criação de um ser.

as partes móveis, como o abdômen, a cabeça e o pescoço, vemos que abrigam órgãos importantes. O abdômen alberga a maior parte dos órgãos mecânicos e fisiológicos, como os da alimentação, excreção, respiração, circulação sanguínea e os órgãos sexuais. Todos estes órgãos estão em contínua conexão entre si por meio dos nervos e, portanto, com o cérebro. Para chegarem ao cérebro, os nervos têm que passar pela coluna vertebral e logo pelo pescoço, comunicando-se desta forma com os centros de caráter psíquico que dão, por sua parte, o impulso aos físicos.

Temos no cérebro os receptores de todas as impressões que experimentamos através dos sentidos. Esta corrente comunicativa, da qual falamos é de grande importância para o Taumaturgo. Por isso, pratica suas massagens regendo-se pelo mesmo movimento da corrente comunicativa acima mencionada. Não confundamos este sistema com a quiroprática[33] ou quiropaxia, tão popular nos Estados Unidos, pois esta é somente uma redução manual da subluxação[34] da coluna vertebral. O médico oriental tem que ser um bom massagista, porém sua massagem, repito, não é o que se conhece comumente no ocidente. A massagem tibetana tem um nome que traduzido para o português, quer dizer: "mão-dedo-operação-seca", que é um sistema médico efetuado por meio de sacudidelas e comoções internas, que alcança curas instantâneas, que os norte-americanos chamam de "*miracle-worker*"[35]. Quando a cura requer tempo, usam também chá e outros preparados botânicos, pois conhecem muito bem a flora oriental. A hidroterapia é muito usada por eles. Prescrevem dietas, tal como nós e dão suma importância aos exercícios respiratórios, os quais encontramos em abundante literatura ocultista. É interessante para nós sabermos que conhecer a vocalização,

---

33 - Quiroprática [De quir(o)- + prática; ingl. chiropractic.] Terap. Sistema terapêutico que, partindo do pressuposto de que as doenças resultam de disfunção nervosa, procuram corrigi-las por manipulação, e por outros cuidados, de estruturas [v. estrutura (12)] do corpo, esp. da coluna vertebral; quiropraxia.

34 - Subluxação é um termo que se aplica a uma vértebra que perdeu a posição e/ ou função normal em relação às outras vértebras, gerando uma disfunção mecânica. Isso interfere no funcionamento normal do sistema nervoso, acelerando também a deterioração dos músculos ao redor, assim como dos ligamentos, discos e articulação. Causa redução dos movimentos, espasmo muscular, inflamação e dor. Além disso, devido à relação fisiológica e mecânica direta existente entre as raízes dos nervos espinhais e a coluna, as subluxações, bem como outras anomalias da coluna têm o potencial de impedir o funcionamento adequado do nervo (Sistema Nervoso). Uma vez que a função do nervo é comprometida, a comunicação dentro do corpo se torna menos efetiva, deixando em alerta toda a saúde e o bem-estar do indivíduo.

35 - Nos vitrais de algumas igrejas da Bretanha, domina a figura de um grande taumaturgo, Santo Ivo.

praticada há séculos no Oriente, ensinadas em seus monastérios, são resultados de muita prática, disciplina e dedicação à arte sagrada dos mantras. Eu, particularmente, vivenciei por alguns anos esta experiência mágica no primeiro *Ashama* fundado no Brasil, convivi e pude aprender a arte das práticas da respiração com o Guru responsável por aquele Templo e pude constatar que funciona.

O médico tibetano conhece duas classes de higiene: a interna e a externa. A primeira pertence ao jejum, mais ou menos prolongado, as lavagens internas, ou sejam os enemas[36]. A segunda, os banhos externos e as fricções com óleos aromáticos. Assim, o médico tibetano, sacudindo e untando o órgão afetado ou com ele relacionado em sua atividade fisiológica, faz despertar em todo organismo uma força curativa, potente, insuspeitada por muitos.

O médico tibetano concebe o corpo humano como uma unidade. Conhece muito bem que existe uma íntima relação entre nossos órgãos, por exemplo: o fígado com o estômago. Considera como órgão revestido de pele não somente todo o corpo, mas também o diafragma, que até automaticamente faz massagem no fígado, no peritônio, nos pulmões com sua pleura, no pâncreas, no baço etc. Tendo-se em conta a relação existente entre os órgãos, sabe-se que quando uma pessoa adoece contamina aos demais. Agora, o objetivo da medicina tibetana é provocar, animar, impulsionar todas as energias curativas existentes em nosso organismo, apoiando assim seus elementos defensores da boa harmonia no corpo humano. Todos os médicos orientais que conheci, assim como muitos Xamãs mencionados em várias obras, eram verdadeiros "*miracle-workers*", que, ao lado de seus grandes conhecimentos anatômicos, patológicos e fisiológicos tinham uma grande intuição e dispunham de uma força magnética descomunal, adquirida por meio dos exercícios de sua profissão, que aplicavam em seu método curativo, juntamente com seus meios físicos e neuropsíquicos, para obterem resultados surpreendentemente positivos. Quando sinceros, jamais negaram seu Mestre interior e só escutavam o que Ele, com a Sabedoria Divina lhes ditava, em seu momento de concentração e comunhão com a Grande Alma da Natureza.

---

36 - Enema (também denominado enteroclisma ou clister, e conhecido popularmente no Brasil como chuca ou xuca) é a introdução de água no ânus (reto e sigmoide) para lavagem intestinal, purgação ou administração de medicamentos por meio de uma sonda retal.

O AMOR É UNO

Sim, o AMOR é UNO; é preciso entender desde cedo a sua unidade e tarde ou cedo sempre retorna à sua Origem. Temos nós levamos na alma partículas de amor; é necessário que essas Inteligências puras se reúnam um dia em um só ponto e se convertam no Amor Único, o amor do Eterno.

Desta maneira entraremos, isto é, nos reintegraremos na harmonia imensa e universal dissipando a sensação de individualidade egóica, deixaremos de ser apenas um ser e nos tornaremos a totalidade no Ser. Participaremos como Deus e em Deus das criações que realizarão para este estado consciencial absoluto. Produziremos Luz e Amor e criaremos em nossa órbita uma aura de paz e êxtase total.

> *Oh, divina Unidade, quão bela e precisa és! ... Muitos visionários disseram que voltaríamos ao ponto de partida a nossa Unidade primordial e nós acreditamos.*

Crer nessa premissa é uma necessidade de nossa salvação e praticá-la é uma dádiva antecipada do Espírito Maior.

Lançamo-nos neste sentido como o ferro sobre o imã. Quando emanamos partículas de amor desperta um desejo inconsciente de atração e reunião de teor curativo; isto é uma necessidade, uma fé que transcende os æons e nos aproxima do plano central de Deus.

FÓRMULA DE AMOR. – Toda manhã, abra vossas janelas e de cara com a luz pronuncia as seguintes palavras: "Eu quero absorver o Amor. Eu quero saturar-me da Sabedoria Divina do Amor."

Faça logo os exercícios respiratórios que temos indicado ao longo de todo nosso trabalho. Dediquem-se à Respiração e ao Deus de vossos corações e de vossas compreensões e ficarão surpresos com os maravilhosos efeitos benfazejos que irão experienciar.

"Amor é a Lei, amor sob vontade" AL I 57.

BIBLIOGRAFIA RECOMENDADA

AUZOU G. *La Parole de Dieu, appronches du mystère des Saintes Escritures*. L' Oronte, 1960.

BARE J. F. *Pouvoirs des Vivants, langage des morts*, Maspéro, Paris, 1977.

BENOIT P. *Les analogies de l'inspiration in Exègèse et Théologie III*. Cerf. Paris, 1968.

BINGEN H. (de). *Le Livre des Oeuvres Divines*. A. Michel, Paris, 1982.

BLAVATSKY H.P. *Isis Dévoilée*, Adyar, Paris, 1973.

CAILLOIS R. *L'homme et le sacré*, Gallimard, Paris, 1950.

CALLEBAULT N., Paul J. *Rites et Mystères au Proche* – Orient, Laffont, Paris, 1980.

CARREL A. *L'homme cet inconnu*. Plon. Paris, 1935.

CHRISTIAN, Paul. *The Kabbalah Practice and Magic* - Londres, n.d., 1909.

COSTA, Mário A. *Gnosiologia – Curso de Filosofia Científica e Ciência Filosófica*, 1 e 2, FEEU, RS, 1964.

HALL Manly P. *The Secret Teachings of All Ages* – Philosophical Research Society, Los Angeles, CA, 1975.

HAZIEL. *Le Grand Livre de Cabale Magique* - Éditions EB Bussière, Paris, 1989.

HEINDEL, Max. *Visão Espiritual e Mundos Espirituais*, Ed. Fraternidade Rosacruz, RJ, 1975.

KHAN, Inayat. *A Vida Interior*, Coeditora Brasílica, Rio de Janeiro, 1942.

A. L. Soror. *Western Mandalas of Transformation: Magical Squares - Tattwas - Qabalistic Talismans,* Llewellyn Publications, 1996.

LEADBEATER, C.W. Auxiliares Invisíveis *, Livraria Clássica Editora de A.M. Teixeira, 1916.*

LEADBEATER, C.W. *El Hombre Visible e Invisible*, Ed. Kier, Buenos Aires, 1955.

LEADBEATER, C.W. The Devachanic Plane or the Heaven World: Its Characteristics and Inhabitants*, Published by Theosophical Publishing House (Division of Theosop), 1984.*

LEADBEATER, C.W. Vislumbres de Ocultismo Antiguo y Moderno*, Imp. de Carbonell y Esteva, Barcelona. 1904.*

LEVI, Eliphas. *A Ciência dos Espíritos*, Ed. Martins Fontes, SP, 1985.

MAYERHOFER, Gottfried. *Os Sete Sacramentos*, Ed. União Neo-Teosófica, Uberlândia, MG, 1975.

MOPSIK, Charles. *Les Grands Textes de la Cabale*, Verdier, Paris, 1993.

MYER, Isaac. Solomon Ben Yehudah Ibn Gebirol, *Qabbalah, The Philosophical Writings,* Ktav Publishing House, Inc. New York, 1888.

NAUDON, Paul. *Histoire et Rituels des Halts Grades Maçonniques, Le Rite Ecossais Ancien et Accepté*, Dervy Editions, Paris, 1966.

NEFONTAINE, Luc. *Symboles Et Symbolisme Dans La Franc-Maçonnerie,*

Editions de l´Université de Bruxelles, 1997.

PAPUS (Dr. Gérard Encause). *La Reencarnacion,* Edaf, Madrid, España, 1978.

PASQUALLYS, Martinets de. *Traité de la Réintégration des Étres Créés,* Robert Dumas Editeur, Paris, 1974.

ROSSI, Helyette Malta. *Provença, Vestígios do Cristianismo Antigo e Medieval*, FEEU, Porto Alegre, RS, 1990.

SAINT-MARTIN, Louis-Claude de. *Controverse Avec Garat,* Paris, Fayard, 1990.

SAINT-MARTIN, Louis-Claude de. *Lettres Aux Du Bourg*, Robert Amadou , L'initiation à Paris, 1977.

SAINT-MARTIN, Louis-Claude de. *Mon livre vert, Cariscript*, Paris, 1991.

SAINT-MARTIN, Louis-Claude de. *Quadro Natural (Das Relações que Existem Entre Deus, o Homem e o Universo)* Edições Tiphereth777, Brasil, 2000.

SECRET, François. *Hermétisme et Kabbale*, Bibliopolis, Napoli, 1992.

SÉROUYA, Henri. *La Kabbale*, Grasset, 1947.

SÉROUYA, Henri. *Les Philosophies de L´Existence*, Librairie Fischbacher, Paris, 1957.

TOVAR, Alódio (Kaé). *Cristianismo sem Rótulo*, Ed. Dharma Ltda, Goiás, 1960.

URBANO Júnior, Helvécio de Resende (Ali A´l Khan S F). *Kabbala; Magia, Religião & Ciência,* Edições Tiphereth777, Brasil, 2006.

URBANO Júnior, Helvécio de Resende (Ali A´l Khan S F). *Manual Mágico de Kabbala Prática,* Edições Tiphereth777, Brasil, 2005.

URBANO Júnior, Helvécio de Resende (Ali A´l Khan S F). *Maçonaria, Simbologia e Kabbala*, Ed. MADRAS, Brasil, 2010.

URBANO Júnior, Helvécio de Resende (Ali A´l Khan S F) - Secretum - Manual Prático de Kabbala Teúrgica - Editora ISIS, SP, 2014.

URBANO Júnior, Helvécio de Resende (Ali A´l Khan S F) Arsenium - O Simbolismo Maçônico - Editora ÍSIS, SP, Brasil, 2016.

URBANO Júnior, Helvécio de Resende (Ali A´l Khan S F) Hermeticum - Caminhos de Hiram - O Filosofismo da Maçonaria Iniciática - Editora ISIS, SP, 2018.

URBANO Júnior, Helvécio de Resende (Ali A´l Khan S F) Gnosticum - A Chave da Arca - Maçonaria Prática - Editora ISIS, SP, 2018.

VULLIAUD Paul. *La Kabbale Juive,* Emile Nourry. Paris, 1923.

WAITE, A.E. *The Holy Kabbalah.* Carol Publishing Group Edition, United States of America, 1995.

WARRAIN, Francis. *L´Ceuvre Philosophique de Hoené Wronski,* Les Éditions Véga, Paris, 1936.

WARRAIN, Francis. *La Théodicée de la Kabbale*, Guy Trédaniel, Éditions Véga, Paris, 1984.

WIRTH, Oswald. *El Simbolismo Hermetico*, Editorial Saros, Buenos Aires, Argentina, 1960.

XENO. *O Homem*, Ed. FEEU, Porto Alegre, RS, 1991.

BIBLIOGRAFIA

ABRAHAM, Roger [ROGERIUS, ABRAHAM] - *La Porte Ouverte, pour parvenir à la Connoissance du Paganisme Caché.* , Jean Schipper, Amsterdam - 1670.

AGOSTINHO, Santo. - *Obras de San Agustin,* en edición bilíngue, Ed. BAC, Madri. s/d.

AGRIPPA, Heinrich Cornelius - *Filosofia Oculta* - Argentina, 1953.

AGRIPPA, Heinrich Cornelius - *La Magia de Arbatel.*- Espanha, 1977.

AMBELAIN, Robert - *Le Martinisme* - Éditions Niclaus N. Bussière, Paris, 1948.

AMBELAIN, Robert - *Cérémonies et Rituels de la Maçonnerie Symbolique* - Éditions Niclaus N. Bussière, Succ, Paris, 1966.

AMBELAIN, Robert - *L'Astrologie des Interrogations* - Paris, 1984.

AMBELAIN, Robert - *La Franc-Maçonnerie Oubliée* - Robert Laffont, Paris, 1985.

AMBELAIN, Robert - *La Kabbale Pratique* - Paris, 1992.

AMBELAIN, Robert - *La Talismanie Pratique* - Paris, 1950.

AMBELAIN, Robert - *Le Martinisme contemporain et ses Origines* - Paris, 1948.

AMBELAIN, Robert - *Sacramentaire du Rose † Croix* - Paris, 1957.

AMBELAIN, Robert - *Scala Philosophorum ou la Symbolique des Outils dans L'Art Royal* - Éditions Niclaus N. Bussière, Succ., Paris, 1965.

APOCRÍFO - *Clavicules de Salomão* - Paris, 1825.

APÓCRIFO - *Clefs Majeures et Clavicules de Salomon* - Paris, 1895.

APOGRIFO - *El Tesoro -"Guia Prática de la Magia "*- Espanha, 1917.

ARISTÓFANES - As Rãs.

ASMOLE, Elias - *The Institutions Laws And Ceremonies of The Most Noble Order of The Garder* - Genealogical Publishing Company, Frederick Muller Reprint, United Kingdom, 1971.

BAILEY, Alice A. - *Los Trabajos de Hercules* - Fundación Lucis, Argentina, 1997.

BARDON, Franz - *Frabato El Mago* - Espanha, 1992.

BARDON, Franz - *Iniciacion Al Hermetismo* - Espanha, 1996.

BARDON, Franz - *La Clave de La Verdadera Cabala* - Espanha, 1971.

BARDON, Franz - *La Practica de la Evocación Mágica* - Espanha, 1970.

BARLET, F. Ch. - *Revue Cosmique* - Bibliothèque Chacornac, Paris, 1908.

BARNAVI, Élie - *História Universal dos Judeus* - Brasil, 1995.

404

BASILE, Ragy - *Invocações Poderosas* - Brasil, 1966.

BATHURST, John Deane - *The Worship of the Serpent* - BiblioLife,. Hardcover. 2009.

BAYARD, Jean-Pierre - *Le Symbolisme Maçonnique Traditionnel* - Symboles, Edimaf, France, 1991.

BENSION, Rav. Ariel.- O Zohar - *O Livro do Esplendor* - Polar Editorial & Comercial , SP, Brasil, 2006.

BIBLIA HEBRAICA - Thomas Dodson, Phil., 1814.

BINGEN, Hildegarda Von - *Scivias: Conece los Caminos* - Editorial Trotta, Madrid, 1999.

BLANCHARD, John - Scotch Rite - Masonry Illustrated - *The Complete Ritual of The Ancient And Accept Scottish Rite* - Charles T. Powner Co., Washington DC, 1964.

BLAVATSKY, H. P. & Collins - *Lucifer a Theosophical Magazine Designed to Bring to Light the Hidden Things of Darkness* - Mabel - George Redway, 1887.

BLAVATSKY, H.P. - *La Doctrina Secreta* - Editorial Kier, 2006.

BONWICK, James - *Egyptian Belief And Modern Thought*.- The Falcon's Wing Press, Indian Hills, 1956.

BOUCHER, Jules - *La symbolique Maçonnique* - Paris, 1979.

BOUCHET, Paul & René - *Les Druides*; *Sience & Philosophie* – Paris, 1968.

BOULANGER, Nicolas Antoine & HOLBACH, (Paul-Henri Thiry) - *L'Antiquité Dévoilée Par Ses Usages*. - Amsterdam, Michel Rey, 1772.

BOYANCÉ, Paul. - *La Réligion de Virgile*. Paris, 1963.

BRAHY, Charles de - *L'équilibre vital – Secret de santé d'après la science des mages* - Paris, 1930.

BRIER, Bob - *Secretos del Antiguo Egipto Mágico* - Espanha, 1994.

BUDGE, E.A.Wallis - *Amulets and Talismans* - NY, 1970.

BURGOYNE, Thomas H. - *La Luz de Egipto* - Argentina, 1978.

CASSARD, André - *Manual de Masonería* - Macoy y Sickles., New York., 1861.

CAZENEUVE, J. - *La mentalidade arcaica*, Ed. Siglo Veinte, Buenos Aires, 1967.

CAZENEUVE, J. - *Sociologia del rito*, Ed. Amorrortu, Buenos Aires, 1968.

CHRISTIAN, Paul. - *The Kabbalah Practice and Magic* - Londres, 1909.

CHRISTIANAE, Advmbratio Kabbalae - *Kabala Cristiana* - Espanha, 2000.

CICERÓN, M.T. - *Sobre la naturaleza de los dioses* (ed. Bilíngue, versão de J. Pimentel Álvarez), UNAM, México, 1986.

CIRLOT, E. - *Diccionario de símbolos*, Ed. Siruela, Madri, 2000.

CORDOVERO, Moïse - *La Douce Lumière* – Verdier, France, 1997.

COUTELA, Jacques - *12 Leçons de Magie Pratíque* - Paris, 1987.

COUTELA, Jacques - *144 Pantacles Personnalisés* - Paris, 1996.

CREUZER, Georg Friedrich - *Miscellanea Graeca* - Frid. Langenhemi In Bibliopolio Hahniano Impensis C.A. Jenni Filii, 1770.

CROATTO, J.S.- *Experiencia de lo Sagrado y tradiciones religiosas*, Ed. Estrella, Verbo Divino.

CROATTO, J.S.- *Los linguajes de la experiência religiosa. Estudio de Fenomenologia de la Religión*, Ed. Docencia, Buenos Aires, 1994.

CROWLEY, Aleister - *The Equinox* - Samuel Weiser, York Beach, Maine, 1992.

CROWLEY, Aleister - *AHA* - Falcon Press, Phoenix, 1987.

CROWLEY, Aleister - *Goecia , La Clave Menos de Rey Salomón; El Libro de los Espiritus* -México, 1985.

CROWLEY, Aleister - *Liber Al Vel Legis* - O.T.O - Oasis Sol no Sul, Rio de Janeiro, Brasil.

CROWLEY, Aleister - *Liber* DCCCXXXVII - Samuel Weiser, York Beach, Maine, U.S.A., 1973.

CROWLEY, Aleister - *Magick in Theory and Practice* - NY, 1968.

CROWLEY, Aleister - *The Holy Books of Thelema* – Samuel Weiser, York Beach, Maine, U.S.A., 1989.

CROWLEY, Aleister - *Yoga e Magia* (Livro Quatro Parte I) Editor Marcelo Ramos Motta, Brasil, 1981.

CULLING, Louis T. - *A Manual of Sex Magick* - Llewellyn Publications, Saint Paul, Minnesota, 1971.

CYLIANI - *Hermès Dévoilé* - Chacornac & Cie, Paris, 1961.

D´IGNIS, Laurent Bernard - *Les 36 Rituels de L´Arche d´Alliance* - Editions Rouge et Vert - Collection Haute Tradition, Paris, 1999.

D´OLIVET, Fabre - *La Lengua Hebraica Restituída* - Editorial Humanitas, Barcelona, 2007.

DANZEL, Th. W. - *Magie et Science Secrète* - Paris, 1939.

DE PAULY, Jean - *Sepher Ha-Zohar (Le Livre de la Splendeur) Doctrine Ésotérique des Israélites* - Published by Ernest Leroux, Paris, 1906.

DENNING, Melita & PHILLIPS - *La Sabiduria Magica; Filosofia Y Prática de la Alta Magia*, Vol. I e II, - Espanha, 1986.

DERRIDA e VATTIMO, G.- *La Religion en Ocident. Évolutions des idées et du vécu*, Ed. Fides, Montreal, 1997.

DESCHAMPS, N. *Sociétés (Les) Secrètes et la Société ou philosophie de l'histoire contemporaine*, Oudin Frères ; Paris, 1882-1883.

DUEZ, Joel - *Rituels Secrets Des Dix Roues Sacrées De La Kabbale* - Guy

Trédaniel Éditeur, Paris, 1987.

DUFRESNAY, Lenglet. L'abbé - *Traité hist. et dogmat. sur les apparit. les visions et revelat.part.* - Paris, 1751.

DUJOVNE, Leon - *El Zohar* - Argentina, 1978.

DUJOVNE, Leon - Séfer Yetsirá - *El Libro de la Creación* - Ediciones S. Sigal / Editorial, Buenos Aires, 1966.

DUPUIS, Charles - *Abrégé de l'Origine de Tous les Cultes* - Librairie de la Bibliothèque Nationale, Paris, 1836.

DURKHEIM, E. - *Les formes élémentaires de la vie religieuse*, Ed. PUF, Paris, 1960.

ECKHARTSHAUSEN, K. Von - *Nuvem ante o Santuário* - Thot Editora, Brasil, 1990.

ELIADE, Mircea. - *O Sagrado e o Profano*. Lisboa : Ed. Livros do Brasil, s/d.

ESQUILO. *Persas.*

FACON, Roger - *Le Grand Secret des Rose-Croix* - Éditions Alain Lefeuvre, Vide, 1979.

FERRIÈRE, Serge Raynaud de la - *Ciencia y Religión* - Venezuela, 1990.

FERRIÈRE, Serge Raynaud de la - *El Arte en la Nueva* Era - Venezuela, 1970.

FERRIÈRE, Serge Raynaud de la - *El Libro Negro de La Francmasonería* - México, 1970.

FERRIÈRE, Serge Raynaud de la - *Los Centros Iniciáticos* - Venezuela, 1972.

FERRIÈRE, Serge Raynaud de la - *Los Mistérios Revelados* - Venezuela, 1968.

FERRIÈRE, Serge Raynaud de la - *Misticismo en el Siglo XX* - Venezuela, 1988.

FIGUIER, Louis. *Histoire du Merveilleux dans les temps modernes*. Hachette, Paris, 1860.

FLUDD, Robert - *Utriusque Cosmi* - Paris, 1980.

FLUDD, Robert : *Etude du Macrocosme. Traité d'Astrologie Générale,* H. Daragon, Paris, 1907.

FORTUNE, Dion - *The Mystical Qabalah* - Ibis Books, New York, New York, 1979.

FOURMONT, Etienne - *Réflexions critiques sur l'histoire des anciens peuples Chaldéens, Hébreux, Phéniciens, Egyptiens, Grecs, etc. jusqu'au temps de Cyrus* - Chez Musier, Jombert, Briasson, Bulot, 1735.

FOYE, Jean de La - *Ondes de Vie , Ondes de Mort* - Paris, 1975.

FRANCK, Adolphe - *La Kabbala* - Espanha, 1975.

FRAZER, J.G. - *El Folklore en el Antiguo Testamento* - Espanha, 1975.

FRAZER, J.G.- *La Rama Dorada* - México, 1944.

GABIROL, Selemo IBN - *Poesia Secular* - Ediciones Clasicos Alfaguara, Madrid, 1968.

GENNEP VAN, A. - *Los ritos de Paso*, Ed. Taurus, Madri, 1908.

GERNET, Louis y BOULANGER, André - *El Genio Griego em la Religión*. Ed. Uteha, México, 1960.

GIKATILLA, Joseph ben Abraham - *Sefer Ginnat Egoz* - Yeshivat ha-Hayyim we-ha-Shalom, Jerusalem 1989.

GINSBURG, Christian D. - *The Kabbalah* - U.S.A., 1955.

GORODOVITS, David e Fridlin, Jairo - *Bíblia Hebraica* - Sêfer, Brasil, 2006.

GRAD, A.D. - *Le Livre dês Príncipes Kabbalistiques* - Éditions Du Rocher, France, 1989.

GUAITA, Stanislas de - *La Clef de la Magie Noire* - França, 1953.

GUAITA, Stanislas de - *Le Temple de Satan* - Paris, 1953.

GUÉNON, Rene de - *El Símbolismo de la Cruz* - Espanha, 1980.

GUÉRILLOT, Claude - *La Rose Maçonnique* - Tome I e II - Guy Trédaniel Éditeur, Paris, 1995.

GUTTMANN, J[acob]:- *Die Philosophie des Salomon ibn Gabirol dargestellt und erläutert*.- Göttingen, Vandenhoeck & Ruprecht (1889).

GUTTMANN, Roberto Luis - Torá - *A Lei de Moisés* - Sêfer, Brasil, 2001.

HALL Manly P. - *The Secret Teachings of All Ages* – Philosophical Research Society, Los Angeles, CA, 1975.

HALL, Manly P. - *The Secrets Theachings of All Ages* - U.S.A., 1928.

HAZIEL - *Calendrier des Heures Magiques et des Lunaisons* - Paris, 1998.

HAZIEL - *Le Grand Livre de Cabale Magique* - Éditions EB Bussière, Paris, 1989.

HEGEL, G.W.F. - *Ciencia de la Logica* – Ed. Hachette, Buenos Aires, 1968.

HEGEL, G.W.F. - *Enciclopedia de las ciencias filosóficas* – Ed. Alianza, Buenos Aires, 1997.

HEIDEGGER, M. - *Estudios sobre a mística medieval*, Ed. Siruela, Madri, 1997.

HEIDEGGER, M. - *Lettre sur l'Humanisme*, Ed. Aubier, Paris, 1964.

HONORIUS, Papa - *The Sworn Book of Honorius the Magician*.

ILÍADA, VIII.

JANEIRO, J. Iglesias - *La Cabala de Prediccion* - Argentina, 1980.

JOLY, Alice - *Un Mystique Lyonnais Et Les Secrets de La Franc-Maçonnerie Jean-Baptiste Willermoz* – Demeter, Paris, 1986.

JOSEPHUS, Franciscus - *Liber Psalmorum Cum Canticis, Breviari Copta Egypcio* - Roma, 1909.

JULIO, Abade - *Libro de Oraciones Mágicas* - Espanha, 1985.

JUNG, C.G. - *Psicología y Religión*, Ed. E. Butelman, Paidós, Buenos Aires, 1981.

JUSTE, Michael - *The Occult Observer* - Atlantis Bookshop (Michael Houghton), London, 1950.

KABALEB - *Astrologia Cabalistica* - Espanha, 1994.

KABALEB - *Curso de Iniciacion Cabalista a la Astrologia Y el Tarot*- Espanha, 1996.

KABALEB - *Los Ángeles Al Alcance de Todos* - Espanha, 1995.

KABALEB - *Los Misterios de la Obra Divina* - Espanha, 1982.

KANT, Immanuel - *Crítica da Razão Prática* - Martins Claret - SP - 2008.

KAPLAN, Aryeh - *Sefer Yetzirah*; *The Book of Creation* - Samuel Weiser,, York Beach, ME:, 1993.

KARPPE S.- *Etude sur les origines et la nature du Zohar* - Editions Slatkine, Genéve, Honore, 1982.

KAYDEDA José María, *Los Apocrifos, Jeshua y Otros Libros Prohibidos*, Rea, Málaga, 1987.

KERSAINT - *Les 13 Pantacles du Bonheur* - Paris 1971.

KHUNRATH, Heinrich - *Amphithéâtre De L'Éternelle Sapience* - Paris, 1990.

KING, Francis - *Modern Ritual Magic* - Prisma Pr, Coeur d Alene, Idaho, U.S.A., 1989.

KING, Francis - *Ritual Magic of the Golden Dawn* - Destiny Books, Rochester, Vermont, U.S.A., 1997.

KING, Francis - *The Rites Modern Occult Magic* - New York, 1970.

KING, Francis -*Techiniques of Higth Magic* - New York, 1976.

KIRCHER, Athanasius - *Arithmologia* - Espanha, 1972.

KIRCHER, Athanasius - *Itinerário del Éxtasis o las Imágenes de un Saber Universal* - Siruela, Espanha,1985.

KIRCHER, Athanasius - *Oedipus Ægyptiacus* - Venezuela, 1971.

KIRSCHNER, M. J. - *Yoga* - Schocken Books1977.

KNIGTH, Gareth - *Guia Prática Al Simbolismo Qabalístico*. Vol I e II. - Espanha, 1981.

KOLAKOWSKI, L. - *Si Dios no existe...* Ed. Tecnos, Madri, 1985.

LAFUMA-GIRAUD, Emile. *Sepher Ha-Zohar*, Le livre de la splendeur. Ernest Leroux, Paris, 1906.

LASSAY, Louis Charbonneau - *L'Esotérisme De Quelques Symboles Géométriques Chrétiens* - Éditions Traditionneles, Paris, 1988.

LAWSON, Jack - *El Libro de los Angeles* - Espanha, 1994.

LENAIN - *Las Science Cabalistique* - Paris, 1914.

LESKY, A. - *História da Literatura Grega. Berna*: Ed. Frasnk Verlag, 1963.

LEVI, Eliphas - *El Ritual Mágico del Sanctum Regnum* - Espanha, 1968.

LEWIS, Ralph M. - *F.·.R.·.C.·. - Los Antiguos Símbolos Sagrados* - Argentina, 1944.

LIGOU, Daniel - *Dictionnaire Universel de la Maçonnerie* - Editions de Navarre-Editions du Prisme, Paris, 1974.

LIGOU, Daniel - *Histoire et Devenir de la Franc-Maçonnerie* - Bosc, Lyon, 1930.

LLAUGÉ, Félix - *Rituales Secretos* - Espanha, 1985.

LOUVIGNY, Philippe de - *Guia Completo de Numerologia* - Portugal, 1989.

LUQUET, G.H. - *La Franc-Maçonnerie Et L´´Etat En France Au XVIII° Siècle* - Vitiano, Paris, 1963.

M. - *Deuses Atômicos* - Caioá Editora e Produtora Ltda. ME, SP, Brasil, 2000.

MANASSÉ, Benjamin - *Talismans et Pentacles Bénéfiques* - Paris, 1957.

MARIEL, Pierre - *Les Authentiques Fils de la Lumière* - Le Courrier Du Livre, Paris, 1973.

MARIEL, Pierre - *Rituels et Initiations des Sociétés Secrètes* - Editions Mame, 1974.

MASLOW, A. - *El Hombre autorrealizado. Hacia una psicologia del ser* – Ed. Kairós, Barcelona, 1976.

MATHERS, S.L.Macgregor - *La Clave Mayor de Rei Salomon* - México, 1976.

MATHERS, S.L.Macgregor - *La Qabalah Desvelada* - Espanha, 1995.

MEAD, G. R. S. - *Simon Magus: The Gnostic Magician* - Holmes Pub Grou Llc. 2001

MEAD, G. R. S. - *A Mithraic Ritual* - Holmes Pub Group Llc, 2001.

MEAD, G.R.S. - *Corpus Hermeticum* - BiblioBazaar, 2009.

MELLIN, Hector - *Tradition et Pantacle* - Paris, 1930.

MIRANDA, Caio - *A Libertação pelo Yoga* - Ashram Vale da Libertação, Brasil, 1960.

MIRANDOLA, Pico della - *Conclusiones Magicas y Cabalisticas* - Espanha, 1982.

MOLINOS, Miguel de - *O Guia Espiritual* - Safira Estrela Editorial, RJ, Brasil, 1998.

MONTAIGNE, Aubier - *Lulle* - Bibliothèque Philosophique, Paris, 1967.

MONTE CRISTO - *Martinísmo* - Brasil, 2001.

MOPSIK, Charles - *Les Grands Textes de la Cabale* – Verdier, Paris, 1993.

MORYASSON, Alexandre - *La Lumiere sur le Royaume* - Paris, 1957.

MYER, Isaac - Solomon Ben Yehudah Ibn Gebirol – *Qabbalah – The Philoso-*

phical Writings - Ktav Publishing House, Inc. New York, 1888.

NAUDON, Paul - *Histoire et Rituels des Halts Grades Maçonniques - Le Rite Ecossais Ancien et Accepté* - Dervy Editions, Paris, 1966.

NEFONTAINE, Luc - *Symboles Et Symbolisme Dans La Franc-Maçonnerie* – Editions de l'Université de Bruxelles, 1997.

ODISSÉIA. X.

OPHIEL - *The Art and Practce of Cabala Magic* - California, 1976.

OVÍDIO - *Les Metamorphoses d'Ovide, avec les explications à la fin de chaque Fable.* chez Pierre Emery, a Paris, 1701.

PAJUELO, Duque, F. - *Lo Santo y lo Sagrado*, Ed. Trotta – Madri, 1993.

PASQUALLYS, Martinets de - *Traité de la Réintégration des Étres Créés* - Robert Dumas Editeur,, Paris, 1974.

PAULY, Jean de - *Etudes Et Correspondance de Jean de Pauly Relatives Au Sepher Ha-Zohar* - Paris, Bib. Chacornac, 1933.

PAULY, Jean de - *Le livre du Zohar* - Paris, F. Rieder et Cie, 1925.

PEGASO, Osvaldo - *El Gran Libro de La Magia y de la Brujería* - México, 1962.

PESSOA, Fernando - *Poemas Ingleses* - Edições Ática, Lisboa, Portugal, 1994.

PESSOA, Fernando - *Poesias Ocultistas* – Aquariana, Brasil 1995.

PESSOA, Fernando - *Rosea Cruz* - Portugal, 1989.

PHANEG, G. - *Cinquante Merveilleux Secrets D'Alchimie* - Paris, 1912.

PICARD, Eudes - *Astrologie Judiciare* - Paris, 1957.

PICATRIX - *La Clef des Clavicules* - Paris, 1956.

PIKE, Albert - *Moral and Dogma of the Ancient and Accepted Scottish Rite of Freemasonry* - L.H. Jenkins, Richmond, Virginia, 1919.

PIOBB, P.V. - *Clef Universelle des Sciences Secrèts* - Paris, 1949.

PLANK, Ricard - *El Poder de la Fe* - Argentina, 1964.

PLATÃO - *Leis.*

PLATÃO - *Timeu.*

PLOTINO. - *Enéadas*, Ed. Gredos, Madri, 1992.

PLUTARCO. - *De animae procreatione in Timaeo.* Traduzido por P. Thévenaz. in: *L'âme du Monde, le Devenir et la Matière chez Plutarque. Neufchâtel*, 1938.

POZARNIK, Alain - *Mystères et Actions du Rituel D'ouverture en Loge Maçonnique*, Dervy, Paris, 1995.

PRADES, J. A. - *Lo Sagrado; Do Mundo Arcaico a la Modernidad*, Ed. Península, 1998.

PRASAD, Rama - *Las Fuerzas Sutiles de la Naturaleza* - Argentina, 1964.

PRYSE, James M. - *El Apocalipsis Develado* - Argentina, 1946.

PUECH, Henri-Ch. - *La Gnose et le Temps* - Eranos-Jarbuch, 1952.

REGARDIE Israel - *La Aurora Dourada .(The Golden Dawn)* - Espanha, 1986.

REYLOR, Jean - *A la Suíte de René Guénon... Sur la Route des Maîtres Maçons* - Editions Traditionnelle, Paris, 1960.

RICOEUR, P. - Art. *Le symbole donne à penser* – Ed. Revue Esprit, Paris, 1959.

RICOEUR, P. - *De l'interprétation, Essai sur Freud*, Ed. Bilíngue: *Una interpretación de la Cultura.* Ed. Seuil, Madri, 1989.

RICOEUR, P. - *Finitud y culpabilidade II. La simbólica del mal*, Ed. Trotta, Madrid.

RICOEUR, P. - *Introducción a la simbólica del mal*, Ed. Megápolis, Buenos Aires, 1976.

RIES, J. - *Lo Sagrado en la historia de la humanidade*, Ed. Trotta, Madri, 1989.

RIES, J. - *Tratado de antropologia de lo sagrado*, Ed. Trotta, Madri, 1995.

RIFFARD, P. - Dictionnaire *de L'ésotérisme* - Paris, 1983.

ROMAN, Denys - *René Guénon et les Destins de la Franc-Maçonnerie* - Les Editions de L'Oeuvre., Paris, 1982.

ROZENBERG, Yehudah Yudl - *Sefer Zohar Torah : Hu Perush Ha-Zohar Ha--Kadush Al Ha-Torah.* - The Rothchild Press, Montreal. 1924-1927.

RÜGGEBERG, Dieter - *Paroles de Maître Arion* - Paris, 2001.

RUSSELL, B. - *Obras completas*, Ed. Aguilar, Madri, 1973.

SABELLICUS, Jorg - *A Magia dos Números* - Portugal, 1977.

SAINT-GALL, Michel - *Dictionnaire du Rite Ècossais Ancien et Accepté* - Éditions Télètes, Paris, 1998.

SAINT-MARTIN, Louis-Claude de - *Controverse Avec Garat* - Paris, Fayard, 1990.

SAINT-MARTIN, Louis-Claude de - *Des Nombres* - Paris,1998.

SAINT-MARTIN, Louis-Claude de - *L'Initiation.*- Paris, 2002.

SAINT-MARTIN, Louis-Claude de - *Lettres Aux Du Bourg* - Robert Amadou , L'initiation à Paris, 1977.

SAINT-MARTIN, Louis-Claude de - *Mon livre vert* – Cariscript, Paris, 1991.

SAINT-MARTIN, Louis-Claude de - *Quadro Natural (Das Relações que Existem Entre Deus, o Homem e o Universo)* Edições Tiphereth777, Brasil, 2000.

SAVAIGNAC, Pierre Marie - *Qabale et Maçonnerie* - Paris, 1950.

SAVEDOW, Steve - *Sepher Rezial Hemelach – The Book of the Angel Rezial* - Samuel Weiser, Inc., 2000.

BIBLIOGRAFIA

SCHIKANEDER, Emmanuel - *Wolfgang Amadeus Mozart -La Flauta Mágica* - Daimon, México D.F., 1986.

SCHOPENHAUER. *Mémoires sur les Sciences Occultes*, Paul Leymarie, Paris, 1912.

SECRET, François - *Hermétisme et Kabbale* – Bibliopolis, Napoli, 1992.

SEPHARIAL - *Manual de Ocultismo* – Brasil.

SÉROUYA, Henri - *La Kabbale* - Grasset, 1947.

SÉROUYA, Henri - *Les Philosophies de L'Existence* - Librairie Fischbacher, Paris, 1957.

SHROCK, A. T. - *Rabbi Jonah Ben Abraham of Gerona: His Life And Ethical Works* - Edward Goldston, London, 1948.

SIMON, T. *[Albert de Pouvourville] T. Théophane [Léon Champrenaud] Les Enseignements Secrets de la Gnose* - Archè Milano, 1999.

SKINNER, B,F. - *Ciencia y Conducta Humana* – Ed. Fontanella, Barcelona, 1970.

SPENCE, L. - *An encyclopedia of Occultism* - Nova Jersey, 1974.

STABLES, Pierre - *Tradition Initiatique Franc-Maçonnerie Chrétienne* - Guy Trédaniel Éditeur, Paris,1998.

STEINER, Rudolf - *A Ciência Oculta* - Brasil, 1975.

STEVENSON, David - *Les Origines de la Franc-Maçonnerie - Le Siècle Écossais* 1590-1710 - Éditions Télètes, Paris, 1993.

STEWART, J -. *The Myth of Plato.* Ed. Illinois University Press, 1962.

TEDER - *Rituel de L'Ordre Martiniste Dressé Par Teder* - Éditions Télètes, Paris, 1985.

TEGMEIER, Ralph - *El Poder Curativo de los Elementos* - Espanha, 1988.

THIERS, J.B. - *Traité des Superstitions*, Avignon - Paris, 1777.

TYANE, Apollonius de - *Astrologie Horaire;Traité Pratique* - Paris, 1957.

URBANO Júnior, Helvécio de Resende (Ali A´l Khan S∴I∴) - *Absinto - O Inebriante Templo Maçônico* - Edições Tiphereth777, MG, Brasil, 2007.

URBANO Júnior, Helvécio de Resende (Ali A´l Khan S∴I∴) – *Arsenium - O Simbolismo Maçônico* - Editora ÍSIS, SP, Brasil, 2016.

URBANO Júnior, Helvécio de Resende (Ali A´l Khan S∴I∴) - *Gnosticum - A Chave da Arca - Maçonaria Prática* - Editora ISIS, SP, 2018.

URBANO Júnior, Helvécio de Resende (Ali A´l Khan S∴I∴) - *Hermeticum - Caminhos de Hiram - O Filosofismo da Maçonaria Iniciática* - Editora ISIS, SP, 2018.

URBANO Júnior, Helvécio de Resende (Ali A´l Khan S∴I∴) - *Kabbala - Magia, Religião & Ciência* - Edições Tiphereth777, MG, Brasil, 2006.

URBANO Júnior, Helvécio de Resende (Ali A´l Khan S∴I∴) - *Manual Mági-*

co de Kabbala Prática - 8º Ed. - Ed. Madras, Brasil, 2018.

URBANO Júnior, Helvécio de Resende (Ali A´l Khan Sῖ Iῖ) - *Secretum - Manual Prático de Kabbala Teúrgica* - Editora ISIS, SP, 2014.

URBANO Júnior, Helvécio de Resende (Ali A´l Khan Sῖ Iῖ) - *Templo Maçônico - Dentro da Tradição Kabbalística* - Ed. Madras, SP, 2012.

UZCÁTEGUI, Oscar - *33 Grabados de Alquimia Develados* - México, 1976.

UZCÁTEGUI, Oscar - *Memorias de un Sacerdote Tebano* - México, 1980.

VEJA, Amador - *Ramon Llull y el Secreto de la Vida* - Ediciones Siruela, S.A., Madrid., 2002.

VELLOZO, Dário - *O Martinismo por Dario Vellozo* - Brasil, 1974.

VELLOZO, Dario - *Obras Completas* - Brasil, 1975.

VIAUD, Gérard - *Magie et Coutumes Populares Chez Les Copts D'Egypte* - Paris, 1972.

VIDENGREN, G. - *Fenomenologia de la religión*, Ed. Cristiandad, Madri, 1969.

VIJOYANANDA, Swami - *Vedanta Practica* – Kier, Buenos Aires, 1937.

VIVEKANANDA, Swami - *Entretiens Et Causeries* - Albin Michel, Paris, 1955.

VIVEKANANDA, Swami - *Pláticas Inspiradas* – Kier, Argentina, 1965.

VOLTARE - *Dicionario Filosófico* - Atena Editor, Portugal, 1945.

VULLIAUD Paul - *La Kabbale Juive* Tomo I e II - Emile Nourry. Paris, 1923.

VULLIAUD, Paul - *Joseph de Maistre - Franc-Maçon - Suivi de Pièces Inédites* - Archè, Milano, 1990.

WAHLEN, Auguste - *Moeurs, usages et costumes de tout les peuples du monde, d'aprés des documents authentiques et les voyages les plus recents.* - Librairie historique-artistique,, Bruxelles, 1843.

WAITE, A.E. - *Emblematic Freemasonry* - London, 1925.

WAITE, A.E. - *The Brotherhood of The Rosy Cross*, London, 1924.

WAITE, A.E. - *The Holy Kabbalah* - Carol Publishing Group Edition - United States of America, 1995.

WAITE, A.E.- *The Book of Black Magic and of Pacts* - London, 1898.

WARRAIN, Francis - *L´Ceuvre Philosophique de Hoené Wronski* - Les Éditions Véga, Paris, 1936.

WARRAIN, Francis - *La Theodicée de La Kabbale* - Paris, 1931.

WIRTH, Oswald - *El Simbolismo Hermetico* - Editorial Saros, Buenos Aires, Argentina, 1960.

ZAMRA, David ben Shlomo, *Magen David.* Amsterdam, 1713.

Notas sobre o autor

O valor do conhecimento é colocado à prova por seu poder de purificar e enobrecer a vida do estudante ansioso de adquirir o conhecimento e, depois, empregá-lo na evolução de seu caráter e no auxílio à humanidade.

Helvécio de Resende Urbano Júnior, conhecido entre os Iniciados de diversas Ordens pelo nome iniciático de Ali A'l Khan S I , nasceu em Entre Rios de Minas, Minas Gerais, em 1956. Muito cedo se voltou para as arguições filosóficas do por que da vida, como uma necessidade pungente que assolava sua alma ansiosa para descobrir a razão lógica de sua existência e a de seus semelhantes.

Quando percebeu que a necessidade de se ajustar às regras superiores da Vida era o único caminho para conquistar a clara Luz da Inteligência Iluminada, que lhe permitiria obter as respostas que tanto buscava para justificar sua jornada humana fez-se, então, Iniciado em várias Ordens identificadas com os Mistérios Antigos, tais como a Maçonaria, o Martinismo, o Rosacrucianismo, o Druidismo e a O.T.O, sempre conquistando patentes em seus graus mais elevados nessas agremiações espiritualistas e recebendo, como recompensa, a conquista da chave do conhecimento secreto que lhe abriu as portas dos Reinos Internos, onde repousa a Verdade Final. Toda a sua trajetória nos últimos quarenta anos foi dedicada a esse afã, tendo, através da Kabbala, sempre buscado com muita sinceridade a visão de seu Sagrado Anjo Guardião.

Como buscador, teve a oportunidade de conhecer verdadeiros mestres, que o ajudaram a balizar sua caminhada na senda da Luz Maior, brindando-o com efetivas palestras iniciáticas, cujo objetivo maior esteve assentado em orientá-lo em como conquistar a ciência necessária para conquistar as ferramentas imprescindíveis na lapidação da pedra bruta transformando-a em pedra polida. Dentre estes, podemos citar os saudosos Irmãos: Paulo Carlos de Paula, M∴Miguel, da FRA da cidade de Santos Dumont, MG; Euclydes Lacerda de Almeida, M∴M∴18º, Frater Aster /T. 2º = 9 ∴ A∴A∴, que foi uma das maiores, senão a maior autoridade Thelêmica do Brasil; Lachesis Lustosa de Mello, Druida Derulug, divulgador do druidismo no Brasil.

Helvécio demonstra, nesta obra, que a cada instante na existência do ser humano existe uma aposta descarnada de tudo ou nada, mediante aquilo que é possível, dentro das limitações do homem, onde julga e escolhe diante das opções plenas de recursos. O desafio do desemparo, cujo pragmatismo é pessoal, intransferível e solitário, como ato finito, porém, ao mesmo tempo, livre de desespero, em apelação da possibilidade infinita, para realizar sua concretização como homem de desejo e, em corolário, sua reintegração. Nesse farto material coletado nos vários redutos espiritualistas, através de boas reflexões e provocações, buscou sinceramente as respostas, que arguiam constantemente seu intelecto aprendendo e ensinando, plantando e colhendo, servindo e sendo servido na selva da experiência humana.

Com o presente livro, o autor pretende preencher uma lacuna importante na literatura maçônica espiritualista e gnóstica no nosso País. Teve o cuidado e o zelo de dar informações que certamente ultrapassarão tudo que foi escrito, muitas vezes, de forma nem sempre consentânea à verdade iniciática. Podemos afirmar ainda que esta obra estabelece um roteiro seguro e técnico, para o estudante sério, pois ela está favorecida com a experiência e vivência maçônica do próprio autor.

Sabemos que o homem tem necessidade de crer naquilo que não vê, mas, acima de tudo, a busca do desconhecido é para ele o princípio mesmo de toda a atividade do espírito, o que lhe dá sua razão de ser. Com este livro, a literatura ocultista brasileira é enriquecida com informações antes não reveladas e que permitem ao estudante empreender sua libertação da crença e o coloca na posição de ver além das aparências. Que esta obra obtenha o sucesso para o bem daqueles que a compulsarem com seriedade e dedicação.

Jayr Rosa de Miranda
Frater Panyatara (In memoriam)
☆Rio de Janeiro 08 de Outubro de 1930
† Niterói RJ 13 Julho de 2015

Rio de Janeiro - Solstício de Verão de 2005

Membro da F.R.A. do Rio de Janeiro, escritor, astrólogo e eminente espiritualista a serviço da Causa Maior.